Die Auswirkungen der Nichtbeachtung englischer handelsrechtlicher Publizitätspflichten auf eine Private Company Limited by Shares mit Verwaltungssitz in Deutschland

AF733451

Europäische Hochschulschriften

European University Studies

Publications Universitaires Européennes

Reihe II	**Rechtswissenschaft**
Series II	Law
Série II	Droit

Band/Volume **5498**

Dominik Nikol

Die Auswirkungen der Nichtbeachtung englischer handelsrechtlicher Publizitätspflichten auf eine Private Company Limited by Shares mit Verwaltungssitz in Deutschland

PL ACADEMIC RESEARCH

Bibliografische Information der Deutschen Nationalbibliothek
Die Deutsche Nationalbibliothek verzeichnet diese Publikation in der Deutschen Nationalbibliografie; detaillierte bibliografische Daten sind im Internet über http://dnb.d-nb.de abrufbar.

Zugl.: Regensburg , Univ., Diss., 2012

D 355
ISSN 0531-7312
ISBN 978-3-631-63780-7 (Print)
E-ISBN 978-3-653-03518-6 (E-Book)
DOI 10.3726/978-3-653-03518-6

© Peter Lang GmbH
Internationaler Verlag der Wissenschaften
Frankfurt am Main 2013
Alle Rechte vorbehalten.
PL Academic Research ist ein Imprint der Peter Lang GmbH.
Peter Lang – Frankfurt am Main · Bern · Bruxelles · New York · Oxford · Warszawa · Wien

Das Werk einschließlich aller seiner Teile ist urheberrechtlich geschützt. Jede Verwertung außerhalb der engen Grenzen des Urheberrechtsgesetzes ist ohne Zustimmung des Verlages unzulässig und strafbar. Das gilt insbesondere für Vervielfältigungen, Übersetzungen, Mikroverfilmungen und die Einspeicherung und Verarbeitung in elektronischen Systemen.

www.peterlang.de

VORWORT

Die vorliegende Arbeit wurde von der Juristischen Fakultät der Universität Regensburg als Dissertation angenommen. Das Manuskript entstand größtenteils während meiner Tätigkeit als Wissenschaftlicher Mitarbeiter am Lehrstuhl von Prof. Dr. Dr. h.c. Peter Gottwald und wurde im Wintersemester 2010/11 eingereicht.

Ganz herzlich bedanke ich mich bei meinem Doktorvater, Herrn Prof. Dr. Dr. h.c. Peter Gottwald. Er gab mir ausreichenden Freiraum, mich mit der Dissertation zu beschäftigen, hervorragende Bedingungen an seinem Lehrstuhl sowie vor allem wertvollen Rat und Beistand, auch in schwierigen Zeiten.

Herrn Prof. Dr. Wolfgang Servatius gebührt Dank für die Erstellung des Zweitgutachtens.

Außerdem danke ich meinen Freunden und Kollegen, durch die ich meine Promotionszeit in schöner Erinnerung behalten werde. Ich danke allen, die mich bei der Entstehung des Manuskripts unterstützt haben, besonders Thomas Sikorski und Heinrich Nemeczek für Korrekturhilfen, Ulrich Schroeter für ein offenes Ohr.

Herzlicher Dank gebührt insbesondere meinen Eltern und Geschwistern, die mir stets und uneingeschränkt mit Rat und Tat zur Seite standen. Meiner lieben Frau Somi danke ich zutiefst für ihre große Unterstützung, Ermutigung, Tatkraft und Geduld.

Ihnen – meiner Familie – widme ich in Liebe meine Dissertation.

Dominik Nikol

INHALTSVERZEICHNIS

ABKÜRZUNGSVERZEICHNIS

a.A.	anderer Ansicht
ABl.	Amtsblatt
AC	Appeal Cases
a.F.	alte Fassung
AG	Amtsgericht/Die Aktiengesellschaft
AktG	Aktiengesetz
Anh.	Anhang
Anm.	Anmerkung
AWD	Außenwirtschaftsdienst des Betriebs-Beraters (auch: RIW)
Az.	Aktenzeichen
BAG	Bundesarbeitsgericht
BayObLG	Bayerisches Oberstes Landesgericht
BB	Betriebs-Berater
BC	Zeitschrift für Bilanzierung, Rechnungswesen und Controlling
BCC	British Company Cases
BCLC	Butterworth Company Law Cases
BERR	Department for Business, Enterprise and Regulatory Reform
BGB	Bürgerliches Gesetzbuch
BGBl.	Bundesgesetzblatt
BGH	Bundesgerichtshof
BGHZ	Amtliche Sammlung der Entscheidungen des BGH in Zivilsachen
BIS	Department for Business, Innovations and Skills
BMJ	Bundesministerium der Justiz
BT	Deutscher Bundestag
BT-Drucks.	Bundestags-Drucksache
BVerfG	Bundesverfassungsgericht
BVerfGE	Entscheidungen des Bundesverfassungsgerichts
BVerwGE	Entscheidungen des Bundesverwaltungsgerichts

bzw.	beziehungsweise
CA	Court of Appeal
ca.	Circa
Ch.	Chancery/chapter
DAR	Deutsches Autorecht
DB	Der Betrieb
DDR	Deutsche Demokratische Republik
ders.	derselbe
d.h.	das heißt
dies.	dieselbe/diesselben
DNotZ	Deutsche Notar-Zeitschrift
Drucks.	Drucksache
DStR	Deutsches Steuerrecht
DTI	Department of Trade and Industry
ECFR	European Company and Finacial Law Review
EFTA	Europäischer Verband Fairer Handel
EG	Einführungsgesetz; Europäische Gemeinschaft
Einl.	Einleitung
EU	Europäische Union
EuGH	Europäischer Gerichtshof
EuZW	Europäische Zeitschrift für Wirtschaftsrecht
EWiR	Entscheidungen zum Wirtschaftsrecht
EWR	Europäischer Wirtschaftsraum
EWS	Europäisches Wirtschafts- & Steuerrecht
f.	folgende
FamFG	Gesetz über das Verfahren in Familiensachen und in den Angelegenheiten der freiwilligen Gerichtsbarkeit
ff.	folgende
FGG	Gesetz über die Angelegenheiten der freiwilligen Gerichtsbarkeit
FGPrax	Praxis der Freiwilligen Gerichtsbarkeit
Fn.	Fußnote

FS	Festschrift für
GBP	Great Britain Pound
gem.	gemäß
ggf.	gegebenenfalls
GewA	Gewerbearchiv
GewO	Gewerbeordnung
GmbHG	Gesetz betreffend die Gesellschaften mit beschränkter Haftung
GmbHR	GmbH-Rundschau
GWR	Gesellschafts- und Wirtschaftsrecht
HGB	Handelsgesetzbuch
h.M.	herrschende Meinung
h.L.	herrschende Lehre
idR.	in der Regel
idS.	in diesem Sinne
i.E.	im Ergebnis
InsO	Insolvenzordnung
IPrax	Praxis des internationalen Privat- und Verfahrensrechts
IPRspr.	*Makarov, Gamillscheg, Müller, Dierk, Kropholler,* Die deutsche Rechtsprechung auf dem Gebiete des internationalen Privatrechts, 1952 ff
iRd.	im Rahmen des/der
iSd.	im Sinne des/der
iSe.	im Sinne eines/einer
IStR	Internationales Steuerrecht
iSv.	im Sinne von
iVm.	in Verbindung mit
IZRspr.	Sammlung der deutschen Entscheidungen zum interzonalen Privatrecht
J.B.L.	The Journal of Business Law
J.F.C.	Journal of Financial Crime
J.I.T.L. & P	Journal of International Trade Law & Policy
JR	Juristische Rundschau

JURA	Juristische Ausbildung
JuS	Juristische Schulung
JZ	Juristenzeitung
KG	Kammergericht
LG	Landgericht
lit.	litera (Buchstabe)
LJ	Lord Justice of Appeal
LJMC	Law Journal Reports, Magistrates' Cases
MDR	Monatsschrift für Deutsches Recht
MittBayNot	Mitteilungen des Bayerischen Notarvereins, der Notarkasse und der Landesnotarkammer Bayern
M.L.R.	Modern Law Review
mwN.	mit weiteren Nachweisen
n.F.	neue Fassung
NJW	Neue Juristische Wochenschrift
NJW-RR	NJW-Rechtsprechungs-Report Zivilrecht
NotBZ	Zeitschrift für die notarielle Beratungs- und Beurkundungspraxis
Nr.	Nummer
NZG	Neue Zeitschrift für Gesellschaftsrecht
NZI	Neue Zeitschrift für das Recht der Insolvenz und Sanierung
NZV	Neue Zeitschrift für Verkehrsrecht
OFD	Oberfinanzdirektion
OLG	Oberlandesgericht
OVG	Oberverwaltungsgericht
RabelsZ	Rabels Zeitschrift für ausländisches und internationales Privatrecht
reg.	regulation
regs.	regulations
RGZ	Amtliche Sammlung der Entscheidungen des RG in Zivilsachen

RIW	Recht der Internationalen Wirtschaft, Außenwirtschaftsdienst des BB
Rn.	Randnummer
RNotZ	Rheinische Notar-Zeitschrift
Rom I-VO	Verordnung (EG) Nr. 593/2008 des Europäischen Parlaments und des Rates vom 17. Juni 2008 über das auf vertragliche Schuldverhältnisse anzuwendende Recht
Rom II-VO	Verordnung (EG) Nr. 864/2007 des Europäischen Parlaments und des Rates vom 11. Juli 2007 über das auf außervertragliche Schuldverhältnisse anzuwendende Recht
Rspr.	Rechtsprechung
S.	Satz/Seite/siehe/section
sch.	schedule
SI	Statutory Instrument
Slg.	Sammlung der Rechtsprechung des EuGH
sog.	sogenannte/sogenannter/sogenanntes
ss.	sections
StGB	Strafgesetzbuch
SVR	Straßenverkehrsrecht
u.a.	unter anderem/und andere
u.ä.	und ähnliche/ähnliches
UK	United Kingdom
u.U.	unter Umständen
vgl.	vergleiche
wistra	Zeitschrift für Wirtschafts- und Steuerstrafrecht
WLR	Weekly Law Review
WM	Wertpapier-Mitteilungen
WPg	Die Wirtschaftsprüfung
z.B.	zum Beispiel
ZEuP	Zeitschrift für Europäisches Privatrecht
ZfRV	Zeitschrift für Rechtsvergleichung, Internationales Privatrecht und Europarecht
ZGR	Zeitschrift für Unternehmens- und Gesellschaftsrecht

ZInsO	Zeitschrift für das gesamte Insolvenzrecht
ZIP	Zeitschrift für Wirtschaftsrecht und Insolvenzpraxis
zit.	zitiert
ZPO	Zivilprozeßordnung
ZRP	Zeitschrift für Rechtspolitik
z.T.	zum Teil
ZVglRWiss	Zeitschrift für vergleichende Rechtswissenschaft
ZVI	Zeitschrift für Verbraucher- und Privat-Insolvenzrecht

A. Einleitung

I. Problemstellung

Seit jeher herrscht in Deutschland und Europa die Diskussion, wie mit sog. „Scheinauslandsgesellschaften" zu verfahren sei. [1] Hierbei handelt es sich um Gesellschaften ausländischer Rechtsformen, welche ihren tatsächlichen Verwaltungssitz [2] im Inland haben. [3] Insbesondere stand zur Frage, ob dieser Sitz in einem beliebigen Mitgliedstaat gerade unter Anerkennung der Gesellschaftsform des Gründungsstaates und entsprechender umfangreicher Anwendung dessen Gesellschaftsrechts (und zwar auch dann, wenn der Gründungsstaat niedrigere Anforderungen an seine Kapitalgesellschaften stellte) belegen sein könne. In einer Reihe von Entscheidungen hatte der Europäische Gerichtshof die Gelegenheit zu diesen Fragen und damit einhergehend zur Niederlassungsfreiheit Stellung zu nehmen. Grundsätzlich hatte er mit seiner Rechtsprechung den Umfang der Niederlassungsfreiheit und somit die Akzeptanz der Scheinauslandsgesellschaften im Inland stetig vorangetrieben. Ein „Run" auf EU-ausländische Kapitalgesellschaften galt damit als sicher, da diese doch um so Vieles interessanter als deutsche Gesellschaften wären. [4]

Die auf die EuGH-Entscheidungen folgenden Zahlen belegen diese Vermutung. [5] Vor allem erfreut sich die englische *private company limited by shares*

---

1 Zur geschichtlichen Entwicklung der Diskussion allgemein *Großfeld*, FS H. Westermann, 1974, S. 199 ff. Schon vor fast 100 Jahren rief der Fall um das Pariser Varietétheater Moulin Rouge einen Sturm der Entrüstung hervor. Dieses sollte in eine Limited englischen Rechts umgewandelt werden. Ein formeller Sitz, an welchem sich nur ein Büro befand, wurde hierfür in London gegründet; Tribunal correctionnel de la Seine, 02.07.1912, Dalloz (Jurisprudence Général), 1913, 165. Aus der deutschen Rechtsprechung: RGZ 7, 69; BGH NJW 1957, 1433; 1986, 2194; 2009, 289. S. zur Diskussion aus neuerer Zeit: *Eidenmüller/Rehm*, ZGR 1997, 89 ff.; *Kindler*, NJW 1999, 1993 ff.; *ders.*, NJW 2003, 1073 ff.; *ders.*, IPRax 2009, 189 ff.; *Zimmer*, NJW 2003, 3585 ff.; *Altmeppen*, NJW 2004, 97 ff.; *Ulmer*, NJW 2004, 1201 ff.; *Sandrock*, EWS 2005, 529 ff.

2 Dies ist der nach außen erkennbare Tätigkeitsort der Geschäftsführung und der für das Tagesgeschäft zuständigen Vertretungsorgane, also der „Ort, an dem die Entscheidungen der Unternehmensleitung effektiv in laufende Geschäftsführungsakte umgesetzt werden". Sog. „Sandrock`sche Formel"; *Sandrock*, FS Beitzke, 1979, S. 669, 683. S. etwa: BGHZ 97, 296, 272; *Kropholler*, § 55 I 2.

3 MüKoBGB/*Kindler*, IntGesR, Rn. 464.

4 Vgl. etwa einleitend bei *Altmeppen*, NJW 2004, 97.

5 Insbesondere sind heute Gesellschaften aus England, Liechtenstein und den Niederlanden in Deutschland vertreten; vgl. BeckOKGmbHG/*Lang*, IntGesR, Rn. 1.

(kurz: Limited) [6] großer Beliebtheit in Deutschland. So soll es an den fehlenden gesetzlichen Mindestkapitalanforderungen sowie der leichten Gründung liegen, [7] dass die Anzahl der bis 31.12.2005 gegründeten Limiteds bereits bei ca. 30.300 lag. Bis zum 01.11.2006 war diese sogar auf ca. 46.000 Gesellschaften angestiegen. [8] Auch Ende 2008 waren noch über 40.000 Limiteds in Deutschland vertreten. [9] Die Konkurrenz zur deutschen GmbH zeichnete sich in der Folge ab.

Zwar hat der deutsche Gesetzgeber mittlerweile auf diese Zahlen reagiert und die Möglichkeit geschaffen, eine GmbH auch als „Unternehmensgesellschaft" (kurz: UG) zu gründen. [10] Diese tritt mit ihrem Mindestkapital von nur einem Euro für die entsprechende Zielgruppe nun in Konkurrenz zur Limited. [11] Nichtsdestotrotz ist die Limited in Deutschland nach wie vor allgegenwärtig.

Die EuGH-Rechtsprechung und die Fülle an ausländischen Gesellschaften in Deutschland haben zahlreiche Lösungsvorschläge hervorgerufen, insbesondere im Hinblick auf die Gefahren für den inländischen Gläubigerschutz. Meist wurde versucht, den ausländischen Gesellschaften mit Verwaltungssitz in Deutschland mit dem deutschen materiellen Recht beizukommen, um so zumindest einen gewissen Mindestschutz für das Inland zu gewährleisten. [12] Dessen rechtmäßige Anwendung sollte hierbei über die Reichweite des Gesellschaftsstatuts bewerkstelligt werden. Auch über die Prüfung der europarechtlichen Zulässigkeit der Anwendung deutschen Rechts sollte dieses Ziel erreicht werden. [13] Im

---

6 Soweit hier auf das „englische" Recht Bezug genommen wird, sind damit England und Wales berufen. Diese beiden Teile des Vereinigten Königreichs haben eine gemeinsame einheitliche Rechtsordnung bzw. ein gemeinsames einheitliches Gerichtssystem. Daneben existieren im Vereinigten Königreich jeweils die Rechtsordnungen und Gerichtssysteme Nordirlands und Schottlands.

7 So z.B. Wabnitz/Janovsky/*Beck*, WirtschaftsR, 6. Kapitel A. IV. 1. c), Rn. 55b; *Karsten*, § 8, Rn. 81 ff.; *Just*, BC 2006, 25, 27 f.

8 S. zu diesen Zahlen die Untersuchung von *Westhoff*, GmbHR 2007, 474; s. dort auch zu den Schwierigkeiten einer genauen Bestimmung der Zahl der mit Verwaltungssitz in Deutschland aktiven Limiteds (z.B. aufgrund mangelnder Registereintragung oder Gewerbeanmeldung in Deutschland).

9 *Schrader*, Handelsblatt vom 01.12.2008.

10 Dies im Zuge des am 01.11.2008 inkraftgetretenen Gesetzes zur Modernisierung des GmbH-Rechts und zur Bekämpfung von Missbräuchen (MoMiG), BGBl. I 2008, S. 2026.

11 So waren ein Jahr nach Inkrafttreten des MoMiG bereits 19.563 UGs in deutsche Handelsregister eingetragen; *Bayer/Hoffmann/Lieder*, GmbHR 2010, 9.

12 Z.B. Existenzvernichtungshaftung, Insolvenzantragspflicht. Vgl. *Zimmer/Naendrup*, ZGR 2007, 789, 790 f. mwN.

13 S. umfassend zur Diskussion: MüKoBGB/*Kindler*, IntGesR, Rn. 406 ff., 520 ff.; Scholz/*Westermann*, Einl., Rn. 110 ff.; MüKoGmbHG/*Weller*, Einl., Rn. 390 ff., 426 ff. S. *Zimmer/Naendrup*, ZGR 2007, 789, 791. mwN.

Bereich des Kollisionsrechts rief die neue Rechts- und Sachlage sogar einen Referentenentwurf eines Gesetzes zum Internationalen Privatrecht der Gesellschaften, Vereine und juristischen Personen hervor. [14]

Die Kriterien, die ausländische Rechte an den Einsatz ihrer Gesellschaften in anderen Staaten stellen, wurden bei der in Deutschland geführten Diskussion zur Scheinauslandsgesellschaft hingegen in erheblich geringerem Umfang berücksichtigt. [15] In der Praxis sehen Unternehmensgründer zunächst meist nur die Vorzüge der ausländischen Gesellschaftsform, beschäftigen sich aber weniger mit etwaigen Pflichten, die während der Geschäftstätigkeit für die Gesellschaft bzw. die *officers* (die Verantwortlichen) [16] der Gesellschaft entstehen können. Auch sollen etwaige kommerzielle „Unterstützer", d.h. Unternehmen, die sich auf die Gründung ausländischer Gesellschaften spezialisiert haben, [17] mit Empfang ihres Salärs die Neuunternehmer regelmäßig alleine lassen. [18]

Im Rahmen solcher Betrachtungen ist mit der hohen Anzahl an Limiteds in Deutschland die Nichtbeachtung englischer handelsrechtlicher Publizitätspflichten von besonderer Bedeutung. [19] Deren Missachtung kann drastische Folgen für die Gesellschaft wie auch für deren Verantwortliche verursachen. Kurz umrissen sei zur Verdeutlichung folgendes Beispiel: [20]

Wird der nach englischem Recht vorgeschriebenen Einreichung der *annual accounts and reports* (Jahresabschluss) zum Companies House nicht nachgekommen, kann eine Löschung der Gesellschaft im englischen Register erfolgen. Dies lässt nach englischem Recht die Rechtsfähigkeit der Gesellschaft entfallen. Für den Verlust der Rechtsfähigkeit reicht nämlich die Löschung im Register; dagegen ist zusätzlich die Vermögenslosigkeit, wie beispielsweise von der deutschen Rechtsordnung gefordert, nicht notwendig. Mit dieser „leichten Löschung" fällt das noch vorhandene Vermögen der nun nicht mehr existenten Gesellschaft als *bona vacantia* an die englische Krone.

Damit ist also fraglich, ob auch die Limited, die ihren Verwaltungssitz in Deutschland hat und meist ausschließlich dort aktiv ist, einschlägige englische

---

14 Näher Kapitel B. III.

15 So auch *Zimmer/Naendrup*, ZGR 2007, 789, 791.

16 Die Begriffe „*officers*" und „Verantwortliche" sollen in dieser Untersuchung synonym verwendet werden.

17 Gerade Unternehmen, die sich für die Gründung englischer Limiteds anbieten, sind mittlerweile zahlreich mit Zeitungsanzeigen und vor allem Internetauftritten vorhanden.

18 *N. Schmidt*, ZInsO 2009, 1635, 1636.

19 Von der handelsrechtlichen Publizität sind Rechnungslegung, Registerrecht und Firmenrecht umfasst. S. detailliert zum Begriff Kapitel B. II. 3. a).

20 S. ausführlich in Kapitel D. II. 2.

Publizitätspflichten zu beachten hat. Sollte dies zu bejahen sein, so ist weiterhin zu beantworten, welche grenzüberschreitenden Auswirkungen eine entsprechende Löschung in England auf die in Deutschland tätige Limited haben kann. Will das deutsche Recht das Erlöschen der Gesellschaft anerkennen, so stellen sich etliche Folgefragen zum Umgang mit dem in Deutschland zurückgebliebenen Gebilde und etwaigen Rechtsbeziehungen.

Neben der Löschung der Gesellschaft kann die Nichtbeachtung englischer Publizitätspflichten auch andere Auswirkungen haben. Diese sind ebenso in der Lage, sowohl die Gesellschaft als auch deren *officers* folgenschwer zu treffen. Wiederum beispielhaft genannt sei hier die Möglichkeit der Verhängung einer *disqualification order*, welche zumindest die Tätigkeit als *director,* d.h. Geschäftsleiter, einer englischen Limited versagt. [21] Auch bei diesen Sanktionen stellt sich die Frage nach deren Konsequenzen in Deutschland.

Rechtsprechung und Literatur haben sich zu der gesamten Thematik zurückhaltend und wenn überhaupt nur in Ausschnitten geäußert. [22] Insgesamt will daher diese Arbeit die Auswirkungen der Nichtbeachtung englischer handelsrechtlicher Publizitätspflichten auf die in England gegründete *private company limited by shares* mit Verwaltungssitz in Deutschland umfassend beleuchten und dabei das Ineinandergreifen der unterschiedlichen Rechtsordnungen ergründen.

II. Gang der Untersuchung

Zunächst soll ein Überblick über den Status Quo der ausländischen Gesellschaften mit Verwaltungssitz in Deutschland, insbesondere unter Berücksichtigung der Rechtsprechung des EuGH und auch des Referentenentwurfes des Gesetzes zum Internationalen Privatrecht der Gesellschaften, Vereine und juristischen Personen, verschafft werden (B.). Dadurch soll festgestellt werden, ob ausländische Gesellschaften mit Verwaltungssitz in Deutschland überhaupt etwaige Publizitätspflichten ihres Gründungsstaates zu beachten haben. Sodann sollen die im englischen Recht mit besonderer Bedeutung ausgestatteten und hier relevanten Publizitätspflichten besprochen werden (C.). Anschließend wird untersucht, welche Sanktionen das englische Recht bei einer Nichtbeachtung entsprechender Pflichten grundsätzlich vorsieht (D.). Dabei muss zwischen Sanktionen für die

---

21 S. hierzu ausführlich Kapitel D. I. 2.

22 Die Rechtsprechung hat sich in Ansätzen lediglich zu einzelnen Bereichen geäußert: Z.B. OLG Nürnberg NZG 2008, 76; OLG Jena NZG 2007, 877 zu bestimmten Auswirkungen der Löschung der Limited. Die umfassendste, allerdings in vielen Punkten nur andeutende bzw. nicht vollständige Darstellung in der Literatur bieten *Zimmer/Naendrup*, ZGR 2007, 789 ff.

Limited und solchen für deren *officers* differenziert werden. Danach werden umfassend die grenzüberschreitenden Konsequenzen der Nichtbeachtung der Pflichten gerade für eine Limited mit Verwaltungssitz in Deutschland untersucht (E.). Auch hier wird zwischen den Folgen für die Gesellschaft sowie solchen für die *officers* in Deutschland unterschieden. Abgeschlossen werden soll die Untersuchung nach einem Fazit (F.) mit einer Zusammenfassung der wesentlichen Ergebnisse in Thesen (G.).

B. Status Quo der ausländischen Gesellschaften mit Verwaltungssitz in Deutschland

Um sich der Problematik der Folgen der Nichtbeachtung englischer handelsrechtlicher Publizitätspflichten annähern zu können, ist zunächst klarzustellen, wie es grundsätzlich um den Status Quo der ausländischen Gesellschaften mit Verwaltungssitz in Deutschland bestellt ist.

Für die Lösung der zu untersuchenden Thematik ist nämlich von Bedeutung, nach welchem Recht die ausländische Gesellschaft in Deutschland zu beurteilen ist: [23] Käme man für eine derartige Gesellschaft mit Verwaltungssitz in Deutschland zu einer Beurteilung nach deutschem Recht, hätte beispielsweise das einleitend bereits angedeutete Problem der am Gründungssitz gelöschten Gesellschaft eine nicht solch einschneidende Wirkung, da eine Löschung im englischen Register für die nach deutschem Recht zu beurteilende Gesellschaft nicht zu berücksichtigen wäre. Auch kann damit beantwortet werden, ob das deutsche Recht ein Befolgen der ausländischen Publizitätspflichten verlangt. Das maßgebende Gesellschaftsstatut ist folglich zu bestimmen (B. I.). Insofern stellt sich hierbei aber auch die Frage, welche Regelungsbereiche vom einschlägigen Gesellschaftsstatut überhaupt umfasst sind. So gilt es zu prüfen, ob die Löschung der Gesellschaft überhaupt dem Gesellschaftsstatut unterfällt und wie etwaige Publizitätspflichten zu qualifizieren sind (B. II.). Im Anschluss daran soll untersucht werden, ob der Referentenentwurf zu einem Gesetz zum Internationalen Privatrecht der Gesellschaften, Vereine und juristischen Personen hinsichtlich gefundener Ergebnisse Änderungen mit sich bringt (B. III.). Das Gesamtresultat wird in Form eines Zwischenergebnisses festgehalten (B. IV.).

I. Bestimmung des Gesellschaftsstatuts

Grenzüberschreitend tätige Gesellschaften rufen für die Parteien und die jeweiligen inländischen Rechtsordnungen grundsätzlich die Frage hervor, welches Recht auf diese Anwendung finden soll. So kommt eine Beurteilung nach deren Gründungsrecht, dem Recht des Landes in dem sie tätig sind, oder eine Mischung aus genannten Rechtsordnungen in Frage. Die insoweit maßgebliche Rechtsordnung wird als Gesellschaftsstatut oder lex societas bezeichnet. [24] Hie-

---

[23] Dies betonen auch *Zimmer/Naendrup*, ZGR 2007, 789, 800 f. Vgl. ferner *Just*, Rn. 258 ff.

[24] K. Schmidt/Lutter/*Zimmer*, IntGesR, Rn. 1.

runter ist die Summe aller Sachnormen zu verstehen, nach denen die gesellschaftsrechtlichen Beziehungen zu beurteilen sind. [25]

1. Grundsätzliches

Die Bestimmung des maßgeblichen Gesellschaftsstatuts gilt als eine der am längsten diskutierten Fragen des Internationalen Gesellschaftsrechts. [26] Dabei kommen drei verschiedene Kategorien an Rechtsquellen unter folgendem Rangverhältnis in Betracht: [27] Grundsätzlich hat der Rechtsanwender gem. Art. 3 Nr. 2 EGBGB deutsches Gesellschaftskollisionsrecht anzuwenden, sofern kein völkerrechtlicher Vertrag vorhanden ist, welcher in innerstaatliches Recht transformiert wurde. Sowohl autonomen deutschem Gesellschaftskollisionsrecht wie auch völkerrechtlichem Gesellschaftskollisionsrecht gehen allerdings gem. Art. 3 Nr. 1 EGBGB unmittelbar anwendbare EU-gemeinschaftsrechtliche Bestimmungen vor. [28]

Geschriebene Normen über das anwendbare Gesellschaftsstatut finden sich im autonomen deutschen Kollisionsrecht bisher nicht. [29] Auch umfassende multilaterale Staatsverträge fehlen. [30] Jedoch bestehen multi- oder bilaterale Staatsverträge, die bei der Ermittlung des Gesellschaftsstatuts zu berücksichtigen sind, allerdings nur mit eingeschränkter praktischer Relevanz. [31] Gemeinschaftsweite

---

25 K. Schmidt/Lutter/*Zimmer*, IntGesR, Rn. 1.

26 So etwa MüKoBGB/*Kindler*, IntGesR, Rn. 331.

27 *Weller*, IPRax 2009, 202, 204.

28 Palandt/*Thorn*, EGBGB, Art. 3, Rn. 6 ff.

29 So enthalten die §§ 3 ff. EGBGB noch keine Vorschriften betreffend der Bestimmung des Gesellschaftsstatuts; *Kropholler*, § 55 I 1. Art. 37 Nr. 2 EGBGB nahm das Gesellschaftsrecht ausdrücklich von der Anwendung der Art. 27 ff. EGBGB aus (aufgehoben mWv. 17.12.2009); der Gesetzgeber hatte mit dieser Selbstbeschränkung Rücksicht auf die Vereinheitlichungsbemühungen innerhalb der EG genommen; vgl. die Begründung des Entwurfes des Gesetzes zur Neuregelung des Internationalen Privatrechts, BT-Drucks. 10/504, S. 29. Es ist aber vorgesehen das Internationale Gesellschaftsrecht zu kodifizieren. Ein Referentenentwurf zu einem Gesetz zum Internationalen Privatrecht der Gesellschaften, Vereinen und juristischen Personen wurde von der Bundesregierung am 07. Januar 2008 auf den Weg gebracht. S. hierzu unten B. III.

30 Als gescheitert zu betrachten sind: Das Haager Übereinkommen über die Anerkennung ausländischer Gesellschaften vom 01.06.1956 (RabelsZ 17 (1952) 270 ff.), das Haager Trust-Übereinkommen vom 01.07.1985 (IPRax 1987, 55 ff.), das EG-Übereinkommen über die gegenseitige Anerkennung von juristischen Personen vom 29.02.1968 (BGBl. II 1972, S. 370). S. dazu *Kropholler*, § 55 I 1.

31 Von Bedeutung ist hier Art. 25 V 2 des Freundschafts-, Handels- und Schifffahrtsvertrag zwischen der Bundesrepublik Deutschland und den Vereinigten Staaten von Ame-

Vorgaben [32] – lässt man den EU-Arbeitsweisevertrag und die in den letzten Jahren ergangene Rechtsprechung des EuGH zur Niederlassungsfreiheit hier noch außer Betracht – sind weitgehend nicht vorhanden. [33] Die Bestimmung des auf die Gesellschaft anzuwendenden Rechts war in Deutschland vielmehr seit jeher der Rechtsprechung und Lehre überlassen. Im Wesentlichen standen sich zwei kollisionsrechtliche Theorien [34] gegenüber: Die Sitztheorie (dazu 2.) und die Gründungstheorie (dazu 3.).

---

rika vom 29.10.1954, BGBl. II 1956, S. 487; es wird darin eine Verweisung auf das Gründungsrecht gesehen, vgl. BGHZ 153, 353; K. Schmidt/Lutter/*Zimmer*, IntGesR, Rn. 16 f.; umfassend *Kaulen*, passim; für die Relevanz des Art. 15 II des Niederlassungsvertrages zwischen der Bundesrepublik Deutschland und Spanien vom 23.04.1970 *Ebenroth/Bippus*, DB 1988, 842, 843; a.A. BeckOKBGB/*Mäsch*, EGBGB, Anh. II Art. 12, Rn. 47. Einen Überblick über Staatsverträge mit gesellschaftskollisionsrechtlicher Relevanz bietet MüKoBGB/*Kindler*, IntGesR, Rn. 308 ff.

32 Art. 1 II lit. f Rom I-VO bestimmt, dass die Vorschriften des Internationalen Vertragsrechts auf „Fragen betreffend das Gesellschaftsrecht, das Vereinsrecht und das Recht der juristischen Personen" keine Anwendung finden. Entsprechend nimmt Art. 1 II lit. d Rom II-VO diese von der Anwendung aus. Auch der von der EU-Kommission auf den Weg gebrachte und einstweilen gestoppte Entwurf (so *Bayer/J. Schmidt*, BB 2008, 454, 458) einer Vierzehnten Richtlinie über die Verlegung des Sitzes einer Gesellschaft in einen anderen Mitgliedstaat (ZIP 1997, 1721 ff.; einführend *Habersack*, § 4, Rn. 36 ff.) lässt die Problematik offen; *Kropholler*, § 55 I 1. Das EU-Parlament hat im März 2009 indessen nachdrücklich eine Wiederaufnahme der Arbeiten gefordert; s. die Entschließung des Europäischen Parlaments vom 10.03.2009, P6_TA (2009) 0086.

33 Einige Verordnungen und Richtlinien der Europäischen Gemeinschaft enthalten kollisionsrechtliche Ansätze. Allerdings beziehen sich diese nur auf bestimmte Regelungsgegenstände (wie: die Eröffnung des Insolvenzverfahrens, EuInsVO; Verschmelzung von Kapitalgesellschaften, Verschmelzungsrichtlinie) oder einzelne Rechtsformen (wie: die Societas Europaea, SE-VO; oder: die Europäische Interessenvereinigung, EWIV-VO).

34 Daneben wurden und werden andere gemischte Anknüpfungssysteme vertreten: So z.B. die Differenzierungslehre (*Grasmann*, S. 131 ff.), die Überlagerungstheorie (*Sandrock*, RabelsZ 42 (1978) 227, 246 ff.; *ders.*, ZVglRWiss 102 (2003) 447 ff.) oder die Kombinationslehre (*Zimmer*, S. 219 ff.); vgl. hierzu den kurzen Überblick von K. Schmidt/Lutter/*Zimmer*, IntGesR, Rn. 11 mwN.

2. Sitztheorie

Traditionell folgte man in Deutschland der sogenannten Sitztheorie. [35] Diese bereits im 19. Jahrhundert in Belgien und Frankreich entwickelte und vom RG schon seit Anfang des 20. Jahrhunderts bestätigte Theorie besagt, dass sich das Gesellschaftsstatut nach dem tatsächlichen Sitz (Verwaltungssitz) [36] der Gesellschaft richtet. [37] Die Sitztheorie stellte sich für ausländische Gesellschaften als unproblematisch dar, sofern Satzungssitz (der Ort, an dem die Gesellschaft gegründet wurde; auch: Gründungssitz) und Verwaltungssitz zusammenfallen. [38] So kann die Gesellschaft mit beiden Sitzen im Gründungsstaat durchaus als eine rechtsfähige Gesellschaft wirksam Geschäfte in einem Sitztheoriestaat tätigen. [39] Weichen jedoch Satzungs- und Verwaltungssitz voneinander ab, wie dies z.B. der Fall ist, wenn eine Gesellschaft ihren Verwaltungssitz ins Inland (in den sogenannten Zuzugsstaat) [40] verlegt, oder wenn der Verwaltungssitz von Beginn an im Inland liegt, handelt es sich also um eine „Scheinauslandsgesellschaft", [41] so ist diese Gesellschaft gem. der Sitztheorie am inländischen Recht zu messen. Die Gesellschaft müsste folglich den kompletten Anforderungen des deutschen Rechts entsprechen. Allein mit Blick auf die unterschiedlichen Haftungssummen von Limited und GmbH [42] wäre somit eine Anerkennung der Limited als eine rechtsfähige Gesellschaft mit beschränkter Haftung nicht möglich. Die im Gründungsstaat erlangte (und sogar mit Wegzug nach ausländischem Recht nicht aberkannte) Rechtsfähigkeit wird folglich nach der Sitztheorie im Zuzugsstaat schlechthin negiert. [43] Möchte die ausländische Gesellschaft wirksam am

---

35 Stellvertretend: BGHZ 51, 27, 28; 53, 181, 183; 78, 318, 334; 97, 269, 271; 118, 151, 167; 151, 204, 206. Eine Auflistung mit Staaten, die der Sitztheorie folgen ist, bei MüKoBGB/*Kindler*, IntGesR, Rn. 489 f. und Staudinger/*Großfeld*, IntGesR, Rn. 153 zu finden.

36 S. die Definition in Kapitel A. I.

37 MüKoBGB/*Kindler*, IntGesR, Rn. 400.

38 MüKoBGB/*Kindler*, IntGesR, Rn. 400.

39 Dies ist natürlich auch in der Praxis überwiegend der Fall. So agieren viele ausländische Gesellschaften mit Verwaltungssitz im Ausland in Deutschland.

40 Die Thematik um einen „Zuzug" betrifft die Frage, ob ein Staat die Zuwanderung (durch Verlegung des Verwaltungssitzes) einer nach dem Recht eines anderen Staates gegründeten Gesellschaft gestattet. Beim „Wegzug" geht es hingegen darum, ob eine Gesellschaft gegenüber dem Staat, nach dessen Recht sie gegründet wurde, berechtigt ist, diesen durch Verlegung des Verwaltungssitzes zu verlassen.

41 S. bereits Kapitel A. I. Zum Begriff auch Staub/*Koch*, § 13d, Rn. 8, welcher diesen als veraltet bezeichnet.

42 Diesbezüglich anders natürlich jetzt bei der Unternehmergesellschaft. Unterschiede bestehen aber dennoch. S. hierzu *Waldenberger/Sieber*, GmbHR 2009, 114 ff.

43 *Behrens*, IPRax 2003, 193, 194.

Rechtsverkehr teilnehmen, ist eine Neugründung in der Weise erforderlich, die zur Rechtsfähigkeit nach dem Recht des Zuzugsstaates führt. [44]

Die Sitztheorie soll dem Schutzinteresse des am meisten betroffenen Staates Rechnung tragen: Es ist nämlich der Regelfall, dass sich am Ort des Verwaltungssitzes auch die meisten Angestellten, Anteilseigner, Begünstigte oder Gläubiger befinden. [45] Der inländische Rechtsverkehr soll dadurch geschützt werden, dass den Gründer-Gesellschaftern für ihre unternehmerischen Aktivitäten eine inländische Rechtsform aufgezwungen wird. [46] Da man in Deutschland der Sitztheorie folgte, war somit eine ausländische Gesellschaft mit Verwaltungssitz in Deutschland als solche nicht rechtsfähig.

Unabhängig von der Reichweite des Gesellschaftsstatuts [47] bedeutete dies, dass eine Löschung im englischen Register ohne Bedeutung wäre, da die Gesellschaft nach deutschem Recht zu beurteilen war. Auch forderte das deutsche Recht keine Einhaltung englischer Publizitätspflichten.

3. Gründungstheorie

Der Sitztheorie gegenüber steht die Gründungstheorie (oder Inkorporationstheorie). Nach dieser im 18. Jahrhundert in England entwickelten, [48] vorwiegend im anglo-amerikanischen Rechtskreis [49] vertretenen Theorie ist das Gesellschaftsstatut nach dem Gründungsrecht, also dem Recht des Gründungs- und Registerortes der Gesellschaft zu beurteilen. [50] Bewertet man nun wiederum die mit Verwaltungssitz im Inland tätigen ausländischen Gesellschaften, lässt sich bei Anwendung der Gründungstheorie eine Anerkennung dieser Gesellschaften feststellen. Ausreichend ist, dass die Gesellschaft ihren Satzungssitz im Gründungsland hat. Die Gründungstheorie bevorzugt im Gegensatz zur Sitztheorie die Interessen der Gründer. [51] Mit der Gründungstheorie ist es dem Unternehmensgründer möglich, eine passende Gesellschaft unter zahlreichen ausländischen Rechtsformen auszuwählen und auch mit Verwaltungssitz in einem Gründungstheoriestaat tätig zu werden. Allerdings finden die mit der Sitztheorie verfolgten inlän-

---

44 OLG Zweibrücken, IPRax 1991, 406; *Kropholler*, § 55 I 2 b.

45 MüKoBGB/*Kindler*, IntGesR, Rn. 401.

46 Eidenmüller/*Eidenmüller*, § 1 Rn. 6.

47 S. hierzu unten Kapitel B. II.

48 Zur Entstehungsgeschichte s. *Höfling*, S. 96 ff.

49 Vgl. eine Auflistung zu den der Gründungstheorie folgenden Staaten bei MüKoBGB/*Kindler*, IntGesR, Rn. 487 f.; Staudinger/*Großfeld*, IntGesR, Rn. 154 ff.

50 Zum Ganzen: Staudinger/*Großfeld*, IntGesR, Rn. 31 ff.; überblicksartig *Hofmeister*, WM 2007, 868, 869.

51 *Hofmeister*, WM 2007, 868, 869.

dischen Ordnungs- und Schutzvorschriften bei der Gründungstheorie keine Beachtung.

Mit Geltung der Gründungstheorie wären also sowohl etwaige Publizitätspflichten als auch „das Ende“ einer solchen Gesellschaft zu beachten. [52]

4. Sitztheorie und Niederlassungsfreiheit

a) Niederlassungsfreiheit

Gesellschaften, die nach dem Recht eines EU-Mitgliedstaates gegründet wurden, genießen den Schutz der im EU-Arbeitsweisevertrag (kurz: AEUV) [53] verankerten Grundfreiheiten, insbesondere der Niederlassungsfreiheit. [54] So verbieten die Art. 49 I 1, 54 AEUV [55] Beschränkungen der Niederlassung, d.h. der freien Sitznahme von Gesellschaften eines Mitgliedstaates (primäre Niederlassungsfreiheit). Ferner unterbinden die Art. 49 I 2, 54 AEUV Beschränkungen der Gründung von Agenturen, Zweigniederlassungen oder Tochtergesellschaften im Hoheitsgebiet eines Mitgliedstaates durch Gesellschaften mit Hauptniederlassung in einem anderen Mitgliedstaat (sekundäre Niederlassungsfreiheit). Voraussetzung der Geltung der Niederlassungsfreiheit ist, dass die Gesellschaft nach den Rechtsvorschriften eines Mitgliedstaates wirksam gegründet wurde.

---

52 Sofern man denn sowohl diese Publizitätspflichten als auch „das Ende“ der Gesellschaft dem Gesellschaftsstatut unterstellt. S. sogleich unten Kapitel B. II.

53 Vertrag über die Arbeitsweise der Europäischen Union in der Fassung der Bekanntmachung vom 09.05.2008, ABl. 2008 Nr. C 115, S. 47; s. hierzu einführend *Mayer*, JuS 2010, 189 ff. Bis zum 30.11.2009 galt der EGV (Vertrag zur Gründung der Europäischen Gemeinschaft vom 07.02.1992, BGBl. II 2002, S. 1666) dessen Art. 43, 48 identisch mit den hier relevanten Art. 49, 54 AEUV sind. Damit können in der Folge die etwa durch die Rechtsprechung für diese Vorschriften des EGV entwickelten Grundsätze entsprechend für diese Vorschriften des AEUV herangezogen werden. Von Bedeutung ist auch das Abkommen über den Europäischen Wirtschaftsraum vom 02.05.1992, BGBl. II 1993, S. 266 (kurz: EWRA), welches als Assozierungsvertrag zwischen der EU und den EFTA-Staaten (Island, Liechtenstein, Norwegen, mit Ausnahme der Schweiz) abgeschlossen wurde. Das Abkommen enthält die entsprechenden wirtschaftlichen Verkehrsfreiheiten. Angesichts des identischen Wortlauts und dem Grundsatz der Homogenität von EWR-Recht und EG-Recht haben dort verortete Verkehrsfreiheiten übereinstimmende rechtliche Bedeutung. S. Ulmer/*Behrens*, Einl. B 6; MüKoBGB/*Kindler*, IntGesR, Rn. 96. Eidenmüller/*Rehm*, § 2 Rn. 47.

54 Da die Vorschriften des AEUV/EGV keine ausdrücklichen Vorgaben für das Internationale Gesellschaftsrecht enthalten, wurde die Sitztheorie lange Zeit als EG-rechtlich unbedenklich angesehen; K. Schmidt/Lutter/*Zimmer*, IntGesR, Rn. 18.

55 Zuvor Art. 43 I 1, 48 EGV. Entsprechendes gilt hier wie auch im Folgenden für Art. 31 I 1, 34 EWRA.

Dies begründet sozusagen ihre Angehörigkeit zu einem Mitgliedstaat. [56] Daneben muss ihr satzungsmäßiger Sitz, ihre Hauptverwaltung oder ihre Hauptniederlassung innerhalb der Gemeinschaft sein. Dies soll die Ansässigkeit der Gesellschaft in der Gemeinschaft gewährleisten. [57] Dabei muss für die Geltung der Niederlassungsfreiheit unschädlich sein, wenn diese Ansässigkeit bei erstmaliger Begründung nicht im Gründungsstaat liegt. [58]

b) Vereinbarkeit der Sitztheorie mit der Niederlassungsfreiheit

Dass die Sitztheorie hinsichtlich ihrer Auswirkungen mit der Niederlassungsfreiheit in Konflikt gerät, ist evident. [59] Der zentrale Punkt des Konflikts besteht darin, dass die Sitztheorie nicht die von der Niederlassungsfreiheit geforderte Möglichkeit gewährleistet, dass sich Satzungs- und Verwaltungssitz ein und derselben Gesellschaft in verschiedenen Mitgliedstaaten befinden. [60] Dies sollte jedoch, der Niederlassungsfreiheit entsprechend, möglich sein, unabhängig davon, ob diese Divergenz von Anfang an bestanden hat (sekundäre Niederlassungsfreiheit) oder erst aufgrund einer späteren grenzüberschreitenden Verlegung des Verwaltungssitzes entstanden ist (primäre Niederlassungsfreiheit). [61] Daher war die Sitztheorie, trotz erwähnter Vorzüge, auch schon seit längerem umstritten. [62]

---

56 Die Art. 43 EGV/49 AEUV bzw. 31 EWRA gewähren nämlich zunächst natürlichen Personen die Niederlassungsfreiheit. Bei diesen wird gerade an die Staatsangehörigkeit angeknüpft. Ulmer/*Behrens*, Einl. B 7.

57 Ulmer/*Behrens*, Einl. B 7.

58 Hier wird wiederum die Parallele zu natürlichen Personen, welche die Staatsangehörigkeit eines Mitgliedstaates besitzen, und aus der Niederlassungsfreiheit das Recht entnehmen können, ihre Ansässigkeit in der Gemeinschaft erstmalig zu begründen, gezogen. Ebenso müssen nämlich auch die nach dem Recht eines Mitgliedstaates gegründeten Gesellschaften unter Berufung auf die Niederlassungsfreiheit ihre Ansässigkeit in der Gemeinschaft erstmals dadurch konstituieren können, in dem sie in einem anderen Mitgliedstaat als dem Gründungsstaat ihre Hauptverwaltung, Hauptniederlassung oder sonstige dauerhafte Verbindung innehaben. Ulmer/*Behrens*, Einl. B 7. Vgl. unten die Diskussion um die Mobilitätskomponente Kapitel B. I. 6.

59 K. Schmidt/Lutter/*Zimmer*, IntGesR, Rn. 21; *Behrens*, IPRax 2003, 193, 197.

60 *Behrens*, IPRax 2003, 193, 197.

61 Eidenmüller/*Rehm*, § 2, Rn. 52; *Behrens*, IPRax 2003, 193, 197.

62 MüKoBGB/*Kindler*, IntGesR, Rn. 96; *Behrens*, IPRax 2003, 193, 197.

5. Rechtsprechung des EuGH

Der EuGH reagierte auf diesen Konflikt mit einer Reihe von Entscheidungen. Diese sollen in aller Kürze dargestellt werden: [63]

Zunächst sprach sich der Gerichtshof in der Entscheidung *Daily Mail* [64] vom 27.09.1988 dagegen aus, dass die Niederlassungsfreiheit es Gesellschaften ermögliche, den Verwaltungssitz entgegen den Vorschriften des heimischen Rechts in einen anderen Mitgliedstaat zu verlegen. Eine nach nationalem Recht gegründete Gesellschaft besitze jenseits der Rechtsordnung, die ihre Gründung regele, keine Realität. Die Frage, ob ein Widerspruch zwischen Sitztheorie und Niederlassungsfreiheit besteht, konnte mit *Daily Mail* als verneint gelten. [65]

Mit dem *Centros*-Urteil [66] vom 09.03.1999 setzte ein Wandel ein; hier erklärte der EuGH, dass es wegen der Niederlassungsfreiheit geboten sei, die Eintragung einer Zweigniederlassung einer Gesellschaft, die nach dem Recht eines anderen Mitgliedstaates gegründet ist und dort ihren Satzungssitz hat, vorzunehmen. Entgegenstehende Erschwerungen des inländischen Rechts seien nicht mit den Grundfreiheiten vereinbar. Dies sei auch dann anzunehmen, wenn eine Gesellschaft im Ausland gegründet werde, weil das dortige Recht vorteilhafter erscheint oder ist und die Gesellschaft ihre Geschäftstätigkeit ausschließlich im Inland entfalten wolle. Nur solche inländischen Vorschriften bzw. Maßnahmen seien zulässig, die mit dem Vier-Konditionen-Test [67] die Beschränkung der Grundfreiheiten rechtfertigen: Sie müssen in nicht diskriminierender Weise angewandt werden, sie müssen zwingenden Gründen des Allgemeininteresses entsprechen, sie müssen zur Erreichung des verfolgten Ziels geeignet sein, und sie dürfen nicht über das hinausgehen, was zur Erreichung dieses Ziels erforderlich ist. Nach der Sitztheorie wäre die betroffene Gesellschaft nicht wirksam gegründet worden. In der Sache *Centros* legte allerdings ein *dänisches* Gericht zur Vorabentscheidung dem EuGH vor. In Dänemark gilt jedoch die Gründungstheorie. Eine Zweigniederlassung wird dort generell eingetragen (allerdings nur bei vorhandener Geschäftstätigkeit der Hauptniederlassung). Darauf stellte der

---

63 Umfassend: MüKoBGB/*Kindler*, IntGesR Rn. 97 ff.; Scholz/*Westermann*, Einl., Rn. 101 ff.; K. Schmidt/Lutter/*Zimmer*, IntGesR, Rn. 22 ff.; Hirte/Bücker/*Hirte*, § 1, Rn. 4 ff.

64 *Daily Mail* - EuGH Slg. 1988, 5483 = NJW 1989, 2186.

65 Etwa BeckOKBGB/*Mäsch,* Anh. II § 12, Rn. 55; Altmeppen/Roth/*Roth*, § 4a, Rn. 29.

66 *Centros* - EuGH Slg. 1999, I-1459 = NJW 1999, 2027.

67 Unter Verweis auf die Urteile *Kraus* - EuGH Slg. 1993, I-1663 = EuZW 1993, 322 und *Gebhard* - EuGH Slg. 1995, 1-4165 = NJW 1996, 579. Die Niederlassungsfreiheit wird hiernach als ein allgemeines Beschränkungsverbot gewertet.

EuGH auch ausdrücklich in seiner Begründung ab. [68] Die verbreitete Meinung hielt deshalb an der Sitztheorie fest. [69]

Kernaussage der Entscheidung *Überseering* [70] vom 05.11.2002 war, dass es mit der Niederlassungsfreiheit unvereinbar sei, bei Verlegung ihres Verwaltungssitzes ins Inland eine juristische Person ihre Rechts- und Parteifähigkeit als Kapitalgesellschaft ausländischen Rechts für die Betreibung eines Gerichtsverfahrens verlieren zu lassen. Hierfür gebe es gerade keine Rechtfertigung. [71] Im Anschluss wurde vertreten, dass der EuGH einer Anwendung der Sitztheorie auf EU-Auslandsgesellschaften eine Absage erteile. [72] Zumindest solle zu erkennen sein, dass der gerade neu entwickelte Gedanke, ausländische Kapitalgesellschaften in deutsche Personengesellschaften umzuqualifizieren, [73] vor der Niederlassungsfreiheit keinen Bestand haben könne und die Bestimmung der Rechts- und Parteifähigkeit nach dem Gründungsstatut zu beurteilen sei. [74]

Am 30.09.2003 erging die Entscheidung *Inspire Art.* [75] Der EuGH erklärte darin inländische Vorschriften für ungültig, die besondere Regelungen für Offenlegung, Mindestkapital und Haftung der Geschäftsführer [76] gerade für Gesell-

---

68 EuGH NJW 1999, 2027: „Nach dänischem Recht ist die Centros als private limited company als eine Gesellschaft mit beschränkter Haftung anzusehen".

69 Aus der Rechtsprechung: OLG Hamm IPRax 2001, 343; LG Stuttgart NJW-RR 2002, 463. Aus der Literatur z.B.: K. Schmidt/Lutter/*Zimmer*, IntGesR, Rn. 32; *Kindler*, NJW 1999, 1993, 1996; Erman/*G. Hohloch*, EGBGB, Anh. II Art. 37; Rn. 27; *W.-H. Roth*, ZIP 2000, 1597, 1599; *Ebke*, JZ 1999, 656, 658. Andere sprechen sich allerdings für ein Ende der Geltung der Sitztheorie aus: So z.B. *Sandrock*, BB 1999, 1337; *Freitag*, EuZW 1999, 267, 269.

70 *Überseering* - EuGH Slg. 2002, I-9919 = NJW 2002, 3614.

71 Im Rahmen der Entscheidung wird betont, dass eine Beschränkung der Niederlassungsfreiheit iSd. *Centros*-Urteils gerechtfertigt sein könnte. Darüber hinaus wird die Verhältnismäßigkeitsprüfung dahingehend konkretisiert, dass es gerade um den Schutz der Gläubiger, der Minderheitsgesellschafter, der Arbeitnehmer, aber auch des Fiskus zu gehen habe.

72 Statt vieler: *Leible/Hoffmann*, RIW 2002, 925, 928 f.; *Behrens*, IPRax 2003, 193, 200 f.; a.A. MüKoBGB/*Kindler*, IntGesR, Rn. 109 mwN.; *W.-H. Roth*, IPRax 2003, 117, 120.

73 BGH NJW 2002, 3539; IPRax 2003, 62.

74 Statt vieler wiederum: K. Schmidt/Lutter/*Zimmer*, IntGesR, Rn. 32; *Leible/Hoffmann*, RIW 2002, 925, 928 f.; *Behrens*, IPRax 2003, 193, 200 f.; *Zimmer*, NJW 2003, 3585, 3586; a.A. MüKoBGB/*Kindler*, IntGesR, Rn. 109 mwN., der sich mit anderen für eine Annahme von Rechts- und Parteifähigkeit nach deutschem Gesellschaftsrecht ausspricht.

75 *Inspire Art* - EuGH Slg. 2003, I-10155 = NJW 2003, 3331.

76 Etwaige Offenlegungspflichten der Mitgliedstaaten dürften nicht über die im Katalog der Zweigniederlassungsrichtlinie festgelegten hinaus gehen. Zur Zweigniederlas-

schaften enthalten, die im Ausland gegründet wurden, im Inland aber ihre Verwaltung bzw. wesentliche Teile ihres Geschäftsbetriebes unterhielten.[77] Der EuGH erteilte also, über die Frage der Rechts- und Parteifähigkeit hinaus, etwaigen Sonderanknüpfungen nach inländischem Recht oder spezifischen Anforderungen an die ausländische Gesellschaft grundsätzlich eine Absage; etwas anderes solle gelten, wenn diese Sonderanknüpfungen gerechtfertigt sind.[78] Mit dieser Entscheidung sollte sicher sein, dass für in den Mitgliedstaaten der EU wirksam gegründeten Kapitalgesellschaften mit tatsächlichem Verwaltungssitz in Deutschland kraft der Niederlassungsfreiheit bei gesellschaftsrechtlichen Fragen das Gründungsstatut maßgeblich ist.[79]

Mit der *Sevic*-Entscheidung[80] vom 13.12.2005 wurde die Niederlassungsfreiheit um eine weitere Facette ergänzt: Nun soll auch die Möglichkeit einer grenzüberschreitenden Verschmelzung mitumfasst sein. Unzulässig seien entgegenstehende Bestimmungen des Zuzugsstaates.[81]

Mit dieser die Niederlassungsfreiheit vorantreibenden Rechtsprechung war es nur eine Frage der Zeit, bis der EuGH sich zu einem Wegzugsfall einer Gesellschaft äußern sollte.[82] Entgegen allen Erwartungen[83] sprach sich der EuGH

---

sungsrichtlinie vom 21.12.1989 (ABl. 1989 Nr. L 395, S. 33) s. *Habersack*, § 5, Rn. 42 ff. Zusätzliche Gläubigerschutzregelungen verstießen laut EuGH gegen die Niederlassungsfreiheit.

77 Darüber hinaus betonte er erneut, dass es kein betrügerisches Verhalten sei, wenn eine Gesellschaft in einem anderen Mitgliedstaat errichtet werde, um in den Genuss vorteilhafter Rechtsvorschriften zu gelangen. Auch ein ausschießliches Wirken außerhalb des Gründungsstaates sei kein Missbrauch der Niederlassungsfreiheit. Der EuGH zieht außerdem, entgegen einigen Stimmen (*Kindler*, NZG 2003, 1086, 1088; vgl. auch Wortlaut das Art. 43 I 2 EGV - nun Art. 49 I 2 AEUV), faktisch keine klare Grenze zwischen primärer und sekundärer Niederlassungsfreiheit. Weder ist nämlich erforderlich, dass die Zweigniederlassung kleiner oder wirtschaftlich unbedeutender ist, noch muss überhaupt eine Hauptniederlassung bestehen. Es soll also reichen, dass die Gesellschaft mit Satzungssitz im Ausland in einem Mitgliedstaat überhaupt eine Niederlassung gründet. Eidenmüller/*Rehm*, § 2, Rn. 53 f. mwN.

78 ISv. *Centros* und *Überseering*. Roth/Altmeppen/*Roth*, § 4a, Rn. 29; Scholz/*Westermann*, Einl., Rn. 107.

79 BGH NJW 2005, 1648; *Horn*, NJW 2003, 893, 896; *Eidenmüller*, JZ 2004, 24, 33.

80 *Sevic* – EuGH Slg. 2005, I-10805 = NJW 2006, 425.

81 Näher: K. Schmidt/Lutter/*Zimmer*, IntGesR, Rn. 38 ff. Zur Unzulässigkeit entsprechender Vorschriften durch den Wegzugsstaat, vgl. die Verschmelzungsrichtlinie 2005/56/EG (ABl. 2005 Nr. L 310, S. 1).

82 Die Rechtssache *Hughes de Lasteyrie du Saillant* vom 11.03.2004 (EuGH Slg. 2004, I-2409 =NJW 2004, 2439) betraf die Wegzugsbesteuerung natürlicher Personen, die laut EuGH gegen die Niederlassungsfreiheit verstoßen sollte. Jedoch wollte man in Anbetracht der klaren Differenzierung zwischen natürlichen und juristischen Personen in

in der Entscheidung *Cartesio* [84] vom 16.12.2008 aber dafür aus, dass ein Mitgliedstaat die Verlegung des Verwaltungssitzes einer nach seinem Recht gegründeten Gesellschaft in einen anderen Mitgliedstaat verhindern kann. Allerdings soll eine Verlegung möglich sein, indem die Gesellschaft sich in die Gesellschaftsform des Rechts des Aufnahmestaates umwandelt, ohne dass sie aufgelöst und abgewickelt werden muss, sofern das Recht des Aufnahmestaates dies gestattet. [85] Bestimmungen des Wegzugsstaates, die eine Umwandlung verbieten, sind damit nicht zulässig. [86] Die statutswahrende Wegzugsfreiheit ist somit nicht von der Niederlassungsfreiheit gewährleistet. [87]

6. Auswirkungen der EuGH-Rechtsprechung

Gemäß der ergangenen EuGH-Rechtsprechung bleibt mit der h.M. [88] festzuhalten, dass im Schutzbereich der Niederlassungsfreiheit die EU-ausländischen Gesellschaften im Zuzugsfalle ihrem Gründungsrecht unterliegen. [89] Eine Be-

---

Daily Mail und den in *Inspire Art* hervorgehobenen Unterschieden zwischen Zuzugs- und Wegzugsfreiheit die Niederlassungsfreiheit nicht auch auf den Wegzugsfall erstrecken. K. Schmidt/Lutter/*Zimmer*, IntGesR, Rn. 38 ff. Zumindest war aber eine Tendenz des EuGH in Richtung Ausweitung der Niederlassungsfreiheit auszumachen.

83 S. insbesondere die Schlussanträge des portugiesischen Generalanwaltes *Poiares Maduro* vom 22.5.2008, C-210/06, IStR 2008, 478, 479, Rn. 27. Erfahrungsgemäß schließt sich der EuGH zu einer Wahrscheinlichkeit von 75-80% den Schlussanträgen an; *Richter*, IStR 2008, 719, 720 mwN.

84 *Cartesio* – EuGH Slg. 2008, I-9641 = NJW 2009, 569.

85 *Bayer/Schmidt*, BB 2010, 387, 391 sowie die Pressemitteilung des EuGH Nr. 89/2008 vom 16.12.2008, im Internet abrufbar unter www.curia.eu-ropa.eu.

86 Sie stellen eine rechtfertigungsbedürftige Beschränkung der Niederlassungsfreiheit dar.

87 Lutter/Hommelhoff/*Bayer*, § 4a, Rn. 16.

88 Statt Vieler: BGH NJW 2005, 1648, 1649; Roth/Altmeppen/*Roth*, § 4a, Rn. 29; K. Schmidt/Lutter/*Zimmer*, IntGesR, Rn. 35; Palandt/*Thorn*, Anh. zu EGBGB Art. 12, Rn. 1, 6 f.; MüKoGmbHG/*J. Mayer*, § 4a, Rn. 23; MüKoBGB/*Kindler*, IntGesR, Rn. 407 (der auch anmerkt, dass, da Art. 48 II EGV (jetzt: Art. 54 II AEUV) von der Rechtsform her nur Vereinigungen mit wirtschaftlichem Zweck umfasst, Personenverbände mit z.B. karitativen Zwecken somit nicht in den Schutzbereich der durch Art. 43, 49 EGV (jetzt: Art. 49, 54 AEUV) garantierten Niederlassungsfreiheit fallen); *Ulmer*, NJW 2004, 1201, 1209; *Horn*, NJW 2004, 893, 896 f.; a.A. *Altmeppen*, NJW 2004, 97 ff.

89 Damit kann auch die Frage, ob die Niederlassungsfreiheit eine versteckte Kollisionsnorm enthält oder lediglich weitestgehend zum selben Ergebnis führt, dahinstehen; *Borges*, IPRax 2005, 134, 137, Fn. 47 mwN. Umfassend *Eidenmüller*, NJW 2005, 1618 f.

schränkung der Niederlassungsfreiheit – und damit ein Abweichen von der Anwendung des Gründungsstatuts – ist u.U. insofern möglich, als sich die Gesellschaft rechtsmissbräuchlich oder betrügerisch auf die Niederlassungsfreiheit berufen hat oder eine Rechtfertigung iSd. Vier-Konditionen-Tests zu bejahen ist. [90] Freilich verstoßen tätigkeitsregelnde Vorschriften des Sitzstaates, soweit sie nicht den Marktzugang hindern, nicht gegen die Niederlassungsfreiheit. Auch können Gründe der öffentlichen Ordnung Sonderregeln für Ausländer zulassen, Art. 52 I AEUV. [91] Außerhalb des Geltungsbereichs der Niederlassungsfreiheit [92] greift weiterhin die Sitztheorie, [93] es sei denn es liegt ein völkerrechtlicher Vertrag vor, welcher die Gründungstheorie festschreibt. [94]

Jedoch sollen sich solche Gesellschaften nicht auf die Niederlassungsfreiheit berufen können, die ihren Satzungssitz zwar in der Gemeinschaft haben, aber ohne tatsächliche oder dauerhafte Verbindung zur Wirtschaft eines Mitgliedstaates stehen. [95] Dem ist unter Berücksichtigung der Art. 49, 54 AEUV [96] zuzustimmen. [97] Lag der effektive Verwaltungssitz zum Zeitpunkt der Gesellschaftsgründung im Inland, erfolgte also faktisch kein Zuzug der Gesellschaft, soll die Niederlassungsfreiheit ebenso keinen Schutz gewähren. Hier fehle es an der für die Geltung der Niederlassungsfreiheit notwendigen Mobilitätskomponente. [98] Richtigerweise ist aber die Mobilität nicht erforderlich, vielmehr gilt die Niederlassungsfreiheit auch für Gesellschaften die nach ausländischem Recht gegründet, ihren Verwaltungssitz allerdings von Beginn im Inland haben. [99] Dies muss

---

90 Gottwald/*Kolmann*, § 132, Rn. 90; *Eidenmüller*, NJW 2005, 1618.

91 Zuvor Art. 46 EGV. MüKoGmbHG/*J. Mayer*, § 4a, Rn. 26 mwN.

92 Die Gesellschaften der EWR-Staaten werden ebenso nach deren Gründungsrecht beurteilt. Siehe z.B. BGH NJW 2005, 3351 zur Anerkennung der Rechts- und Parteifähigkeit einer liechtensteinischen Gesellschaft.

93 Dann wird eine solche Gesellschaft vom deutschen Recht als OHG oder GbR behandelt; vgl. BayObLG DB 2003, 819, 820; ferner die vielbeachtete Entscheidung BGH NJW 2009, 289 (*Trabrennbahn*) bezüglich einer AG schweizerischen Rechts; s. *Kindler*, IPRax 2009, 189, 190 zu den Auswirkungen der Entscheidung.

94 S. insbesondere den Art. 25 V 2 des Freundschafts-, Handels- und Schifffahrtsvertrag zwischen der Bundesrepublik Deutschland und den Vereinigten Staaten von Amerika vom 29.10.1954; s. Kapitel B. I. 1.

95 Ausreichend soll für eine solche Verbindung allerdings eine Niederlassung in einem Mitgliedstaat sein, von der Geschäfte betrieben werden. MüKoBGB/*Kindler*, IntGesR, Rn. 407.

96 Zuvor Art. 43, 48 EGV.

97 Vgl. oben das Erfordernis der Ansässigkeit in Kapitel B. I. 4. a).

98 MüKoBGB/*Kindler*, IntGesR, Rn. 407 mwN. zum Streitstand.

99 BGH NZG 2005, 508; OLG Zweibrücken ZIP 2003, 849; BayObLG NZG 2003, 290; KG ZIP 2003, 2297; Erman/*Hohloch*, EGBGB, Anh. II Art. 37, Rn. 45;

schon aufgrund eines Vergleichs mit der Gewährung der Niederlassungsfreiheit der natürlichen Personen gelten, die sich mit ihrer mitgliedstaatlichen Staatsangehörigkeit auch auf die Niederlassungsfreiheit berufen können, wenn sie sich erstmals in einem Mitgliedstaat aufhalten. [100] Nichts anderes – d.h. die Beurteilung nach dem Gründungsstatut – soll nach h.M. auch dann gelten, wenn die Gesellschaft bei ausschließlicher Geschäftstätigkeit in Deutschland keine Zweigniederlassung eintragen ließ. [101] Außerdem ist der Wegzugsfall von der Niederlassungsfreiheit nicht umfasst. Mitgliedstaaten können den Wegzug ihrer Gesellschaften weiterhin verhindern. [102]

II. Umfang des Gesellschaftsstatuts

1. Grundsatz

Beim ermittelten Gesellschaftsstatut ist auf die Lehre vom gesellschaftsrechtlichen Einheitsstatut abzustellen. [103] Nach dieser kann das Gesellschaftsstatut immer nur einer einzigen Rechtsordnung unterstehen. [104] Dies bedeutet, dass

---

Roth/Altmeppen/*Roth*, § 4a, Rn. 30; MüKoGmbHG/*J. Mayer*, § 4a, Rn. 24; Spahlinger/Wegen/*Spahlinger*, Rn. 204; *Behme/Nohlen*, NZG 2008, 496, 498. Die Problematik kann umgangen werden, indem der Verwaltungssitz bei Gründung zunächst im Gründungsstaat belegen bleibt und erst nach Erfüllung der Gründungsvoraussetzungen nach Deutschland umzieht; *Franz*, BB 2009, 1250, 1252.

100 Vgl. wiederum zum Erfordernis der Ansässigkeit der Niederlassungsfreiheit Kapitel B. I. 4. a).

101 Vgl. BGH NJW 2005, 1648.

102 S. die erfolgte Streichung der §§ 4a II GmbHG, 5 II AktG zum 01.11.2008, welche den Wegzug deutscher Gesellschaften nun möglich macht. S. *Franz*, BB 2009, 1250, 1251; *Mansel/Thorn/Wagner*, IPRax 2009, 1, 4; kritisch: *Kindler*, IPRax 2009, 189, 199, 202; ablehnend: *Werner*, GmbHR 2009, 191, 194 ff. Zum kollisionsrechtlichen Gehalt des Wegfalls der §§ 4a II GmbHG und 5 II AktG s. überzeugend ablehnend *Franz/Laeger*, BB 2008, 678, 681 f.

103 RGZ 83, 367; 153, 200, 205 BGHZ 25, 134, 144; BGH IPRax 2000, 423; Staudinger/*Großfeld*, IntGesR, Rn. 16; BeckOKGmbHG/*Lang*, IntGesR, Rn. 4; PWW/*Brödermann/Wegen*, EGBGB, Vor. Art. 27 ff., Rn. 24. Insofern stimmen die Anhänger der Sitz- bzw. Gründungstheorie überein. Hingegen wird dies von den Anhängern, die einer Abwandlung der Gründungstheorie folgen (Differenzierungslehre, Kombinationslehre, Überlagerungstheorie) angezweifelt; MüKoBGB/*Kindler*, IntGesR, Rn. 520 mwN.

104 Es kann aber durchaus zu einer Durchbrechung des Gesellschaftsstatuts kommen, für EU-Gesellschaften insbesondere unter dem Blickwinkel der ergangenen EuGH-Rechtsprechung, sofern dort eine Rechtfertigung der Beschränkung der Niederlas-

alles, was gesellschaftsrechtlich zu qualifizieren ist, vom Gesellschaftsstatut erfasst wird. So werden Anpassungsschwierigkeiten vermieden, die entstehen können, wenn man die Gesellschaft unterschiedlichen Rechtsordnungen unterstellt. [105] Außerdem sprechen Praktikabilität und Rechtssicherheit für eine einheitliche Behandlung der Gesellschaft. [106] Das Gesellschaftsstatut regelt also „nach welchem Recht eine Gesellschaft entsteht, lebt und wieder untergeht". [107] Einzelfragen sind freilich umstritten. Deshalb soll hier klarstellend auf zwei für die zu untersuchende Thematik relevante Regelungsbereiche eingegangen werden: [108]

2. „Das Ende" der Gesellschaft

Von Bedeutung ist, ob grundsätzlich auch „das Ende" einer Gesellschaft nach dem Gesellschaftsstatut zu beurteilen ist. So wird im Folgenden u.a. die nach englischem Recht vorgesehene Löschung im Register und der damit einhergehende Verlust der Rechtspersönlichkeit der Limited zu bewerten sein. Unstreitig entscheidet das Gesellschaftsstatut auch über die Auflösung, Abwicklung und Beendigung einer Gesellschaft. [109]

An dieser Stelle bleibt zu beantworten, ob mit der ergangenen EuGH-Rechtsprechung auch das Erlöschen der Rechtsfähigkeit der Gesellschaft von der Niederlassungsfreiheit umfasst ist, d.h. ob die Niederlassungsfreiheit verlangt, dass auch das Ende der rechtlichen Existenz der Gesellschaft nach dem Gründungsrecht zu beurteilen ist. Der EuGH hat zur Beachtung des Erlöschens der Rechtsfähigkeit in seiner Rechtsprechung zur Niederlassungsfreiheit keine explizite Aussage getroffen. Damit kann die Pflicht zur Berücksichtigung des Erlöschens der Gesellschaft in einem anderen Mitgliedstaat seiner Rechtsprechung zumindest nicht unmittelbar entnommen werden. [110] Sieht man die

---

sungsfreiheit zu bejahen ist. MüKoBGB/*Kindler*, IntGesR, Rn. 6, 522 ff., 409 ff., 421 ff.; Palandt/*Thorn*, Anh. zu EGBGB Art. 12, Rn. 8.

105 MüKoBGB/*Kindler*, IntGesR, Rn. 520.

106 *v. Bar*, II, Rn. 622.

107 BGHZ 25, 134, 144; *Kropholler*, § 55 II.

108 Der Referentenentwurf zum Internationalen Gesellschaftsrecht bleibt hier noch außer Betracht.

109 Z.B. RGZ 129; 98, 102; 153, 200, 205; BGHZ 51, 27, 28 f.; LG Duisburg NZG 2007, 637; KG NZG 2010, 310; Staudinger/*Großfeld*, IntGesR, Rn. 370; MüKoBGB/*Kindler*, IntGesR, Rn. 662; Gottwald/*Gottwald/Kolmann*, § 132, Rn. 101; Ulmer/*Behrens*, Einl. B 99; *Kropholler*, § 55 II 3; *Mansel*, FS Kegel, 2002, S. 111, 114; *Michalski*, NZG 1998, 762, 764.

110 *Borges*, IPRax 2005, 134, 137.

Niederlassungsfreiheit als individuelle Marktfreiheit, so lässt sich aus ihr auch keine solche Pflicht folgern, denn der Status der Gesellschaft, deren Niederlassungsfreiheit in Frage steht, wird durch die Zuerkennung der Rechtsfähigkeit trotz Beendigung im Gründungsstaat nicht eingeschränkt. [111] Jedoch soll es gerade dem Konzept der Niederlassungsfreiheit in der EuGH-Rechtsprechung entsprechen, dass das Gründungsrecht die Voraussetzungen der Rechtsfähigkeit umfassend bestimmt. [112] Folglich müssen dieser Rechtsordnung auch die Rechtsfolgen bei Nichterfüllung dieser Voraussetzungen unterworfen sein. Dies kann nicht nur für die Gründung gelten, sondern hat die gesamte Existenz der Gesellschaft zu betreffen. [113] Somit verlangt die Niederlassungsfreiheit die Anwendung des Gründungsrechts auch, wenn es um das Ende der rechtlichen Existenz der Gesellschaft geht. Gleiches muss freilich gelten, wenn es sich nicht, wie in den EuGH-Entscheidungen, um die Aberkennung der Rechtspersönlichkeit als Folge der Verlegung des tatsächlichen Verwaltungssitzes in einen anderen Mitgliedstaat handelt, sondern um das Ende der Rechtspersönlichkeit als Folge der Missachtung etwaiger Publizitätsvorschriften nach dem von der Gesellschaft in Ausübung ihrer Niederlassungsfreiheit selbst gewählten Gesellschaftsrecht. [114]

Dieses Ergebnis lässt sich auch mit den Entscheidungen des EuGH zur Wegzugsfreiheit der Gesellschaften vereinbaren. So hat der Gerichtshof dort geäußert, dass es dem Gründungsstaat möglich sein soll, Bestimmungen festzusetzen, die einen Wegzug ihrer Gesellschaften – unter Wahrung ihres Gesellschaftsstatuts – verhindern. [115] Es obliegt also der Macht des Gründungsstatuts, über die Existenz nach seinem Recht gegründeter Gesellschaften zu entscheiden.

3. Publizität

Daneben ist fraglich, ob grundsätzlich ebenso Publizitätspflichten dem Gesellschaftsstatut zu unterstellen sind. So können deren Nichtbeachtung nach englischem Recht zu einschneidenden Folgen führen und diese Folgen einer ausschließlich in Deutschland aktiven Limited gerade bei einer gesellschaftsrechtlichen Qualifikation drohen. [116] Zum besseren Verständnis ist zunächst eine Darstellung der Begrifflichkeiten erforderlich:

---

111 *Borges*, IPRax 2005, 134, 137.
112 *Borges*, IPRax 2005, 134, 137.
113 *Borges*, IPRax 2005, 134, 137; *Bachner/Gasser*, ZfRV 2009, 113, 119.
114 *Bachner/Gasser*, ZfRV 2009, 113, 119.
115 S. oben Kapitel B. I. 5.
116 So etwa *Zimmer/Naendrup*, ZGR 2007, 789, 800 f.

a) Begriff

Publizität ist ein schillernder Begriff. [117] Zumindest ist darunter zum einen der Vorgang des Offenlegens, zum anderen der Zustand des Öffentlichseins zu verstehen. [118] Publizität spielt in fast allen Bereichen der deutschen Rechtsordnung eine Rolle. [119] Von Bedeutung ist vorliegend die Publizität als unternehmensrechtliche Kategorie. Unternehmenspublizität kann als Offenlegung unternehmensbezogener Daten bezeichnet werden, welche ein breites Spektrum unterschiedlicher Erscheinungsformen erfasst: [120] Letztlich lassen sich vier große Bereiche der deutschen Unternehmenspublizität ausmachen: [121] Die handelsrechtliche Publizität, die Kartellpublizität, die Kapitalmarktpublizität sowie die Branchenpublizität. Für die hier zu erfolgende Untersuchung sind die Inhalte der handelsrechtlichen Publizität entscheidend. Bei der typischen Limited mit Verwaltungssitz und ausschließlicher Tätigkeit in Deutschland werden andere Bereiche regelmäßig nicht betroffen. [122] Darüber hinaus sind es gerade Verstöße im Bereich der handelsrechtlichen Publizität, die schwerwiegende Folgen für die englische Limited auslösen können. [123]

Zu den handelsrechtlichen Mitteln der Publizität zählen die Rechnungslegung, das Registerrecht und das Firmenrecht. [124] Allgemein stellen sich diese wie folgt dar: Von der Rechnungslegungspublizität ist die Offenlegung des Jahresabschlusses nebst weiterer gesetzlich bestimmter Unterlagen umfasst. [125] Mit der Pflicht, gewisse das Unternehmen betreffende Daten oder Zusammenhänge bei einem Register anzumelden und damit bekanntzumachen, ist hingegen die Registerpublizität gewährleistet. [126] Firmenpublizität besagt, dass die Firma bei Betrieb des Handelsgewerbes so nach außen kundgetan werden muss, dass Dritte über die im Außenverhältnis relevanten Verhältnisse des Unternehmens informiert sind. [127]

---

117 *K. Schmidt*, HR, § 11 I 1, S. 335.

118 *Merkt*, S. 6.

119 Zur Publizität im öffentlichen und privaten Recht s. *Merkt*, S. 13 ff., 17 ff. Zur Abgrenzung von den Begrifflichkeiten der Information und Tranzparenz s. *Merkt*, S. 8 ff., 11 ff.

120 Zur Entwicklung des Begriffs s. *Merkt*, S. 22 ff.

121 So *Merkt*, S. 148.

122 Zu den unterschiedlichen Gesellschaftsarten nach englischem Recht und zur typischen in Deutschland auftretenden *private company limited by shares* s. unten Kapitel C. I.

123 *Zimmer/Naendrup*, ZGR 2007, 789, 793 ff.

124 *K. Schmidt*, HR, § 11 I 1, S. 335; *Oetker*, § 3, Rn. 1 ff.

125 Ausführlich *K. Schmidt*, HR, § 15, S. 413 ff.

126 Umfassend *K. Schmidt*, HR, §§ 13 f., S. 376 ff.

127 *K. Schmidt*, HR, § 11 I 1, S. 335 und umfassend § 12, S. 338 ff.

Im Bereich der handelsrechtlichen Publizität soll diese Untersuchung ihren Schwerpunkt in der Registerpublizität sowie der Rechnungslegungspublizität finden. Lediglich kurz soll hingegen auf die Regelungen zum Firmenrecht eingegangen werden. Insgesamt soll es gerade um die handelsrechtlichen Mittel und Funktionen zur Publizität gehen. Insofern bleibt unbeachtlich, ob das englische Recht diese begrifflich auch einem englischen Handelsrecht zuordnet.

b) International-privatrechtliche Qualifikation

Will man die Qualifikation der Rechnungslegungspublizität beleuchten, so stellt sich zunächst die Frage, wie eine damit korrespondierende Rechnungslegung einzuordnen ist. [128] Von einigen Stimmen wird das Recht der Rechnungslegung als öffentliches Recht bezeichnet, da es mit seiner Funktion der Dokumentation und dem Gläubigerschutz durch Selbstkontrolle diene. [129] Außerdem spreche die Rechtsformneutralität einzelner Rechnungslegungsvorschriften gegen eine gesellschaftsrechtliche Qualifikation. [130] Daher sei der Ort der kaufmännischen Niederlassung entscheidend, [131] was dazu führe, dass die ausländische Gesellschaft mit Verwaltungssitz in Deutschland den deutschen handelsrechtlichen Rechnungslegungsvorschriften unterworfen sei. [132] Allerdings wird gegen eine solche öffentlich-rechtliche Qualifikation vorgebracht, dass durch eine einheitliche Anknüpfung durch das Gesellschaftsstatut verschiedene, sich möglicherweise widersprechende nationale Rechnungslegungsvorschriften vermieden werden könnten. [133] Ferner seien Rechnungslegungsrecht und Gesellschaftsrecht so eng miteinander verknüpft, dass sie nicht unterschiedlichen Rechtsordnungen entnommen werden könnten, was sich beispielsweise daran zeige, dass der Abschlussprüfer nach manchen Rechtsordnungen Gesellschaftsorgan ist. [134] Richtigerweise unterstellt die überwiegende Meinung die Rechnungslegung da-

---

[128] Umfassend zur Diskussion: Hirte/Bücker/*Westhoff*, § 18, Rn. 24 ff.; MüKoBGB/*Kindler*, IntGesR, Rn. 253 ff.; kurz: *Kessler/Eicke*, DStR 2005, 2101, 2103 f.

[129] MüKoBGB/*Kindler*, IntGesR, Rn. 253; s. auch *Crezelius*, ZGR 1999, 252, 255 ff.; *Ebert/Levedag*, GmbHR 2003, 1337, 1339 f.

[130] MüKoBGB/*Kindler*, IntGesR, Rn. 253.

[131] MüKoBGB/*Kindler*, IntGesR, Rn. 257.

[132] Jedoch wohl nur in Bezug auf die Zweigniederlassung. Hierauf weist Scholz/*Westermann*, Einl., Rn. 138 hin.

[133] Eidenmüller/*Rehberg*, § 5, Rn. 108.

[134] Ulmer/*Behrens*, Einl. B 95. Dort wird ferner darauf verwiesen, dass sich zahlreiche mit gesellschaftsrechtlichen Sanktionen bewehrte Verhaltenspflichten der Geschäftsführer an den Rechnungslegungsunterlagen orientieren. Den engen Zusammenhang auch anführend *Höfling*, S. 253 f.; *Kußmaul/Ruiner*, IStR 2007, 696, 697.

her dem Gesellschaftsstatut.[135] Gleichlaufend wird auch versucht, die Rechnungslegungspublizität öffentlich-rechtlich zu qualifizieren, da die Offenlegung zumindest nicht primär den Individualrechtsschutz bezwecke.[136] Allerdings lässt sich auch hier wiederum anführen, dass sich etwaige Publizitätsgebote nur schwerlich vom Gesellschaftsstatut trennen lassen. Konsequenterweise sollte mit der gesellschaftsrechtlichen Qualifkation der Rechnungslegungspflicht deren Offenlegung entsprechend eingeordnet werden.[137] Derartige Qualifikationen verstoßen auch nicht gegen europarechtliche Vorgaben.[138] Das heißt im Ergebnis, dass die Limited in Deutschland grundsätzlich nicht den deutschen Vorschriften zur Rechnungslegung bzw. Rechnungslegungspublizität nachkommen muss, sondern dass das deutsche Recht verlangt, solche des englischen Rechts zu erfüllen. Dass neben der Maßgeblichkeit des Gesellschaftsstatuts hinsichtlich dieser Publizitätspflichten auch eine zusätzliche Anknüpfung an die Niederlassung einer Gesellschaft in Frage kommt, steht auf einem anderen Blatt.[139]

Entsprechend lässt sich bezüglich der Registerpublizität argumentieren. Zwar wird durch die Mitteilung bestimmter Umstände zum Register und deren Eintragung wiederum die Allgemeinheit geschützt, was für eine öffentlich-rechtliche Qualifikation spräche. Die für die Gründung erforderlichen Registerpflichten werden aber zu den Kernbereichen des Gesellschaftsstatuts gezählt.[140] Ferner sind auch darüber hinausgehende anzumeldende Tatsachen so eng mit dem Gesellschaftsstatut verbunden, dass sie sich hiervon schwerlich trennen lassen. Auch hier kommen aber zusätzlich Publizitätspflichten am Ort der Niederlassung in Frage.[141]

---

135 *Zimmer*, S. 179 ff., 183; Staudinger/*Großfeld*, Rn. 362 ff.; Eidenmüller/*Rehberg*, § 5, Rn. 106 ff.; *Höfling*, S. 253 f.; *Just*, Rn. 258 ff.; *Kußmaul/Ruiner*, IStR 2007, 696, 697; *Zimmer/Naendrup*, ZGR 2007, 789, 800 f.; *Graf/Bils*, IStR 2004, 873 f.; ebenso und gegen die Rechtfertigung einer Sonderanknüpfung iSd. EuGH-Rechtsprechung: Hirte/Bücker/*Westhoff*, § 18, Rn. 27 ff. mwN. in Fn. 43. Aus denselben Gründen muss sich auch die Abschlussprüfung und die Art der Erstellung des Jahresabschlusses nach dem Gesellschaftsstatut richten; näher: Scholz/*Westermann*, Einl., Rn. 139; Eidenmüller/*Rehberg*, § 5, Rn. 114 f.; a.A. MüKoBGB/*Kindler*, IntGesR, Rn. 256.

136 MüKoBGB/*Kindler*, IntGesR, Rn. 255; *v. Bar*, II, Rn. 608.

137 Hirte/Bücker/*Westhoff*, § 18, Rn. 57.

138 Vgl. oben Kapitel B. I. 5., 6.

139 Hingewiesen sei hier kurz auf § 325a HGB. S. Ulmer/*Behrens*, Einl. B 96. Zu den Publizitätspflichten der Limited nach deutschem Recht unten Kapitel C. III. 2.

140 BeckOKBGB/*Mäsch*, EGBGB, § 12, Rn. 73; Sonnenberger/*Eidenmüller*, S. 469, 478; *Höfling*, S. 251.

141 §§ 13d ff. HGB. S. hierzu wiederum Kapitel C. III. 2.

Das Firmenrecht soll aufgrund seines ordnungsrechtlichen Charakters nicht dem Gesellschaftsstatut unterstellt werden können. [142] Dies zeige sich materiell in den Grundsätzen der Firmenwahrheit, der Firmenbeständigkeit, der Firmenunterscheidbarkeit und der Firmeneinheit, zu deren Durchsetzung das Handelsregister von Amts wegen tätig zu werden hat (§ 37 I HGB). [143] Dies führe wiederum zu einer gebietsbezogenen Anknüpfung der Firmenberechtigung an das Recht der Niederlassung. Die wohl überwiegende Meinung will das Firmenrecht aber grundsätzlich dem Gesellschaftsstatut unterstellen, gesteht jedoch auch eine teilweise Überlagerung durch das jeweilige Recht am Verwaltungssitz zu. [144]

4. Status Quo: Maßgeblichkeit des Gründungsstatuts

Folglich bleibt festzuhalten, dass sowohl das „Ende" der Gesellschaft als auch handelsrechtliche Publizitätspflichten gesellschaftsrechtlich zu qualifizieren sind. Für die nach dem Gründungsstatut zu beurteilenden EU-ausländischen Gesellschaften mit Verwaltungssitz in Deutschland sind somit beide Bereiche zu beachten.

III. Referentenentwurf zum Internationalen Gesellschaftsrecht

Am 07.01.2008 hat das Bundesministerium für Justiz einen Referentenentwurf zu einem Gesetz zum Internationalen Privatrecht der Gesellschaften, Vereine und juristischen Personen [145] auf den Weg gebracht. Er beruht im Wesentlichen auf den Vorarbeiten der Spezialkommission „Internationales Gesellschaftsrecht"

---

142 MüKoBGB/*Kindler*, IntGesR, Rn. 210; MüKoGmbHG/*J. Mayer*, § 4a, Rn. 55; *Ebert/Levedag*, GmbHR 2003, 1337, 1339.

143 Spahlinger/Wegen/*Spahlinger/Wegen*, Rn. 554

144 OLG München GmbHR 2007, 979; Erman/*Hohloch*, Anh. II Art. 37 EGBGB, Rn. 45; Lutter/Hommelhoff/*Bayer*, Anh. II zu § 4a, Rn. 17 f.; Eidenmüller/*Rehberg*, § 5, Rn. 28 f.; Hirte/Bücker/*Mankowski/Knöfel*, § 13, Rn. 48 ff. mwN. auch aus der Rechtsprechung; *Wachter*, GmbHR 2007, 980, 981. S. auch unten wiederum Kapitel C. III. 2.

145 Im Folgenden: „EGBGB-E" oder nur „Referentenentwurf". Der Referentenentwurf ist im Internet abrufbar unter: http://bmj.de/files/-/2751/RefE%20Gesetz%20zum%20Internationalen%20Privatrecht%20der%20Gesellschaften,%20Vereine%20und%20juristischen%20Personen.pdf (abgerufen am 01.08.2010).

des Deutschen Rates für Internationales Privatrecht, [146] die vom Bundesministerium für Justiz für die Ausarbeitung von Regelungen eingesetzt wurde. [147] Im folgenden Abschnitt soll beantwortet werden, ob die mit dem Gesetzesentwurf einhergehenden neuen Regelungen an der Thematik der Nichtbeachtung ausländischer Publizitätspflichten etwas ändern. [148]

1. Festschreibung der Gründungstheorie

Mit dem Gesetzesentwurf soll das EGBGB um Vorschriften zum Recht für grenzüberschreitend tätige Gesellschaften, Vereine und juristische Personen ergänzt werden. Dabei schließt sich der Gesetzgeber der durch den EuGH getroffenen Rechtsprechung im Bereich der Niederlassungsfreiheit zur Anerkennung von nach EU-ausländischem Recht gegründeten Gesellschaften an: Im vorgeschlagenen Art. 10 I EGBGB-E wird die Anwendung des Gründungsrechts im deutschen Internationalen Privatrecht verankert. So sollen die Gesellschaften, Vereine und juristischen Personen [149] (im Folgenden: Gesellschaften) dem Recht des Staates unterliegen, in dem sie in ein öffentliches Register eingetragen sind. [150]

Neben der schon durch die Niederlassungsfreiheit gebotenen Zuzugsfreiheit ausländischer Gesellschaften [151] soll nunmehr auch die Wegzugsfreiheit deut-

---

146 *Sonnenberger*, passim.; sowie *Sonnenberger/Bauer*, RIW 2006, Beilage 1 zu Heft 4/2006, S. 1 ff.

147 Mit einer Umsetzung des ebenso von der Spezialkommission erarbeiteten Vorschlages auf europäischer Ebene wird vorerst nicht gerechnet; *Kindler*, AG 2007, 721, 725 f.

148 Umfangreich zum Referentenentwurf: *Leuering*, ZRP 2008, 73 ff.; *Schneider*, BB 2009, 566 ff.; *Franz*, BB 2009, 1250, 1255 ff.; einführend: BeckOKGmbHG/*Lang*, IntGesR, Rn. 136 ff.; Lutter/Hommelhoff/*Bayer*, Anh. I zu § 4a, Rn. 14 ff.

149 Der Begriff umfasst im Einklang mit Art. 48 II EGV (jetzt: 54 II AEUV) sämtliche Gesellschaften des Bürgerlichen Rechts und des Handelsrechts, (rechts- und nichtrechtsfähige) Vereine und juristische Personen des Privatrechts. Ein Erwerbszweck soll hierbei – im Unterschied zum Status Quo nach der EuGH-Rechtsprechung (vgl. oben Kapitel B. I. 6.) – nicht erforderlich sein. S. Referentenentwurf, S. 9.

150 Ist bisher keine Registrierung erfolgt, so ist gem. Art. 10 I 2 EGBGB-E das Recht entscheidend nach dem die Gesellschaft organisiert ist; Bsp.: Vorgesellschaft. Ist eine Organisation nicht nachweisbar, so finden die neuen Art. 10 bis 10b EGBGB-E keine Anwendung; vielmehr soll es sich dann bei dem Zusammenschluss um ein vertragliches Schuldverhältnis handeln. S. Referentenentwurf S. 9.

151 Der Streitpunkt um die (hier verneinte) Erforderlichkeit der Mobilität fällt mit dem Entwurf weg. Der Verwaltungssitz soll auch bei Gründung bereits im Inland liegen dürfen; *Franz*, BB 2009, 1250, 1256.

scher Gesellschaften gewährleistet sein. [152] Außerdem differenziert der Entwurf nicht zwischen Gesellschaften aus Staaten im Geltungsbereich der Niederlassungsfreiheit und Drittstaaten. Vielmehr soll nun die Gründungstheorie nicht nur im Verhältnis zu Staaten des EU-/EWR-Ausland bzw. zu Staaten, mit denen Deutschland entsprechende völkerrechtliche Verträge geschlossen hat, gelten, sondern auch zu allen anderen Staaten. Dadurch soll u.a. einer ungerechtfertigten Ungleichbehandlung vorgebeugt werden. [153] Zur Stärkung inländischen Vertrauens- und Gläubigerschutzes auf kollisionsrechtlicher Ebene wurde der Art. 12 II und III EBGBG-E geschaffen, mit welchem der Anwendung des Gründungsrechts begegnet werden kann. Ferner wird hier auf den ordre public verwiesen. [154]

2. Umfang des Gesellschaftsstatuts

Art. 10 II EGBGB-E enthält eine nicht abschließende Liste von Einzelpunkten, die dem Gesellschaftsstatut unterfallen sollen. Insofern gilt auch weiterhin die Lehre vom gesellschaftsrechtlichen Einheitsstatut. [155] Das nach Art. 10 I EGBGB-E gefundene Recht soll nicht nur für die Beurteilung von Fragen der inneren Verfassung der Gesellschaft, sondern auch für das Auftreten im Rechtsverkehr sowie die Haftung der Gesellschaft und ihrer Mitglieder maßgebend sein. Explizit umfasst sind gem. Art. 10 II EGBGB-E Rechtsnatur und Rechts- und Handlungsfähigkeit, Gründung und Auflösung, Name und Firma, Organisations- sowie Finanzverfassung, Vertretungsmacht der Organe, Erwerb und Verlust der Mitgliedschaft und die damit verbundenen Rechte und Pflichten, Haftung der Gesellschaft sowie der Mitglieder und Organmitglieder für die Verbindlichkeiten der Gesellschaft, und schließlich Haftung wegen Verletzung gesellschaftsrechtlicher Pflichten.

---

152 Damit kann der Verwaltungssitz unter Beibehaltung der deutschen Rechtsform und Fortgeltung deutschen Gesellschaftsrechts ins Ausland verlegt werden. Diese Regelung geht mit der Abschaffung der §§ 4a II GmbHG und 5 II AktG einher, s. Kapitel B. I. 6. Eine Satzungssitzverlegung aus Deutschland heraus wird nach diesen Vorschriften weiterhin unmöglich sein. *Franz*, BB 2009, 1250, 1255 mit Fn. 55. Zu den im Entwurf vorgesehenen Regelungen zur Satzungssitzverlegung iSd. Art. 10b EGBGB-E, welche daran nichts ändern werden, s. *Franz/Laeger*, BB 2008, 678, 679; *Leuering*, ZRP 2008, 73, 76; *Rotheimer*, NZG 2008, 181, 181 f.; zur Umwandlung iSd. Art. 10a EGBGB-E s. *Rotheimer*, NZG 2008, 181.

153 Referentenentwurf S. 7. Insofern wird auch größtmögliche Rechtssicherheit erzielt; s. *Rotheimer*, NZG 2008, 181, 182.

154 S. Referentenentwurf, S. 7.

155 *Franz*, BB 2009, 1250, 1255.

Hervorzuheben ist hier Art. 10 II Nr. 2 EGBGB-E. Diese Vorschrift unterstellt „das Ende“ der Gesellschaft erwartungsgemäß ebenfalls dem Gesellschaftsstatut. Die Auflösung und Abwicklung der ausländischen Gesellschaft erfolgt also grundsätzlich nach dem ausländischen Recht. [156]

Nach der h.M. werden Rechnungslegung, Rechnungslegungspublizität und Abschlussprüfung bisher gesellschaftsrechtlich qualifiziert. [157] Im Entwurf sind diese jedoch nicht erwähnt, vielmehr will dieser auf Bestimmungen zum anwendbaren Recht für die Rechnungslegung von Unternehmen bewusst verzichten. [158] Damit könnte darauf hingewiesen werden, dass die entsprechenden Pflichten nicht gesellschaftsrechtlich zu qualifizieren sind.

Dies gilt umso mehr, da die Spezialkommision für die Neugestaltung des Internationalen Gesellschaftsrechts auf europäischer/deutscher Ebene, auf deren Vorarbeiten der Entwurf im Wesentlichen beruht, gerade vorgesehen hatte, Rechnungslegung, Prüfung und Offenlegung in die Liste der vom Gesellschaftsstatut umfassten Einzelpunkte aufzunehmen. [159] Hierbei wurde auch eine gegenständlich beschränkte Rechnungslegungspflicht bezüglich der Geschäftsvorgänge und Vermögensgegenstände, die sich der Zweigniederlassung zuordnen lassen, abgelehnt. Insbesondere der massive Eingriff in die Niederlassungsfreiheit bei einer Anknüpfung am Ort der Zweigniederlassung spräche für eine gesellschaftsrechtliche Qualifikation. Ansonsten müsste die Gesellschaft, würde sie denn von ihrer Niederlassungsfreiheit umfassend Gebrauch machen und in vielen EG-Staaten Niederlassungen gründen, nach zahlreichen ausländischen und für sie unbekannten Rechtsvorschriften bilanzieren. [160] Auch die Offenlegung und die Abschlussprüfung seien ausdrücklich gesellschaftsrechtlich zu qualifi-

---

156 Sofern es sich um zivilrechtliche Vorgänge handelt. Nicht erfasst sollen auch weiterhin die Bestimmungen zur Auflösung nach öffentlichem, einschließlich Straf- und Insolvenzrecht, sein. S. Referentenentwurf, S. 10.

157 S. oben zum Umfang des Gesellschaftsstatuts Kapitel B. II.

158 S. Referentenentwurf, S. 7.

159 Sonnenberger/*Sonnenberger/Bauer*, S. 3, 11, 44 ff. S. Art. 10a I Nr. 9 des Vorschlags der Spezialkommision. Es wurden Vorschläge zu Regelungen auf europäischer wie auch deutscher Ebene unterbreitet. Eine entsprechende Aufnahme der Vorschriften sollte auf beiden Ebenen erfolgen. Umfassend zur Diskussion um die Rechnungslegung und die Rechnungslegungspublizität beim Deutschen Rat für Internationales Privatrecht, Spezialkommission Internationales Gesellschaftsrecht: Sonnenberger/*Zimmer*, S. 545 ff.; Sonnenberger/*Sonnenberger*, S. 551 ff., 575 ff.; Sonnenberger/*Sandrock*, S. 563 ff.

160 Sonnenberger/*Sonnenberger/Bauer*, S. 3, 45.

zieren. Eine zusätzliche Offenlegungspflicht nach fremdenrechtlichen Vorschriften des Sachrechts solle dem aber nicht im Wege stehen. [161]

In der Begründung des Referentenentwurfs wird zur Nichtaufnahme der vorgeschlagenen Vorschriften Stellung genommen: [162] Das Recht der Rechnungslegung sei zwar eng mit dem Gesellschaftsrecht verknüpft, es gäbe von diesem Grundsatz aber auch zahlreiche Ausnahmen. Gesonderte Publizitätspflichten und inhaltliche Anforderungen an die Rechnungslegung kapitalmarktorientierter Unternehmen (so z.B. §§ 289 IV, 315 IV HGB) oder Unternehmen bestimmter Geschäftszweige (so z.B. § 53 Kreditwesengesetz) werden hier genannt. Es soll durch eine Kollisionsnorm schwer zu bewerkstelligen sein, allen derartigen Differenzierungen im deutschen und ausländischen Sachrecht gerecht zu werden. [163] Mit dem Verzicht auf eine Vorschrift zum anwendbaren Recht für die Rechnungslegung [164] will der Gesetzgeber folglich keine Änderung bezüglich der geltenden – gesellschaftsrechtlichen – Qualifikation treffen, es soll vielmehr „bei dem derzeitigen System bleiben". [165]

Der Rechtssicherheit und Rechtsklarheit hätte sicherlich mehr der Gedanke der Kommission gedient. [166] Außerdem sollen von deren vorgeschlagener Vorschrift gerade nur die handelsrechtliche Rechnungslegung, Prüfung und Offenlegung betroffen sein. Damit wären auch die gesonderten Anknüpfungen ausgeklammert. Somit ist zu empfehlen, die handelsrechtliche Rechnungslegung, Prüfung und Offenlegung in die nicht abschließende Liste des Art. 10 II EGBGB-E aufzunehmen.

Zur Registerpublizität im hier verstandenen Sinne gibt der Referentenentwurf keine Auskunft. [167] Es bleibt also bei den bisherigen Regelungen. [168]

Gem. Art. 10 II Nr. 3 EGBGB-E wird die Firma dem Gesellschaftsstatut unterstellt. Anforderungen an die Bildung der Firma und den Rechtsformzusatz

---

161 Sonnenberger/*Sonnenberger/Bauer*, S. 3, 45 f. Es wird wieder auf den § 325a HGB verwiesen, welcher die Regelungen der Art. 1, 2 I lit. g, 3 der Publizitätsrichtlinie in deutsches Recht umsetzt. Vgl. bereits oben die Qualifikation der Publizitätspflichten Kapitel B. II. 3. b).

162 Referentenentwurf, S. 7.

163 In diesem Sinne auch Sonnenberger/*Zimmer*, S. 545, 548.

164 Entsprechend muss es sich bei der Prüfung und Offenlegung verhalten.

165 Vgl. Referentenentwurf, S. 7.

166 So auch *Leuering*, ZRP 2008, 73, 75 für eine eindeutige Formulierung.

167 In der Begründung des Referentenentwurfs wird lediglich auf diejenigen Register- und Publizitätspflichten eingegangen, die als Gründungsvoraussetzungen unzweifelhaft dem Gesellschaftsstatut unterfallen; Referentenentwurf, S. 10. Auch im Rahmen des Vorschlages der Spezialkommission werden keine anderweitigen Anmerkungen gemacht.

168 S. zu diesen Vorschriften *K. Schmidt*, HR, §§ 13 f., S. 376 ff.

sowie deren Schreibweise und Abkürzung sollen sich nach dem Gesellschaftsstatut richten. [169] Diese explizite Regelung deutet darauf hin, dass das Recht der Firma einer Auslandsgesellschaft mit Verwaltungssitz im Inland umfassend dem Gesellschaftsstatut unterstellt wird. [170] Eine derartig umfassende gesellschaftsrechtliche Zuordnung ist in der Literatur auf Kritik gestoßen. [171] Wie gezeigt, entspricht eine gesellschaftsrechtliche Anknüpfung aber auch nach geltendem Recht der überwiegenden Ansicht. [172] Wie diese sieht der Referentenentwurf ebenso abweichende Sonderanknüpfungen vor, [173] und ermöglicht so die Durchsetzung deutschen Firmenrechts in Konfliktsituationen. Damit ist auch dem deutschen Rechtsverkehr Genüge getan. Der ablehnenden Kritik an Art. 10 II Nr. 3 EGBGB-E kann damit nicht gefolgt werden. [174]

Im Ergebnis will der Referentenentwurf nichts am Umfang des Gesellschaftsstatuts ändern. Damit verlangt das deutsche Recht von der Limited mit Verwaltungssitz in Deutschland auch nach der zu erwartenden Kodifikation des Internationalen Gesellschaftsrechts, den vom englischen Recht geforderten Publizitätsvorschriften nachzukommen.

3. Exkurs: Kritik am Referentenentwurf

Positiv ist anzumerken, dass der Rechtsprechung des EuGH mit dem Entwurf vollumfänglich entgegen gekommen wird. Es wird ein deutliches Mehr an Rechtssicherheit geschaffen. [175] Die bestehende Anknüpfungs-Zersplitterung wäre beendet. [176] Wie diskutiert sollten jedoch gerade Rechnungslegung, Prüfung und Offenlegung in die Liste des Art. 10 II EGBGB-E aufgenommen und damit eine gesellschaftsrechtliche Qualifikation verdeutlicht werden. [177] Diskutabel ist freilich die allseitige Anwendung der Gründungstheorie. Es entsteht nämlich eine weder durch die EG-/EWR-Niederlassungsfreiheit noch durch einen völkerrechtlichen Vertrag gebotene starke Belastung der Prozess- und Beratungspraxis, weil die Kenntnis und Handhabung zahlreicher, unterschiedlichster

---

169 Referentenentwurf, S. 10.
170 *Franz*, BB 2009, 1250, 1257.
171 *Clausnitzer*, DNotZ 2008, 484, 485 ff.
172 S. wiederum Kapitel B. II. 3. b).
173 Referentenentwurf, S. 10.
174 So auch *Franz*, BB 2009, 1250, 1257.
175 *Köster*, ZRP 2008, 214, 217.
176 *Frobenius*, DStR 2009, 487, 491.
177 Hier merkt *Leuering*, ZRP 2008, 73, 75 auch an, dass mit der nicht abschließenden Liste gerade Rechtsunsicherheit bestehe. Zweifelsfragen blieben so bestehen.

ausländischer Rechtsordnungen erforderlich ist. [178] Außerdem soll gerade einer „Flucht in die laxesten Anforderungen bei der Gesellschaftsgründung" [179] vorgebeugt werden. Dies kann lediglich auf EU-Ebene durch Rechtsharmonisierung durch Richtlinienrecht oder Verordnungen vorangetrieben werden. [180]

Trotzdem muss aus Gründen der Rechtssicherheit an der umfänglichen Anwendung der Gründungstheorie festgehalten werden. So können spezielle materielle und kollisionsrechtliche Schutzvorschriften auf nationaler Ebene einen adäquaten Ausgleich bieten. [181] Auch deutsche Publizitätsvorschriften können helfen: [182] Hier sei lediglich auf die Publizitätsvorschriften der §§ 13d ff. HGB verwiesen, die auch auf inländische Zweigniederlassungen von außereuropäischen Gesellschaften Anwendung finden. [183]

Bleibt es bei der beabsichtigten Einführung der Gründungstheorie auch gegenüber Drittstaaten, so ist von Seiten der Publizität auf sachrechtlicher Ebene aber zumindest eine Erstreckung des § 325a HGB, welcher die Information über die Vermögenslage ausländischer Gesellschaften ermöglicht, auch auf diese Gesellschaften von Nöten. [184]

4. Fazit

Es bleibt somit bei der Beurteilung der EG-/EWR-europäischen Gesellschaften nach dem Gründungsrecht. Auch mit der im Referentenentwurf vorgesehenen Regelung unterfallen sowohl handelsrechtliche Publizitätspflichten als auch das „Ende" der Gesellschaft dem Gesellschaftsstatut.

IV. Zwischenergebnis

Soweit Gesellschaften aus dem Geltungsbereich der Niederlassungsfreiheit betroffen sind, ist nach der EuGH-Rechtsprechung und nach der möglichen Kodi-

---

178 Man müsste sich mit „Gesellschaften aus den exotischsten Staaten" befassen, vgl. *Leuering*, ZRP 2008, 73, 75.

179 Sog. „societas shopping", s. *Hirte*, ZInsO 2003, 833, 835.

180 Vgl. Palandt/*Thorn*, Anh. zu EGBGB Art. 12, Rn. 9 mwN.; *Kindler*, AG 2007, 721, 726 f., *ders.*, IPRax 2009, 189, 190 mit zahlreichen weiteren Argumenten gegen eine Anwendung der Gründungstheorie auch gegenüber Drittstaaten.

181 *Franz*, BB 2009, 1250, 1258 f. mwN. und Argumenten.

182 Vgl. *Franz*, BB 2009, 1250, 1258 f.

183 Zu diesen Vorschriften s. unten Kapitel C. III. 2.

184 *Franz*, BB 2009, 1250, 1256, 1259. Zum § 325a HGB s. wiederum unten Kapitel C. III. 2.

fizierung des deutschen Internationalen Gesellschaftsrechts deren Gründungsstatut auch dann entscheidend, wenn sie ihre Verwaltungs- bzw. Geschäftstätigkeit (auch ausschließlich) in Deutschland entfalten. Insoweit hat die Gründungstheorie also schon jetzt in Deutschland Einzug gefunden. [185] Handelsrechtliche Publizitätspflichten sind gesellschaftsrechtlich zu qualifizieren. Damit verlangt das deutsche Recht, dass die mit Verwaltungssitz in Deutschland aktive Limited diesen nachkommen muss. So will das englische Recht, welches durch das deutsche Recht zur Anwendung berufen ist, auch von der englischen Gesellschaft mit Verwaltungssitz in Deutschland die Beachtung englischer Publizitätsgebote. [186] Erwähnt sei auch „das Ende" der Limited nach englischem Recht, welches in Deutschland Beachtung finden muss.

Unabhängig von der Geltung der Gründungstheorie in Deutschland, könnte den Verantwortlichen einer Limited mit Verwaltungssitz in Deutschland die Einhaltung der englischen Vorschriften aber auch deshalb zu raten sein, da – wie zu zeigen sein wird – das englische Recht an die Nichtbeachtung unterschiedlichste Folgen, d.h. nicht nur die Löschung, knüpft. [187] Diese könnten auch dann in Deutschland zu berücksichtigen sein, [188] ohne dass nach deutschem Recht die Limited vollumfänglich anerkannt bzw. nach dem Gründungsstatut beurteilt werden müsste. [189] So z.B. möglicherweise bei der einleitend erwähnten *disqualification order*. [190]

---

185 Gegenüber Drittstaaten kommt eine Beurteilung nach dem Gründungsrecht bei Vorliegen eines entsprechenden Vertrages oder nach Kodifikation des Referentenentwurfes in Frage.

186 S. sogleich einleitend in Kapitel C.

187 S. zur Bedeutung der Löschung bei einer Beurteilung der Limited nach deutschem Recht einleitend Kapitel B.

188 Es muss also konkret geprüft werden, ob die durch das englische Recht für die Nichtbeachtung der Publizitätspflichten vorgesehenen Konsequenzen jeweils in Deutschland zu beachten sind. So sind diese – wie zu zeigen sein wird – von sehr differierender Natur. S. zum Ganzen Kapitel E.

189 Dies verkennen *Zimmer/Naendrup*, ZGR 2007, 789, 800 f., da sie davon ausgehen, dass der Limited mit Verwaltungssitz in Deutschland die Konsequenzen der Nichtbeachtung der Publizitätspflichten lediglich aufgrund deren gesellschaftsrechtlicher Qualifikation und der Geltung der Gründungstheorie drohen.

190 S. zu den deutschen Konsequenzen eines Ausspruchs Kapitel E. I. 2.

C. Publizitätspflichten der Limited

Das englische Recht verlangt von der Limited mit Verwaltungssitz in Deutschland die Einhaltung der Publizitätsgebote. Ebenso muss nach deutschem Recht diesen nachgekommen werden. Ersteres aufgrund der Geltung der Gründungstheorie auch in England. [191] Letzteres aufgrund der Verweisung auf englisches Recht [192] und dessen Annahme. [193]

Bedeutend ist dabei nun, dass es bei Nichteinhaltung bestimmter Pflichten nach englischem Recht zu einschneidenden Folgen für die *officers* wie auch für die Gesellschaft selbst kommen kann. Deshalb ist es notwendig, die englischen Publizitätspflichten darzustellen, zu untersuchen und die entscheidenden herauszufiltern. Kurz sollen hierfür zunächst die unterschiedlichen Kapitalgesellschaftsformen des englischen Rechts voneinander abgegrenzt werden, da jede einzelne verschieden umfangreiche Pflichten mit sich bringen kann (C. I.). Herausgestellt werden soll hiernach die spezielle – und den deutschen Vorschriften ungleiche – Bedeutung der Publizitätspflichten im englischen Recht (C. II. 1.). Sodann soll auf europarechtliche Vorgaben eingegangen werden (C. II. 2.). Im Anschluss werden die Publizitätspflichten anhand der englischen *private company limited by shares* erörtert (C. II. 3.). Ein überblicksartiger Vergleich mit den deutschen Vorschriften soll veranschaulichen, ob diese tatsächlich hinter den englischen Regelungen zurückbleiben (C. III. 1.). Der Vollständigkeit halber sollen abschließend auch Publizitätspflichten dargestellt werden, die die Limited in Deutschland nach deutschen Vorschriften treffen können (C. III. 2.).

I. Gesellschaftsarten

Das englische *company law* [194] kennt mehrere Arten von Gesellschaften. [195] Zunächst ist zwischen *private companies* und *public companies* zu differenzie-

---

191 *Dicey/Morris/Collins*, ch. 30-010, S. 1340. S. ferner Kapitel B. I. 3. Umfassend zur Geltung der Gründungstheorie im englischen Recht *Rammeloo*, S. 128 ff. Der Klarheit halber sei hier, wenn auch bisher vorausgesetzt, darauf hingewiesen, dass eine Verlegung des Verwaltungssitzes - wie seit Inkrafttreten des MoMiG nach deutschem Recht – auch nach englischem Recht möglich ist. Vgl. Kapitel B. I. 6.

192 S. soeben Kapitel B. IV.

193 Staudinger/*Hausmann*, EGBGB, Anh. Art. 4, Rn. 32; *Behrens*, FS Ott, 2002, S. 311, 317.

194 Im Unterschied zum deutschen Begriff des Gesellschaftsrecht, welcher Personen und Kapitalgesellschaften gleichermaßen umfasst, behandelt das englische *company law* nur die Kapitalgesellschaftsformen. Daneben gibt es das Recht der Personengesell-

ren, [196] s. 4 Companies Act 2006 (c. 46) (kurz: CA 2006). [197] Ferner ist zwischen *limited companies* sowie *unlimited companies* zu unterscheiden, vgl. s. 3 CA 2006. [198] Bei den *limited companies* ist weiter zwischen den *companies limited by guarantee* und den *companies limited by shares* abzugrenzen, s. 3 CA 2006. [199] Aus den genannten Formen können – grob dargestellt – unterschiedliche Kombinationen jeweils eine Gesellschaftsform bilden. Die beiden bedeutendsten [200] Gesellschaftsformen in der englischen Praxis sind dabei die *private company limited by shares* sowie die *public company limited by shares*. [201] Auf das wirtschaftliche Vorhaben bezogen ist erstere eher mit der GmbH zu vergleichen, letztere der AG ähnlicher. [202] Rechtlich aber, sind beide Rechtsformen freilich eigenständige, ausländische Gesellschaftsformen, die in vielen

---

schaften (*partnership law*): Dieses regelt die *partnership*, die *limited partnership* und die *limited liability partnership*. S. Triebel/von Hase/Melerski/*Triebel*, Rn. 7; *Heinz*, § 1 Rn. 9 ff.

195 Hier soll es um die Gesellschaftsformen gehen, die nach dem Companies Act 2006 (c. 46) gegründet werden können. Vor dessen Inkrafttreten registrierte Gesellschaften werden dadurch allerdings nicht berührt. Ausführlich zu den „neuen" unterschiedlichen Gesellschaftsarten *Mayson/French/Ryan*, S. 47 ff.

196 S. zur Unterscheidung *Sealy/Worthington*, S. 20 f.

197 Der vollständige Text des CA 2006 ist zu finden im Internet auf: http://www.opsi.gov.uk/acts/acts2006/pdf/ukpga_20060046_en.pdf (abgerufen am 01.09.2010). Ebenso ist der Text mit umfassenden einführenden Erläuterungen bei *Scanlan*, S. 1 ff. abgedruckt; hingegen mit kürzeren Anmerkungen: *Palmer's Company Law*, Annotated guide to the Companies Act 2006, S. 1 ff. Der CA 2006 enthält auch Regelungen für Nordirland und Schottland. Diese bleiben allerdings iRd. Untersuchung außer Betracht.

198 Die *unlimited company* kennt im Gegensatz zur *limited company* keine Haftung ihrer Mitglieder.

199 S. zur Unterscheidung *Sealy/Worthington*, S. 20.

200 *Just*, Rn. 13.

201 Weiterhin gibt es eine *private company limited by guarantee*. Hingegen ist eine *public company limited by guarantee* nicht möglich, s. 5 CA 2006; *Just*, Rn. 12. Ferner bestehen *private unlimited companies with share capital* sowie *private umlimited companies without share capital*, s. *Mayson/French/Ryan*, S. 47.

202 *Just*, Rn. 14. S. schon zur Vergleichbarkeit der AG mit der *public company limited by shares* die entsprechende Anführung beider Gesellschaften iRd. auf beide anzuwendenden Kapitalrichtlinie vom 13.12.1976 – Richtlinie Nr. 77/91/EWG, ABl. 1977 Nr. L 26, S. 1 (s. Art. 1 I der Kapitalrichtlinie). Umfassend zu dieser zuletzt durch Richtlinie 2009/109/EG, ABl. 2009 Nr. L 259, S. 14 geänderten sog. „Zweiten Richtlinie" *Habersack*, § 6, Rn. 1 ff.

Bereichen von den deutschen Regelungen abweichen.[203] Grundsätzlich sind *private companies limited by shares* und *public companies limited by shares* sehr ähnlich strukturiert.[204] Zu unterscheiden sind die beiden Gesellschaften insbesondere insofern, als es einer *private company* verboten ist ihre Anteile öffentlich zu handeln. Ferner ist einer *public company* ein gesetzliches Mindestkapital von 50.000 GBP vorgeschrieben.[205] Allein dieser Betrag lässt auch verstehen, warum gerade die *private company* um so vieles zahlreicher vertreten ist. So standen im April 2010 in England und Wales den 2,44 Millionen registrierten *private companies* nur 10.100 *public companies* gegenüber.[206] Hierbei spielen die *unlimited companies* sowie die *private companies limited by guarantee* eine geringe Rolle in der Praxis.[207]

Private companies limited by shares – die am häufigsten gewählte Rechtsform – sind sowohl als kleingewerbetreibende und mittelständische Unternehmen als auch als große Gesellschaften und Holdinggesellschaften, unter denen das europaweite Geschäft eines internationalen Konzerns aufgehängt ist, operativ tätig.[208] Aufgrund der großen Anzahl der *private companies limited by shares* auch in Deutschland soll die Untersuchung anhand dieser Gesellschaftsform erfolgen.[209] Dabei soll in der Regel von der typischerweise in Deutschland als „kleinen", häufig mit nur einem *director* tätigen Gesellschaft ausgegangen werden. Dieser *director* ist meist alleine oder neben wenigen anderen Personen Gesellschafter. Angedeutet werden soll deshalb die Situation, dass zumindest im kleinen Stil *shares* (Anteile) an Gesellschafter ausgegeben wurden.[210] Gerade diese Gesellschaftsform ist es, die in Deutschland betrieben wird und deren Verantwortlichen in Deutschland oftmals nicht bewusst ist, welch weitreichende

---

203 *Just*, Englisches Gesellschaftsrecht, S. 7. Hinsichtlich der Vertretung durch das *board of directors* und den Regelungen zum Kapital weist die *private company* beispielsweise auch mehr Ähnlichkeiten mit einer AG als mit einer GmbH auf.

204 Die Systematik des CA 2006 wird dabei den so zahlreich vorhandenen *private companies* gerecht: So werden dort zunächst die Regelungen für beide Gesellschaftsformen bzw. solche der *private company* aufgeführt. Erst anschließend werden Besonderheiten für die *public company* statuiert.

205 Ss. 761 ff. CA 2006. S. *Mayson/French/Ryan*, S. 55 f. Das Mindestkapital geht zurück auf die Kapitalrichtlinie, welche in Art. 6 I eine Höhe von mindestens 25.000 Euro vorschreibt. Das Minimum im UK soll gem. s. 763 CA 2006 hingegen 50.000 GBP betragen, die in Form von *shares* an die Gesellschafter ausgegeben werden.

206 *Companies House*, Monthly Statistics, April 2010.

207 *Mayson/French/Ryan*, S. 51.

208 *Just*, Englisches Gesellschaftsrecht, S. 6.

209 Aufgrund der weitgehend ähnlichen Struktur können viele Grundsätze aber auch auf die *public companies limited by shares* übertragen werden.

210 Wie zu zeigen sein wird, sind hier besondere Publizitätspflichten notwendig.

Anforderungen das englische Recht hinsichtlich der Publizität mit sich bringt. Wenn im Folgenden der Einfachheit halber von der „Limited“ die Rede ist, geht es also weiterhin um die *private company limited by shares*. [211]

II. Pflichten im englischen Recht

1. Gläubigerschutz durch Publizität

Zunächst ist fraglich, aus welchem Grund das englische Recht seinen Publizitätspflichten eine andere Bedeutung beimessen sollte, als es das deutsche Recht hinsichtlich seiner tut.

Hier ist ein Blick auf das deutsche Gesellschaftsrecht von Nöten: [212] Gewährt man bei deutschen Kapitalgesellschaften eine Haftungsbeschränkung, so bedarf es um des Interessengleichgewichts willen auf der anderen Seite auch Schutzvorkehrungen zugunsten des Rechtsverkehrs. [213] Dieser Gläubigerschutz soll bei der GmbH vor allem in Form des Mindeststammkapitals und den Regeln der Kapitalaufbringung bzw. Kapitalerhaltung gewährleistet werden. [214] So soll die Existenz eines Stammkapitals den notwendigen Ausgleich zu dem in § 13 II GmbHG angeordneten Haftungsausschluss bieten. Auf diesem Wege soll den Gläubigern der Gesellschaft im Haftungsfall ein Mindestvermögen zur Verfügung stehen. Hierbei ist insbesondere die Kapitalsicherung von Bedeutung, welche durch die Kapitalaufbringung sowie die Kapitalerhaltung bewerkstelligt werden soll. [215] Mit dem Prinzip der Kapitalaufbringung wird dafür gesorgt, dass ein der Grundkapitalziffer entsprechendes Vermögen auch tatsächlich aufgebracht wird. [216] Das Prinzip der Kapitalerhaltung gewährleistet hingegen, dass

[211] Wird im Folgenden der Terminus der „deutschen“ Limited verwendet, so soll es gerade um die Limited gehen, die ihren Verwaltungssitz und ihre (ausschließliche) Aktivität in Deutschland hat.

[212] Das System des deutschen Rechts soll – wie bei Vergleichen der Limited mit einer deutschen Gesellschaftsform in der Literatur üblich – anhand der Regelungen zur GmbH dargestellt werden. Die Systematik bei der AG kann als entsprechend bezeichnet werden.

[213] Roth/Altmeppen/*Roth*, Einl., Rn. 22.

[214] Vgl. Roth/Altmeppen/*Roth*, Einl., Rn. 24; Baumbach/Hueck/*Hueck/Fastrich*, Einl., Rn. 7; Michalski/*Michalski*, Syst. Darst. 1., Rn. 42 ff.; *Zimmer/Naendrup*, ZGR 2007, 789, 792.

[215] Zum Ganzen: *K. Schmidt*, GesR, § 37, S. 1111 ff.

[216] Zu den Vorschriften für die GmbH, welche diesem Prinzip zuzuordnen sind, s. Baumbach/Hueck/*Hueck/Fastrich*, Einl., Rn. 7; s. ferner Ulmer/*Ulmer*, Einl. A 39 ff.

das Stammkapital nicht nur aufgebracht wird, sondern auch erhalten bleibt.[217] Dieses System des festen Stammkapitals[218] wird als Preis für die beschränkte Haftung auf das Gesellschaftsvermögen angesehen. Nicht zuletzt mit dem Verzicht auf ein Mindestkapital bei der Unternehmergesellschaft ist diese Funktion aber freilich fraglich geworden.[219]

Daneben wird als zweite Säule des Gläubigerschutzes die repressive Haftung im Vorfeld der Insolvenz angeführt.[220] Sie baut auf der Pflicht des Geschäftsführers auf, rechtzeitig Insolvenzantrag iSd. § 15a InsO zu stellen oder Zahlungen unmittelbar vor bzw. bei Zahlungsunfähigkeit oder Überschuldung iSd. § 64 GmbHG an Gesellschafter oder Dritte zu unterlassen.[221] Ferner besteht als weitere repressive Säule die Möglichkeit der Durchgriffshaftung auf die Gesellschafter, d.h. einer Haftung dieser entgegen der Vorschrift des § 13 II GmbHG.[222] Zu erwähnen sind hier insbesondere die Fälle der Unterkapitalisierung und der Vermögensvermischung.[223] Neben der Durchgriffshaftung steht nunmehr die Haftung aufgrund existenzvernichtenden Eingriffs.[224] Außer den Vorschriften zum Kapital und der repressiven Haftung nimmt aber auch die Publizität im deutschen Gläubigerschutzsystem keine unbedeutende Rolle ein.[225] Wie anhand dieser kursorisch dargestellten Regelungen deutlich wird, hat das deutsche Recht ein umfassendes System zum Gläubigerschutz als Ausgleich zur beschränkten Haftung geschaffen.[226]

Das englische Recht versucht den Bedürfnissen der Gläubiger ebenso gerecht zu werden.[227] Jedoch fordert es für die *private company limited by shares*

---

217 Zu den Vorschriften für die GmbH, welche diesem Prinzip zuzuordnen sind, s. Baumbach/Hueck/*Hueck/Fastrich*, Einl., Rn. 7; s. ferner Ulmer/*Ulmer*, Einl. A 42.

218 Kritisch zu diesem System Roth/Altmeppen/*Roth*, Einl., Rn. 27 ff.

219 Näher Baumbach/Hueck/*Hueck/Fastrich*, Einl., Rn. 52 mwN.

220 Michalski/*Michalski*, Syst. Darst. 1., Rn. 51 ff.; Baumbach/Hueck/*Hueck/Fastrich*, Einl., Rn. 11.

221 Baumbach/Hueck/*Hueck/Fastrich*, Einl., Rn. 11.

222 Zur Durchgriffshaftung s. Lutter/Hommelhoff/*Lutter*, § 13, Rn. 11 ff.

223 Die Haftung aufgrund Sphärenvermischung oder Institutsmissbrauchs sind von geringerer Bedeutung.

224 S. hierzu Lutter/Hommelhoff/*Lutter*, § 13, Rn. 28 ff. Hierbei handelt es sich um einen Fall der Innenhaftung, d.h. der Gesellschafter gegenüber der Gesellschaft.

225 Roth/Altmeppen/*Roth*, Einl., Rn. 24, 33; Michalski/*Michalski*, Syst. Darst. 1., Rn. 50.

226 Daneben verbleibt es dem deutschen Rechtsverkehr sich anderweitig angemessen abzusichern, sei es eine Abgeltung eines erhöhten Risikos in der Entgeltkalkulation, sei es durch eine hinzutretende persönliche Haftung. S. Roth/Altmeppen/*Roth*, Einl., Rn. 23.

227 Zum Gläubigerschutz bei der englischen Limited *Schall*, ZIP 2005, 965 ff., *Apfelbaum*, NotBZ 2007, 153 ff.

gerade keine Aufbringung eines bestimmten Mindestkapitals. [228] Die Bestimmung des Mindestkapitals wird vielmehr den Parteien überlassen. [229] Auf diese Weise werden die betreffenden Gesellschaften nicht durch hohe Belastungen in Form des Mindestkapitals bei der Verfolgung ihrer unternehmerischen Ziele gehindert. Es wird hingegen ein anderer Weg [230] gewählt, um den Gläubigern ausreichend Schutz zu bieten. Dieser Weg gilt als fundamentaler und seit Beginn des englischen Gesellschaftsrechts existierender Grundsatz: [231] Nach englischer Vorstellung haben sich die Marktteilnehmer primär selbst zu schützen. Von demjenigen, der in eine Vertragsbeziehung mit einem in der Haftung beschränkten Unternehmen tritt, wird verlangt, sich umfassend selbst zu sichern. So befand *Lord Watson* bereits im Jahre 1897: „*A creditor who will take not the trouble [...] to protect himself must bear the consequences of his own negligence*“. [232] Dieser Selbstschutz soll durch ein umfassendes System an Publizitätspflichten für die Gesellschaften garantiert werden. [233] Dadurch wird dem Gläubiger die Möglichkeit eingeräumt, sich vor Vertragsschluss über den potentiellen Vertragspartner zu unterrichten und anschließend zu sichern. In Frage kommen beispielsweise höhere Zinsen, Bestellung dinglicher Sicherheiten,

---

228 Es reicht ein GBP aus. Die „nicht erforderliche“ Mindestkapitalhöhe wird immer wieder als Vorteil gegenüber der deutschen GmbH betont und schlägt für vermögensarme Gründer auf den ersten Blick auch unzweifelhaft positiv ins Gewicht. Bedenklich bleibt, wie sich diese beispielsweise für eine Tätigkeit in Deutschland externe Mittel beschaffen können. Die Gesellschaft selbst wird dann regelmäßig nicht als Haftungssubjekt ausreichen. So wird der Inhaber der Limited doch wieder persönlich haften müssen. Das Ziel der Reduzierung des Haftungsrisikos auf das Gesellschaftsvermögen wird so nicht erreicht. Triebel/von Hase/Melerski/*von Hase*, Rn. 654. Knapp 2 Mio. aller *private companies* hatten zum 31.03.2009 ein *share capital* von bis zu 100 GBP. Diese Zahl spricht bei insgesamt 2,6 Mio. *private* und *public companies* für sich. S. *BERR*, Statistical Tables on Companies Registration Activities, 2008/09, Table A6, S. 9. Auch die Möglichkeit der freiwilligen Aufbringung eines gewissen Kapitals hat also keine große Bedeutung.

229 Zu den unterschiedlichen Kapitalarten s. *Heinz*, § 11, Rn. 1 ff.

230 Auch das englische Recht kennt Grundsätze zur Kapitalaufbringung und –erhaltung. Diese laufen allerdings mit dem fehlenden Erfordernis des Mindestkapitals oft leer. Anders freilich bei der *public company*, welche ein Mindestkapital erfordert. Zu den Grundsätzen s. Hirte/Bücker/*Kasolowsky/Schall*, § 4, Rn. 79 ff.; Triebel/von Hase/Melerski/*Triebel*, Rn. 111 ff., 121 ff.

231 *Mayson/French/Ryan*, S. 106; *Davies*, ch. 21-1, S. 711; *Pettet*, S. 182; *Sealy/Worthington*, S. 582; aus der deutschen Literatur *Zimmer/Naendrup*, ZGR 2007, 789, 792.

232 *Salomon v Salomon & Co Ltd* [1897] AC 22, 40.

233 *Hicks*, S. 153; *Heinz*, § 10, Rn. 1.

Rangrücktrittsvereinbarungen oder Garantien. [234] Das englische Recht verfolgt hier also das Prinzip des *„forewarned is forearmed"*. [235] Es sei ein *„sure shield"*, wenn sich die Gläubiger umfassend über alle relevanten Informationen hinsichtlich der Gesellschaft informieren könnten. [236] Zusammenfassend lässt sich damit feststellen, dass die Vorschriften zur Publizität und nicht etwa Regelungen zum Mindestkapital im englischen Recht vorwiegend den Ausgleich für die Haftungsbeschränkung darstellen. [237] Daneben bestehen aber freilich auch im englischen Recht repressive Gläubigerschutzmaßnahmen. [238]

Möglicherweise könnte die durch Publizität gewährleistete Selbstsicherung der Gläubiger nicht zuletzt mit dem Wegfall des Mindestkapitals für die Unternehmergesellschaft auch in Deutschland an Bedeutung gewinnen. So könnte die Darstellung der englischen Publizitätspflichten zeigen, dass mit einem umfangreichen System an Publizitätsgeboten und entsprechenden Sanktionsinstrumenten ein nachhaltiger Ausgleich zu einer Haftungsbeschränkung gewährleistet werden kann.

---

[234] Zu den Sicherungsmitteln s. *Davies,* ch. 32, S. 1155 ff.

[235] *Davies*, ch. 21-1, S. 711.

[236] *Davies*, ch. 21-1, S. 711. Dort wird darauf hingewiesen, dass es neben den Gläubigern freilich auch eine weitere Gruppe an Personen gibt, welche man informiert wissen wollte: Die Inhaber von Anteilen der Gesellschaft, also die Gesellschafter. Unberücksichtigt sollen hierbei ebenso etwaige zukünftige Investoren nicht bleiben. So ist es nur zu verständlich, wenn sich diese vor Investitionen über die Gesellschaft erkundigen. Dies wird aber bei der hier zu behandelnden „kleinen" *private company limited by shares* von geringerer Bedeutung sein.

[237] *Hicks*, S. 153; *Sealy/Worthington*, S. 582; *Rickford*, ECFR 2004, 391, 403 f.; auch Hirte/Bücker/*Kasolowsky/Schall*, § 4, Rn. 121; *Triebel/Hodgson/Kellenter/Müller*, Rn. 740 („Publizität ist geradezu das Hauptcharakteristikum des modernen englischen Gesellschaftsrechts"); Triebel/von Hase/Melerski/*Triebel*, Rn. 85; *Schall*, ZIP 2005, 965; *Dierksmeier*, BB 2005, 1516, 1518; *Triebel/Otte*, ZIP 2006, 311, 315; *Röder*, RIW 2007, 866, 868.

[238] Genannt seien beispielhaft die verschiedenen Arten einer Durchgriffshaftung auf Gesellschafter und Geschäftsführer (*piercing the corporate veil*). Weiterhin existieren aufsichtsrechtliche Mittel (z.B. *disqualification*) sowie spezielle Regelungen gegen die Weiterführung gescheiterter Unternehmen in sog. *„phoenix companies"*. Auch gibt es ein System eines einfacheren Insolvenzantragsrechts der Gläubiger. S. zum Ganzen: *Davies*, ch. 8-4 ff., S. 198 ff.; *Schall*, ZIP 2005, 965 ff. und Triebel/von Hase/Melerski/*Triebel*, Rn. 85 ff. zum alten Recht. Zu beachten ist ferner die gläubigerschützende Funktion der *fiduciary duties* (Treuepflichten des *directors* gegenüber der Gesellschaft).

2. Europarechtliche Vereinheitlichung

Im Bereich der Publizität gibt es eine Reihe von europarechtlichen Vorgaben, die eine Vereinheitlichung im Gebiet der Gesellschaftsrechte anstreben. So war es der Europäischen Kommission immer ein Anliegen, den Grundsatz der Publizität gemeinschaftsweit durchzusetzen. [239] Insbesondere ist hier die Publizitätsrichtlinie [240] zu nennen. Diese bezweckt den Schutz Dritter und regelt dafür beispielsweise in den Art. 2 bis 7 die handelsrechtliche Publizität und deren Wirkungen. [241] Dabei werden Publizitätsmittel, Publizitätsgegenstände und Publizitätswirkungen vorgeschrieben. Weiter ist die Jahresabschlussrichtlinie (oder Bilanzrichtlinie) [242] anzuführen, welche darauf abzielt, die Jahresabschlüsse der Kapitalgesellschaften in den Mitgliedstaaten vergleichbar zu machen. Neben den Erfordernissen an die Rechnungslegung sind insbesondere ergänzende Vorschriften zur Offenlegung des Jahresabschlusses und damit zu den Regelungen der Publizitätsrichtlinie umfasst. [243] In diesem Zusammenhang ist auch die

---

239 *Habersack*, § 4, Rn. 6.

240 „Erste Richtlinie" vom 16.09.2009. Richtlinie 2009/101/EG, ABl. 2009 Nr. L 258, S. 11. Neukodifizierung der mehrfach geänderten Ersten Richtlinie 68/151/EWG des Rates vom 09.03.1968. Von der Richtlinie sind sämtliche Kapitalgesellschaften betroffen, Art. 1.

241 S. umfassend zur nahezu inhaltsgleichen Vorgängerrichtlinie *Habersack*, § 5, Rn. 1 ff., 9 ff.

242 „Vierte Richtlinie" vom 25.07.1978; Richtlinie 78/660/EWG, ABl. 1978 Nr. L. 222, S. 11. Umfassend: *Habersack*, § 8, Rn. 9 ff.; Die Richtlinie betrifft sämtliche Kapitalgesellschaften, Art. 1. Die letzte vielfacher Änderungen erfuhr sie durch die Richtlinie 2009/49/EG vom 18.06.2009; ABl. 2009 Nr. L 164, S. 42. Sie wird hinsichtlich der Konzernrechnungslegung von der „Siebten Richtlinie" (Konzernabschlussrichtlinie) vom 13.06.1983 ergänzt, Richtlinie 83/349/EWG, ABl. 1983 Nr. L 193, S. 1; umfassend *Habersack*, § 8, Rn. 36 ff. Sie wurde entsprechend der Jahresabschlussrichtlinie häufig geändert. Beide Richtlinien sehen eine Prüfung der Rechenwerke durch unabhängige Sachverständige vor. Eine entsprechende Befähigung dieser Personen will die „Achte Richtlinie" (Prüferbefähigungsrichtlinie) vom 17.05.2006 bewerkstelligen; Richtlinie 2006/43/EG, ABl. 2006 Nr. L 157, S. 87, welche die Richtlinie vom 10.04.1984, 84/253/EWG, ABl. 1984 Nr. L 126, S. 20 aufgehoben hat; umfassend zu dieser *Habersack*, § 8, Rn. 63 ff. S. zur Vierten und Siebten Richtlinie auch die „IAS-Verordnung" 2002/1606/EG, ABl. 2002 Nr. L 243, S. 1 hinsichtlich internationaler Rechnungslegungsstandards für hier nicht relevante kapitalmarktorientierte Unternehmen; *Habersack*, § 8, Rn. 57 ff.

243 Nach Art. 2 I lit. f der Publizitätsrichtlinie haben sämtliche Kapitalgesellschaften ihre Bilanz sowie ihre Gewinn- und Verlustrechnung offenzulegen. Mit Art. 47 der Bilanzrichtlinie wird dies ergänzt.

Zweigniederlassungsrichtlinie [244] zu erwähnen. Diese ergänzt die in Publizitätsrichtlinie und Jahresabschlussrichtlinie [245] festgeschriebenen Offenlegungspflichten, indem sie diese auch auf Zweigniederlassungen im EU-Ausland ausdehnt. [246] Die Kapitalrichtlinie [247] bezweckt hingegen die Angleichung der Vorschriften über die Aufbringung und Erhaltung eines bestimmten Mindestkapitals. Diese hat bezüglich der *private company limited by shares* jedoch keine Bedeutung. [248] Grundsätzlich kann mit den genannten Richtlinien von einer weitgehenden EU-Vereinheitlichung im Bereich der handelsrechtlichen Publizität ausgegangen werden.

Dennoch ist eine Darstellung der Vorschriften des englischen Rechts erforderlich: Zum einen muss es sich mit der immer wieder betonten Eigenschaft als Ausgleichsinstrument zur beschränkten Haftung um ein sehr umfassendes System an Vorschriften handeln, welches gegebenenfalls über das im deutschen Recht Bekannte deutlich hinausgehen wird. So könnten die von den Richtlinien geforderten Vorschriften lediglich ein Mindestmaß an Schutz darstellen. [249] Zum anderen kommen zahlreiche deutsche *directors* den englischen Publizitätspflichten gerade nicht nach, da sie die betreffenden englischen Rechtsvorschriften nicht kennen oder nicht verstehen; so findet sich keine umfassende Darstellung dieser Pflichten nach der geltenden Rechtslage in deutscher Sprache. [250] Hierbei stellt sich gerade die Frage, an welche Publizitätspflichten das englische Recht schwerwiegende, oder zudem der deutschen Rechtsordnung gar nicht bekannte Sanktionen anknüpft, welche auch in Deutschland Auswirkungen haben können.

Betrachtet man nur einige Zahlen, so ist jedenfalls eine traditionell unterschiedliche Bedeutung der Publizitätspflichten und etwaiger Sanktionen offensichtlich. In England werden seit zahlreichen Jahren ca. 95 % der Bilanzen

---

244 „Elfte Richtlinie" vom 21.12.1989; Richtlinie Nr. 89/666/EWG, ABl. 1989 Nr. L 395, S. 36; *Habersack*, § 5, Rn. 17 ff.

245 Sowie die Konzernabschlussrichtlinie.

246 MüKoBGB/*Kindler*, IntGesR, Rn. 46; *Habersack*, § 5, Rn. 43.

247 S. Nachweise zur Kapitalrichtlinie in Kapitel C. I.

248 Vgl. Art. 1 I der Richtlinie: Dort sind die betroffenen Gesellschaften genannt. S. schon Kapitel C. I.

249 Zum Streit, ob das jeweilige nationale Recht strenger sein darf als das Richtlinienrecht, s. *Habersack*, § 3, Rn. 55 ff. Für die Feststellung einer entsprechenden Zulässigkeit weitergehenden nationalen Rechts bedarf es, sofern nicht ausdrücklich in der Richtlinie bestimmt ist, der Auslegung der jeweiligen Richtlinienbestimmung.

250 Z.B. gibt *Just*, Rn. 261 ff. einen übersichtlichen, aber nur stark verkürzten Einblick. *Zimmer/Naendrup*, ZGR 2007, 789, 793 ff. zeigen die Publizitätspflichten etwa nur nach dem (alten) CA 1985 und stark zusammengefasst auf. Ebenso *Heinz*, §§ 13 ff.

rechtzeitig eingereicht; [251] in Deutschland lag die Quote hingegen lange Zeit bei nur 5 % bis 20 %. [252] Eine Darstellung der englischen Publizitätspflichten ist nach alledem also auch in Zeiten der europaweiten (teilweisen) Vereinheitlichung notwendig.

3. Publizität im englischen Gesellschaftsrecht

a) Rechtsquellen

Das englische Recht ist sehr stark durch seine Tradition, insbesondere durch das Richterrecht geprägt. [253] Jedoch wird das Gesellschaftsrecht, nicht zuletzt aufgrund der Umsetzung europäischer Richtlinien, in bedeutendem Umfang durch Gesetze geregelt. [254] Die für die hier zu untersuchende handelsrechtliche Publizität [255] relevanten Vorschriften finden sich im Companies Act 2006 [256]. Daneben sind auch Statutory Instruments zu berücksichtigen, die die Vorschriften des CA 2006 teilweise ergänzen bzw. abgewanden. [257] Dieser nach Jahren der Beratung am 01.11.2005 dem House of Lords noch als Company Law Reform Bill [258] vorgelegte Act hat das englische Gesellschaftsrecht letztlich als Compa-

---

251 Im Zeitraum April 2008 bis März 2009 kamen 97,9 % der englischen und walisischen Gesellschaften ihrer Pflicht nach. Von April 2004 bis März 2005 waren es vergleichbar hohe 95,9 %. S. *BERR*, Statistical Tables on Companies Registration Activities, 2008-09, Table F3, S. 30.

252 *Wachter*, GmbHR 2005, 717, 730. *Liebscher/Scharff*, NJW 2006, 3745, 3750: 5 % vor 2007. *Fockenbrock*, Handelsblatt vom 17.02.2010, S. 1: 10 %. Auf eine drastische Steigerung der Beachtung der Jahresabschlusspublizität (ca. 90% - aufgrund der Neuregelungen des Gesetzes über elektronische Handelsregister und Genossenschaftsregister sowie das Unternehmensregister) hinweisend *Schlauß*, DB 2010, 153 ff. S. hierzu Kapitel C II. 4. und Kapitel D. IV.

253 *Just*, Rn. 15.

254 *Just*, Rn. 15.

255 Zu Begriff und Umfang s. bereits Kapitel B. II. 3. a).

256 S. bereits Kapitel C. I.

257 Eine Zusammenstellung dieser Statutory Instruments findet sich auf: http://www.bis.gov.uk/policies/business-law/company-and-partnership-law/company-law/regulations-statutory-instruments (abgerufen am 01.09.2010).

258 Schlüsselziele des Reformwerkes: Stärkere Wahrnehmung der Rechte durch die Gesellschafter. Konkreter Pflichtenrahmen für die *directors*. *Private company* als häufigere Rechtsform im Vordergrund. Leichtere Gründung und einfacheres Betreiben insbesondere der *private company*. Breite Einräumung der sekundären Rechtssetzung für den Secretary of State. Hierzu *Jänig*, RIW 2006, 270 ff. Jedenfalls sollte mit diesem Act die Gründung von Gesellschaften einfacher und schneller gestaltet, das Vertrauen in das britische Gesellschaftsrecht gesteigert und der Status Großbritanniens als einer

nies Bill [259] reformiert. Zum Großteil abgelöst und inhaltlich in einigen Teilen abgewandelt wurde dadurch der Companies Act von 1985 (kurz: CA 1985), welcher insbesondere durch den Companies Act von 1989 (kurz: CA 1989) und den Companies (Audit, Investigation and Community Enterprise) Act von 2004 (kurz: CA 2004) einige Änderungen und Ergänzungen erfuhr. [260] Mit dem CA 2006, der am 08.11.2006 den *royal assent* [261] erhielt, ist mit einem Umfang von 1300 sections nun der längste Act of Parliament in der britischen Parlamentsgeschichte entstanden. [262] Der CA 2006 gilt als das Zentralgestirn, an dem sich weitere die Gesellschaft betreffende Vorschriften orientieren, [263] wie der Company Directors Disqualification Act 1986 (kurz: CDDA 1986) [264] oder der Insolvency Act 1986 (kurz: IA 1986). [265] Daneben wird das englische Gesellschaftsrecht freilich durch eine Reihe weiterer Regelungen [266] und die englische Rechtsprechung (Case Law) ergänzt. [267] Aufgrund seiner Fülle und den damit verbundenen Umsetzungsschwierigkeiten für die Unternehmen wurde der CA 2006 erst nach und nach in Kraft gesetzt. Die letzte Tranche trat am 01.10.2009 in Kraft. [268]

---

der attraktivsten Standorte für die Gründung und Führung eines Unternehmens aufrecht erhalten werden. S. *Department of Trade and Industry*, White Paper (2005), Chapter 2, S. 8.

259 Den Reformzielen wurde weitestgehend nachgekommen. Im Unterschied zum Company Law Reform Bill hat dieser die bestehenden gesellschaftsrechtlichen Kodifikationen konsolidiert und den Companies Act 1985 ersetzt. S. *Just*, Rn. 26.

260 *Palmer's Company Law*, Annotated guide to the Companies Act 2006, S. 53. Dort wird auch darauf hingewiesen, dass vereinzelte Vorschriften der vorhergehenden Acts erhalten bleiben.

261 Dies ist die erforderliche königliche Zustimmung zu einem Act of Parliament, welche praktisch nie verweigert wird (zuletzt versagt am 11.03.1708 durch Königin Anne).

262 *Palmer's Company Law*, Annotated guide to the Companies Act 2006, S. 53 zur Aufgliederung des Acts.

263 *Just*, Rn. 16

264 Dieser regelt Tätigkeitsverbote als *director*. Hierzu ausführlich unten Kapitel D. I. 2.

265 Dieser behandelt beispielsweise die Abwicklung von Kapitalgesellschaften.

266 Z.B. Business Names Act 1985, Companies Consolidation (Consequential Provisions) Act 1985, Financial and Service Market Act 2000 und berufsständische Regelungen; s. *Haug*, S. 43 ff.

267 Das Case Law, welches aus den Prinzipien des Common Law und der Equity besteht, ist dem Statute Law gegenüber subsidiär. Aufgrund der in den letzten Jahren immer zahlreicher werdenden Kodifikationen im Gesellschaftsrecht spielt das Case Law im hiesigen Bereich eine vergleichsweise geringere Rolle. *Haug*, S. 43 ff. mwN.

268 Zu den einzelnen Tranchen kurz und übersichtlich: http://www.bis.gov.uk/files/file53065.pdf (abgerufen am 01.09.2010).

Bei der Untersuchung des CA 2006 lässt sich feststellen, dass die hier zu diskutierende handelsrechtliche Publizität im englischen Gesellschaftsrecht im Wesentlichen auf folgenden Wegen sichergestellt werden soll: [269] Zum einen durch öffentliche Bekanntmachungen in der London Gazette. Zum anderen durch die Möglichkeit der Einsichtnahme beim Companies House. Daneben gibt es eine Reihe von Registern vor Ort bei der Gesellschaft. Bei diesen Publizitätsmitteln wird im Folgenden zu differenzieren sein, ob dadurch Publizität laufend und aktuell gewährleistet wird und damit die Gesellschaft auch regelmäßig entsprechenden Pflichten nachzukommen hat (C. II. 3. b)), oder aber nur jährlich Publizität geboten ist (C. II. 3. c)). [270] Abschließend sollen weitere allgemeine Methoden der Publizität kurz erläutert und die Ergebnisse zusammengefasst werden (C. II. 3. d)). Zu wiederholen bleibt, dass die Darstellung anhand der typischen *private company limited by shares* erfolgen soll. [271]

b) Laufende Publizität

aa) Bekanntmachung in der London Gazette

Der *registrar* [272] ist u.a. dafür verantwortlich, den Erhalt bestimmter, die Gesellschaft betreffender Dokumente in der London Gazette [273] bekannt zu machen (*public notice*). [274] So hat er gem. s. 1064 CA 2006 über den Empfang sämtlicher amtlicher Gründungsurkunden (*certificates of incorporation*) der Gesell-

---

269 Zu dieser traditionellen Einteilung umfassend: *Mayson/French/Ryan*, S. 106 ff.; *Davies*, 7th edition, 2003, S. 533 ff.; *Hicks*, S. 153 ff.; *Hunger*, S. 38 ff.

270 Ähnlich differenzierend Eidenmüller/*Rehm*, § 10, Rn. 79 ff.; *Zimmer/Naendrup*, ZGR 2007, 789, 793 ff.

271 Damit sei hier auch darauf hingewiesen, dass bei anderen Gesellschaftsformen andere und ebenso darüber hinausgehende Regelungen gelten können.

272 Dies ist der leitende englische Registerbeamte (und seine Behörde). Das Amt und die Pflichten des *registrars* sind in Part 35, ss. 1060 - 1120 CA 2006, geregelt. Zum Ganzen und regelmäßig mit Hinweisen zu Änderungen durch den CA 2006: *Scanlan*, S. 31 ff.

273 Die London Gazette ist eines von drei „Gesetzblättern“ der britischen Regierung. Daneben gibt es die Edinburgh Gazette sowie die Belfast Gazette. Die London Gazette ist im Jahr 1665 zum ersten Mal als Oxford Gazette erschienen, kann also auf eine lange Tradition zurückblicken. S. nähere Informationen unter www.london-gazette.co.uk. Alternativ zur Anzeige in der London Gazette besteht die Möglichkeit der Bekanntmachung gem. s. 1116 CA 2006 nach gewissen, durch den Secretary of State festgelegten Umständen.

274 Die Vorschriften der Bekanntgabe in einem Amtsblatt gehen zurück auf die Publizitätsrichtlinie (in ihrer ursprünglichen Fassung, Art. 3 (4, 2), 2. S. oben Kapitel C. II. 2.

schaft zu informieren.[275] Daneben hat der *registrar* nach s. 1077 CA 2006 eine Mitteilung über den Erhalt der sogenannten *directive disclosure requirements* über die London Gazette zu veranlassen.[276] Dabei handelt es sich gem. s. 1078 (2) CA 2006 um Unterlagen, die die Satzung (*constitutional documents*), die Geschäftsführer (*directors*), den Satzungssitz (*registered office*) oder die Abwicklung (*winding up*) der Gesellschaft betreffen. Auch ist der Eingang gewisser Abschlüsse bekannt zu machen.[277]

Jedoch ist es für den *registrar* lediglich erforderlich, Name und Registernummer der Gesellschaft sowie Datum und Typ der jeweiligen Bescheinigung zu nennen.[278] Die Information durch die London Gazette bleibt also hierauf beschränkt. Möchte ein Gläubiger das relevante Dokument direkt einsehen, so hilft ihm diese Art der Publizität nicht weiter. Die London Gazette wird außerdem in der Regel nicht von der allgemeinen Bevölkerung, sondern lediglich von spezialisierten Unternehmen, wie zum Beispiel Auskunfteien, gelesen. Mit dieser Anzeige werden also nicht die üblichen Gläubiger der Gesellschaft erreicht.[279] Ihre elektronische Veröffentlichung kann jedenfalls als ein Fortschritt für die Allgemeinheit bezeichnet werden.[280] Die Funktion einer derartigen Bekanntgabe wird indes auch schon deshalb angezweifelt, da der *registrar* in England ein zentrales Register[281] führt, welches unproblematisch gezielt hinsichtlich einzelner Firmen

---

275 Gem. s. 1064 (3) CA 2006 sind gerade *certificates of incorporations* mitzuteilen, die die Gründung (*formation*), die Änderung des Namens (*change of name*), oder die Gestaltung (*re-registration*) der Gesellschaft betreffen.

276 Diese fungieren (teilweise) als Gutglaubensvorschriften: Vgl. s. 1079 (1, 2) CA 2006: So kann sich die Gesellschaft beispielsweise nicht auf Änderungen unter den *directors* berufen, sofern es zu keiner Bekanntmachung kam und ein Dritter unwissend war. S. ferner s. 1079 (3) CA 2006: Erst am oder nach dem 15. Tag der Bekanntmachung kann sich die Gesellschaft dem Dritten gegenüber auf die mitgeteilte Angelegenheit iSd. s. 1079 (2) CA 2006 berufen, sofern dieser diesbezüglich zuvor unverschuldet unwissend war. *Sealy/Worthington*, S. 583, 141 ff.; *Mayson/French/Ryan*, S. 110 f. Hier wird auch darauf hingewiesen, dass die Bekanntmachung in der Gazette die Öffentlichkeit schützen soll und damit eine Gutglaubenswirkung bezüglich dort bekannt gemachter Ereignisse nicht zugunsten der Gesellschaft wirken kann. Vgl. *Official Custodian for Charities v Parway Estates Developments Ltd (In Liquidation)* [1985] Ch. 151.

277 Daneben wird eine solche *official notification* auch in anderen Gesetzen gefordert: S. z.B. s. 109 IA 1986 zu Bekanntgabe der Bestellung eines Liquidators.

278 Ss. 1064 (2), 1077 (3) CA 2006.

279 *Davies*, 7th edition, 2003, S. 534.

280 S. noch die Forderung von *Sealy/Worthington*, S. 583. In der neu gefassten Publizitätsrichtlinie (Art. 3 V) wird explizit darauf hingewiesen, dass das „Amtsblatt in elektronischer Form geführt werden kann".

281 S. sogleich Kapitel C. II. 3. b) bb)

eingesehen werden kann.[282] Positiv zu bewerten ist aber die kostenfreie Erlangung der genannten Informationen. Darüber hinaus wird laufende und aktuelle Publizität gewährleistet. Für einen effektiven Gläubigerschutz sind aber weitere Publizitätsformen von Nöten und werden auch angeboten.

bb) Information durch das Companies House

Als bedeutender kann die Gewährleistung von Publizität durch die Erfassung (*registration*) der Gesellschaft an sich und gewisser, die Gesellschaft betreffende Ereignisse im Register im Companies House[283] bezeichnet werden. Hier ist festzustellen, dass das Companies House von der Gesellschaft grundsätzlich über alle das Unternehmen betreffenden Angelegenheiten, die für die Öffentlichkeit von Bedeutung sein könnten, aktuell zu informieren ist.[284] Eine Einsichtnahme des entsprechenden Registers durch Interessierte ist in der Regel[285] sodann möglich,[286] dies mittlerweile auch elektronisch.[287] Hier seien die wichtigsten Beispiele für eine erforderliche Erfassung im Register im Companies House genannt:[288]

---

282 *Palmer*, ch. 2.1402. Sie ist aber wegen der Vorschriften der Publizitätsrichtlinie (Art. 3 V) erforderlich.

283 Am Companies House wird das Gesellschaftsregister geführt. Dieses befindet sich für englische wie auch für walisische Gesellschaften in Cardiff. Daneben gibt es solche für Schottland (Edinburgh) und Nordirland (Belfast). Die Vergleichbarkeit zum deutschen Handelsregister ist begrenzt. Beispielsweise wird lediglich die formelle Richtigkeit der Anmeldung geprüft. Ebenso gibt es (abgesehen der Vorschriften des s. 1079 CA 2006) keinen Gutglaubensschutz iSd. § 15 HGB. S. hierzu Triebel/von Hase/Melerski/*von Hase*, Rn. 383, Fn. 354; *Baas-Holler*, S. 86. S. auch *Sealy/Worthington*, S. 583. S. zum grundsätzlichen Erfordernis eines zentralen Registers und entsprechender Eintragungen zu Unternehmen die Vorschriften der Publizitätsrichtlinie, Art. 2, 3.

284 *Davies*, 7th edition, 2003. S. 534.

285 Ss. 1085, 1087 CA 2006; s. näher sogleich.

286 Zu den Gebühren, die an den *registrar* zu entrichten sind, s. SI 2009/2101. Dort sind sowohl die Kosten aufgeführt, die bei Einreichung bestimmter Unterlagen zu zahlen sind (reg. 3 iVm. Schedule 1), als auch solche, die bei der Einsichtnahme fällig werden (reg. 4 iVm. Schedule 2). S. eine Liste der Gebühren unter http://www.companieshouse.gov.uk/toolsToHelp/ourPrices.shtml#Direct (abgerufen am 01.09.2010).

287 Unter http://wck2.companieshouse.gov.uk/55b92cc23a62bbd4a3292f85d14c7f12/-wcframe?name=accessCompanyInfo (abgerufen am 01.09.2010).

288 Neben den Regelungen des CA 2006 erfordern auch weitere Vorschriften eine Meldung zum Companies House: So z.B. solche des Insolvency Act 1986 sowie der Insolvency Rules 1986. Hier soll nur auf ausgewählte Regelungen des CA 2006 eingegangen werden, die insbesondere aufgrund schwerwiegender Folgen bei deren Nichtbeachtung in der Praxis von Bedeutung sind.

Es sind die Satzung der Gesellschaft (*constitution*)[289] und diesbezügliche Änderungen und Besonderheiten mitzuteilen.[290] Der Einsichtnehmende erhält so grundsätzliche Informationen zur Gesellschaft.

Ss. 86, 87 CA 2006 verlangen ferner die Mitteilung einer erfolgten Änderung der Adresse des Gesellschaftssitzes (*registered office*)[291] an das Companies House, um diese wirksam werden zu lassen. Damit soll gewährleistet sein, dass eine Zustellung von offiziellen Schriftstücken immer möglich ist. Auch können sich so Gläubiger über den Ort des *registered office* informieren, wenn sie gewisse Unterlagen einsehen möchten.[292]

Weiterhin ist das Companies House über die für die Gesellschaft Verantwortlichen (*officers*) in Kenntnis zu setzen. Hierzu zählen insbesondere die *directors*[293] und auch die *secretaries*[294] der Gesellschaft. Nach s. 167 (1) CA 2006 ist jede personelle Veränderung bei den *directors* dem *re-*

---

289 Grundsätzliches: Part 3, ss. 17 - 38 CA 2006. Die Satzung der Gesellschaft besteht nach s. 17 CA 2006 nunmehr aus den Regelungen des Gesellschaftsvertrages (*articles of association)* sowie bestimmten Beschlüssen und Vereinbarungen unter den Gesellschaftern (*resolutions and agreements*). Zum Ganzen: *Scanlan*, S. 14 ff.; *Just*, Rn. 75 ff.

290 Z.B.: S. 18 (2) CA 2006 grundsätzliche Registrierung der *articles*, sofern es sich um keine Mustersatzung (*model articles*) handelt; zur Erforderlichkeit der Mitteilung der Änderungen s. ss. 21 ff. CA 2006.

291 Dies ist der Satzungssitz der Gesellschaft. Entscheidend ist also nicht, wo der Verwaltungssitz (*head office*) liegt. Dieser muss nicht genannt werden. Das *registered office* ist überwiegend Zustellungs- und Aufbewahrungsort. Ausreichend ist beispielsweise die Angabe der Adresse eines englischen Steuerberaters als *registered office*. Ein bloßes Postfach genügt hingegen nicht. Weiterhin muss sich das *registered office* in der Gründungsjurisdiktion (*domicile*) befinden. Wie s. 9 (2) (b) CA 2006 zeigt, kommen dabei die Jurisdiktionen England und Wales (oder nur Wales), oder Schottland oder Nordirland in Frage. Eine Verlegung des Satzungssitzes ins Ausland, also auch nach Deutschland und damit die Vereinigung von Verwaltungs- und Satzungssitz an einem Ort im Ausland, sind auch nach englischem Recht nicht möglich. Zum Ganzen: *Mayson/French/Ryan*, S. 63 ff. mit Hinweisen auf die Rechtsprechung; *Heinz*, § 4, Rn. 13 ff.; Triebel/von Hase/Melerski/*Triebel*, Rn. 38 ff.

292 S. zur Einsichtnahme bei der Gesellschaft sogleich Kapitel C. II. 3. b) cc).

293 Die *directors* sind für die Geschäfte des Unternehmens zuständig und üben sämtliche Gewalt des Unternehmens aus. Zu deren Amt und Pflichten: Ss. 154 – 259 CA 2006, sowie beschreibend: *Scanlan*, S. 53 ff.; *Just*, Rn. 137 ff.

294 Üblicherweise wird vom *secretary* erwartet, dass er den zahlreichen Publizitätspflichten in der Gesetzgebung gerecht wird; *Pettet*, S. 190. Er ist insbesondere für das Führen von Registern, Einreichen von Formularen am Companies House und die behördliche Post verantwortlich. Bei der *private company* ist ein *secretary* seit dem CA 2006 nicht mehr verpflichtend notwendig, Grundsätzliches: Ss. 270 – 280 CA 2006, sowie beschreibend: *Scanlan*, S. 79 ff.

gistrar kund zu tun.[295] Ebenso verhält es sich bei den *secretaries* gem. s. 276 (1) CA 2006.[296] Auf diese Weise ist der Gläubiger immer über die Verantwortlichen der Gesellschaft im Bilde und weiß, an wen er sich zu wenden hat.

Auch eine Ausgabe von Anteilen (*shares*)[297] gem. s. 554 (1) CA 2006 ist zu registrieren und gem. s. 555 (2) CA 2006 im Rahmen eines *return of allotment*[298] zu konkretisieren. Weiterhin sind Änderungen des *share capital* dem *registrar* mitzuteilen.[299] Damit wird dem Gläubiger ein erstes Bild über den Kapitalbestand der Gesellschaft am Registergericht bereit gestellt.

Im Rahmen der Bewertung des Finanzstatus der Gesellschaft ist weiter die Registrierungspflicht von gewissen Sicherungsrechten an der Gesellschaft (*charges*)[300] hervorzuheben.[301] Beispielhaft seien hier mit s. 860 CA 2006 die Bestellung von Sicherheiten auf das im Eigentum der Gesellschaft stehende Land und Sicherheiten auf den Goodwill oder das geistige Eigentum des Unternehmens genannt.[302] Erwähnt werden sollte an dieser Stelle auch s. 866 CA 2006, welcher fordert, dass Sicherheiten am Eigentum, das außerhalb

---

295 Daneben sind sämtliche Modifikationen iSd. ss. 163-6 CA 2006, welche detaillierte Informationen bezüglich der *directors* verlangen, zu melden. Interessant ist hier, dass nunmehr nur noch unter den Voraussetzungen des s. 245 CA 2006 die Privatadresse des *directors* bekannt gegeben werden kann. Grundsätzlich darf diese bzw. eine Aussage darüber, ob die angegebene Adresse die Privatadresse ist, nach s. 240 CA 2006 nicht mehr im Companies House eingetragen werden. So wird Schutz der Privatsphäre gewährleistet. *Scanlan*, S. 73 f. Unter bestimmten Umständen ist dennoch eine Offenlegung möglich: S. ss. 243, 1088 CA 2006 iVm. SI 2009/214.

296 Ebenso Mitteilungen iSd. ss. 277-9 CA 2006.

297 Zum Ganzen: Part 17, ss. 540-657 CA 2006, sowie beschreibend *Mayson/French/Ryan*, S. 154 ff. Wie oben bereits angedeutet, wird davon ausgegangen, dass die Gesellschaft zumindest in geringem Umfang Anteile ausgegeben hat. Dann sind besondere Rechte und Pflichten zu beachten.

298 Dieser beinhaltet das *statement of capital*, in welchem Angaben zur Anzahl der insgesamt ausgegebenen Anteile, zu deren Nominalwert, zu deren unterschiedlichen Klassen und zu den auf diese einbezahlten oder nicht einbezahlten Beträge, zu machen sind.

299 Z.B. ss. 619, 644 CA 2006.

300 Zum Ganzen: Part 25, ss. 860-894 CA 2006, sowie beschreibend: *Scanlan*, S. 203 ff. Hirte/Bücker/*Kasolowsky/Schall*, §4, Rn. 151 ff.

301 Zu Zweck und System der Registrierung der *charges* s. *Davies*, ch. 32-22 ff., S. 1182. Wird eine *charge* nicht eingetragen, so kann sie gem. s. 874 CA 2006 als ungültig angesehen werden.

302 Der *registrar* hat nach s. 869 CA 2006 ein *register of charges* zu führen. Gem. s. 1087 (1) (h) CA 2006 können hinter den *charges* stehende *instruments*, welche diese entstehen ließen und diese näher bestimmen, aber nicht eingesehen werden.

des UK liegt, ebenso im Companies House zu registrieren sind. Wird so beispielsweise eine Grundschuld auf ein in Deutschland belegenes Grundstück der im Companies House registrierten Gesellschaft in Deutschland eingetragen, muss sich zwar deren Wirksamkeit nach deutschem Recht richten. Eine fristgemäße Eintragung der Belastung des Grundstücks im englischen Register ist dennoch von Nöten. [303] Mit diesen Registrierungspflichten ist Information über mögliche (gesicherte) Schulden der Gesellschaft gewährleistet.

Festzuhalten bleibt, dass eine Mitteilung an den *registrar* insbesondere dann zu erfolgen hat, wenn sich an der im Companies House angegebenen Situation etwas ändert. [304] Alle mitteilungspflichtigen, eintretenden bzw. ändernden Vorgänge sind außerdem innerhalb bestimmter Fristen [305] zeitnah zu melden. Auf diese Weise können sich alle Personen, die ein Interesse an der Gesellschaft haben, immer auf dem aktuellsten Stand halten. Die entstandene Akte zur Gesellschaft im Companies House kann nämlich von jedermann eingesehen werden, s. 1085 (1) CA 2006. [306] Außerdem steht es dem Einsichtnehmenden sogar zu, sich Kopien sämtlicher sich im Register befindlichen Dokumente zur Gesellschaft anfertigen zu lassen, s. 1086 (1) CA 2006. Ferner trägt die Wahlmöglichkeit zwischen persönlicher Einsicht vor Ort oder elektronischer im Internet zur Flexibilität der Informationssuchenden bei. Eine Benachrichtigung über die Einsichtnahme an das Unternehmen erfolgt dabei jeweils nicht. Zwar hat mit der Abschaffung der *doctrine of constructive notice*, welche besagte, dass Personen, die mit der Gesellschaft zu tun hatten, zumindest Kenntnis von den *registered constitutional documents* und den *registered charges* hatten, die

303 *Heinz*, § 13, Rn. 4 f.

304 Die Mitteilung bzw. das Einreichen können auch elektronisch erfolgen: https://ewf.companieshouse.gov.uk.

305 Die Änderung des Satzungssitzes hat in der Regel nach s. 87 (2) CA 2006 sogar erst Wirksamkeit, wenn sie durch den *registrar* eingetragen ist. Ausgewählte Fristen zur Registrierung von Änderungen betreffend: *Constitution*: Die Kopien der geänderten *articles* müssen innerhalb von 15 Tagen übersandt werden; s. 26 (1) CA 2006; *resolutions* bzw. *agreements* sind nach deren Vereinbarung innerhalb von 15 Tagen dem *registrar* mitzuteilen, s. 30 (1) CA 2006. *Director*: 14 Tage nach Änderung, s. 167 (1) CA 2006. *Secretary*: 14 Tage nach Veränderung, s. 276 (1) CA 2006. *Registration of allotment*: Zwei Monate nach Ausgabe der Anteile, s. 554 (1) CA 2006. *Return of allotment*: Ein Monat nach Ausgabe der Anteile, s. 555 (2) CA 2006. *Alteration of share capital*: Ein Monat nach Änderung des Kapitals, s. 619 (1) CA 2006. *Reduction of share capital*: 15 Tage nach der Herabsetzung des Kapitals, s. 644 (1) CA 2006. *Charges*: In der Regel 21 Tage nach Entstehung der Belastung, s. 870 (1) CA 2006.

306 Nicht einsehbar sind in s. 1087 CA 2006 genannte Dokumente.

Einsichtnahmemöglichkeit teilweise an Bedeutung verloren.[307] Grundsätzlich ist aber nicht abzusehen, dass die Anzahl an Pflichten gegenüber dem Companies House und die Anforderungen an diese abnehmen werden; so sind die Pflichten mit jedem neuen Act umfangreicher geworden.[308] Außerdem wird schon hier das Zusammenspiel der einzelnen Publizitätsmittel deutlich: Kommt die Gesellschaft ihren Mitteilungspflichten zum Companies House nicht nach, erfolgt auch keine Bekanntmachung durch den *registrar* in der Gazette. Insgesamt wird dem Informationssuchenden durch die Konsultation des Companies House ein umfangreiches Bild über die Gesellschaft geboten.

cc) Information durch Register und Unterlagen bei der Gesellschaft

Daneben trifft die Gesellschaften die Pflicht, laufend gewisse Register zu führen bzw. bestimmte Unterlagen aufzubewahren. Dies hat in der Regel am *registered office*, also meist vor Ort bei der Gesellschaft zu erfolgen.[309] Damit muss die Gesellschaft mit Verwaltungssitz in Deutschland regelmäßig entsprechende Unterlagen nach England an ihren Satzungssitz übermitteln. Abgegrenzt werden kann bei dieser Art der Offenlegungspflicht zwischen den jeweiligen Personen, die Einsicht nehmen dürfen. Hier ist je nach zu führendem Register bzw. aufzubewahrenden Unterlagen klar zu unterscheiden:[310]

Nach s. 113 (1) CA 2006 hat jede Gesellschaft ein *register of members* (Register der Gesellschafter)[311] zu führen. Auf diese Weise wird gewährleistet, dass die hinter der Gesellschaft Stehenden nicht verborgen bleiben. Dieses Register kann nach s. 116 (1) CA 2006 von jedem Gesellschafter kostenfrei, von allen anderen Personen gegen eine Gebühr[312] eingesehen werden.[313] Vorausgesetzt

---

307 Vgl. *Zimmer/Naendrup*, ZGR 2007, 789, 792 f. S. zur *doctrine of constructive notice* und deren Fiktionswirkung ausführlich *Hicks*, S. 85 ff.; *Sealy/Worthington*, S. 141 ff. Diese *doctrine* war mit Art. 9 I der ursprünglichen Publizitätsrichtlinie (jetzt: Art. 10) nicht mehr vereinbar.

308 *Sealy/Worthington*, S. 582.

309 Gem. s. 1136 CA 2006 kann der Secretary of State Vorschriften erlassen, welche auch einen anderen Aufbewahrungs- bzw. Einsichtnahmeort als das *registered office* zulassen. Gem. SI 2008/3006 reg. 3 muss dieser *inspection place* in der jeweiligen Gründungsjurisdiktion des UK liegen, für alle Einsichtnahmen einheitlich sein und dem *registrar* mitgeteilt werden.

310 Abgesehen von der gesetzlich vorgesehenen Inspektion (s. sogleich) haben die Gesellschafter kein Recht zur Einsichtnahme bei der Gesellschaft; vgl. *Lonrho Ltd v Shell Petroleum Co Ltd* [1980] 1 WLR 627, 634.

311 Zum Ganzen: ss. 113-128 CA 2006, sowie beschreibend: *Scanlan*, S. 44 f.; *Mayson/French/Ryan*, S. 112 f. Dieses Register beinhaltet die aktuellen Gesellschafter, u.a. deren Namen und Adressen.

312 Nach s. 1137 (4) CA 2006 setzt der Secretary of State die Gebühren, die die Einsichtnahme am Unternehmen betreffen, fest.

werden allerdings gewisse Angaben iSd. s. 116 (4) CA 2006 durch den Einsichtnehmenden, wie dessen Identität, seine Adresse oder der Zweck der Anfrage. [314] Die Gesellschaft ist also bei einer derartigen Einsichtnahme über (potentielle) Gläubiger etc. informiert. [315] Es sind aber auch Register zu führen, die ohne solche Angaben inspiziert werden können. So muss ein *register of directors* (Register der Geschäftsführer) gem. s. 162 (1) CA 2006 [316] sowie ein *register of secretaries* (Register der Gesellschaftssekretäre) gem. s. 275 (1) CA 2006 [317] vom Unternehmen geführt werden. Diese können wiederum von jedem Gesellschafter gebührenfrei sowie von Außenstehenden gegen eine Gebühr eingesehen werden. [318] Die Angabe des Zweckes der Einsichtnahme ist hier jeweils nicht erforderlich. Fast entsprechend verhält es sich mit dem für Gläubiger bedeutenden *register of charges* (Register der Sicherungsrechte), [319] in welchem, wie in der Akte am Companies House, die Sicherungsrechte am Gesellschaftsvermögen aufzuführen sind. [320] Hier haben neben den Gesellschaftern auch die Gläubiger gem. s. 877 (4) CA 2006 das Recht der kostenfreien Inspektion. [321]

Anders verhält es sich in dem speziellen Fall, wenn es um eine Zahlung aus dem Kapital der Gesellschaft für die Rücknahme oder den Kauf eigener Anteile durch die Gesellschaft geht, gem. s. 720 (1) CA 2006 mit dem *directors` state-*

---

313 Die Anforderung einer Kopie ist für alle Anfragenden gegen eine Gebühr möglich, s. 116 (2) CA 2006.

314 Ebenso verhält es sich auch bei einem *register of debentures*, sofern denn ein solches von der Gesellschaft geführt wird, s. ss. 743 ff. CA 2006; *Mayson/French/Ryan,* S. 113. Bei den *debentures* handelt es sich um Schuldverschreibungen, die als bedeutendste Art der Fremdfinanzierung gelten. Hier wird der Gläubiger nicht Gesellschafter, hat folglich auch keine Gesellschafterrechte, insbesondere Stimmrechte. Vielmehr bekommt er für sein Darlehen einen festgesetzten Zinssatz. *Just*, Rn. 248 ff.

315 Insbesondere wurde die Angabe des Zwecks auch gefordert, um böswillig Einsichtsuchenden eine Schranke vorzuschieben. So spricht *Scanlan*, S. 44 von Tierschutz-Aktivisten oder Terroristen, welche die Adresse von Gesellschaftsmitgliedern erlangen möchten.

316 Hier ist auch ein gesondertes Register mit den Privatadressen der *directors* zu führen, s. 165 CA 2006. Dieses ist aber entsprechend der nicht zu erfolgenden Registrierung am Companies House von einer Einsichtnahme ausgeschlossen.

317 Dieses Register wird freilich nur geführt, sofern die Gesellschaft mit einem oder mehreren *secretaries* ausgestattet ist.

318 Ss. 162 (5), 275 (5) CA 2006.

319 Zum Ganzen: *Scanlan*, S. 209 f.

320 Mit diesem sind auch Kopien der Vereinbarungen über die Sicherungsrechte aufzubewahren; s. 875 (1) CA 2006.

321 Alle weiteren Anfragenden können mit einer Gebühr belastet werden.

ment und dem *auditor's report*. Diese können neben den Gesellschaftern nur die Gläubiger einsehen, jedoch kostenfrei, s. 720 (4) CA 2006. [322]

Darüber hinaus gibt es eine Reihe von Unterlagen, die nur zur Offenlegung gegenüber den Gesellschaftern aufbewahrt werden müssen. Gerade für diese ist es oftmals wichtig zu erfahren, wie es um bestimmte Angelegenheiten der Gesellschaft bestimmt ist. So sind die Gesellschafter enger und teilweise finanziell intensiver mit der Gesellschaft verbunden als Gläubiger. Beispielsweise sind Unterlagen zu den Dienstverträgen der Direktoren der Gesellschaft (*directors' service contracts*) zur Einsichtnahme vor Ort iSd. s. 228 CA 2006 aufzubewahren und können nach s. 229 (1) CA 2006 kostenfrei von Gesellschaftern eingesehen werden. [323] Ferner können etwaige die *directors* betreffende, grundsätzlich nur schwer realisierbare Haftungsfreistellungen (*indemnity provisions*) [324] durch die Gesellschafter gem. s. 238 (1) CA 2006 kostenfrei eingesehen werden. [325] Auch sind Aufzeichnungen von *resolutions and meetings* iSd. s. 355 CA 2006 nach s. 358 (1, 3) CA 2006 [326] zur kostenfreien Vorlage an die Gesellschafter aufzubewahren. [327]

In der Praxis wird diese Art der Publizität weniger in Anspruch genommen. Der Großteil der Interessierten zieht die Anonymität am Companies House vor, auch wenn dies bedeutet, dass die zu erlangenden Informationen möglicherweise weniger aktuell sind, da die Gesellschaft noch keine Übermittlung veranlasst hat. [328] Auch beschneiden sich die Einsichtnehmenden gewisser Informationen: Das bei der Gesellschaft zu führende *register of charges*, in welchem auch Unterlagen zu den Vereinbarungen über die Sicherungsrechte aufzubewahren sind,

---

322 Ähnlich verhält es sich mit Kopien von *annual accounts and reports*, die gem. s. 431 CA 2006 nur von Gesellschaftern und Gläubigern der Schuldverschreibungen (*debenture holders*) angefordert werden können.

323 Zum Ganzen: *Scanlan*, S. 70 f.

324 S. zu den überhaupt möglichen Haftungsbeschränkungen ss. 232-5 CA 2006.

325 Zum Ganzen: *Scanlan*, S. 71 ff.

326 Zum Ganzen: *Scanlan*, S. 101 f.

327 Der Vollständigkeit halber: Gesellschafter können kostenfrei Unterlagen zum Kauf eigener Anteile einsehen, s. 702 (2, 6) CA 2006. Daneben können die Gesellschafter verlangen, dass ihnen Kopien der Unterlagen übersandt werden, welche die Satzung betreffen, s. 32 (1) CA 2006. Außerdem gibt es Vorschriften, welche Entscheidungen nicht wirksam werden lassen, bevor diese nicht den Gesellschaftern der Einsichtnahme zugänglich gemacht wurden: Siehe ss. 188 (6), 696 (2), 718 (2) CA 2006. Weiterhin ist gem. s. 388 (1) CA 2006 die Aufbewahrung der allgemeinen Buchführung (*accounting records*) am *registered office* oder an einem Ort, welchen die *officers* bestimmen, vorgeschrieben. Eine Einsichtnahme ist jedoch nur von diesen möglich. S. *Mayson/French/Ryan*, S. 114 f. mwN.

328 *Sealy/Worthington*, S. 584.

ist deutlich aussagekräftiger als die diesbezüglich zu erlangenden Informationen am Companies House. Zudem ist teilweise eine Einsichtnahme bei der Gesellschaft - im Gegensatz zum Companies House - kostenfrei. [329] Wie gezeigt stehen jedoch nicht alle bei der Gesellschaft zu führenden Register bzw. aufzubewahrenden Unterlagen auch den Gläubigern zur Einsicht zur Verfügung. So kommt es zu einer Art Zwei-Klassen-Einsichtnahme, welche aber aufgrund der Nähe der Gesellschafter zur Gesellschaft und dem Inhalt der nur von diesen einsehbaren Registern oder Unterlagen [330] durchaus zu rechtfertigen ist. Jedenfalls versucht der Gesetzgeber, diese Art der Publizität allen Informationssuchenden zu erleichtern, indem er von der Gesellschaft fordert, dass das Companies House immer über den genauen Aufbewahrungsort informiert ist. [331] Schwierigkeiten entstehen jedoch, wenn bei der Limited mit Verwaltungssitz in Deutschland ein Gläubiger deren Unterlagen vor Ort einsehen möchte: Diese sind am Satzungssitz in England aufzubewahren. Gerade dies läuft jedoch dem Sinn und Zweck der soeben genannten Vorschriften entgegen, wurden diese doch gerade dafür geschaffen, dass der Gläubiger bzw. Gesellschafter beim „nahen" Unternehmer Einsicht nehmen kann. Im Fall der in Deutschland ansässigen Limited wird sich der Gläubiger mit einer Einsichtnahme am Companies House begnügen müssen. Zumindest ist dies elektronisch möglich. In Zeiten der grenzüberschreitend tätigen Gesellschaften könnte hier vom englischen Gesetzgeber eine Nachbesserung insofern gefordert werden, als dass auch eine Aufbewahrung am Verwaltungssitz vorgeschrieben werden könnte. Dies ist, womöglich in Anbetracht auch nach ausländischem Recht zu befolgender Publizitätspflichten, bisher unterblieben.

dd) Zwischenergebnis: Laufende Publizität

Mit den drei aufgeführten Publizitätsmitteln lässt sich grundsätzlich ein guter Überblick zur aktuellen Situation der Gesellschaft gewinnen: So erfolgt zunächst ein offizieller Hinweis auf Neuerungen durch die Gazette. Sodann ist es den Informationssuchenden möglich, sowohl beim Companies House als auch bei der Gesellschaft selbst eine Antwort auf eine Vielzahl von Fragen zum aktu-

---

329 Für Gebühren der Einsichtnahme bzw. Kopien des *register of debentures* s. SI 2008/3535, für solche der *register of directors, register of secretaries* und *register of charges* s. SI 2008/3007 sowie für die des *register of members*, der *directors' service contracts*, u.a. s. SI 2007/2612.

330 Z.B. die *directors' service contracts* oder die *indemnity provisions,* welche jeweils das Innenleben der Gesellschaft betreffen.

331 Vgl. die vorherige Fn. mit dem Verweis auf SI 2008/3006 reg. 3 und die Vorschriften der ss. 114 (1, 2), 162 (3, 4), 275 (3, 4), 877 (2, 3), 720 (2, 3), 228 (2, 4), 237 (3, 5), 358 (1, 2) CA 2006.

ellen Stand des Unternehmens zu bekommen. Neben den für die Gesellschaft Verantwortlichen und der Kapitalausstattung der Gesellschaft werden insbesondere die zu erlangenden Informationen zu den Belastungen der Gesellschaft interessant sein. Letztgenannte stellen nämlich ein Indiz für die Kreditwürdigkeit der Gesellschaft dar. [332] Damit können sowohl viele „organisatorische“ Fragen [333] als auch erste Fragen zur wirtschaftlichen Situation der Gesellschaft beantwortet werden. Positiv ist hierbei insbesondere, dass die Informationen von den Verantwortlichen auf einem aktuellen Stand zu halten sind. Umgekehrt kann es sich für (ungeschulte) Informationssuchende zeitaufwendig darstellen, die für sie notwendigen Informationen aus der Akte am Companies House bzw. bei der Gesellschaft herauszulesen. Auch an diesen Punkt knüpfen die folgenden Publizitätsvorschriften, welchen jährlich nachzukommen ist, an.

c) Jährliche Publizität

Daneben verschaffen die jährlich wiederkehrenden Pflichten der Veröffentlichung eines *annual returns* und der *annual accounts and reports* Informationen über die Gesellschaft. [334]

aa) Annual return

Beim *annual return* handelt es sich um einen beim Companies House jährlich abzugebenden Bericht. [335] Dieser kann dort von jedermann eingesehen werden. Er hat die Management- und Kapitalstruktur zum Zeitpunkt der Vorlage wahrheitsgetreu wiederzuspiegeln. [336] Hierfür müssen nach ss. 855-7 CA 2006 gewisse aktuelle [337] Daten der Gesellschaft aufgelistet werden. Dazu gehören nach s. 855 CA 2006 die Adresse der Gesellschaft, die Gesellschaftsform, ihre hauptsächlich verfolgte Geschäftstätigkeit sowie Einzelheiten zu den *directors* und den *secretaries*. [338] Ferner ist der Ort, an dem die von der Gesellschaft geführten Register bzw. weitere diesbezüglich aufbewahrungspflichtige Unterlagen liegen, zu bezeichnen, sofern sich diese nicht bei der Gesellschaft selbst befinden. [339] Weiter ist nach s. 856 CA 2006 auch ein *statement of capital* erforderlich. De-

---

332 *Davies*, 7th edition, S. 534, Fn. 7.

333 Z.B. Fragen nach dem *director*, nach dem *secretary*, nach den Gesellschaftern und nach dem *registered office*.

334 Kurz *Just*, Rn. 277 ff.; Eidenmüller/*Rehm*, § 10, Rn. 81 ff.

335 Part 24, Ss. 854-9 CA 2006; *Mayson/French/Ryan*, S. 109 f.; umfassend: *Palmer*, 9.001 ff.

336 Hirte/Bücker/*Kasolowsky/Schall*, § 4, Rn. 142.

337 Zum Tag der Erstellung des *annual return*.

338 Ss. 855A, 857 CA 2006 iVm. SI 2008/3000.

339 Ss. 855 (1) (d), 857 CA 2006 iVm. SI 2008/3000.

taillierte Angaben zu den Gesellschaftern sind ebenso zu machen. [340] Gegenwärtige wie ausgeschiedene Mitglieder der Gesellschaft sind dabei zu benennen. Außerdem sind die Art und Anzahl der Anteile der jeweiligen Mitglieder zu beschreiben. Die Anzahl der seit dem letzten eingereichten *annual return* [341] übertragenen Anteile von aktuellen wie auch ausgeschiedenen Mitgliedern der Gesellschaft wird neben den dazugehörigen zeitlichen Daten weiterhin verlangt.

Der *annual return* ist zum *return date* zu erstellen. Dieses Datum ist entweder der Jahrestag der Unternehmensgründung oder, sofern der letzte *annual return* zu einem anderen Zeitpunkt eingereicht wurde, der Jahrestag zu diesem Zeitpunkt, s. 854 (2) CA 2006. Er ist sodann dem *registrar* innerhalb einer Frist von 28 Tagen zum *return date* zu übergeben, s. 854 (3) CA 2006. [342]

Der *annual return* ist insbesondere für die Administration von Bedeutung. Denn mit Einreichung des Berichts wird die weitere Geschäftstätigkeit einer Gesellschaft bestätigt. Auf diese Weise können im Companies House noch vorhandene sog. *moribund companies*, d.h. Gesellschaften, die eigentlich keine Geschäftstätigkeit mehr ausüben, vom *registrar* ermittelt werden. [343]

Daneben ist mit der zusammenfassenden Form [344] des *annual return* den Informationssuchenden ein einfacher und inhaltlich relativ umfangreicher Blick auf die Gesellschaft möglich. Es kann auch damit gerechnet werden, dass der Pflicht zur Einreichung nachgekommen wird: Die jährliche Quote fristgerechter Vorlagen liegt regelmäßig bei weit über 90 %. [345] Fraglich ist jedoch, inwiefern der *annual return* zur Erlangung von tatsächlich brauchbaren Informationen beiträgt, [346] da dieser mit jeder Veränderung in der Gesellschaft an Aktualität verliert. [347] Positiv ist freilich, dass der Informationssuchende mit der Fülle an Aus-

---

340 Ss. 856A, 857 CA 2006 iVm. SI 2008/3000.

341 Bzw. seit Gesellschaftsgründung.

342 Die Fristwahrung stellt sich für viele Gesellschaften als Problem dar.

343 *Davies*, ch. 21-37, S. 752 f. S. unten Kapitel D. II. 2. b) bb), cc) zur Löschung solcher Gesellschaften.

344 Die Angaben im *annual return* sind verhältnismäßig einfach zusammenzustellen, sodass die (deutschen) Verantwortlichen der Limited keine Schwierigkeiten damit haben dürften; insbesondere handelt es sich um ein vorformuliertes Formular; wird der *annual return* nicht zum ersten Mal eingereicht, so sind nur noch die Änderungen einzutragen; s. *Dierksmeier*, BB 2005, 1516, 1518.

345 Im Zeitraum April 2008 bis März 2009 kamen 96,2 % der englischen und walisischen Gesellschaften ihrer Pflicht nach. Von April 2004 bis März 2005 waren es hohe 95,1 %. S. *BERR*, Statistical Tables on Companies Registration Activities, 2008-09, Table F3, S. 30.

346 Eine Einsichtnahme am Companies House ist gem. ss. 1085, 1087 CA 2006 möglich.

347 Eine ähnliche Frage stellte sich auch im deutschen GmbH-Recht: Dort war es gem. § 40 GmbHG a.F. erforderlich, eine Liste der Gesellschafter mit weiteren Infor-

künften des *annual return* bei seiner Suche in der Regel nicht mehr hinter den Zeitpunkt des *return date* zu gehen braucht. [348] Soll allerdings der aktuelle Stand abgefragt werden, ist immer die Bezugnahme auf weitere Akten am Companies House bzw. die Einsichtnahme bei der Gesellschaft selbst von Nöten. [349] Folglich reicht die Konsultation des *annual returns* für eine aktuelle Information über das Unternehmen nicht aus. Darüber hinaus deckt der *annual return* freilich nicht alle grundsätzlich über das Unternehmen zu erlangenden Informationen ab. [350]

bb) Annual accounts and reports

(1) Grundsatz

Daneben besteht für die *private company limited by shares* die Pflicht, jährlich einen Abschluss, sog. *annual accounts and reports* (kurz: *annual accounts* oder *accounts*), zu erstellen und weiterzuleiten. [351] Deren Veröffentlichung wird als bedeutendste gesetzlich vorgeschriebene Publizitätspflicht angesehen. [352] Die Öffentlichmachung lässt sich in zwei Teile gliedern. Zum einen ist es für die Gesellschaft gem. s. 423 (1) CA 2006 erforderlich, die Abschlüsse gewissen an der Gesellschaft Beteiligten, insbesondere den Gesellschaftern, [353] zukommen zu lassen. [354] Zum anderen sind die Abschlüsse gem. s. 441 CA 2006 dem Companies House zu übermitteln, wo sie von jedermann eingesehen werden können. Zweck der Bekanntmachung der Abschlüsse soll für die Gesellschafter nach

---

mationen jährlich zum Register einzureichen. Die Problematik der mangelnden Aktualität hat der Gesetzgeber erkannt und den § 40 GmbHG mit Gesetzesänderung zum 01.01.1999 angepasst. Seitdem ist es erforderlich, unverzüglich nach jeder Änderung im Bestand bzw. Umfang der Beteiligung der Gesellschafter eine entsprechende Liste an das Register zu übermitteln. Vgl. das Handelsrechtsreformgesetz, BGBl. I 1998, S. 1474.

348 *Davies*, ch. 21-37, S. 752.

349 *Davies*, ch. 21-37, S. 752.

350 Zumindest kann von den Informationssuchenden ein nicht vorhandener *annual return* als Indikator für finanzielle Schwierigkeiten angesehen werden; *Davies*, 7th edition, S. 537.

351 Ss. 380 ff. CA 2006; zum Ganzen: *Mayson/French/Ryan*, S. 244 ff.; *Davies*, ch. 21, S. 711 ff.; umfassend: *Palmer*, ch. 9.100 ff.

352 *Davies*, ch. 21-36, S. 750 f.

353 Ferner muss der Jahresabschluss auch den Inhabern von Schuldverschreibungen der Gesellschaft und den Personen, die berechtigt sind, eine Benachrichtigung über das *general meeting* zu erhalten (z.B. die *auditors* gem. s. 502 (2) CA 2006), übermittelt werden.

354 Die Gesellschafter bzw. Inhaber von Schuldverschreibungen haben zusätzlich auch das Recht eine kostenfreie Kopie des letzten Jahresabschlusses gem. s. 431 (1) CA 2006 anzufordern.

Lord Jauncey of Tullichettle in *Caparo Industries plc v Dickmann* sein „*to enable them to question the past management of the company, to exercise their voting rights, if so advised, and to influence future policy and management*".[355] Daneben bieten die *accounts* allen Interessierten die Möglichkeit der Einschätzung der Kreditwürdigkeit bzw. der finanziellen Situation des Unternehmens.[356] Die *accounts* werden bezüglich einer solchen Beurteilung von allen Publizitätspflichten als am wichtigsten angesehen.[357]

Form und Inhalt der *annual accounts and reports* werden in den ss. 380 bis 474 CA 2006 und in Statutory Instruments[358] festgelegt. Diese Vorschriften setzen im Wesentlichen die Jahresabschlussrichtlinie und die Konzernabschlussrichtlinie um.[359] Der Jahresabschluss besteht grundsätzlich aus einer Bilanz (*balance sheet)* sowie der Gewinn- und Verlustrechnung (*profit and loss account*) und deren Anhang (*notes*). Diese werden zusammengefasst als *Companies Act individual accounts* iSd. ss. 395 (1) (a), 396 CA 2006.[360] Ergänzt werden sie durch den Geschäftsbericht der Direktoren (*directors' report*), eine Erklärung zur Unternehmensführung (*corporate governance statement*)[361] sowie den Prüfungsbericht der Wirtschaftsprüfer (*auditors' report*).

Annual accounts and reports sind jeweils für das Geschäftsjahr (*financial year*)[362] zu erstellen.[363] Von großer Bedeutung ist, dass der Jahresabschluss grundsätzlich innerhalb einer Frist von neun Monaten nach Ende des Geschäfts-

---

355 *Caparo Industries plc v Dickmann* [1990] 2 AC 605, 662.

356 *Mayson/French/Ryan*, S. 244 f. Dies soll gem. s. 393 (1) CA 2006 durch einen klaren und übersichtlichen („*true and fair*") Überblick über das Vermögen, die Verbindlichkeiten, die gesamte finanzielle Situation und die Gewinne und Verluste der Gesellschaft möglich sein.

357 Vgl. *Zimmer/Naendrup*, ZGR 2007, 789, 796.

358 SI 2008/393; SI 2008/409; SI 2008/410; SI 2009/1581.

359 Darüber hinaus existieren EG-Verordnungen (1606/2002/EG, 1725/2003/EG) hinsichtlich Rechnungslegungsstandards.

360 Daneben sind in der Regel (und für die hier zu untersuchende typische „kleine" *private company limited by shares* unproblematisch) auch *individual accounts* iSd. Vorschriften der IAS möglich, ss. 395 (1) (b), 397 CA 2006. Diese bleiben hier aber unberücksichtigt. S. hierzu *Davies*, ch. 21-16 f., S. 729 ff.; *Mayson/French/Ryan*, S. 254 f.

361 Sofern eine solche nicht im *directors' report* enthalten ist; vgl. SI 2009/1581.

362 Ss. 390 ff. CA 2006; *Davies*, ch. 21-6, S. 718.

363 Interessant ist hierbei, dass das Geschäftsjahr anders als im deutschen Recht nicht im Gesellschaftsvertrag festgelegt ist, sondern sich nach der Gründung der Gesellschaft bestimmt. So endet nach s. 391 CA 2006 das Geschäftsjahr regelmäßig am letzten Tag des Monats, in welchem sich die Gründung jährt. Eine Änderung des Geschäftsjahres ist aber unter den in s. 392 CA 2006 genannten Voraussetzungen möglich. S. *Just*, Rn. 265.

jahres dem Companies House zu übermitteln ist, ss. 442 f. CA 2006. Gerade die Nichtbeachtung dieser Frist kann zu einschneidenden Folgen führen. Die Übermittlung an die an der Gesellschaft Beteiligten darf nicht nach Einreichung des Jahresabschlusses zum Companies House erfolgen, s. 424 (2) CA 2006.

(2) Privilegierungen

Gesellschaften können auf Wunsch der Gesellschafter die *annual accounts and reports* zusammenfassende *accounts (summary financial statement*, kurz: SFS) gem. ss. 426 ff. CA 2006 erstellen. [364] Diese können allerdings nicht als Erleichterung für die Gesellschaft angesehen werden, vielmehr stellen sie ein zusätzliches Recht der Gesellschafter dar. Werden keine SFS verlangt, sind den Gesellschaftern grundsätzlich die vollständigen *annual accounts and reports* zu übermitteln. [365]

Für sog. *small* oder *medium-sized companies*, also kleine [366] und mittelgroße [367] Gesellschaften, sieht der CA 2006 hinsichtlich der Einreichung zum Companies House gewisse größenspezifisch gestaffelte Privilegierungen bezüglich des Umfangs des Jahresabschlusses vor. Solche wollen die Gesellschaften selbstverständlich regelmäßig in Anspruch nehmen. Durch die Privilegierung verbleiben vertrauliche Details bei den Gesellschaften. [368] Dies ist speziell bei der Einreichung der *accounts* zum Companies House von Bedeutung, da durch

---

364 Im Detail s. SI 2008/374.

365 *Mayson/French/Ryan*, S. 261.

366 Diese Gesellschaften treten in der englischen Praxis am häufigsten auf. S. *Mayson/French/Ryan*, S. 247. Eine Gesellschaft ist für das vergangene Geschäftsjahr dann als klein zu qualifizieren, wenn mindestens zwei aus folgenden drei Bedingungen erfüllt sind: Der Jahresumsatz darf nicht mehr als 6,5 Millionen GBP, die Bilanzsumme nicht mehr als 3,26 Millionen GBP und die Anzahl der Arbeitnehmer nicht mehr als 50 betragen. Ausgeschlossen von dieser Erleichterung sollen allerdings Gesellschaften iSd. s. 384 CA 2006 sein (dieser Ausschluss betrifft die hier behandelte typische *private company limited by shares* nicht). Vgl. zu den vorgenannten (neuen, d.h. von der ursprünglichen Fassung des CA 2006 abweichenden) Zahlen: SI 2008/393.

367 Mittelgroße Gesellschaften sind solche Gesellschaften, die für das vorangegangene Geschäftsjahr zwei aus folgenden drei Bedingungen erfüllen: Der Jahresumsatz darf nicht höher als 25,9 Millionen GBP, die Bilanzsumme nicht höher als 12,9 Millionen GBP sein und die Zahl der Arbeitnehmer darf 250 nicht übersteigen. Wiederum darf kein Ausschluss von der Privilegierung iSd. s. 467 CA 2006 vorliegen (dieser Ausschluss betrifft die hier behandelte typische *private company limited by shares* freilich ebenso nicht). S. wiederum zu den vorgenannten (neuen, d.h. von der ursprünglichen Fassung des CA 2006 abweichenden) Zahlen: SI 2008/393.

368 *Davies*, ch. 21-34, S. 749; *Mayson/French/Ryan*, S. 261.

diese jedermann Zugang zu wichtigen Unternehmensdaten ermöglicht wird. [369] Wichtig ist eine entsprechende Qualifikation der Gesellschaften aber auch deshalb, da sich viele Unternehmen bei nicht vollständigem Einreichen der *accounts* auf etwaige Erleichterungen berufen und somit den noch zu diskutierenden Folgen entgehen wollen. [370]

Gesellschaften, die im Geschäftsjahr als klein zu qualifizieren sind, müssen gem. s. 477 CA 2006 grundsätzlich keiner Abschlussprüfung durch einen *auditor* nachkommen, sofern ihr Umsatz zusätzlich unter 6,5 Millionen GBP liegt und die Bilanzsumme 3,28 Millionen GBP nicht übersteigt. [371] Ebenso gibt es für diese kleinen Gesellschaften eine Reihe von Erleichterungen hinsichtlich des *directors' report.* [372]

Dem Companies House ist der Jahresabschluss grundsätzlich in der Form zu übermitteln, in welcher er auch den Gesellschaftern zukommen zu lassen ist. S. 444 CA 2006 erlaubt aber, dass kleine Gesellschaften auf das Einreichen ihrer *profit and loss accounts* und ihres *directors' report* verzichten und dem Companies House ein nur verkürztes *balance sheet* übermitteln. [373] Bei mittelgroßen Gesellschaften kann im Rahmen der Gewinn- und Verlustrechnung in einigen Punkten eine zusammenfassende Darstellung getätigt werden, s. 445 (3) CA 2006. [374]

Betrachtet man diese Privilegierungen, lässt sich feststellen, dass der Jahresabschluss vereinzelt tatsächlich vereinfacht abgeliefert werden kann. So mag die Zeitersparnis, welche durch die Freistellung von der Abschlussprüfung erreicht wird, durchaus dazu beitragen, dass die Frist zur Einreichung zum Companies House bzw. zu den Gesellschaftern leichter gewahrt werden kann. Auch wird die verkürzte Form eine Arbeitserleichterung für die *directors* darstellen. Insbe-

---

369 Aus Gläubigerschutzgründen hatte deshalb das *DTI*, Company Law Reform, White Paper 2005, S. 46 gefordert, etwaige Priviligierungen für *small* und *medium-sized companies* abzuschaffen.

370 Zu diesen Folgen s. unten Kapitel D.

371 Insofern bestünde eine Ausnahme vom Grundsatz, dass den Gesellschaftern immer die „ausführlichen" *accounts* zu übermitteln sind. Jedoch räumt s. 476 CA 2006 den Gesellschaftern das Recht ein, die Abschlussprüfung zu verlangen. S. wiederum zu den neuen (d.h. von der ursprünglichen Fassung des CA 2006 abweichenden) Zahlen: SI 2008/393.

372 Diese weitere Ausnahme gegenüber den Gesellschaftern ermöglicht kleinen Gesellschaften den Verzicht auf den normalerweise im Rahmen des *directors' report* erforderlichen *business review*; s. 417 (1) CA 2006. So ferner: Ss. 416 (3), 419(2) CA 2006. Für die mittelgroße Gesellschaft: s. 417 (7) CA 2006 (die geforderte Analyse im *business review* kann sich auf gewisse finanzielle Informationen beschränken).

373 S. Näheres in SI 2008/409 reg. 6 und sch. 4.

374 S. Näheres in SI 2008/410.

sondere wird aber die verringerte Offenlegungspflicht der finanziellen Verhältnisse der Gesellschaft die Verantwortlichen reizen, als *small company* ihre *accounts* zum Companies House einreichen zu dürfen. [375]

Ähnliches könnte sich für die jeweilige Gesellschaft ergeben, wenn sie als sog. *dormant company*, [376] also als untätige Gesellschaft, zu bewerten wäre. So berufen sich zahlreiche Gesellschaften hierauf, [377] in der Hoffnung geringeren Anforderungen an den Jahresabschluss gerecht werden zu müssen. Eine Gesellschaft ist gem. s. 1169 CA 2006 als *dormant* zu qualifizieren, wenn sie keine Umsätze aufweist, welche sie nach s. 386 CA 2006 zur Buchführung verpflichten. Liegt eine *dormant company* vor, so wird sie gem. s. 480 CA 2006 von der Abschlussprüfung durch einen *auditor* befreit, [378] sofern sie seit ihrer Gründung untätig war. [379] Da *dormant companies* gleichzeitig *small companies* sind, können sich diese auch auf die verkürzten *accounts* berufen. [380]

Da die Limited mit Verwaltungssitz und Geschäftstätigkeit in Deutschland in England nicht aktiv, also untätig ist, stellt sich die Frage, ob diese als *dormant* qualifiziert werden könnte. Diese teilweise vertretene Ansicht [381] findet jedoch keine Rechtfertigung im englischen Gesetz: [382]S. 386 CA 2006 entscheidet lediglich, wann eine einschlägige Transaktion die Buchführungspflicht veranlasst. Es wird nur auf die Transaktion an sich und nicht auf eine inländische, d.h. englische abgestellt. Liegt also eine Transaktion iSd. s. 386 CA 2006 vor, und zwar gleichgültig in welchem Land, ist es nicht möglich die Privilegierung als *dormant company* geltend zu machen. [383] Liegt hingegen eine Untätigkeit auch in Deutschland vor, so ist es durchaus möglich, sich auf die Erleichterungen zu

---

375 *Davies*, ch. 21-35, S. 750.

376 *Palmer*, ch. 2.138 f.; *Davies*, ch. 22-7, S. 766; *Mayson/French/Ryan*, S. 250.

377 Laut *Westhoff*, GmbHR 2007, 474, 480 beriefen sich für das Jahr 2006 72% aller Limiteds in Deutschland, die ihren Veröffentlichungspflichten nachkommen, darauf, eine *dormant company* zu sein. Ende 2005 sollen es sogar 80% gewesen sein.

378 Insofern bestünde auch hier eine Ausnahme vom Grundsatz, dass den Gesellschaftern immer die vollständigen *accounts* einzureichen sind. Jedoch räumt auch hier s. 476 CA 2006 den Gesellschaftern das Recht ein, die Abschlussprüfung zu verlangen. Vgl. soeben die entsprechende Möglichkeit bei den *small companies*.

379 Ebenso ist hierfür ausreichend, dass sie seit dem Ende des letzten Geschäftsjahres untätig und im Hinblick auf das laufende berechtigt ist, als kleine Gesellschaft ihre Buchführung zu erstellen, s. 480 (1, 2) CA 2006 (mit weiteren Tatbeständen).

380 *Palmer*, ch. 9.150.

381 Laut *Römermann*, NJW 2006, 2065, 2069 könne eine Befreiung von der Pflicht zur Einreichung des Jahresabschlusses erlangt werden, sofern keinerlei Geschäftstätigkeit in England vorhanden ist.

382 So auch *Zimmer/Naendrup*, ZGR 2007, 789, 797.

383 *Kadel,* MittBayNot 2006, 102, 107.

berufen. Allerdings besteht dann nur die Möglichkeit, auf die Abschlussprüfung gem. s. 480 CA 2006 zu verzichten, nicht aber – wie von vielen Gesellschaften angenommen – auf die Einreichung des Jahresabschlusses an sich. [384] Auch die Annahme, [385] bei einer Gesellschaft, die seit ihrer Gründung *dormant* ist, [386] genüge bei der Erstellung der *annual accounts* die Angabe der Höhe des eingeforderten gezeichneten, aber nicht bezahlten Kapitals, der Kassen- und Bargeldbestände, des genehmigten gezeichneten Kapitals sowie des ausgegebenen gezeichneten Kapitals, [387] findet keine rechtliche Stütze.

(3) Bedeutung der annual accounts and reports

Betrachtet man Umfang und Inhalt der *annual accounts and reports* können diese in der Tat als eine bedeutende Informationsquelle für die Gläubiger, wie auch für die Gesellschafter angesehen werden. Alleine die Anzahl von 95 *sections* im CA 2006 zu den *accounts and reports* weist auf deren zentrale Rolle hin. [388] Sowohl die Bilanz als auch die Gewinn- und Verlustrechnung ermöglichen einen intensiven Einblick in die finanzielle Situation der Gesellschaft. Weiterhin erhält der Informationssuchende durch den Bericht des *directors* eine Einschätzung der Situation der Gesellschaft, welche wahrheitsgemäß zu sein hat. Darüber hinaus steht der Prüfungsbericht des *auditors* für die Richtigkeit der Angaben.

Will man einen Nachteil für die Informationssuchenden finden, so lässt sich die ex-post-Sicht auf das Unternehmen nennen. Bei Einreichung zum Companies House sind die in den *accounts* enthaltenen Informationen bereits veraltet. So kann eine zulässige Frist von neun Monaten zwischen Ende des Geschäftsjahres und Übermittlung liegen. Dementsprechend sind weitere Unterlagen zum Unternehmen zu konsultieren. Dies wird zumindest logistisch und zeitlich für die Gläubiger regelmäßig keine Schwierigkeiten darstellen. Denn diese Unterlagen sind, möchten sie die *accounts* einsehen, bereits vor Ort beim Companies House. [389] Darüber hinaus ist ihnen ein Gang zur Gesellschaft zur Einsichtnah-

384 Insofern also falsch: *Römermann*, NJW 2006, 2065, 2069.

385 *Erbe*, S. 248 f.

386 War die Gesellschaft irgendwann aktiv, so sollte sie sich nach dieser Ansicht nur auf obige Erleichterung berufen können.

387 Daneben soll nach dieser Ansicht die Angabe von Gesellschaftsname, Registernummer und jeweiligem Bilanzstichtag notwendig sein. Weiterhin sollen Angaben zu ausgegebenen Anteilen erforderlich sein.

388 *Davies*, ch. 21-42, S. 757.

389 Bzw. ist dies elektronisch unproblematisch.

me dortiger Unterlagen zu empfehlen.[390] Allerdings kann insbesondere die Inanspruchnahme möglicher Privilegierungen durch die Gesellschaft zu einer eingeschränkten Aussagekraft der *accounts* führen.

Traditionell ist die Quote der ordnungsgemäß eingereichten *annual accounts* sehr hoch. Diese liegt seit Jahren bei etwa 95 %.[391] Mitunter deshalb kann das Fehlen der aktuellen *accounts* beim Companies House als Indiz für die schlechte Finanzlage der Gesellschaft gewertet werden.[392] Die *directors* könnten etwa davon absehen wollen, ihre ungünstige Situation, welche unzweifelhaft aus den *accounts* herausgelesen werden kann, öffentlich zu machen und so (potentielle) Gläubiger[393] von einem Vertragsschluss abzuschrecken.

Der Einsichtnehmende wird bei einem Blick auf die Registerkarte sogar auf das Fehlen aufmerksam gemacht: Dort ist vermerkt, wann die nächsten *accounts* fällig sind.[394] Fraglich ist aber hierbei, ob die Informationssuchenden regelmäßig überhaupt in der Lage sind, die *accounts* entsprechend zu lesen und auch zu verstehen. Es handelt sich um komplexe Zusammenstellungen, für deren Verständnis Berater bzw. Sachkundige erforderlich sind. Gerade bei den (potentiellen) Vertragspartnern einer typischen „kleinen" Limited wird es sich nicht um solch Sachkundige handeln. Letztlich ist auch in diesem Fall eine zusätzliche anderweitige Informationsbeschaffung zu empfehlen. Damit lässt sich festhalten, dass die *accounts* zwar grundsätzlich umfassende Informationen zur Finanzlage einer Gesellschaft bereithalten, diese jedoch in der Praxis vor allem für den Laien nicht immer gewinnbringend sind.

Im Ergebnis bleibt anzumerken, dass anhand der *accounts* wiederum die strenge Verbindung von beschränkter Haftung und Publizität deutlich wird:[395] Eine *unlimited company* hat keine *accounts* zum Companies House einzureichen.[396]

cc) Zwischenergebnis: Jährliche Publizität

Sowohl der *annual return* als auch die *annual accounts and reports* erweitern das Spektrum an Informationen, die über die Gesellschaft zu erlangen sind. Bei-

---

390 Diese Informationen geben aber freilich weniger Aufschluss über die wirtschaftliche Lage der Gesellschaft. Zu den Schwierigkeiten für deutsche Informationssuchende bereits Kapitel C. II. 3. c) bb) (3).

391 S. bereits Kapitel C. II. 2.

392 Mehr als das Fehlen des *annual return*.

393 Bzw. bei einer Nichtübermittlung an die Gesellschafter gegenüber diesen.

394 *Gernoth*, BB 2004, 837, 842.

395 *Davies*, ch. 8-4, S. 199; ch. 21-34, S. 749.

396 S. 448 CA 2006. Es bleibt aber dabei: Den Gesellschaftern sind die *accounts* zu übermitteln; *Davies*, ch. 21-34, S. 749; *Sealy/Worthington*, S. 19 f.

de sind für sich genommen aber für ein umfassendes Bild nicht ausreichend. Wie bei den Informationen, die laufend zu gewähren und einsehbar sind, ist auch hier die Konsultation der jeweils anderen Quellen erforderlich. [397]

Interessant ist, dass die Fristen zur Einreichung des *annual returns* und der *annual accounts* zum Companies House mit 28 Tagen bzw. neun Monaten nicht aufeinander abgestimmt sind. Dies lässt sich natürlich mit dem Umfang der jeweiligen Pflicht begründen: Die Ausarbeitung des *annual return* ist, wie ausgeführt, relativ schnell zu bewerkstelligen, da dieser meist nur die Angabe von administrativen Veränderungen in einem bereits vorformulierten Dokument erfordert. Hingegen verlangt die Erstellung des Jahresabschlusses bekanntlich eine intensivere Bearbeitung. Dennoch sollte man sich über eine Anpassung genannter Fristen Gedanken machen. So könnte insbesondere Gesellschaften, die ihren Verwaltungssitz im Ausland haben, aus logistischen wie auch sprachlichen Gründen geholfen sein, wenn diese nur noch eine Frist berücksichtigen müssen. Da unter Umständen eine Prüfung des Jahresabschlusses durch einen *auditor* zu erfolgen hat, ist die Frist von neun Monaten durchaus vorzugswürdig. [398] Dass aber auch eine kürzere Frist zu bewältigen ist, zeigt die Sechs-Monats-Frist für *public companies*.

d) Weitere Mittel und Zusammenfassung

Daneben gibt es weitere Maßgaben im englischen Recht, welche Publizität gewährleisten sollen. So sind gewisse Daten des Unternehmens im Rahmen des geschäftlichen Auftritts nach außen, d.h. z.B. in Geschäftsbriefen, Formularen und Webseiten stets anzugeben. Hierzu zählen der Name der Gesellschaft, der Teil des UK, in welchem die Gesellschaft registriert ist, die Registernummer, und die Adresse des *registered office*. [399] Auch ist der Name der Gesellschaft gut sichtbar am *registered office*, am Verwaltungssitz und an sonstigen möglichen Einsichtnahmeorten anzubringen. [400] Speziell der Name der Gesellschaft unterliegt gesonderten Vorschriften. [401] Dieser hat beispielsweise immer darauf hinzuweisen, dass es sich um eine in der Haftung beschränkte Gesellschaft han-

---

397 Hier also in Form der Informationen, die laufend zu gewähren sind. S. aber auch unten Kapitel C. II. 3. d).

398 Freilich würde hierunter wiederum die Aktualität des *annual return* leiden.

399 S. 82 CA 2006 iVm. SI 2008/495 regs. 6, 7.

400 S. 82 CA 2006 iVm. SI 2008/495 regs. 3, 4.

401 Ss. 53 ff. CA 2006; umfassend: *Mayson/French/Ryan*, S. 57 ff.

delt.[402] Auch das englische Firmenrecht trägt also zur Publizität des Unternehmens bei.[403]

Ergänzend sei darauf hingewiesen, dass hinsichtlich der *private company* auch auf anderem Wege Publizität gewährleistet wird, welche nicht unter die hier als handelsrechtlich verstandene zu fassen ist: Die durch die Medien bewerkstelligte Öffentlichkeit der Unternehmen darf nicht unterschätzt werden.[404] Beispielsweise werden diese bei unlauteren Geschäftspraktiken nicht zurückhaltend berichten. Die Möglichkeit des Secretary of State[405] bei gewissen Anzeichen Untersuchungen bei der Gesellschaft zu veranlassen, bietet hingegen nur ihm und seiner Behörde umfängliche Publizität.[406]

Insgesamt kann die Gewährleistung umfassender Information über die Gesellschaft durch das englische Recht bejaht werden.[407] Fraglich bleibt hingegen, ob der ungeschulte Informationssuchende bei der Fülle des Materials und dessen Komplexität nicht überfordert wird. Hinzu kommt, dass es sich für den kleinen Vertragsgläubiger in Anbetracht einer geringen Forderungshöhe nicht lohnen wird, die erforderliche Zeit und den notwendigen Arbeitsaufwand in Nachforschungen zu stecken. Inhaltlich schwierig wird zudem die Erfassung der *accounts* sein.[408] Auch das Auffinden der entscheidenden Unterlagen in möglicherweise umfangreichen Akten wird sich nicht immer leicht gestalten. Zwar wird es logistische Probleme bei der Einsichtnahme des Registers am Companies House, welche elektronisch möglich ist, nicht geben, jedoch ist das Aufsuchen des Unternehmens für eine Einsichtnahme vor Ort (am *registered office* in England) für deutsche Gläubiger mit großen Mühen verbunden, da sie hierzu Deutschland verlassen müssen.

Bei entsprechenden Mühen durch die Einsichtssuchenden bzw. von diesen Beauftragten kann jedoch davon ausgegangen werden, dass das Ziel des Ausgleichs der beschränkten Haftung durch Publizität, welche autonomen Selbst-

---

402 Gem. s. 59 (1) CA 2006 muss der Firmenname mit „*limited*" oder „*ltd.*" enden.

403 Einführend zum Firmenrecht der englischen Limited: *Wachter*, GmbHR 2007, 980, 981.

404 *Sealy/Worthington*, S. 582.

405 Ist im Rahmen der Untersuchung vom Secretary of State die Rede, so ist der zuständige Minister *for Business, Innovations and Skills (BIS)* gemeint. Dessen Referat folgte der Abteilung für *Business, Enterprise and Regulatory Reform (BERR)* nach, welchem das *Department of Trade and Industry (DTI)* vorging.

406 Die ss. 431 ff. CA 1985 sind weiterhin anwendbar. Umfassend: *Palmer,* Part 10; *Ottersbach*, J.I.T.L. & P. 2009, 4(1/2), 31, 50; *Höfling*, S. 167 ff., Eidenmüller/*Rhem*, § 10, Rn. 73 ff.

407 Eine Aufteilung in verschiedene Kategorien an zu erlangenden Informationen über die Gesellschaft bietet *Kershaw*, Web Chapter B, S. 8 ff.

408 S. Kapitel C. II. 3) bb) (3).

schutz gewährleisten soll, erreicht wird. Empirisch bewiesen werden kann dies hingegen nicht. [409] Potentielle Gläubiger können sich zumindest über die Gesellschaft gezielt und detailliert informieren und sich bei Bedarf vorab sichern. [410] In diesem Zusammenhang kann auch die Überprüfung der Leistung der *directors* genannt werden, die insbesondere für Gesellschafter von Bedeutung sein könnte. Daneben soll das Informationssystem heutzutage aber auch anderen Risiken vorbeugen: [411] Die Gefahren des geschäftlichen Eigeninteresses und der Inkompetenz sollen reduziert werden. Durch Transparenz wird den Verantwortlichen klar, dass ihr Verhalten öffentlich wird. Daher werden sie ihre Aktivitäten regelmäßig hinterfragen.

Die Effektivität der weitreichenden Publizitätvorschriften ist allerdings auch von ihrer Einhaltung abhängig. Es kann festgestellt werden, dass dieses System nicht funktionieren würde, wenn es nicht Mittel gäbe, die die Beteiligten anhielten, die Vorschriften zu beachten. Lediglich Checklisten, welche den Überblick über die Publizitätspflichten erleichtern, würden für eine Einhaltung sicherlich nicht ausreichen. [412]

III. Deutsches Recht

1. Vergleich zum deutschen Recht

Kurz seien auch die Publizitätsmittel und damit einhergehend die Publizitätspflichten nach deutschem Recht beleuchtet. [413] Möglicherweise macht schon ein summarischer Vergleich beider Rechtsordnungen deutlich, welch überragende Stellung das englische Recht der Publizität beimisst.

Gem. § 10 HGB sind sämtliche Registereintragungen [414] in einem von der jeweiligen Landesjustizverwaltung bestimmten elektronischen Informations- und Kommunikationssystem durch das zuständige Gericht bekannt zu machen. Sinnvollerweise haben die Länder ein einheitliches länderübergreifendes Portal geschaffen, das vom Land Nordrhein-Westfalen unter der Adresse www.handelsregisterbekanntmachungen.de betrieben wird. Diese Art der Be-

409 *Ottersbach*, J.I.T.L. & P. 2009, 4(1/2), 31, 52.

410 *Kershaw*, Web Chapter B, S. 1.

411 *Sealy/Worthington*, S. 583; *Kershaw*, Web Chapter B, S. 2 f.

412 Vgl. *Sealy/Worthington*, S. 583, die jedenfalls Checklisten fordern.

413 Zu erinnern ist, dass auch hier die für die (mit der *private company limited by shares* vergleichbaren) GmbH relevanten Vorschriften angeführt werden.

414 Zu diesen s. sogleich im nächsten Absatz.

kanntmachung, welche mit dem EHUG [415] die Printveröffentlichungen im Bundesanzeiger und mindestens einem weiteren Blatt ablöste, übernimmt damit grundsätzlich die Funktion der London Gazette. Auch die Einsichtnahme der Bekanntmachungen ist jedermann kostenfrei möglich. Das deutsche Recht fällt insofern nicht hinter das englische zurück. Es geht sogar insoweit über das englische Recht hinaus, als die Eintragung grundsätzlich seinem ganzen Inhalt nach veröffentlicht wird. [416] Eine Bekanntgabe iSd. § 10 HGB soll zudem nach teilweise vertetener Ansicht – anders als in England – besonders von Bedeutung sein, da lokale Gerichte bestünden, an welchen jeweils eigenständige Handelsregister geführt werden. [417] Dieses Argument kann aber angesichts folgender Darstellung nicht (mehr) greifen:

Publizität wird auch durch das (zentrale) Handelsregister gewährleistet. Dabei kann jedermann dieses nunmehr elektronisch geführte Register kostenpflichtig einsehen, ohne ein berechtigtes Interesse vorweisen zu müssen, § 9 HGB. [418] Eine online-Einsicht vermeidet Schwierigkeiten in der Erreichbarkeit der Registergerichte. [419] Die Akte am Handelsregister soll grundsätzlich über zentrale Unternehmensdaten Auskunft geben. [420] Deshalb gibt es zahlreiche unternehmensbezogene Tatsachen, mit welchen eine Anmelde- bzw. Einreichungspflicht einhergeht. [421] Daneben gibt es aber auch lediglich eintragungsfähige Tatsachen, [422] deren Anmeldung nicht verpflichtend ist. [423] Insgesamt bietet auch das deutsche

---

415 Das Gesetz über elektronische Handelsregister und Genossenschaftsregister sowie das Unternehmensregister vom 10.11.2006; BGBl. I 2006, S. 2553.

416 Ebenroth/Boujong/Joost/Strohn/*Schaub,* § 10, Rn. 7.

417 *Palmer*, ch. 2.1402. Vgl. schon oben Kapitel C. II. 3. b) aa).

418 Die Vorschrift des § 9 HGB wurde ebenso durch das EHUG weitgehend neu gefasst.

419 Neben der Einsichtnahme im Internet (www.handelsregister.de, gleichermaßen vom Land NRW als gemeinsames Registerportal der Länder betrieben) besteht auch die Möglichkeit vor Ort beim zuständigen Registergericht anzufragen. Zweiteres ist, sofern noch Papierregister vorhanden sind oder dortige Auskunftsterminals benutzt werden sollen, folgerichtig. Kopien können jeweils erlangt werden, § 9 IV HGB. Staub/*Koch*, § 9, Rn. 9 ff.

420 Staub/*Koch*, § 8, Rn. 1.

421 S. die Auflistung bei Baumbach/Hueck/*Haas*, § 79, Rn. 3 f.; *Bumiller/Harders*, § 388, Rn. 6. Anmeldepflichtig sind z.B.: Die Anmeldung der Erteilung und des Widerrufs einer Prokura nach §§ 53 I, III HGB; die Errichtung einer Zweigstelle nach §§ 13, 13g HGB; die Änderung in den Personen der Geschäftsführer sowie in ihrer Vertretungsbefugnis nach § 39 I GmbHG. Einreichungspflichtig sind z.B.: Urkunden über die Bestellung der Geschäftsführer oder über die Beendigung der Vertretungsbefugnis nach § 39 II GmbHG; die Gesellschafterliste iSd. § 40 GmbHG.

422 Zur genauen Terminologie Staub/*Koch*, § 8, Rn. 33 f.

423 S. die Darstellung dieser Tatsachen bei Staub/*Koch*, § 8, Rn. 40 ff.

Recht mit einem (zumindest durch seine online-Funktion als zentral zu bezeichnenden) Handelsregister umfassende Informationen zur Gesellschaft.[424] Insofern bleibt folglich das deutsche Recht nicht hinter dem englischen zurück. Die Funktion des von jedermann einsehbaren Registers beim Companies House übernimmt weitgehend das deutsche Handelsregister.

Als weiteres Medium ist der elektronische Bundesanzeiger[425] zu nennen, dessen Einsicht unentgeltlich ist. Dieser ist gem. § 12 S. 1 GmbHG Pflichtmedium für gewisse Bekanntmachungen der Gesellschaft.[426] Hierunter fallen die gesetzlichen Pflichtbekanntmachungen (§§ 30 II, 58 I, 65 II iVm. 73 I, 75 II GmbHG, 19 S. 1 MitbestG),[427] aber auch durch die Satzung darüber hinaus gehend vorgeschriebene Bekanntmachungen, wie z.B. Informationen zu den Gesellschaftern.[428] Diese Bekanntmachungen sind von einer Bekanntmachung iSd. genannten § 10 HGB zu unterscheiden, da letztere gerade Handelsregistereintragungen mitteilt. Anders als das englische Recht mit der Akte am Companies House, scheint das deutsche Recht also kein einheitliches Medium vorzusehen, an welches die Verantwortlichen gewisse die Gesellschaft betreffende Mitteilungen oder Unterlagen zu übersenden haben. Entsprechend wäre auch hinsichtlich der Einsichtnahme zu differenzieren. Allerdings ist mit dem elektronisch geführten Unternehmensregister[429] nunmehr ein Medium vorhanden, über welches gem. § 8b II HGB sowohl Eintragungen im Handelsregister, deren Bekanntmachung und zum Handelsregister eingereichte Dokumente (Nr. 1) als

---

424 Mit der zentralen Einsichtnahmemöglichkeit wird auch die Funktion des § 10 HGB diskutiert. Ebenroth/Boujong/Joost/Strohn/*Schaub*, § 10, Rn. 1 f. Eine solche Bekanntmachung ist aber wegen der Publizitätsrichtlinie von Nöten. Vgl. Kapitel C. II. 3. b) aa).

425 www.ebundesanzeiger.de. Der elektronische Bundesanzeiger wird vom Bundesministerium der Justiz (BMJ) herausgegeben und von der Bundesanzeiger Verlagsgesellschaft mbH in Köln verlegt.

426 Zuvor (bis 01.04.2005, vor Einführung des Justizkommunikationsgesetzes, BGBl. I 2005, S. 837), war kein einheitliches Medium für die Veröffentlichungen der Gesellschaft vorgesehen, maßgebend waren vielmehr die im Gesellschaftsvertrag bezeichneten Blätter. Insbesondere der nunmehr erleichterte Informationszugang für die Interessenten sowie Kostenvorteile und Flexibilität für die Gesellschaft haben zu positiver Kritik der Regelung im Schrifttum gesorgt. MüKoGmbHG/*Wicke*, § 12, Rn. 12; ebenso und ausführlich zur Vorschrift *Spindler/Kramski*, NZG 2005, 746 ff.

427 Beschluss zur Rückzahlung von Nachschüssen, Herabsetzung des Stammkapitals, Auflösung der Gesellschaft, Erhebung einer Nichtigkeitsklage, Wechsel von Mitgliedern im obligatorischen Aufsichtsrat.

428 BeckOKGmbHG/*C. Jaeger*, § 12, Rn. 3. Daneben erlaubt § 12 S. 2 GmbHG ebenso eine zusätzliche Veröffentlichung in anderen öffentlichen Blättern.

429 www.unternehmensregister.de.

auch gesellschaftsrechtliche Bekanntmachungen im elektronischen Bundesanzeiger (Nr. 5) zugänglich, und gem. § 9 I, VI HGB für jedermann zu Informationszwecken abrufbar sind.

Ebenso wie im englischen Recht sind im deutschen alle Kapitalgesellschaften verpflichtet, ihre Rechnungslegung gegenüber der Allgemeinheit jährlich zu veröffentlichen. Dies muss spätestens vor Ablauf des zwölften Monats des dem Abschlussstichtag nachfolgenden Geschäftsjahres erfolgen. Mit dem EHUG haben die gesetzlichen Vertreter der Kapitalgesellschaft die offenzulegenden Unterlagen beim Betreiber des elektronischen Bundesanzeigers einzureichen und diese Unterlagen unverzüglich nach Einreichung bekannt machen zu lassen, § 325 I, II HGB. Die Plifcht umfasst grundsätzlich den gesamten Jahresabschluss (bestehend aus einer Bilanz, der GuV und dem Anhang) sowie den Lagebericht zusammen mit dem Bestätigungsvermerk des Abschlussprüfers.[430] Dabei sehen die §§ 326 f. HGB wiederum Erleichterungen für kleine und mittelgroße Gesellschaften vor: Kleine Gesellschaften (iSd. § 267 I 3 HGB) haben beispielsweise nur eine verkürzte Bilanz und einen bereinigten Anhang mitzuteilen, § 326 S. 1 HGB. Neben der Einsichtnahme im elektronischen Bundesanzeiger sind die Unterlagen der Rechnungslegung nach § 325 HGB und deren Bekanntmachung gem. § 8b II Nr. 4 HGB zugleich wiederum aus dem Unternehmensregister ersichtlich.[431]

Soweit bis hierher ein Fazit gezogen werden kann, lässt sich zunächst feststellen, dass das deutsche Recht – was Publizitätsmittel und Offenlegungspflichten anbelangt – nicht hinter das englische zurückfällt. Dies ist auch auf die europarechtliche Vereinheitlichung zurückzuführen.[432] Dennoch lassen sich Bereiche ausmachen, in denen das englische Recht umfassendere Regelungen vorsieht:

Will man eine Parallele zu den Informations- und Aufbewahrungspflichten bei der jeweiligen Gesellschaft finden, so stößt man zwar auf § 257 HGB. Hiernach hat jeder Kaufmann die Pflicht, gewisse Unterlagen aufzubewahren.[433] Dies ist aber in bedeutend geringerem Maße der Fall, als es die englischen Vorschriften verlangen. Darüber hinaus können die aufzubewahrenden Dokumente

430 S. den Überblick zum Ganzen bei Lutter/Hommelhoff/*Kleindiek*, Anh. zu § 42a, Rn. 1 ff.

431 Ebenso gibt es hinsichtlich der Veröffentlichung der Rechnungslegung eine gesellschaftsinterne Publizität, welche gegenüber den Gesellschaftern und anderen Gesellschaftsorganen zu bewerkstelligen ist. Lutter/Hommelhoff/*Kleindiek*, Anh. zu § 42a, Rn. 3.

432 S. Kapitel C. II. 2.

433 Hierzu zählen Handelsbücher, Inventare, Eröffnungsbilanzen, Jahresabschlüsse, Einzelabschlüsse nach § 325 IIa HGB, Lageberichte, Handelsbriefe und Buchungsbelege.

gerade nicht von der Öffentlichkeit eingesehen werden. Publizität im hier verstandenen Sinne wird dadurch nicht gewährleistet. Allerdings soll an dieser Stelle auf das Auskunfts- und Einsichtsrecht des einzelnen Gesellschafters iSd. § 51a GmbHG hingewiesen sein. [434] Ebenso ist keine Vorschrift vorhanden, welche eine dem *annual return* entsprechende Überblick gewährende Veröffentlichung verlangt. [435]

Somit lässt sich im Ergebnis festhalten, dass die deutschen Vorschriften – abgesehen von den Aufbewahrungspflichten, der damit verbundenen Einsichtnahmemöglichkeit bei den Gesellschaften für jedermann sowie der gebündelten Darstellung iSe. *annual return* – durchaus nicht hinter die englischen Vorschriften zur Publizität zurückfallen. Dies gilt freilich – wie bereits angemerkt – auch deshalb, da strenge europarechtliche Vorgaben zu beachten sind. [436] Damit sind die englischen Publizitätspflichten bzw. –mittel zwar etwas umfangreicher als die deutschen Vorschriften, jedoch kann nicht von einer die Funktion im deutschen Recht überragenden Bedeutung gesprochen werden. Das Hauptaugenmerk muss folglich auf die Sanktionen gerichtet werden, die die englische Rechtsordnung an die Nichtbeachtung knüpft. [437]

2. Publizitätspflichten für die Limited nach deutschem Recht

Mit Geltung der Gründungstheorie entsteht aber auch gerade im deutschen Handels- und Wirtschaftsverkehr ein Bedürfnis nach Informationen über in Deutschland (ausschließlich) tätige, jedoch nach ausländischem Recht zu beurteilende Gesellschaftsformen. [438] Zwar kann in Deutschland in Zeiten der europaweiten Harmonisierung durch die Umsetzung der Publizitätsrichtlinie davon ausgegangen werden, dass auch zu EU-ausländischen Gesellschaften Informationen erlangt werden können, jedoch ist, wie gezeigt, der Zugriff auf diese nicht immer unproblematisch. [439] Hier helfen die Vorschriften, welche inländische Zweigniederlassungen ausländischer Gesellschaften betreffen, weiter. Aufgrund dieser

434 S. auch das Informationsrecht der Gesellschafterversammlung gem § 46 Nr. 6 GmbHG.

435 Zur firmenrechtlichen Publizität gibt es aber freilich auch im deutschen Recht umfassende Vorschriften; s. hierzu MüKoGmbHG/*J. Mayer,* § 4, Rn. 1 ff.; *K. Schmidt*, HR, § 12, S. 338 ff. Diese sind nicht geringer ausgeprägt als die englischen Regelungen.

436 S. Kapitel C. II. 2.

437 S. sogleich Kapitel D.

438 Lutter/*Lutter*, S. 1 f.

439 S. Kapitel C. II. 3. d).

bleibt es für die Limited mit Verwaltungssitz in Deutschland nicht bei den Publizitätspflichten nach englischem Recht:

Zunächst bestehen in Deutschland registerrechtliche Anforderungen. Grundsätzlich knüpfen die Registrierungspflichten iSd. §§ 13d ff. HGB an die Eigenschaft als inländische Zweigniederlassung einer ausländischen Hauptniederlassung an. Schwierigkeiten könnte die Anwendbarkeit der §§ 13d ff. HGB verursachen. So wurde festgestellt, dass Registerpflichten bzw. -publizität dem Gesellschaftsstatut zu unterstellen sind.[440] Jedoch ist die Anwendung der §§ 13d ff. HGB allgemein anerkannt, lediglich die Begründungen unterscheiden sich.[441] Jedenfalls handelt es sich um fremdenrechtliche Vorschriften.[442] Da diese offen zwischen ausländischen und inländischen Gesellschaften differenzieren, sei im EG-Bereich eine Rechtfertigung erforderlich.[443] Die Vorschriften der §§ 13d ff. HGB beruhen jedoch weitgehend auf der Zweigniederlassungsrichtlinie,[444] so dass eine Rechtfertigung (und deren Anwendbarkeit) ist damit unproblematisch ist.[445] Jedoch müsste es sich mit der Limited mit Verwaltungssitz in Deutschland auch um eine Zweigniederlassung handeln. Eine solche sei iSd. HGB zu bejahen, wenn eine von der Hauptniederlassung räumlich getrennte, unter deren Oberleitung stehende, jedoch wirtschaftlich und organisatorisch verselbstständigte Betriebsstätte vorhanden ist.[446] Nach den EuGH-Entscheidungen zur Niederlassungsfreiheit ist dies aber nicht mehr folgerichtig: Es muss unschädlich sein, ob es sich faktisch um die Hauptniederlassung handelt.[447] Mit dem EuGH ist eine Zweigniederlassung vielmehr schon bei jeder

---

440 S. Kapitel B. II. 3. b).

441 Sei es als Sonderanknüpfung; *Höfling*, S. 251. Sei es als Teil des deutschen öffentlichen Verwaltungsverfahrensrechts, welches gem. dem Territorialitätsprinzip als lex fori anwendbar ist; *Saame*, S. 56 ff.; Hirte/Bücker/*Mankowski/Knöfel*, § 13 Rn. 3. Ferner für eine öffentlich-rechtliche Qualifikation: Baumbach/Hopt/*Hopt*, § 13d, Rn. 2; Spahlinger/Wegen/*Spahlinger/Wegen*, Rn. 546. Vgl. zum Ganzen *Kienzl*, S. 135 f.

442 Staub/*Koch*, § 13d, Rn. 2; Koller/Roth/Morck/*Roth*, § 13d, Rn. 1; Spahlinger/Wegen/*Spahlinger/Wegen*, Rn. 547. Zum Fremdenrecht: *dies.*, Rn. 619 ff.

443 MüKoBGB /*Kindler*, IntGesR, Rn. 887.

444 Entsprechend sind sie immer richtlinienkonform auszulegen;Lutter/*Lutter*, S. 1, 3.

445 Das Allgemeininteresse am Verkehrsschutz rechtfertigt die Regelungen. Koller/Roth/Morck/*Roth*, § 13d, Rn. 8; MüKoBGB/*Kindler*, IntGesR, Rn. 887.

446 Zum Begriff Baumbach/Hopt/*Hopt*, § 13 Rn. 3 ff.; *Wachter,* MDR 2004, 611 f.

447 Lutter/Hommelhoff/*Bayer*, Einl., Rn. 60; Anh. I zu § 4a, Rn. 13; Anh. II zu § 4a, Rn. 19; MüKoBGB/*Kindler*, IntGesR, Rn. 195; *Just*, Rn. 43; *Wachter,* MDR 2004, 611 f.; *Graf/Bisle*; IStR 2004, 873, 874. Für eine Eintragung als Hauptniederlassung fehlt darüber hinaus jegliche gesetzliche Grundlage; vgl. Lutter/*Lutter*, S. 1 f.; a.A. *Liese*, NZG 2006, 201, 204.

wirtschaftlichen Tätigkeit einer in einem EU-Land wirksam gegründeten und im dortigen Register eingetragenen Gesellschaft zu verstehen, gleich ob sie dort oder faktisch im Inland eine Hauptniederlassung hat. [448] Der Zweigniederlassung steht im Bereich des Kapitalgesellschaftsrechts allein der Satzungssitz als spiegelbildliches Gegenstück gegenüber. [449] Damit sind die Vorschriften der §§ 13d ff. HGB anzuwenden: [450] Da die Limited eine „Gesellschaft mit beschränkter Haftung" iSd. § 13e I HGB ist, [451] ist sie gem. §§ 13d I, 13e II HGB verpflichtet, eine Zweigniederlassung beim zuständigen Handelsregister anzumelden. [452] Hierbei sind zahlreiche Nachweise erforderlich. Dazu zählen u.a. [453] ein Existenznachweis der Limited, [454] der Gesellschaftsvertrag, [455] der Gegenstand des Unternehmens wie auch der der Zweigniederlassung, [456] ein Vertretungsnachweis des *directors* [457] und eine Versicherung zum Fehlen von Bestellungshindernissen. [458] In diesem Zusammenhang sei auch auf die viel erwähn-

---

448 Koller/Roth/Morck/*Roth*, § 13d Rn. 5; Lutter/Hommelhoff/*Bayer*, Einl., Rn. 60.

449 Staub/*Koch*, § 13e, Rn. 4.

450 Zur Handelsregistereintragung in der notariellen Praxis *Mödl*, RNotZ 2008, 1 ff.

451 OLG Hamm, ZIP 2006, 1947, 1949. Dies wird aus Art. 1 der Zweigniederlassungsrichtlinie sowie aus Art. 1 der Einpersonengesellschaftsrichtlinie gefolgert; s. Lutter/Hommelhoff/*Bayer*, Anh. II zu § 4a, Rn. 19.

452 Die Anmeldepflicht trifft die Geschäftsleiter, also die *directors*; vgl. Staub/*Koch*, § 13e, Rn. 15.

453 Umfassend: Allgemein zu einer ausländischen Zweigniederlassung: Staub/*Koch*, § 13e, Rn. 18 ff., § 13g, Rn. 3 ff.; Spahlinger/Wegen/*Spahlinger/Wegen*, Rn. 627 ff.; speziell zur Limited als Zweigniederlassung: Lutter/Hommelhoff/*Bayer*, Anh. II zu § 4a, Rn. 20 ff. mwN.

454 § 13e II 2 HGB; dieser Nachweis kann z.B. in Form des *certificate of incorporation* erbracht werden, OLG Hamm, ZIP 2006, 1947, 1949 f.

455 § 13g II 1 HGB; dieser ist in öffentlich beglaubigter Form vorzulegen und ggf. in deutscher Sprache beizufügen.

456 §§ 13g III iVm. 13e II 3 HGB und 10 I GmbHG. Dies war bis zum Inkrafttreten des MoMiG streitig. Zuvor wurde teilweise vertreten, dass die Pflicht zur Bekanntmachung des Unternehmensgegenstandes richtlinienwidrig wäre, was mit der Entscheidung *innoventif* des EuGH NJW 2006, 3195, in der er die Vereinbarkeit mit der Niederlassungsfreiheit wie auch der Zweigniederlassungsrichtlinie bejahte, hinfällig ist. Näher: Lutter/Hommelhoff/*Bayer*, Anh. II zu § 4a, Rn. 24.

457 §§ 13g II 2 HGB iVm. 8 IV Nr. 2 GmbHG.

458 §§ 13g II 2 HGB iVm. 8 III GmbHG. Ein darüber hinaus gehender Nachweis der Gewerbezulassung iSd. §13e II 2 HGB a.F. ist nicht mehr erforderlich. Die Abschaffung der Vorschrift im Zuge des MoMiG wird von *Kindler*, IPRax 2009, 189, 200 in Bezug auf ausländische Zweigniederlassungen als verfehlt bezeichnet, da Grund der Streichung der Vorschrift gerade die vereinfachte Errichtung einer Kapitalgesellschaft sein sollte. Dieses Argument kann bei der bereits im Ausland gegründeten Gesellschaft folgerichtig nicht greifen.

te,[459] gem. § 13d II HGB ins Handelsregister einzutragende, inländische Geschäftsanschrift hingewiesen.[460]

Daneben darf nicht vergessen werden, dass die Rechnungslegungsunterlagen, welche nach englischem Recht angefertigt, geprüft und offengelegt werden müssen, auch beim Handelsregister der Zweigniederlassung einzureichen und offenzulegen sind, § 325a HGB.[461] Diese fremdenrechtliche Norm beruht wiederum auf der Zweigniederlassungrichtlinie.[462] Unschädlich ist ebenso wie bei den §§ 13d ff. HGB, wenn es sich um eine faktische Hauptniederlassung handelt.[463] Eine kumulative Rechnungslegungspflicht (der Zweigniederlassung) nach dem HGB ist hingegen nicht notwendig.[464] So wäre eine zusätzliche Pflicht nach dem HGB – abgesehen von der gesellschaftsrechtlichen Qualifika-

---

459 *Kindler*, AG 2007, 721, 728 f.; *ders.*, IPRax 2009, 189, 200; *Franz*, BB 2009, 1250, 1254.

460 Diese ist mit dem MoMiG neben dem Ort der Zweigniederlassung nunmehr erforderlich. Damit soll die Rechtsverfolgung gegenüber der Gesellschaft erleichtert werden. Die Publizität der Geschäftsanschrift sei insbesondere von Bedeutung, wenn der ebenso auf der Zweigniederlassungsrichtlinie beruhenden Geschäftsbriefpublizität iSd. § 35a IV GmbHG und § 80 IV AktG nicht oder nur fehlerhaft nachgekommen wird. Diese wiederum verlangt, auf allen Geschäftsbriefen und Bestellscheinen der Zweigniederlassung das Handelsregister der Zweigniederlassung mit der Nummer des Registereintrages anzugeben. Ferner ist die Angabe von Rechtsform und ausländischem Sitz der Gesellschaft, des Registergerichts am ausländischen Sitz der Gesellschaft, der entsprechenden Nummer der Registereintragung, sowie die Namen der wichtigsten Organpersonen erforderlich. Durch diese umfassenden Angaben iRd. Geschäftsbriefpublizität wird eine doppelte Offenlegungspflicht geschaffen. Zum Ganzen: *Kindler*, AG 2007, 721, 728, 730; *ders.*, IPRax 2009, 189, 200, 201 f.

461 Lutter/Hommelhoff/*Bayer*, Anh. II zu § 4a, Rn. 51; Hirte/Bücker/*Westhoff*, § 18, Rn. 62 ff.; *Kußmaul/Ruiner*, IStR 2007, 696, 697. § 325a HGB findet nach seinem Wortlaut nur gegenüber Zweigniederlassungen aus einem EG- oder EWR-Staat Anwendung. Sollte die Gründungstheorie im Zuge eines Gesetzes zum Internationalen Gesellschaftsrecht auch bezüglich Drittstaaten zur Anwendung berufen werden, so ist zu empfehlen die Vorschrift auch auf diese auszudehnen. S. oben bei Kritik zum Referentenentwurf Kapitel B. III. 3.

462 Auch bei der hier vertretenen gesellschaftsrechtlichen Qualifikation wäre eine Rechtfertigung aufgrund Verstoßes gegen die Niederlassungsfreiheit damit wie bei den §§ 13d ff. HGB möglich.

463 Lutter/Hommelhoff/*Bayer*, Anh. II zu § 4a, Rn. 51; Scholz/*Westermann*, Einl., Rn. 138; Spahlinger/Wegen/*Spahlinger/Wegen*, Rn. 567; *Franz*, BB 2009, 1250, 1253; *Just/Krämer*, BC 2006, 29, 32; vgl. auch BReg, BT-Drucks. 16/283, S. 4, 7.

464 Hirte/Bücker/*Westhoff*, § 18, Rn. 48.; Scholz/*Westermann*, Einl., Rn. 138; Lutter/Hommelhoff/*Bayer*, Anh. II zu § 4a, Rn. 51; *Dierksmeier*, BB 2005, 1516, 1518. A.A. *Just/Krämer*, BC 2006, 29, 32; *Ekkenga*, FS Gießen, 2007, S. 395, 400 ff.; *Radtke/Hoffmann*, EuZW 2009, 404, 406.

tion der Rechnungslegung bzw. Rechungslegungspublizität – nicht vereinbar mit Art. 3 iVm. 2 I lit. g der Zweigniederlassungsrichtlinie, welche nur die Offenlegung nach dem Heimatrecht („Recht des Mitgliedstaates, dem die Gesellschaft unterliegt") angefertigten Unterlagen vorschreiben. [465]

Die Firmierung einer Gesellschaft richtet sich nach dem Gesellschaftsstatut, folglich nach englischem Recht. [466] Die Firma der Zweigniederlassung soll nach h.M. hingegen deutschem Recht, d.h. den Vorschriften für Zweigniederlassungen inländischer Gesellschaften, [467] unterliegen. [468] Entscheidend soll sein, dass die Firma in Deutschland verwendet wird und die Irreführung der Teilnehmer des deutschen Rechtskreises so verhindert werden kann. [469] Erforderlich ist aber immer die Berücksichtigung der Niederlassungfreiheit, d.h. die Führung einer nach englischem Recht zulässigen Firma darf nur aufgrund zwingender Gründe des Allgemeininteresses verweigert werden. [470]

Die möglicherweise für deutsche Gläubiger noch bestehenden Lücken in der Publizität können so geschlossen werden. Gerade mit den gebotenen Publizitätspflichten gegenüber dem deutschen Handelsregister steht ein sehr effektives Instrument zur Verfügung, sich über die Verhältnisse bzw. Kreditwürdigkeit der ausländischen Gesellschaft zu informieren. [471] Eine (auch elektronische) Einsichtnahme des Handelsregisters gem. § 9 HGB ist nämlich möglich. [472] Daneben sorgt auch das deutsche Firmenrecht für weitere, die Gesellschaft betreffende Rechtsklarheit.

---

465 Scholz/*Westermann*, Einl., Rn. 138; Lutter/Hommelhoff/*Bayer*, Anh. II zu § 4a, Rn. 51. Hirte/Bücker/*Westhoff*, § 18, Rn. 46 ff. Auch wenn man von einer öffentlich-rechtlichen Qualifikation der Rechnungslegungs- und Rechnungslegungspublizität ausgeht, soll allein wegen der in § 325a HGB festgesetzten Forderung der Veröffentlichung der „Unterlagen der Rechnungslegung der Hauptniederlassung", mithin der englischen, gerade keine zusätzliche Erstellung und Offenlegung nach deutschem Recht erforderlich sein. D.h. also unabhängig von den Vorschriften der Zweigniederlassungsrichtlinie. *Riegger*, ZGR 2004, 510, 516.

466 S. Kapitel B. II. 3. b).

467 Insbesondere § 18 HGB.

468 OLG München GmbHR 2007, 979, 980; OLG Frankfurt DB 2008, 1488, 1490; Lutter/Hommelhoff/*Bayer*, Anh. II zu § 4a, Rn. 18; Lutter/*Schmidt*, S. 17, 28 ff.; *Wachter*, GmbHR 2007, 980, 981. A.A. Staudinger/*Großfeld*, IntGesR, Rn. 319 mwN.

469 *Wachter*, GmbHR 2007, 580, 581.

470 OLG München GmbHR 2007, 979; *Wachter*, GmbHR 2007, 980, 981 f.

471 Hirte/Bücker/*Forsthoff/Schulz*, § 16, Rn. 15; *Franz*, BB 2009, 1250, 1253.

472 Entsprechend ist auch eine Einsichtnahme des Unternehmensregisters nach § 9 VI HGB möglich. Zum Unternehmensregister s. Baumbach/Hopt/*Hopt*, § 8b, Rn. 1 ff.

D. Sanktionen bei Verletzung der Pflichten

Nachdem festgestellt wurde, dass das englische Recht seinen *private companies limited by shares* zahlreiche Publizitätspflichten abverlangt, stellt sich nun die Frage, wie sich deren Beachtung in der Praxis durchsetzen lässt.

Zum einen ist in der englischen Rechtstradition die Akzeptanz der Publizitätspflichten sicherlich fester als in Deutschland verwurzelt.[473] Zum anderen bedarf es aber auch eines Sanktionsinstrumentariums, um diese Akzeptanz aufrecht zu erhalten und weiter auszubauen. Dem ist der englische Gesetzgeber nachgekommen und hat ein umfassendes System an Sanktionen geschaffen, um dem Stellenwert der Publizitätspflichten gerecht zu werden, mithin adäquaten Gläubigerschutz zu bieten.

Im Folgenden sollen die Sanktionen, die die *officers* der Gesellschaft ereilen können (D. I.), und solche, die die Limited selbst treffen können (D. II.), aufgezeigt werden.[474] Die Darstellung soll sich hierbei auf die staatlichen Sanktionen, die durch eine Missachtung oben genannter Publizitätspflichten[475] ausgelöst werden, konzentrieren.[476] Die Auswirkungen der (absichtlichen) Veröffentlichung fehlerhafter Informationen durch die *officers* oder die Gesellschaft bleiben grundsätzlich ausgeklammert.[477] Vertieft soll – aufgrund ihrer einschneidenden Konsequenzen – auf die Disqualifikation als *director* (D. I. 2.) sowie die Löschung der Gesellschaft aus dem Register eingegangen werden (D. II. 2.). Der Darstellung der hieraus zu entnehmenden Empfehlungen für die *officers* einer Limited (D. III.), soll ein Vergleich mit den im deutschen Recht vorgesehenen Sanktionen folgen. (D. IV.). Erst im Anschluss sollen die Folgen für eine in Deutschland aktive Limited untersucht werden (E.).

---

473 *Gernoth*, BB 2004, 837, 842.

474 Ebenso differenzieren etwa *Zimmer/Naendrup*, ZGR 2007, 789, 797 ff.

475 S. Kapitel C. II. 3. Wie oben aufgezeigt, gibt es neben dargestellten Pflichten auch weitere Nebenpflichten, welche jedoch den Umfang dieser Untersuchung sprengen würden.

476 Es gibt freilich auch Möglichkeiten der Gläubiger bzw. der Gesellschafter gegen die Verantwortlichen vorzugehen. Diese bleiben hier aber unberücksichtigt. S. zu repressiven Gläubigerschutzinstrumenten bereits den Verweis in Kapitel C. II. 1.

477 S. hierzu *Davies*, ch. 9, S. 211 ff.

I. Sanktionen für die officers

Hinsichtlich der staatlichen Sanktionen, die den *officers* [478] auferlegt werden können, ist zwischen solchen, die im CA 2006 vorgesehen sind, [479] und solchen, die im Company Directors Disqualification Act 1986 bereit gehalten werden, abzugrenzen. [480]

1. Sanktionen des CA 2006

Die Nichterfüllung oben erläuterter Publizitätspflichten, [481] die vor Ort bei der Gesellschaft oder gegenüber dem Companies House laufend zu erfüllen sind, wird regelmäßig (straf-)gerichtlich sanktioniert. Dabei ist bei Verurteilung meist eine einmalige Geldstrafe (*fine*) vorgesehen, bei anhaltendem Verstoß ist eine täglich anfallende Geldstrafe (*daily default fine*) zu entrichten. [482] In der Praxis

---

478 Nach der Legaldefinition des s. 1173 (1) CA 2006 sind dies die *directors*, *secretaries* und *manager* der Gesellschaft. *Manager* sind in der Regel leitende Angestellte bzw. die Entscheidungsträger, die ebenso betroffen sein können, sofern sie mit einer entsprechenden Aufgabe betraut waren. Vgl. *DTI*, Company Law Reform, White Paper 2005, S. 38. S. zum Begriff „*officer*" auch bereits und allgemeiner Kapitel A. I.

479 Der Richtigkeit halber sei hier darauf hingewiesen, dass einige Publizitätspflichten bis zum 01.09.2009 noch nach altem Recht zu erfüllen waren (z.B. die Vorschriften zum *annual return*). So ist der CA 2006 bekanntlich schrittweise in Kraft getreten. Soweit im Folgenden Zahlen und Statistiken herangezogen werden, ist daher die Nichtbeachtung der Publizitätspflichten teilweise auch noch nach den alten Regeln des CA 1985 sanktioniert. Die alten Vorschriften sind aber in aller Regel identisch zu denen des CA 2006, weshalb die Daten problemlos genutzt werden können. Die Untersuchung bezieht sich hinsichtlich der Darstellung von Sanktionen mit Blick auf Aktualität und Zukunft nur auf solche des CA 2006.

480 Zum Ganzen kurz, aber teilweise nach altem Recht *Zimmer/Naendrup*, ZGR 2007, 789, 797 ff.; *Ottersbach*, J.I.T.L. & P. 2009, 4(1/2), 31, 50.

481 S. Kapitel C. II. 3. b).

482 So beispielsweise bei entsprechenden Missständen in: S. 26 (3) (b), (4) CA 2006 (Übersendung der geänderten *articles*); s. 167 (4) (b), (5) CA 2006 (Mitteilung der Änderung im Bestand der *directors*); s. 162 (6) (b), (7) CA 2006 (Führen des *register of directors)*; s. 113 (7) (b), (8) CA 2006 (Führen des *register of members*); s. 554 (3) (b), (4) CA 2006 (Mitteilung der Ausgabe von Anteilen); s. 557 (1, 2) CA 2006 (Übermittlung des *return of allotment*); s. 619 (4) (b), (5) (Mitteilung der Änderung des *share capital*); s. 860 (4) (b), (5) CA 2006 (Mitteilungen hinsichtlich der *charges*); 877 (5) (b), (6) CA 2006 (Informationen bei der Gesellschaft hinsichtlich *charges*). Die Höhe der jeweiligen einmaligen Strafe variiert je nach Tatbestand (je nach dort vorgesehenem *level* auf der *standard scale*). Gem. s. 17 (1) Criminal Justice Act 1991 liegt sie damit grundsätzlich zwischen 200 (*level* 1) und 5000 (*level* 5) GBP,

sollen vorgenannte Sanktionen allerdings eine geringere Rolle spielen und vielmehr gerade die Nichtbeachtung der jährlichen Publizitätspflichten sanktioniert werden. [483]

Auch bei Nichtbeachtung der jährlichen Publizitätspflichten [484] hat der Gesetzgeber strafrechtliche Sanktionen für die Verantwortlichen vorgesehen. [485] Wird die Pflicht der Einreichung des *annual return* (s. 854 CA 2006) nicht vorschriftsgemäß innerhalb von 28 Tagen nach dem *return date* durch die Verantwortlichen erfüllt, so schreibt s. 858 (1) (b, c) CA 2006 deren Ahndung vor. [486] Zunächst kann hierbei wiederum eine einmalige Geldstrafe, bei anhaltender Nichtbeachtung eine täglich anfallende Geldstrafe, ausgesprochen werden, s. 858 (2) CA 2006. Liegen hingegen Missstände bei der Einreichung der *annual accounts* zum Companies House (s. 441 CA 2006) vor, wurden diese also nicht innerhalb von neun Monaten nach Ende des Geschäftsjahres vorschriftsgemäß eingereicht, so kommt es gem. s. 451 CA 2006 zu einer entsprechenden strafrechtlichen Sanktion, [487] allerdings nur für den *director.* [488] Wird jedoch die Pflicht, die an der Gesellschaft Beteiligten iSd. s. 423 CA 2006 mit den *accounts* zu versorgen, vernachlässigt, werden alle Verantwortlichen ebenso strafrechtlich mit einer einmaligen Geldstrafe gem. s. 425 (1) (b), (2) CA 2006 zur Rechenschaft gezogen. [489]

---

bei vorliegenden Tatbeständen meist zwischen 1000 (*level* 3) und 5000 (*level* 5) GBP. Die täglich anfallende Strafe beträgt dann einen bestimmten Bruchteil des Betrages.

483 *Sealy/Worthington*, S. 585.

484 S. Kapitel C. II. 3. c).

485 *Sealy/Worthington*, S. 584 f.

486 Explizit wird hier auch auf die Strafbarkeit des *shadow directors* hingewiesen; s. 858 (1) iVm. SI 2008/3000 reg. 8.

487 Hier kann ebenso eine einmalige Geldstrafe, bei anhaltender Missachtung eine tägliche Geldstrafe verhängt werden.

488 Der *director* kann zwar versuchen sich zu entlasten, jedoch nicht, indem er beweist, dass er zwar *accounts*, nicht aber vorschriftsgemäße eingereicht hat, s. 451 (2, 3) CA 2006.

489 Daneben können gem. s. 429 CA 2006 auch Mängel hinsichtlich der ordnungsgemäßen Übermittlung der SFS (ss. 426 ff. CA 2006) zu einer Geldstrafe für die Verantwortlichen führen. Verletzungen des Rechts der an der Gesellschaft Beteiligten, während des Jahres Kopien der *accounts* zu verlangen, können mit einer Geldstrafe, bei anhaltendem Verstoß mit täglich anfallender Geldstrafe geahndet werden, s. 431 (3) (b), (4) CA 2006.

Gerade die Tatsache der strafrechtlichen Sanktion [490] verdeutlicht den Stellenwert der Publizitätspflichten im englischen Recht. [491] Genaue Daten hinsichtlich der strafrechtlichen Verurteilungen der Verantwortlichen sind zwar nur sehr eingeschränkt auffindbar. Zumindest zeigt aber die Anzahl von 1371 Verurteilungen von *directors* im Zeitraum April 2009 bis März 2010 aufgrund Nichtbeachtung der Einreichung der *accounts*, dass Schuldsprüche keine Einzelfälle darstellen. [492] Ferner sei hier auf die kumulative Möglichkeit des gerichtlichen Ausspruchs einer *default order* gegenüber den Verantwortlichen hingewiesen (unter Auferlegung etwaiger entstandener Gebühren). [493] Diese kann nach Hinweis auf die Nichtbeachtung einer Publizitätspflicht gegenüber dem *registrar* nach 14 Tagen durch den *registrar*, einen Gläubiger oder einen Gesellschafter beantragt werden. Wird dieser *order*, welche die Erfüllung der unterlassenen Publizitätspflicht innerhalb einer bestimmten Frist vorschreibt, nicht nachgekommen, so kann sogar eine Freiheitsstrafe ausgesprochen werden. [494]

2. Ausschluss – disqualification order nach dem CDDA 1986

a) Überblick

Neben diesen meist auf Geldstrafe gerichteten Sanktionen des CA 2006 können die Verantwortlichen nach englischem Recht auch anderweitig und für sie als mit den Geschäften eines Unternehmens Betraute in noch gravierender Form zur Rechenschaft gezogen werden.

Grundsätzlich gilt im englischen Recht das Institut des *wrongful trading* [495] als bedeutendste gesetzlich verankerte Ausnahme zur beschränkten Haftung der

---

490 Der Vollständigkeit halber sei hier auf die ebenso strafrechtlichen Konsequenzen der Nichtbeachtung der Übermittlung korrigierter *accounts* an den *registrar* bzw. die Gesellschafter hingewiesen. S. hierzu s. 454 CA 2006 iVm. SI 2008/373.

491 Bei Nichtbeachtung firmenrechtlicher Vorschriften können freilich auch Sanktionen verhängt werden. Beispielhaft sei lediglich auf die strafrechtliche Ahndung iSd. s. 84 CA 2006 iVm. SI 2008/495 reg. 10 (geschäftlicher Auftritt nach außen) verwiesen. Umfassender s. *Sealy/Worthington*, S. 57 ff., 63.

492 *BIS*, Statistical Tables on Companies Registration Activities, 2009-10, Table D2, S. 19.

493 Hinsichtlich sämtlicher dem Companies House zu übermittelnden Unterlagen: S. 1113 CA 2006. Hinsichtlich der *accounts*: S. 452 CA 2006.

494 *Davies*, ch. 21-33, S. 748; *Palmer*, ch. 9.004.

495 S. hierzu *Mayson/French/Ryan*, S. 680 ff.; Kindler/Nachmann/*Schillig*, England und Wales, Rn. 416 ff.; *Steffek*, NZI 2010, 589 ff.

directors.[496] Jedoch ging das Cork Committee weiter, als es im Rahmen seiner Reformbestrebungen zum Insolvenzrecht im Jahre 1982 „*proper safeguards for the public*“[497] und damit neue Vorschriften forderte: „*Those whose conduct has shown them to be unfitted to manage the affairs of a company with limited liability shall, for a specified period, be prohibited from doing so.*”[498] Ihr Ziel war es u.a., alle Verantwortlichen, also auch solche, die nicht offiziell die Leitung der Gesellschaft als *directors* inne haben, sondern dahinter stehen und versteckt leitend agieren, in Form von Tätigkeitsverboten zur Rechenschaft zu ziehen.[499] Zwar war die Anordnung von Berufsverboten auch schon viel früher vorgesehen.[500] Allerdings war dies nur sehr eingeschränkt möglich.[501]

Im Rahmen des CDDA 1986[502] kam man der Forderung des Cork Committee nach und schuf die Möglichkeit der Disqualifizierung und sogar der unmittelbaren Entfernung ungeeigneter Personen vom Amt des *directors.* Bewerkstelligen es die verantwortlichen Personen[503] nicht, den Ansprüchen, welche das englische Recht u.a. als Ausgleich zum Haftungsprivileg vorgesehen hat, nachzukommen, kann der CDDA 1986 Anwendung finden.[504] Die Anzahl an Disqualifikationen ist dabei drastisch angestiegen. Waren es von April 1987 bis März 1988 nur 197 *orders,*[505] so sind es von April 2009 bis

---

496 *Davies*, ch. 10-1, S. 237.

497 “Vernünftige Schutzmechanismen für die Öffentlichkeit”.

498 Report of the Review Committee in Insolvency Law and Practice, Cmnd. 8558 (1982), para. 1808 (auch bekannt als „Cork Report“).

499 Näheres zu ihren Zielen: *Davies*, ch. 10-1, S. 237 f.

500 So findet sich die Möglichkeit der Disqualifizierung erstmals im Companies Act 1928.

501 Zu Beginn war eine Disqualifizierung nur aufgrund Straftaten wegen Betruges im Rahmen der Tätigkeit als Manager eines Unternehmens vorgesehen. Zu einem Berufsverbot aufgrund mehrmaliger Verstöße gegen das Gesellschaftsrecht, insbesondere gegen Publizitätspflichten, kam es erstmals im Rahmen des s. 28 CA 1976. *Geist*, S. 7.

502 Einen Überblick vermitteln *Davies*, ch. 10, S. 237 ff.; *Griffin*, ch. 19; *Mayson/French/Ryan*, S. 684 ff.; *Pettet*, S. 450 ff.; *Davies*, AG 1998, 346, 352 f.; Kindler/Nachmann/*Schillig,* England und Wales, Rn. 605 ff.; *Lanzius*, ZinsO 2004, 296 ff.; *Fleischer*, WM 2004, 157, 160 f. Ausführlich: *Walters/Davies-White*, ch. 1 ff.; *Palmer*, ch. 8.1701 ff.; *Geist*, S. 5 ff.

503 Hierbei geht es also nicht nur um den offiziellen *director*, sondern es wird grundsätzlich von *person* gesprochen. Es können also auch hinter der Gesellschaft Stehende sanktioniert werden. Zur Disqualifikation des *secretary* s. *Pettet*, S. 190.

504 Ist eine Gesellschaft Verantwortliche, d.h. Leiterin einer Gesellschaft, so kann auch diese disqualifiziert werden. Dies geht schon aus s. 14 CDDA 1986 hervor, in welchem von juristischen Personen, die gegen eine *disqualification order* verstoßen haben, die Rede ist. S. auch *Official Receiver v Brady* [1999] BCC 258; *Palmer,* ch. 8.1710; *Sealy*, S. 9.

505 *Pettet*, S. 450.

März 2010 bereits 1543 Ahndungen gewesen.[506] Nach s. 1 (1) (a) CDDA 1986 besteht die Möglichkeit, den Verantwortlichen mit einer *disqualification order* durch das Gericht die Position als *director* der Gesellschaft und darüber hinaus auch jegliche andere direkte oder indirekte Mitwirkung an *promotion*,[507] *formation*[508] oder *management*[509] eines Unternehmens für eine bestimmte Zeit zu verbieten. So kann der Verantwortliche für diese Periode nur noch unbeschränkt haftend am Wirtschaftsleben teilnehmen.[510]

Es ist zwischen mehreren Fallgruppen im CDDA 1986 zu unterscheiden. Zunächst ahnden die ss. 2 – 5 CDDA 1986 grundsätzliches Fehlverhalten, welches bei den Verantwortlichen in Verbindung mit der Gesellschaft auftritt. Die zweite Fallgruppe ermöglicht im Rahmen der ss. 6 – 11 CDDA 1986 eine Disqualifikation aufgrund *unfitness*. Die ss. 9A – 9E CDDA 1986 wiederum regeln Fälle, in denen wettbewerbsrechtliche Verstöße begangen werden. Schließlich betreffen die ss. 10 – 12A CDDA 1986 Fälle, in denen sich die in Frage stehenden Personen etwa des *fraudulent trading*[511] oder des *wrongful trading* haftbar machen oder als *undischarged bankrupt*[512] in der Gesellschaft entsprechend tätig waren. Zu untersuchen gilt es damit im Folgenden, welche Tatbestände bei einer Vernachlässigung der oben dargestellten Publizitätspflichten in Frage kommen.

b) Disqualifikation nach s. 2 CDDA 1986

Zunächst ist gem. s. 2 CDDA 1986 eine Disqualifikation aufgrund der Verurteilung wegen einer Straftat (*indictable offence*),[513] die in Verbindung mit *promo-*

---

506 *BIS*, Statistical Tables on Companies Registration Activities, 2009-10, Table D1, S. 18.

507 Gesetz wie auch Rechtsprechung haben davon Abstand genommen, eine exakte Definition dieses Begriffs herauszuarbeiten. Grob skizziert kann als *promotor* derjenige bezeichnet werden, der darauf hinwirkt eine Gesellschaft ins Leben zu rufen. *Farrar,* S. 49: "*… promotors of a company are those, who are the leading lights in its formation or flotation …*".

508 Dies ist die Gründung der Gesellschaft.

509 Als *manager* kann pauschalisiert derjenige bezeichnet werden, der die Fäden in der Hand hält; vgl. *Gibson v Barton*, 44 LJMC 86 („*…who has the management of the whole affairs of the company.*"). Ausführlich zum Begriff *Geist*, S. 14 ff.

510 *Davies*, ch. 10-3, S. 240; *Haug*, S. 250.

511 *Mayson/French/Ryan*, S. 675 ff.; MüKoInsO/*Schlegel*, Anh., Länderberichte, England und Wales, Rn. 37; Kindler/Nachmann/*Schillig*, England und Wales, Rn. 415.

512 Hierbei handelt es sich um eine Person, die im Privatbereich insolvent und noch nicht rehabilitiert wurde.

513 Im englischen Strafrecht ist zwischen *indictable offences* und *summary offences* zu unterscheiden. Erstgenannte erfassen regelmäßig die schwereren Straftaten. Dabei ent-

tion, formation, management, liquidation oder *striking off* einer Gesellschaft steht, möglich.[514] Diese Vorschrift kann alle Verantwortlichen treffen. Außerdem ist sie gerade weit gefasst, so dass sie jegliche Verstöße im Zusammenhang mit sämtlichen Belangen der Gesellschaft umfasst.[515] Bei Mängeln hinsichtlich einiger Publizitätspflichten, welche als *indictable offences* zu qualifizieren sind,[516] kommt eine Disqualifikation nach s. 2 CDDA 1986 in Frage, da diese in Zusammenhang mit dem *management* der Gesellschaft stehen. Folge ist ein Tätigkeitsverbot von fünf bis zu 15 Jahren.[517]

c) Disqualifikation nach ss. 3 und 5 CDDA 1986

In Frage kommt aber auch eine Disqualifikation nach ss. 3 oder 5 CDDA 1986.[518] Diese ist wiederum nicht auf die *directors* beschränkt, sondern kann alle Verantwortlichen (*person*) treffen. Zunächst gilt es zu differenzieren: S. 5 CDDA 1986 findet immer dann Anwendung, wenn es zu einer Verurteilung wegen Verstoßes gegen Publizitätspflichten iSe. *summary offence*[519] gekommen ist und die Disqualifikation durch das verurteilende Strafgericht ausgesprochen werden soll. Ein Tätigkeitsverbot kann in diesem Fall

---

scheidet ein Richter, ob die Schwere des Delikts ein weiteres Verfahren erforderlich macht. Ist dies der Fall, kommt es zu einem Hauptverfahren unter Anwesenheit von (der über den Schuldspruch entscheidenden) *jury* und (die Strafe festlegenden) Richtern. Bei den *summary offences* handelt es sich um leichtere (oder im Gesetz so bezeichnete) Delikte, die in einem summarischen, d.h. einstufigen Verfahren verfolgt werden und lediglich durch Richter abgeurteilt werden. In gewissen Fällen kann aber auch bei einem *indictable offence* ausschließlich durch den Richter entschieden werden (*triable either way*). S. zum Ganzen *Reed/Fitzpatrick/Seago*, ch. 1-006; *von Bernstorff*, S. 275 ff.; *Geist*, S. 29. Gerade diese Fälle der *indictable offences* will s. 2 CDDA 1986 mit der Formulierung „*indictable offence (whether on indictment or summarily)*" auch umfassen.

514 Die Verhängung liegt im Ermessen des zuständigen Gerichts. Zur Zuständigkeit: S. 2 (2) CDDA 1986.

515 Vgl. die Verweise von *Farrar*, S. 345: "*Any aspect of the birth, life and death of the company (...) internal and external affairs*".

516 Hierzu zählen hinsichtlich oben dargestellter Publizitätspflichten (Kapitel D. II. 3.) s. 557 (1), (2) (a) CA 2006 (Übermittlung des *return of allotment*); s. 860 (4) (b), (5) (a) CA 2006 (Mitteilungen hinsichtlich der *charges*); s. 425 (2) (a) CA 2006 (Übersendung der Kopien der *accounts* an die Gesellschafter etc.).

517 S. 2 (3) CDDA 1986.

518 Zum Ganzen: *Davies*, ch. 10-11, S. 251 f.; *Dignam/Lowry*, ch. 13.52, S. 285.

519 Regelmäßig kommt es bei Verstößen gegen oben dargestellte Publizitätspflichten zu einer Verurteilung iSe. *summary offence*, sofern diese nicht als *indictable offence* zu bezeichnen sind; vgl. oben Kapitel D. I. 1. b).

verhängt werden, wenn in den zurückliegenden fünf Jahren drei Publizitätsverstöße vorliegen.[520] Diese Verstöße können in Form von Verurteilungen[521] aufgrund Verletzung der Publizitätspflichten zu bejahen sein, ausreichend sind allerdings auch *default orders,* die erlassen wurden, weil einer Publizitätspflicht nicht nachgekommen wurde.[522] Hingegen findet s. 2 CDDA 1986 Anwendung, wenn eine Verurteilung iSe. *indictable offence* einschlägig ist, und das (verurteilende) Gericht eine Disqualifikation verhängen möchte.[523] Daneben kann nach s. 3 CDDA 1986 zum zuständigen Gericht[524] ein Antrag auf Disqualifikation von den in s. 16 (2) CDDA 1986 Genannten[525] gestellt werden. Auch hier bedarf es dreier Verstöße in den letzten fünf Jahren, s. 3 (2, 3) CDDA 1986.[526] IRd. s. 3 CDDA 1986 wird für eine Disqualifikation gerade auf die Beharrlichkeit (*persistently*) der Nichtbeachtung von Publizitätspflichten abgestellt.[527] Diese soll mit den genannten drei *offences* oder *default orders* bewiesen sein.[528] Daran hält auch die Rechtsprechung fest, man will für die Beharrlichkeit keine zusätzlichen Erfordernisse einführen.[529]

Ss. 3 und 5 CDDA 1986 ist gemein, dass sie bei Verstößen gegen Publizitätspflichten Anwendung finden. Bei diesen Publizitätspflichten muss es immer um Verletzungen der Vorschriften der Einreichung von *returns*, *accounts* oder anderen zum Companies House einzureichenden Unterlagen oder zu übermit-

---

520 S. 5 (3) CDDA 1986.

521 Hier ist unerheblich, ob es sich um eine Verurteilung iSe. *indictable offence* oder iSe. *summary offence* handelt, vgl. die unterschiedlichen Wortlaute von s. 5 (1) und s. 5 (2) CDDA 1986. Hierauf weist *Davies*, ch. 10-11, S. 251 hin.

522 S. 3 (3) CDDA 1986.

523 *Davies*, ch. 10-11, S. 251. Damit ist hier die *three convictions or defaults in five years* - Regel nicht zu berücksichtigen.

524 S. 3 (4) CDDA 1986.

525 Ein Antrag ist nach ss. 3 (2), 16 (2) CDDA 1986 durch den Secretary of State, den *official reciever* (durch das Gericht bestellter Zwangsverwalter), den *liquidator* (Insolvenzverwalter), oder einen Gesellschafter oder Gläubiger, welche vom Verstoß betroffen worden sein sollen, zu stellen.

526 S. 3 CDDA 1986 kann einschlägig sein, wenn überhaupt keine strafrechtliche Verurteilung vorliegt. Drei *default orders* reichen aus.

527 *Persistently* ist zumindest bei einem gewissen Maß an Kontinuität und Wiederholung zu bejahen; *Dignam/Lowry*, ch. 13.53, S. 285.

528 S. 5 CDDA 1986 fordert zwar hingegen keine beharrliche (iSv. *persistently)* Nichtbeachtung, da jedoch auch in dessen Rahmen drei Verstöße in fünf Jahren entscheidend sind, müssen die Grundsätze entsprechend gelten.

529 Etwa *Re Artic Engineering Ltd* [1986] 1 WLR 686; dort wird die Erforderlichkeit einer Schuldhaftigkeit abgelehnt. *Geist*, S. 40.

telnden Informationen gehen.[530] Gerade die Vorlagepflichten gegenüber dem Companies House sind also betroffen. Damit korrespondierende relevante *default orders* sind iRd. s. 3 (3) CDDA 1986[531] ebenso angeführt. Hierbei ist die aufgezeigte Vorschrift des s. 1113 CA hervorzuheben.[532]

Ss. 3 und 5 CDDA 1986 lassen jeweils ein Berufsverbot von bis zu fünf Jahren zu. Die Disqualifikation und deren Länge liegen dabei im Ermessen des zuständigen Gerichts. Dass zumindest immer Entscheidungen durch Gerichte vorauszugehen haben (*conviction/default order*), zeigt, dass die Verhängung von Disqualifikationen eine gewisse Schwere an Verstößen verlangt. Darüber hinaus wird durch die explizite Aufnahme der Publizitätspflichten in die Tatbestände der Disqualifikationen hier gerade wieder deren Wichtigkeit im englischen Recht offenkundig.[533] Dies wird auch aus folgenden Gründen ersichtlich: S. 2 CDDA 1986 erlaubt die Verhängung einer *disqualification order* durch das Gericht nur bei Verurteilung aufgrund einer *indictable offence.* IRd. s. 5 CDDA 1986 kann das Gericht hingegen bereits bei Vorliegen einer *summary offence* den Betroffenen disqualifizieren. Die Verletzung einer Publizitätspflicht wird folglich bedeutender eingestuft als andere unter Strafe stehende Verstöße, die „beim Betrieb" einer Gesellschaft begangen werden können.

d) Disqualifikation nach s. 6 CDDA 1986

Weiterhin soll bei einem Verstoß gegen Publizitätspflichten eine Disqualifikation iSd. s. 6 CDDA 1986 in Betracht kommen.[534] Dieser Tatbestand führt in der Praxis am häufigsten zu einem Tätigkeitsverbot nach dem CDDA 1986.[535] Dies liegt womöglich auch daran, dass im Unterschied zu den anderen Tatbeständen des CDDA 1986 das Gericht bei Vorliegen der Voraussetzungen des s. 6 CDDA 1986 zwingend eine Disqualifikation auszusprechen hat. Dabei kann

530 Die nicht ordnungsgemäße Führung der Register beim Unternehmen bzw. die entsprechende Aufbewahrung von Unterlagen vor Ort ist hiervon nicht umfasst.

531 Zu beachten sind die Änderungen durch SI 2009/1941 reg. 85.

532 S. Kapitel D. I. 1. Daneben ist vorliegend S. 242 CA 1985, welcher *orders* hinsichtlich der Einreichung der *accounts* betrifft, relevant. Hier werden eine Änderung und damit eine Aufnahme des neuen s. 451 CA 2006 zu erfolgen haben.

533 *Davies*, ch. 10-11, S. 252.

534 So *Zimmer/Naendrup*, ZGR 2007, 789, 798.

535 Im Zeitraum April 2009 bis März 2010 waren 1337 aller 1543 Disqualifikationen solche iSd. S. 6; *BIS*, Statistical Tables on Companies Registration Activities, 2009-10, Table D1, S. 18.

es zu einem Tätigkeitsverbot von zwei bis zu 15 Jahren kommen.[536] Nach s. 6 (1) CDDA 1986 kann auf Antrag[537] eine Disqualifikation aufgrund *unfitness* ausgesprochen werden.[538] Diese kann gerade gegen den aktuellen, aber auch den ehemaligen *director* verhängt werden.[539] Hierfür ist in deren Person zunächst das Merkmal *unfit* zu erfüllen. Diese *unfitness* muss in Bezug auf das *management* der Gesellschaft zu bejahen sein. Das Vorliegen hängt jeweils von der gerichtlichen Beurteilung des Einzelfalles ab,[540] wobei lediglich das Verhalten in der Vergangenheit entscheidend sein soll.[541] Letztlich lassen sich Fallgruppen iRd. Disqualifikation wegen *unfitness* festmachen:[542] Zum einen, wenn der *director* entweder gegen die kaufmännische Moral bzw. die Redlich-

---

536 S. 6 (4) CDDA 1986. Zu den Leitlinien zur Festlegung der Dauer des Berufsverbots: *Re Sevenoaks (Retail) Stationers Ltd* [1991] Ch. 164, 179, s. hierzu *Mayson/French/Ryan*, S. 694.

537 Die Berechtigung, einen Antrag für eine *disqualification order* zu stellen, hat nach s. 7 (1) CDDA 1986 der Secretary of State inne, wenn es nach seiner Ansicht im öffentlichen Interesse liegt, ein Tätigkeitsverbot iSd. 6 CDDA 1986 auszusprechen. Ebenso ist auf dessen Anweisung der *official receiver* berechtigt. Umfassend zur Antragsberechtigung *Haug*, S. 246 ff.

538 Daneben besteht seit der Reform durch den Insolvency Act 2000 für unstreitige Fälle nach s. 1A CDDA 1986 bei Vorliegen der in ss. 7 und 8 CDDA 1986 genannten Voraussetzungen die Möglichkeit der Annahme einer *disqualification undertaking* durch den Secretary of State. Die *directors* können ein Disqualifikationsverfahren selbst einleiten, indem sie erklären, dass sie sich künftig für einen bestimmten Zeitrahmen nicht an einer Gesellschaft „beteiligen" werden. Der Secretary of State kann die Erklärung mit s. 7 (2A) CDDA 1986 annehmen, wenn er s. 6 CDDA 1986 für erfüllt hält und aufgrund des öffentlichen Interesses von der Notwendigkeit der Verhängung eines Berufsverbots überzeugt ist. Bei vorliegendem öffentlichen Interesse verhält es sich entsprechend gem. s. 8 (2A) CDDA 1986, sofern der *director* als *unfit* erscheint. Kommt es zu keiner Einigung kann der *director* ein gerichtliches Verfahren führen. Zweck dieser Vorschriften ist es, sowohl dem Secretary of State wie auch der zu disqualifizierenden Person die Führung eines Prozesses und damit Zeit und Kosten zu sparen. Zum Ganzen *Dignam/Lowry*, ch. 13.72 ff., S. 293 f.; *Lanzius*, ZinsO 2004, 296, 297.

539 Entsprechend ist der *shadow director* umfasst, s. 6 (3C) CDDA 1986. Zum *shadow director* s. s. 22 (5) CDDA 1986. Die wirklichen *directors* handeln nach den Weisungen des *shadow directors*, welcher versteckt hinter der Gesellschaft steht. Daneben muss wegen s. 22 (4) CDDA 1986 auch der *de facto director* belangt werden können. Dieser hält sich für den wirklichen *director* und wird auch von allen (auch den an der Gesellschaft) Beteiligten für diesen gehalten. In Wahrheit wurde er aber nie rechtswirksam zum *director* bestellt.

540 *Re Amaron Ltd* [2001] 1 BCLC 562.

541 *Re Grayan Building Services Ltd (In Liquidation)* [1995] Ch. 241, CA.

542 *Davies*, ch. 10-6 ff., S. 246 ff.

keit [543] verstoßen hat, zum anderen, wenn dieser als rücksichtslos bzw. inkompetent [544] zu bewerten ist. Schedule 1 Part I und II des CDDA 1986 [545] bieten Indizien, welche die Gerichte bei der Beurteilung der *unfitness* des *directors* heranziehen sollen. [546]

Neben der Vernachlässigung von Geschäftsleiterpflichten und Unstimmigkeiten bezüglich des Gesellschaftsvermögens sind Verstöße gegen Publizitätspflichten aufgeführt. Letztgenannte betreffen nicht nur die Buchführung und deren Aufbewahrung, sondern auch das ordnungsgemäße Führen bestimmter Register. [547] Auch sind die nicht vorschriftsmäßige Übermittlung des *annual returns* und die versäumte Registrierung der *charges* ein weiteres Indiz für die *unfitness*. [548] Daneben zählt die nichtordnungsgemäße Erstellung der *accounts* zu den Indizien. [549] Letztlich bleibt es aber den Gerichten überlassen, bei Vorliegen entsprechender Indizien *unfitness* anzunehmen.

Diese haben insbesondere bei Nachlässigkeiten in der Buchführung wie auch bei Mängeln in der Einreichung der *accounts* und *returns* ein Tätigkeitsverbot iSd. s. 6 CDDA 1986 ausgesprochen. [550] Die Verbote sollen immer zeigen, dass *directors* sich nicht adäquat über die Gesellschaft und deren finanzielle Situation informiert haben und damit nicht zu ihrer Führung in der Lage sind. [551] Der Court of Appeal hat im Rahmen einer Entscheidung zu s. 6 CDDA 1986 – *Secretary of State for Trade and Industry v. Ettinger, Re Swift 736 Ltd* – auch auf die Wichtigkeit der Publizitätspflichten im englischen Recht und auf die Unterstützung durch den CDDA 1986 bei der Wahrung dieser hingewiesen: [552] *„Those who take advantage of limited liability must conduct their companies with due regard to the ordinary standards of commercial morality. (...) they*

---

543 *"Breach of commercial morality"*.

544 *"Recklessness and incompetence"*.

545 Zu beachten sind die durch SI 2009/1941 reg. 85 erfolgten Änderungen.

546 Auf die Anwendung dieser (nicht abschließenden) Indizien verweist s. 9 (1) CDDA 1986.

547 S. Schedule 1, Part I, Para. 4: Dort sind Vorschriften zum *register of members*, zum *register of directors*, zum *register of directors' residential addresses* und zum *register of secretaries* aufgeführt.

548 Auch unterbliebene Mitteilungen hinsichtlich Änderungen im Bestand der *directors* oder *secretaries* sind aufgeführt.

549 S. Schedule 1, Part I, Para. 5.

550 S. hierzu *Walters/Davies-White*, ch. 5-31 ff., 5-49 f.; *Farrar*, S. 354 f. mwN. aus der Rechtsprechung; *Geist*, S. 83 ff.

551 *Re Firedart Ltd* [1994] 2 BCLC 340; *Re New Generation Engineers Ltd* [1993] BCLC 435; *Davies*, ch. 10-8, S. 248 f.

552 *Secretary of State for Trade and Industry v Ettinger, Re Swift 736 Ltd* [1993] BCLC 896, 899 f.; [1993] BCC 312, 315.

must file their accounts and returns promptly; and they must fully and frankly disclose information about deficiencies in accordance with statutory provisions. (...) Those who persistently fail to discharge their statutory obligations in this respect can expect to be disqualified. (...) The business community should be left in no doubt on this score (...)." [553]

Liegt ein entsprechendes Fehlverhalten nun vor und ist der *director* somit als *unfit* zu bewerten, fordert s. 6 (1) CDDA 1986 aber weiterhin die Insolvenz der Gesellschaft, welche während seiner „Geschäftsführung" oder danach vorzuliegen hat. [554] Nach s. 6 (2) (a) CDDA 1986 gilt eine Gesellschaft als insolvent, wenn diese zu dem Zeitpunkt in Liquidation geht, in dem ihr Vermögen nicht mehr ausreicht, ihre Schulden, weitere Haftungspositionen und Abwicklungskosten zu begleichen. Nach s. 6 (2) (b, c) CDDA 1986 reicht auch eine *administration order* [555] oder die Bestellung eines *administration receivers.* [556] Zusätzlich müsste eine Verbindung zwischen der Insolvenz und dem fehlerhaften Verhalten des *directors* bestehen. Liegt also lediglich die Verletzung der Publizitätspflichten vor, und sei es auch in zahlreicher und schwerwiegender Form, kann es dennoch nicht zu einem Berufsverbot iSd. s. 6 CDDA 1986 kommen. Die Anwendung des s. 6 CDDA 1986 scheidet in der vorliegenden Fallkonstellation der (solventen) Limited mit Sitz in Deutschland demzufolge aus.

e) Disqualifikation nach s. 8 CDDA 1986

Im Gegensatz zu s. 6 CDDA 1986 bedarf es iRd. s. 8 CDDA 1986 keiner insolventen Gesellschaft. [557] Vielmehr stellt s. 8 CDDA 1986 ausschließlich auf die *unfitness* des *directors* ab. Eine Disqualifikation iSd. s. 8 CDDA 1986 beruht auf *investigative material*, welches den Secretary of State dazu veranlasst, davon auszugehen, dass das öffentliche Interesse einen Antrag auf eine *disqualification order* durch ihn zum Gericht erfordert. [558] Diese Materialien stehen dem *Secretary of State* in Form der Berichte der *company inspectors* [559] und weiterer durch Untersuchungen erlangter Informationen und Dokumente [560] zur Verfügung. Bezüglich des Tatbestandes der *unfitness* kann auf die Erläuterungen im

---

553 Weiter ausführend *Farrar*, S. 354 f.

554 Zum Schutzzweck des s. 6 CDDA 1986 s. *Mayson/French/Ryan,* S. 688.

555 S. hierzu ss. 8 ff. IA 1986; *Farrar*, S. 686 ff.

556 S. hierzu ss. 24 ff. IA 1986; *Farrar*, S. 664.

557 Ausführlich zu s. 8 CDDA 1986 *Palmer*, ch. 8.1753 ff.

558 Ein solcher Antrag zum Gericht ist nach s. 8 (2) CDDA 1986 nicht erforderlich, sofern der Secretary of State eine *disqualification undertaking* annimmt. *Mayson/French/Ryan*, S. 687; *Dignam/Lowry*, ch. 13.74, S. 294.

559 Zur Einsetzung der *inspectors* s. Kapitel C. II. 3. d).

560 Zu den Umfassten s. 8 (1A) (b) CDDA 1986, *Palmer*, ch. 8.1753.

Rahmen der Disqualifikation iSd. s. 6 CDDA 1985 verwiesen werden. Ob *unfitness* nun vorliegt und ob ein Tätigkeitsverbot (von bis zu 15 Jahren) ausgesprochen wird, liegt im Ermessen des Gerichts. Zumindest bei beharrlicher Verletzung von Publizitätspflichten könnte ein solches in Frage kommen. [561] Die Disqualifikationen aufgrund dieses Tatbestandes halten sich in der Praxis jedoch traditionell in Grenzen. [562]

f) Nach dem Erlass der Disqualifikation

Entscheidend ist aber auch, dass die Öffentlichkeit über die Berufsverbote informiert ist. [563] Wurde eine *disqualification order* [564] verhängt, ist diese in ein vom Secretary of State geführtes Register einzutragen, welches der Öffentlichkeit zugänglich ist. [565] Dies zeigt wiederum das Zusammenspiel einzelner Publizitätspflichten: Kann der aktuelle *director* einer Gesellschaft nicht aus deren öffentlichen Quellen identifiziert werden, da der Publizitätspflicht durch die Gesellschaft bzw. die Verantwortlichen nicht nachgekommen wurde, so bleiben auch dessen Disqualifikation und damit ein starker Hinweis auf die Vertrauensunwürdigkeit des Unternehmens verborgen. [566]

Wird gegen ein Berufsverbot verstoßen, so hat dies strafrechtliche Konsequenzen. [567] Gem. s. 13 CDDA 1986 kann eine Gefängnisstrafe von bis zu zwei Jahren, eine Geldstrafe oder beides verhängt werden. Außerdem ordnet s. 15 (1) (a) CDDA 1986 bei Verstößen gegen das Berufsverbot für alle begründeten Gesellschaftsverbindlichkeiten die persönliche Haftung an. Wird versucht das Berufsverbot zu umgehen, indem Dritte eingesetzt werden, die nach den

---

561 Bezüglich der Anwendung des s. 8 CDDA 1986 aber wird angeführt, dass er überwiegend den Schutz etwaiger (auch potentieller) Anteilseigner und weniger der Gläubiger gewährleisten soll. *Geist*, S. 96 (mit umfassenden Ausführungen).

562 Von April 2005 bis März 2006 waren es lediglich 26, von April 2009 bis März 2010 nur 10 Disqualifikationen iSd. s. 8 CDDA; s. *BIS*, Statistical Tables on Companies Registration Activities, 2009-10, Table D1, S. 18.

563 *Davies*, ch. 10-12, S. 252.

564 Ebenso natürlich bei der Annahme einer *disqualifation undertaking*.

565 S. 18 CDDA 1986 iVm. SI 2001/967. Das *disqualified directors register* ist online über die Homepage des Companies House zugänglich: http://wck2.companieshouse.gov.uk. Dort lässt es sich auch gezielt nach Personen suchen.

566 Das *disqualified directors register* des Secretary of State kann nur unter Angabe eines konkreten Namens eingesehen werden.

567 *Dignam/Lowry*, ch. 13.70, S. 293; *Davies,* ch. 10-3, S. 240 f. Umfassend zu den Auswirkungen der Nichtbeachtung *Palmer*, ch. 8.1774 ff.

Weisungen des Disqualifizierten an der Leitung der Gesellschaft beteiligt sind, haften auch diese Dritte persönlich, s. 15 (1) (b) CDDA 1986. [568]

g) Wirkungen und Bewertung

Es lässt sich feststellen, dass durch die Sanktion von Fehlverhalten mit dem CDDA 1986 gerade zu pflichtmäßigem Verhalten angehalten, und damit Schutz der Öffentlichkeit, wie insbesondere der Gläubiger, aber auch der Anteilseigner oder der Investoren erlangt wird. [569] Auf diese Weise werden die disqualifizierten Personen an einer Wiederholung ihres Verhaltens gehindert und gleichzeitig daran erinnert, dass sie nach dem Ende ihres Tätigkeitsverbots im Sinne der Öffentlichkeit zu agieren haben. Auch werden andere an der Leitung von Gesellschaften Beteiligte abgeschreckt und zu vorschriftsmäßigem Verhalten ermutigt. [570] Der CDDA 1986 hat also sowohl repressive als auch präventive Wirkung.

Die Tätigkeitsverbote sind in umfassender Weise statuiert, wirken so in vielen Bereichen und bieten damit weitreichenden Schutz für die Öffentlichkeit. Gerade die Nichteinhaltung von Publizitätsvorschriften kann mit Hilfe des CDDA 1986 umfassend mit Tätigkeitsverboten belegt werden, nämlich durch die ss. 3, 5, und 8 CDDA 1986, [571] was deren Bedeutung im englischen Recht wiederum hervorhebt. [572] Als positiv ist ebenso anzumerken, dass eine Umgehung der *disqualification order* nur schwer möglich ist, da gerade auch die indirekte Mitwirkung an der Leitung einer Gesellschaft untersagt wird. [573] Somit wird zwar den Gesellschaftsgründern durch die Wahl der Rechtsform der Limited eine Haftungsbeschränkung zuteil, jedoch bieten die Regelungen des CDDA 1986 eine Kompensation. [574]

Vorgebracht kann aber werden, dass viele *directors* der (auch in Deutschland typischen) „kleinen“ Limiteds sowieso persönlich für die Schulden haften. So werden fachkundige Vertragspartner aufgrund der mangelnden Haftungssumme die Übernahme persönlicher Sicherheiten verlangen. [575] Damit träfe diese *directors* der Verlust der Haftungsbeschränkung weniger stark. Die strafrecht-

---

568 *Dignam/Lowry*, ch. 13.71, S. 293.

569 *Rönnau*, ZGR 2005, 832, 842.

570 *Re Grayan Building Services Ltd (In Liquidation)* [1995] Ch. 241 CA; *Walters*, J.F.C. 1999, 7(1), 63, 64.

571 Bei vorliegender Insolvenz auch gem. s. 6 CDDA 1986.

572 Vgl. *Davies*, ch. 10-11, S. 252.

573 Ähnlich *Lanzius*, ZInsO 2004, 296, 300.

574 *Davies*, AG 1998, 346, 351 f.; Lutter/*Fleischer*, S. 67; *Otte/Triebel*, ZIP 2006, 311, 314.

575 *Geist*, S. 140; hier sind insbesondere Banken anzuführen.

lichen Sanktionen bei Verstößen gegen ein Tätigkeitsverbot würden diese jedoch in jedem Fall berühren. Ob die Tätigkeitsverbote effektiv überwacht werden können, ist fraglich: Bei den 2,44 Millionen registrierten *private companies* in England und Wales [576] wird es sehr schwierig sein zu prüfen, ob Disqualifizierte dennoch (möglicherweise verdeckt) aktiv sind. [577] Auch ist für wirksamen Schutz die Kenntnis der Möglichkeit der Verhängung eines Tätigkeitsverbots von Nöten. [578] Sonst liefe die präventive Wirkung einer Disqualifikation leer. [579] Trotz ihrer Vorzüge können die Vorschriften des CDDA 1986 die Einhaltung der Publizitätspflichten folglich alleine nicht gewährleisten. [580]

h) Vergleich zum deutschen Recht

Der hohe Stellenwert der Publizität im englischen Recht könnte auch bei einem Vergleich mit den deutschen Vorschriften, welche Beschränkungen für Unternehmensleiter vorsehen, zur Geltung kommen. Im deutschen Recht ist insbesondere zwischen Berufsverboten, Gewerbeverboten und Bestellungshindernissen zu unterscheiden. [581] Neben deren Reichweite gilt es folglich gerade zu prüfen, ob sie auch aufgrund Verletzung handelsrechtlicher Publizitätspflichten ausgesprochen werden können.

§ 70 StGB lässt die Anordnung eines Berufsverbotes wegen rechtswidriger Taten, die unter Missbrauch des Berufs oder Gewerbes oder unter grober Verletzung der mit ihnen verbundenen Pflichten begangen wurden, zu. Im Unterschied zu den Regelungen des CDDA 1986 kann die Tätigkeit als gesetzlicher Vertreter

---

576 S. Kapitel C. I.

577 *Hicks*, J.B.L. 2001, 433, 440; *Haug*, S. 253 f. Beide machen auch (unter weiteren Nachweisen) auf die Probleme in der Sachverhaltsaufklärung aufmerksam.

578 *Hicks*, J.B.L. 2001, 433, 440.

579 Geht man davon aus, dass nicht einmal alle *directors* über die Publizitätspflichten informiert sind, so ist es doch sehr unwahrscheinlich, dass regelmäßig Kenntnis der Folgen der Pflichtverletzungen vorliegen wird. Dieses Ergebnis bestätigt auch die diesbezüglich zuletzt durchgeführte Umfrage (*National Audit Office*, Company Director Disqualification: A Follow-up Report, May 1999, H.C. 424), auf welche sich *Hicks*, J.B.L. 2001, S. 433, 438 f., Fn. 19 stützt. Nach dieser waren 66 % der befragten *directors* der CDDA 1986 unbekannt.

580 Zu weiteren Nachteilen des CDDA 1986 und auch zur speziellen Wirkungskraft auf *directors* großer Kapitalgesellschaften: *Hicks*, J.B.L. 2001, 433, 439 ff.; *Haug*, S. 252 ff.; *Geist*, S. 140 ff.

581 Einführend zu den deutschen Regelungen: *Fleischer*, WM 2004, 157 ff.; *Lanzius*, ZInsO 2004, 296, 301; *Hirte/Lanzius/Mock*, in: Lutter, Das Kapital der Aktiengesellschaft in Europa, S. 301 ff.

einer Kapitalgesellschaft [582] aber grundsätzlich nicht verboten werden. [583] Es ist nicht die Rechtsform und die damit verbundene Tätigkeit als Geschäftsleiter, [584] sondern die Ausübung eines bestimmten Berufs, Berufszweiges, Gewerbes oder Gewerbezweiges, in dem die pflichtwidrige Tat verübt wurde, Anknüpfungspunkt. [585] § 70 StGB ist folglich viel enger als die englischen Vorschriften. [586] Für ein solches Berufsverbot bedürfte es aber weiter eines Publizitätspflichtverstoßes, welcher als „rechtswidrige Tat" iSd. § 70 StGB zu qualifizieren ist. Bleibt man bei der handelsrechtlichen Publizität, so kämen vorliegend lediglich die Insolvenzstraftaten iSd. §§ 283 ff. StGB in Frage. [587] Erforderlich ist hier aber immer eine Verbindung zur Krise der Gesellschaft, [588] die im Rahmen dieser Untersuchung nicht vorliegt. [589]

Ferner bestehen neben diesem strafrechtlichen Berufsverbot auch gewerberechtliche Tätigkeitsverbote wie insbesondere § 35 GewO. [590] Nach dieser Vorschrift ist die Ausübung eines Gewerbes ganz oder teilweise zu untersagen, wenn Tatsachen vorliegen, welche die Unzuverlässigkeit des Gewerbetreibenden (oder einer mit der Leitung des Gewerbebetriebes beauftragten Person) in Bezug auf dieses Gewerbe dartun, sofern die Untersagung zum Schutze der All-

---

582 Die Untersuchung muss hier insoweit auf Kapitalgesellschaften an sich (und nicht nur auf die GmbH) bezogen werden, da die Vergleichbarkeit zu den englischen Regelungen, welche die Tätigkeit als *director* sämtlicher Kapitalgesellschaften verbieten, geprüft werden soll.

583 *Hirte/Lanzius/Mock*, in: Lutter, Das Kapital der Aktiengesellschaft in Europa, S. 301, 306.

584 Terminologisch richtig müsste es sich freilich um das „Mitglied des Vorstands" oder den „Geschäftsführer" handeln. Im Folgenden soll jedoch untechnisch, dafür einheitlich vom „Geschäftsleiter" die Rede sein.

585 BGH wistra 1986, 257; Schönke/Schröder/*Stree*, § 70, Rn. 15.

586 *Lanzius*, ZInsO 2004, 296, 300.

587 Hier sind die §§ 283, 283b StGB von Bedeutung, welche Mängel in Pflichten zur Buchführung, Bilanzierung und deren Aufbewahrung erfassen. Zur Anwendbarkeit der Vorschriften auf EU-Auslandsgesellschaften *Radtke/Hoffmann*, EuZW 2009, 404 ff.

588 Von § 283 StGB sind nur solche Handlungen umfasst, die in der Krise der Gesellschaft begangen werden; § 283b StGB verlangt als objektive Strafbarkeitsbedingung den Unternehmenszusammenbruch; *Geist*, S. 216 ff.

589 Hier sei auch auf die strafrechtlichen Vorschriften zur „unrichtigen Darstellung" (§§ 400 AktG, 331 HGB, 313 UmwG, 17 PublG) hingewiesen. Diese betreffen aber den Fall, dass Verhältnisse gerade unrichtig wiedergegeben oder verschleiert werden. Park/*Südbeck*, Kapitel 7. Die bloße Unterlassung von Publizitätspflichten ist hingegen nicht umfasst. S. auch die Vorschriften der §§ 399 AktG und 82 GmbHG („falsche Angaben").

590 Zu nennen sind ferner die spezialgesetzlichen Reglungen der §§ 4 ApothG, 15 GastG, 3 III GüKG, 25 PBefG, 45 WaffG.

gemeinheit oder der im Betrieb Beschäftigten erforderlich ist. [591] Vorliegend ist Anknüpfungspunkt also das Ausüben eines speziellen Gewerbes; hingegen ist es dem jeweiligen Geschäftsleiter wiederum nicht generell untersagt, gerade Kapitalgesellschaften zu führen. Die Unzuverlässigkeit muss nur hinsichtlich eines bestimmten Gewerbes unakzeptabel sein. Die Vorschrift sieht folglich wiederum engere Voraussetzungen als eine *disqualification order* vor. [592] Eine Unzuverlässigkeit des Geschäftsleiters lässt sich bei regelmäßigen, schwerwiegenden Verstößen gegen Vorschriften der handelsrechtlichen Publizität aber durchaus annehmen. [593] In Konsequenz könnte dies – schließlich haben deutsche Gesellschaften ebenso regelmäßig Publizitätspflichten zu beachten – sogar zu einem generellen Ausschluss der betreffenden Personen von der Leitung eines Gewerbes und damit auch der Leitung von Kapitalgesellschaften führen.

Überdies sind in den §§ 6 II 2 GmbHG und 76 III 2 AktG Bestellungsverbote für Leiter von GmbHs und AGs, ergo von Kapitalgesellschaften aufgeführt. §§ 6 II 2 Nr. 2 GmbHG und 76 III 2 Nr. 2 AktG [594] nehmen dabei vorwiegend Bezug auf vorgenannte Berufsverbote iSd. § 70 StGB und Gewerbeverbote iSd. § 35 GewO. Ist ein solches gegen den (potentiellen) Leiter der Kapitalgesellschaft ausgesprochen, so ist bei vorhandener Verbindung der Verbote mit dem Gegenstand des Unternehmens diesem die Geschäftsleitertätigkeit zu verwehren. [595] Über „Umwege“ könnte dem Geschäftsleiter wegen Verletzung von Publizitätspflichten also auch die Leitung einer Kapitalgesellschaft per se versagt werden. Ausdrücklich hat der Gesetzgeber hier indessen von einer darüber hinausgehenden verwaltungsrechtlichen Ermessensentscheidung nach dem Vorbild des CDDA 1986 abgesehen. [596] Voraussetzung für Bestellungshindernisse iSd. § 6 II 2 GmbHG ist also immer ein bereits vorliegendes Berufs- oder Gewerbeverbot. Daneben beinhaltet § 6 II 2 Nr. 3 GmbHG einige Straftatbestände, die zu einem Bestellungshindernis als Geschäftsleiter führen. Hierzu zählen die oben genannten Insolvenzstraftaten und Straftatbestände wegen unrichtiger Darstellung oder falscher Angaben, die lediglich in Verbindung zu Verletzungen

---

591 Unzuverlässigkeit liegt gerade dann vor, wenn der Gewerbetreibende nicht die Gewähr dafür bietet, dass er in Zukunft sein Gewerbe ordnungsgemäß ausüben wird; BVerwGE 65, 1 f.; Tettinger/Wank/*Tettinger*, § 35, Rn. 26.

592 I.E. auch *Lanzius*, ZInsO, 296, 300.

593 So auch *Geist*, S. 278, Fn. 1498.

594 Die Darstellung soll im Folgenden anhand des § 6 II GmbHG erfolgen. Für § 76 III AktG kann nichts anderes gelten.

595 MüKoGmbHG/*W. Goette*, § 6, Rn. 27 verlangt zumindest Teilidentität.

596 So Roth/Altmeppen/*Altmeppen*, § 6, Rn. 8 mwN.

von Publizitätspflichten stehen. Diese Tatbestände sind im Rahmen dieser Untersuchung aber nicht von Bedeutung. [597]

Es lässt sich eine unterschiedliche Gewichtung der Regelungen zu den Beschränkungen von Unternehmensleitern aufgrund von Verstößen gegen Publizitätspflichten durch das englische Recht und durch das deutsche Recht [598] festmachen. Im deutschen Recht besteht zwar im Rahmen der Gewerbeverbote die Möglichkeit, bei nachhaltiger Verletzung der Pflichten Unzuverlässigkeit anzunehmen und damit ein solches Verbot zu verhängen. Sowohl die Berufsverbote als auch die Bestellungshindernisse für Leiter von Kapitalgesellschaften ermöglichen Beschränkungen wegen Verletzung der handelsrechtlichen Publizität jedoch nur bei Vorliegen von Insolvenzstraftaten und Straftatbeständen wegen unrichtiger Darstellung oder falscher Angaben. Für Beschränkungen aufgrund bloßen Nichtnachkommens von Publizitätspflichten, z.B. in Form von unterlassenem Einreichen von Unterlagen, ist dagegen nichts ersichtlich. Dabei bedarf es im Rahmen der Berufsverbote wie auch der Bestellungshindernisse von Geschäftsleitern von Kapitalgesellschaften auch immer einer vorangegangenen gerichtlichen oder verwaltungsrechtlichen Entscheidung. Ein Berufsverbot oder Bestellungshindernis kann folglich nicht wie beim CDDA 1986 [599] alleine aufgrund von Verstößen gegen Publizitätspflichten aus eigenem Antrieb heraus verhängt werden, sondern muss auf eine vorliegende Entschließung gestützt werden. Zu begrüßen ist freilich, dass der deutsche Gesetzgeber im Rahmen des MoMiG die Straftatbestände des § 6 II 2 Nr. 3 GmbHG ausgeweitet hat. So wurden die dort aufgelisteten Straftatbestände z.B. um die der unrichtigen Darstellung und der falschen Angaben ergänzt. Der deutsche Gesetzgeber erkennt also ebenso, auch wenn in weniger umfassender Weise, die Bedeutung der Einhaltung von Publizitätspflichten.

Insgesamt lässt sich feststellen, dass der CDDA 1986 viel wirkungsvoller und erschöpfender Publizitätsverstöße mit einem Tätigkeitsverbot ahndet als die deutschen Regelungen. [600] So versagt er zum einen jegliche Teilnahme an der Leitung einer in der Haftung beschränkten Kapitalgesellschaft, [601] wodurch der

---

597 Zu den soeben genannten Katalogstraftaten in Bezug zum Bestellungshindernis iSd. § 6 II 2 Nr. 3 GmbHG s. MüKoGmbHG/*W. Goette*, § 6, Rn. 30 ff.

598 Der Vollständigkeit halber sei hier noch auf den im Bankenaufsichtsrecht bedeutenden § 36 KWG hingewiesen. Dieser hält der Bundesanstalt für Finanzdienstleistungsaufsicht ein Abberufungsverlangen und Tätigkeitsverbot bereit. S. hierzu *Fleischer*, WM 2004, 157, 159 f.

599 Vgl. ss. 6, 8 CDDA 1986.

600 Für eine Ausweitung der deutschen Bestellungshindernisse *Triebel/Otte*, ZIP 2006, 311, 314 f.; *Lanzius*, ZInsO 2004, 296, 301.

601 Dabei wird auch der Einsatz von Strohmännern verhindert.

Rechtsverkehr sehr effektiv geschützt wird.[602] Zum anderen kann gerade eine Vielzahl von Nachlässigkeiten zu den entsprechenden Tätigkeitsverboten führen. Auch bei einem Vergleich mit den deutschen Vorschriften, welche Beschränkungen für Leiter von Unternehmen aufgrund Verletzungen von Publizitätspflichten vorsehen, wird der Stellenwert dieser Pflichten im englischen Recht folglich deutlich.

II. Sanktionen für die Limited

Neben diesen umfassenden Sanktionen für die *officers* der Gesellschaft, kann es bei der Nichtbeachtung der Publizitätspflichten auch zu folgenschweren Konsequenzen für die Gesellschaft selbst kommen. Hier stehen auf der einen Seite die nicht auf Löschung gerichteten Sanktionen, auf der anderen Seite die Löschung der Gesellschaft aus dem Register.

1. Nicht auf Löschung gerichtete Sanktionen

Kann es in den dargestellten laufenden Publizitätspflichten zu einer strafrechtlichen Verurteilung der Verantwortlichen kommen,[603] so sind gesetzlich[604] regelmäßig auch entsprechende Geldstrafen für die Gesellschaft selbst vorgesehen.[605] Ausnahmsweise ist auch die Verhängung eines Bußgeldes (*civil penalty*) durch den *registrar* iRd. s. 27 (4) CA 2006 vorgesehen.[606] Dieses muss wegen der Zuständigkeit des *registrar* als Ordnungswidrigkeit qualifiziert werden.

---

602 *Lanzius*, ZInsO 2004, 296, 301 f.

603 S. oben Kapitel D. I. 1.

604 S. zur Möglichkeit der Bestrafung einer juristischen Person im englischen Recht KaKoOWiG/*Rogall*, § 30, Rn. 236.

605 So wiederum beispielsweise bei entsprechenden Missständen in: S. 26 (3) (a), (4) CA 2006 (Übersendung der geänderten *articles*); s. 167 (4) (a), (5) CA 2006 (Mitteilung der Änderung im Bestand der *directors*); s. 162 (6) (a), (7) CA 2006 (Führen des *register of directors)*; s. 113 (7) (a), (8) CA 2006 (Führen des *register of members*); s. 554 (3) (a), (4) CA 2006 (Mitteilung der Ausgabe von Anteilen); s. 619 (4) (a), (5) CA 2006 (Mitteilung der Änderung des *share capital*); s. 860 (4) (a), (5) CA 2006 (Mitteilungen hinsichtlich der *charges*); s. 877 (5) (a), (6) CA 2006 (Informationen bei der Gesellschaft hinsichtlich *charges*). Nicht hingegen iRd. s. 557 CA 2006. Zur Höhe der Geldstrafe s. entsprechend Kapitel D. I. 1.

606 Hier kommt die Gesellschaft der Aufforderung durch den *registrar*, die Kopien der geänderten articles mitzuteilen, nicht rechtzeitig nach. Die Höhe des Bußgeldes soll dann 200 GBP betragen.

Wird im Bereich der jährlichen Publizität der Pflicht zur Einreichung des *annual return* innerhalb von 28 Tagen nach dem *return date* nicht nachgekommen, begeht die Gesellschaft nach s. 858 (1) (a) CA 2006 ebenso wie die Verantwortlichen einen *offence*, welcher entsprechend bestraft wird. [607] Im Rahmen der gem. s. 441 CA 2006 erforderlichen Einreichung der *annual accounts* wird der Gesellschaft im Gegensatz dazu nach s. 453 (1) CA 2006 automatisch eine empfindliche *civil penalty* auferlegt, wenn die Pflicht nicht rechtzeitig erfüllt wird. [608] Hierfür ist der *registrar* zuständig. [609] Je nach Länge des Zeitraums der Nichtbeachtung steigt die Bußgeldhöhe: Werden die *accounts* beispielsweise bis zu einem Monat zu spät eingereicht sind 150 GBP von der Gesellschaft zu zahlen, liegt eine Verspätung von über sechs Monaten vor, so sind 1500 GBP zu entrichten. [610] Diese erst zum 01.02.2009 deutlich angehobenen Beträge [611] werden die Gesellschafter dazu bewegen auf eine rechtzeitige Einreichung der *accounts* hinzuwirken. Andernfalls wird ein etwaiger Gewinn der Gesellschaft geringer ausfallen. [612] Jedoch kam es trotz der traditionell hohen Quote der ordnungsgemäßen Einreichung der *accounts* im Berichtsjahr 2009/10 [613] des BIS zu insgesamt 213.634 *civil penalties* für *private companies* in England und Wales. [614] Alleine das Vorhandensein zahlreicher, die *civil penalties* betreffender Statistiken sowie vieler Informationen am Companies House [615] zeigt die Bedeutung, die das englische Recht dieser Sanktion beimisst. Daneben führt die Vernachlässigung der Pflicht, den an der Gesellschaft Beteiligten die *annual accounts* zukommen zu lassen, nach s. 425 (1) (a), (2) CA 2006 zu einer Geldstrafe. [616] Zuletzt bleibt der Erlass einer *default order* gem. s. 1113 CA 2006, welche

607 Vgl. wiederum Kapitel D. I. 1.

608 Explizit wird darauf hingewiesen, dass es keine Entschuldigung sei, lediglich nicht vorschriftsgemäße *accounts* eingereicht zu haben, s. 453 (4) CA 2006.

609 *Palmer*, ch. 9.199.39.

610 Zur genauen Abstufung und der jeweiligen Bußgeldhöhe s. SI 2008/497 reg. 4.

611 Zuvor waren es u.a. 100 GBP bzw. 1000 GBP.

612 *Davies*, ch. 21-33, S. 748.

613 April 2009 bis März 2010.

614 *BIS*, Statistical Tables on Companies Registration Activities, 2009-10, Table F4, S. 33.

615 So sind z.B. auf der Homepage des Companies House die *Company Guidance, Late Filing Penalties, GP5*, die *Late Filing Penalties Statistics* oder auch im Rahmen der Publikationen zum (neuen) CA 2006 die Informationen *Section 453: Civil administrative penalties for the late delivery of company accounts ("late filing penalties")* zu erlangen.

616 Ferner können wiederum gem. s. 429 CA 2006 auch Mängel hinsichtlich der ordnungsgemäßen Übermittlung der SFS (ss. 426 ff. CA 2006) in einer Geldstrafe für die Gesellschaft resultieren. Verletzungen des Rechts der an der Gesellschaft Beteiligten, während des Jahres Kopien der *accounts* zu verlangen, können ebenso wie bei den

die Säumigen auffordert der Mitteilungspflicht zum Companies House nachzukommen, zu erwähnen. [617]

Auch gegenüber der Gesellschaft bestehen also umfassende strafrechtliche wie auch ordnungsrechtliche Sanktionen, [618] die in der Regel in die Zahlung eines Geldbetrages münden. Diese sind, da sie direkt nur die Gesellschaft treffen, letztlich jedoch die Verantwortlichen den Pflichten nachzukommen haben, von geringerem erzieherischem Nutzen. [619]

2. Löschung der Gesellschaft

Bedrohlicher sind für die englische Limited die Vorschriften zur Löschung der Gesellschaft im Register des Companies House iSd. ss. 1000 ff. CA 2006.

Um deren Stellenwert und Ausmaß besser verstehen zu können, ist zuvor ein Blick auf das Ende der Existenz, d.h. den Verlust der Rechtspersönlichkeit, von im Register eingetragenen Gesellschaften von Nöten. Schwierigkeiten werden in der Praxis bei ausländischen Gesellschaften mit Verwaltungssitz in Deutschland nämlich insbesondere entstehen, wenn mit Ende der Existenz der Gesellschaft noch keine (vollständige) Abwicklung (in Deutschland) erfolgt ist und dadurch z.B. noch hiesiges Vermögen der beendeten Gesellschaft vorhanden ist, welchem nun das Zuordnungsobjekt fehlt.

Damit gilt es zu beantworten, wann die ausländische Rechtsordnung ihren Gesellschaften die Rechtsfähigkeit aberkennt. Hierbei ist insbesondere die Frage entscheidend, welche Bedeutung das ausländische Recht der Löschung der Gesellschaft im jeweiligen Gesellschaftsregister beimisst.

a) Rechtsvergleich: Ende der Existenz der Gesellschaft

Da mit Geltung der Gründungstheorie zahlreiche Gesellschaften aus den unterschiedlichsten Ländern in Deutschland Einzug gefunden haben bzw. noch finden werden, soll dieser Teil der Untersuchung nicht nur auf das englische Recht be-

---

Verantwortlichen mit einer Geldstrafe, bei anhaltendem Verstoß mit täglich anfallender Geldstrafe geahndet werden, s. 431 (3) (a), (4) CA 2006.

617 Der Vollständigkeit halber wird auch hier auf die strafrechtlichen Konsequenzen der Nichtbeachtung der Übermittlung korrigierter *accounts* an den *registrar* bzw. die Gesellschafter hingewiesen. S. hierzu s. 454 CA 2006 iVm. SI 2008/373.

618 Ebenso können bei Nichtbeachtung firmenrechtlicher Vorschriften gegen die Gesellschaft Sanktionen verhängt werden. Beispielhaft sei auch hier lediglich auf die strafrechtliche Ahndung iSd. s. 84 CA 2006 iVm. SI 2008/495 reg. 10 (geschäftlicher Auftritt nach außen) verwiesen. Umfassender *Sealy/Worthington*, S. 57 ff., 63.

619 *Gernoth*, BB 2004, 837, 842.

schränkt bleiben. Vielmehr sollen auch die Lösungen anderer Rechtsordnungen kurz beleuchtet werden, um einen generellen „Standard" in der EU festzustellen und aufzuzeigen, welchen Gesellschaften ausländischer Rechte Schwierigkeiten bei deren Beendigung entstehen könnten. [620] Zunächst soll aber die Systematik nach deutschem Recht dargestellt werden.

aa) Deutsches Recht

In Deutschland sind in Rechtsprechung und Schrifttum die Voraussetzungen für die Beendigung der Gesellschaft als juristische Person umstritten. [621]

Nach früher h.M. [622] tritt Vollbeendigung einer GmbH [623] ein, wenn die Gesellschaft kein verteilungsfähiges Vermögen mehr besitzt. Vermögenslosigkeit soll dann angenommen werden, wenn nach kaufmännischer-wirtschaftlicher Betrachtungsweise keinerlei Zugriffs- und Verteilungsmasse für die Gläubiger mehr zur Verfügung steht. Eine Löschung im Handelsregister wirkt nach dieser Auffassung nur deklaratorisch. Probleme in der Praxis wegen zurückgebliebenem Vermögen entstehen mit dieser Ansicht folglich keine. Stellt sich im Nachhinein heraus, dass noch verteilungsfähiges Vermögen vorhanden ist, so ist die Vollbeendigung nur eine scheinbare und die Liquidation soll als Nachtragsliquidation erfolgen. [624]

Die Gegenauffassung [625] erkennt der Registereintragung konstitutive Wirkung zu. Nach dieser sei die Löschung erforderlich, aber auch ausreichend. Unschädlich soll damit sein, ob noch Vermögen vorhanden ist. Mit dieser Ansicht taucht allerdings gerade das Problem zurückgebliebenen Vermögens auf. Jedoch wird dieses auch erkannt: Ist Vermögen nach erfolgter Löschung vorhanden, soll eine Nachtragsliquidation möglich sein. Um diese zu bewerkstelligen, wird zu unterschiedlichen Konstruktionen gegriffen. Hierzu zählen zum einen die Fikti-

---

620 S. hierzu die rechtsvergleichenden Darstellungen bei *Mansel*, FS Kegel, 2002, S. 111, 112 f.; *Borges*, IPRax 2005, 134, 135.

621 Zum Ganzen s. den Überblick bei Ulmer/*Paura*, § 74, Rn. 28 ff.; kurz *Schmelz*, NZG 2007, 135 ff.

622 RGZ 109, 387, 391; 134, 91, 94; 149, 294, 296; BayObLG GmbHR 1956, 76; weitere Nachweise bei Scholz/*K. Schmidt*, § 74, Rn. 13, Fn. 2.

623 Konsequenterweise erfolgt die folgende Darstellung anhand der Regelungen und Quellen zur GmbH. Für die AG kann im Grundsatz nichts anderes gelten; vgl. *Hüffer*, § 273, Rn. 7, der auf diese allgemeine Meinung hindeutet. Allgemein zu deutschen Gesellschaften und Vereinen *Mansel*, FS Kegel, 2002, S. 111, 112.

624 Zur Nachtragsliquidation allgemein: Lutter/Hommelhoff/*Kleindiek*, § 74, Rn. 17 ff.

625 *Buchner*, S. 94 ff., 105 f.; weitere Nachweise bei Scholz/*K. Schmidt*, § 74, Rn. 13, Fn. 4.

on des Fortbestandes oder das Wiederaufleben der Gesellschaft, zum anderen die Lehre der Nachgesellschaft. [626]

Durchgesetzt hat sich aber eine dritte Auffassung: [627] So geht die überwiegende Meinung [628] im deutschen Recht bezüglich der Vollbeendigung juristischer Personen nunmehr von einem Doppeltatbestand aus. Hiernach ist für die Vollbeendigung einer Gesellschaft sowohl ihre Vermögenslosigkeit als auch deren Löschung notwendig. Auch bei erfolgter Löschung im Register bleibt die deutsche Gesellschaft bei noch vorhandenem Vermögen also rechts- und parteifähig. Sie ist dann zwar „aufgelöst", aber nicht „vollbeendet". Schwierigkeiten hinsichtlich zurückgebliebenen Vermögens entstehen damit nicht. Die zu erfolgende Nachtragsliquidation ist dann nichts anderes als die Fortführung der in Wirklichkeit noch nicht abgeschlossenen Liquidation. [629]

Vermögenslosigkeit alleine kann nicht ausreichen, da dieses Ereignis im Hinblick auf die einschneidenden Rechtsfolgen der Beendigung nicht exakt genug bestimmbar ist. [630] Auch der Gegenansicht, die allein an die exakt festzumachende Löschung im Register anknüpft, kann jedoch nicht gefolgt werden, da diese schwerlich mit § 394 I FamFG zu vereinbaren ist. So verlangt diese Vorschrift für eine Löschung der Gesellschaft von Amts wegen die Vermögenslosigkeit. Auch setzt § 66 V GmbHG fest, dass eine Liquidation nach Auflösung der Gesellschaft nur erfolgen soll, wenn verteilungsfähiges Vermögen vorliegt. [631] Weiter kann gerade Vermögen vorhanden sein, dessen Eigentümer bei konstitutiver Wirkung der Löschung nicht mehr besteht. Dies erforderte dann Hilfskonstruktionen, welche mit der „Lehre vom Doppeltatbestand" nicht notwendig sind. Vielmehr geht diese direkt vom Fortbestand der Gesellschaft als juristischer Person aus, da der Doppeltatbestand (noch) nicht vorliegt. Ein Zuordnungsobjekt bleibt also immer vorhanden. Die Tatsache, dass mit Löschung im Register der Tatbestand der Vermögenslosigkeit unsicher bleibt, spielt in der Praxis keine Rolle. So wird nach der fortbestehenden Gesellschaft nur gefragt, wenn sie zur Nachtragsliquidation benötigt wird, ansonsten bleibt die Gesell-

---

626 S. zu den vertretenen Positionen *K. Schmidt*, GmbHR 1988, 209, 210; *Lindacher*, FS Henckel, 1995, S. 549, 551; oder Baumbach/Hueck/*Haas*, § 60, Rn. 7.

627 So zunächst und grundlegend: *K. Schmidt*, GmbHR 1988, 209, 210.

628 BAG GmbHR 1988, 388; GmbHR 2003, 1009; OLG Stuttgart, ZIP 1986, 647, 648; 1989, 1880, 1882; *Wicke*, § 60, Rn. 1; Lutter/Hommelhoff/*Kleindiek*, § 60, Rn. 17, § 74, Rn. 6 f.; Ulmer/*Paura*, § 74, Rn. 32; *K. Schmidt*, GesR, § 11 V 6 a, S. 316 ff.; weitere Nachweise bei Scholz/*K. Schmidt*, § 74, Rn. 13, Fn. 6.

629 Ulmer/*Paura*, § 74, Rn. 31.

630 Scholz/*K. Schmidt*, § 60 Rn. 73, § 74, Rn. 14.

631 Ulmer/*Paura*, § 74, Rn. 32.

schaft verdeckt existent. [632] Die „Lehre vom Doppeltatbestand" ist damit überzeugend. [633]

Letztlich kann nach allen Ansichten – d.h. unabhängig davon, wann das Ende der Existenz der Gesellschaft angenommen wird – festgestellt werden, dass weitere vermögensrechtliche Abwicklungsmaßnahmen auch nach (vermeintlicher) Vollbeendigung einer Gesellschaft möglich sind. Auch wenn eine solche nicht ausdrücklich im GmbHG geregelt ist, so besteht doch Einigkeit darüber, dass eine Nachtragsliquidation möglich ist. [634] Ist noch Vermögen vorhanden, weicht folglich lediglich die „Konstruktion" einer Gesellschaft, welche die Zuordnung ermöglicht, voneinander ab. Die oben genannten Schwierigkeiten hinsichtlich nicht vollständig abgewickelter deutscher Kapitalgesellschaften können damit als gelöst angesehen werden.

bb) Französisches Recht

Ebenso wie nach überwiegender Meinung im deutschen Recht hat nach französischem Recht die Löschung im Register keine konstitutive Wirkung: Die französische Rechtsprechung sieht eine im Register gelöschte Gesellschaft (*société*) vielmehr als weiterhin rechtsfähig an, sofern noch Vermögen der Gesellschaft existiert. [635] Für Abwicklungszwecke erhält diese dann ein Vertretungsorgan durch das Gericht zugesprochen. [636] Auch hier kommt es folglich zu keinen Zuordnungsschwierigkeiten.

cc) Italienisches Recht

In Italien ist nach h.M. die Löschung der Gesellschaft im Handelsregister lediglich *eine* Voraussetzung für ihre Beendigung. [637] Zusätzlich muss noch die vollständige Abwicklung aller Rechtsverhältnisse der Gesellschaft (*società*) eintre-

---

632 Vgl. Ulmer/*Paura*, § 74, Rn. 32.

633 Eine andere Frage ist, ob nur verteilungsfähiges Vermögen oder aber auch sonstige Abwicklungsmaßnahmen die Gesellschaft am Leben erhalten. So verlangt die „Lehre vom erweiterten Doppeltatbestand" für die Vollbeendigung nicht nur die Vermögenslosigkeit, sondern auch das Fehlen sonstiger erforderlicher Abwicklungsmaßnahmen. Etwa Rowedder/Schmidt-Leithoff/*Rasner*, § 74, Rn. 12 ff.; *Saenger*, GmbHR 1994, 300, 302 f. Überzeugend ablehnend OLG Düsseldorf GmbHR 2006, 635, 637; Scholz/*K. Schmidt*, § 74, Rn. 14, Ulmer/*Paura*, § 74, Rn. 32.

634 Ulmer/*Paura*, § 74, Rn. 39, wo auch darauf hingewiesen wird, dass Einzelheiten der Nachtragsliquidation umstritten sind.

635 Cass. com., 20. févr. 2001, JCP E 2001, 687; *Deboissy/Wicker*, S. 69/625 f.: *„La radiation (...) n'a aucune incidence sur la survie de la personnalité morale d'une société"*. S. weitere Nachweise bei *Borges*, IPRax 2005, 134, 135, Fn. 5.

636 *Germain*, Rn. 1120 mwN.

637 *Mansel*, FS Kegel, 2002, S. 111, 112 f. zum Streitstand.

ten, auch wenn Gläubiger zum Zeitpunkt des Liquidationsverfahrens noch nicht zum Vorschein getreten sind. Das italienische Recht unterscheidet somit zwischen einer formellen (*liquidazione formalle*) und einer materiellen Liquidation (*liquidazione sostanziale*).[638] Probleme werden mit dieser h.M. aufgrund der vorangegangenen Abwicklung nicht auftreten.

dd) Spanisches Recht

In Spanien verliert die Gesellschaft (*sociedad*) ihre Rechtspersönlichkeit grundsätzlich nicht durch Registerlöschung.[639] Jedoch kann gemäß Art. 248 des Reglamento del Registro Mercantil nach der Registerlöschung aufgefundenes Vermögen ohne formelle Nachtragsliquidation an die Gesellschafter übertragen werden. Dies soll einer konstitutiven Löschung gleichkommen.[640]

ff) Auswertung

Folglich lässt sich feststellen, dass die genannten Rechtsordnungen (im Regelfall) davon ausgehen, dass die Gesellschaften bis zur Abwicklung des gesamten Vermögens als rechtsfähig gelten.[641] Teilweise[642] werden auch Gesellschafter als Zuordnungsmittel eingesetzt.[643] Ein Zuordnungsobjekt ist folglich für das Vermögen immer vorhanden. Diesbezügliche Probleme in Deutschland entstehen damit zumindest mit Gesellschaften aus genannten Rechtsordnungen nicht. Anders verhält es sich allerdings mit dem englischen Recht. Dessen Regelungen sollen im Folgenden erörtert werden.

b) Englisches Recht

aa) Dissolution

Die englische Gesellschaft verliert ihre Rechtspersönlichkeit durch ihre *dissolution*. Diese erfolgt gerade durch die Löschung der Gesellschaft aus dem Register am Companies House.[644] Die *dissolution* beendet die Existenz der Gesellschaft und bricht alle rechtlichen Beziehungen ab.[645] Der Löschung im Register wird also konstitutive Wirkung zugebilligt.[646]

---

638 *Benni*, S. 310; *Mansel*, FS Kegel, 2002, S. 111, 112 f.
639 *Jimenez Sanchez*, S. 679.
640 *Ruiz de Velasco y del Valle*, S. 256; *Borges*, IPRax 2005, 134, 135 Fn. 7 mwN.
641 Vgl. *Mansel*, FS Kegel, 2002, S. 111, 112.
642 S. die spanische Regelung.
643 Ebenso im österreichischen Recht. S. hierzu *Bachner/Gasser*, ZfRV 2009, 113, 115.
644 *Mayson/French/Ryan*, S. 703.
645 *Sealy/Worthington*, S. 679.
646 S. schon *Mansel*, FS Kegel, 2002, S. 111, 113.

Um zu einer derartigen Löschung der Gesellschaft zu gelangen, kann auf unterschiedliche Rechtsgrundlagen rekurriert werden: [647] Zum einen kann dies durch einen Act of Parliament möglich gemacht werden, [648] zum anderen durch gerichtliche Anordnung der Nichtigkeit der Gesellschaft iSd. Art. 12 der Publizitätsrichtlinie. [649] Weiterhin kann ein Gericht eine *dissolution* iSd. ss. 899, 900 (2) (d) CA 2006 veranlassen. [650] Freilich kann auch nach abgeschlossener Liquidation (sowohl bei der *voluntary winding up* als auch bei der *compulsory winding up*) der Gesellschaft deren Auflösung verlangt werden. Die Gesellschaft ist dann drei Monate nach Eintragung ihrer erfolgten Abwicklung *dissolved.* [651] Stellt der *administrator* einer Gesellschaft fest, dass kein Vermögen vorhanden ist, welches an die Gläubiger verteilt werden könnte, so ist die Gesellschaft ebenso drei Monate nach Eintragung dieser Tatsache als beendet anzusehen. [652]

Letztgenannte Beendigungsgründe, also die vorherige Abwicklung bzw. die Vermögenslosigkeit, stehen somit nicht alleine im englischen Recht. Damit ist fraglich, wie das englische Recht die Vollbeendigung ihrer Gesellschaften ohne zuvor erfolgte Abwicklung löst. Dies kann im Folgenden anhand der Vorschriften der ss. 1000 ff. CA 2006 untersucht werden. Mit diesen stehen neben den dargestellten Rechtsgrundlagen zur Löschung der Gesellschaften auch dem *registrar* originäre Rechte zu, deren Ausübung zur *dissolution* der Gesellschaft führen kann. Wie zu zeigen sein wird, kommen die Vorschriften auch insbesondere bei Nichtbeachtung von Publizitätspflichten in Frage.

---

647 Umfassend *Mayson/French/Ryan*, S. 703 ff. und zusammenfassend *Sealy/Worthington*, S. 679.

648 Ein solcher Act ist bei Geschäftsübergängen von Banken üblich. Dabei wird dem *registrar* das Recht eingeräumt, die betroffene Gesellschaft zu streichen. S. z.B. den HSBC Investment Banking Act.

649 Zu den sechs dort aufgelisteten Gründen zählen insbesondere Fehler in der Errichtung der Gesellschaft und die Rechtswidrigkeit des Unternehmensgegenstandes. S. näher *Mayson/French/Ryan*, S. 703 f.

650 Näheres s. *Mayson/French/Ryan*, S. 704; allgemein zu den vorausgesetzten Bestimmungen um *compromise or arrangement* s. *The City Law School*, S. 59.

651 Ss. 94, 106, 146, 172, 201, 205 IA 1986. Dabei bestehen kleine Unterschiede zwischen den Verfahren iRd. *voluntary winding up* (freiwillige Abwicklung durch Gesellschafter oder Gläubiger) und *compulsory winding up* (zwangsweise Abwicklung durch die Gerichte). Näheres s. *Davies*, ch. A-10 f., S. 1227 ff. Dort auch zum speziellen Verfahren der *early dissolution*, welche durch den *official receiver* angestrebt werden kann. Dieses Verfahren kann beschritten werden, wenn sich herausstellt, dass die Kosten der Liquidation das vorhandene Vermögen überschreiten würden und keine weiteren Untersuchungen erforderlich sind, s. 202 IA 1986.

652 Para. 84 Sch. B1 IA 1986; *Mayson/French/Ryan*, S. 706 f. und S. 649 ff. zur *administration* allgemein.

bb) Verfahren des striking offs

Hat der *registrar* hinreichend Grund zur Annahme, dass eine Gesellschaft den Geschäftsbetrieb nicht mehr fortführt, so kann er nach eigenem Ermessen das Verfahren der Löschung iSd. ss. 1000 ff. CA 2006 eröffnen.[653] Als vereinzelt missverständlich[654] und damit erklärungsbedürftig wird hier die in s. 1000 CA 2006 verwendete Formulierung „*is not carrying on business or in operation*" angesehen. Jedenfalls handelt es sich hier nicht lediglich um eine *dormant company.*[655] Im Rahmen des s. 1000 CA 2006 soll es vielmehr um die Fälle gehen, in denen das Companies House von einer gänzlichen Aufgabe des Betriebes der Gesellschaft und nicht nur von der Stilllegung ausgehen darf. Es geht also um eine *defunct company.*[656] Klarzustellen ist damit, wann der *registrar* sich dazu veranlasst fühlen darf, eine solche Gesellschaft mit erloschenem Geschäftsbetrieb anzunehmen bzw. was er als Auslöser für die Anstrengung des Verfahrens der Registerlöschung ansehen kann. Viele deutsche Stimmen verweisen hier lapidar auf die Nichteinhaltung der gesetzlich vorgegebenen Publizitätspflichten.[657] In den Richtlinien des Companies House sind jedoch darüber hinaus folgende Anhaltspunkte für den *registrar* aufgelistet:[658]

Dokumente, die an den *registrar* zu übermitteln sind, gehen ihm nicht zu. Post, die an das *registered office* der Gesellschaft durch den *registrar* zugestellt

653 Zum Ganzen: *Davies*, ch. A-12, S. 1229 ff. Neben den hier darzustellenden Grundsätzen zum *striking off* aufgrund mangelnder Geschäftstätigkeit besteht für den *registrar* die Möglichkeit, die Gesellschaft auf Antrag (zumindest der Mehrheit) der *directors*, ebenfalls ohne Liquidation, zu löschen, ss. 1003 ff. CA 2006 iVm. SI 2009/1803 (*voluntary striking off*). Hierfür darf die Gesellschaft aber Aktivitäten iSe. langen Liste nach ss. 1004 und 1005 CA 2006 in den letzten drei Monaten nicht betrieben haben. So kann sicher gestellt werden, dass die Gesellschaft den üblichen *winding-up proceedings* nicht entkommt. Ss. 1003 ff. CA 2006 und seine Vorgängervorschriften wurden geschaffen, da die Löschung iSd. s. 1000 CA 2006 oft missbraucht wurde. So konnten schlicht Publizitätspflichten nicht beachtet werden, um die umständlicheren Abwicklungsvorschriften zu vermeiden. S. *Mayson/French/Ryan*, S. 705, *Davies*, ch. A-13, S. 1231 f. und Fritz/Hermann/*Bähr*, Rn. 317 ff.

654 So *Erbe*, S. 161 f.

655 S. oben Kapitel C. II. 3. c) bb) (2).

656 S. schon die Kapitel-Überschrift vor ss. 1000 ff. im CA 2006: „*Registrar's power to strike off defunct company*".

657 Z.B. *Borges*, IPRax 2005, 134, 136; *Lamprecht*, ZEuP 2008, 289, 295; Fritz/Hermann/*Bähr*, Rn. 322.

658 *Companies House*, Companies Act 2006 Guidance, GP4 (Strike off, Dissolution and Restoration), Stand Mai 2010, ch. 2.1.

werden sollte, geht unübermittelt an ihn zurück. Die Gesellschaft weist keinen *director* vor. [659]

In der Praxis ist Löschungsgrund vorwiegend das Nichterfüllen der gesetzlichen Publizitätspflichten der Einreichung der *annual accounts* bzw. des *annual return* zum Companies House. [660] Dies kann freilich darauf zurückgeführt werden, dass die Gesellschaften diesen jährlich zwingend nachzukommen haben. So ist dem *registrar* die Feststellung der Nichtbeachtung dieser Pflichten ohne weiteres möglich und er erhält hierdurch ein Indiz für das Vorliegen einer *defunct company*.

Liegt nach Ansicht des *registrars* ein erloschener Geschäftsbetrieb vor, so sieht s. 1000 (1) CA 2006 vor, dass er die Gesellschaft schriftlich um die Anzeige ersucht, ob sie weiterhin tätig ist oder nicht. Erhält der *registrar* innerhalb eines Monats keine Antwort, hat er die Gesellschaft nun im Laufe der folgenden 14 Tage erneut aufzufordern [661] und darauf hinzuweisen, dass er bei mangelnder Reaktion auf das zweite Schreiben nach einem Monat in der Gazette seine Absicht bekannt geben werde, die Gesellschaft aus dem Register zu löschen, s. 1000 (2) CA 2006. Hat der *registrar* hingegen Antwort erhalten, mit welcher bestätigt wird, dass die Gesellschaft keine Geschäftstätigkeit mehr ausübt, gibt er in der Gazette bekannt, dass die Gesellschaft, wenn nicht Gegenteiliges bewiesen wird, nach dem Ablauf von drei Monaten aus dem Register gelöscht wird und damit beendet ist, s. 1000 (3) (a) CA 2006. [662] Entsprechendes gilt gem. s. 1000 (3) (b) CA 2006, wenn innerhalb eines Monats nach dem zweiten Schreiben keine Antwort eingeht. [663] Mit Ablauf der drei Monate kann der *registrar* gem. s. 1000 (4) CA 2006 die Gesellschaft aus dem Register streichen

---

659 Über vorgenannte Anhaltspunkte gehen auch sonstige Quellen zur Definition einer *defunct company* nicht hinaus: Z.B. *Mayson/French/Ryan*, S. 705; *van Duzer*, 33 C.S.R. 16, 128. Auch getätigte Anfragen beim Companies House lassen eine engere Umgrenzung des Begriffes iSd. s. 1000 CA 2006 nicht zu.

660 *Davies*, ch. A-12, S. 1230; *Sealy/Worthington*, S. 680; *Farrar*, S. 743, *Zimmer/Naendrup*, ZGR 2007, 789, 799; *Just*, Rn. 333; *Erbe*, S. 163. Laut *Westhoff*, GmbHR 2007, 474, 480 wird die Löschung üblicherweise betrieben, wenn die Verspätung zehn Monate übersteigt.

661 Dieser Brief hat als Einschreiben zu erfolgen, *Davies*, ch. A-12, S. 1229.

662 Die gleiche Nachricht erhält die Gesellschaft.

663 Der *registrar* weist neben der Gesellschaft auch jeden einzelnen *director* per Post darauf hin, dass er, wenn nicht das Gegenteil bewiesen wird, die Gesellschaft löschen wird; *Davies*, ch. A-12, S. 1230 (unter Verweis auf den CLR Final report I, para. 11.20). Wichtig ist auch insofern die Aktualität der Privatadresse der *directors*.

(*striking off*). Mit der Bekanntgabe des *striking offs* durch den *registrar* in der Gazette gilt die Gesellschaft als beendet, s. 1000 (5, 6) CA 2006. [664]

Die Vorschriften zeigen wiederum das Zusammenspiel einzelner Publizitätspflichten: [665] Auf der einen Seite steht eine nichtbeachtete Publizitätspflicht, wie z.B. die Einreichung der *annual accounts*. Auf der anderen Seite steht die unterbliebene Information an das Companies House über Änderungen bezüglich des *registered office*. [666] Nimmt der *registrar* nun aufgrund nicht eingereichter *annual accounts* eine *defunct company* an, so ist ihm eine erfolgreiche Übersendung entsprechender Schreiben und der Gesellschaft natürlich eine Beantwortung dieser unmöglich. Die Gesellschaft wird gelöscht, worüber die Verantwortlichen zunächst nichts erfahren mögen. Auch unter diesen Gesichtspunkten ist daher zu empfehlen, den erforderlichen Publizitätspflichten möglichst umfangreich nachzukommen.

Zwar kann keiner Statistik die exakte Zahl der Löschungen als *defunct company* aus dem Register (iSd. s. 1000 CA 2006) entnommen werden. [667] Zumindest zeigen aber die Zahlen der Zeiträume April 2005 bis März 2006 mit 202.900 sowie April 2009 bis März 2010 mit 489.000 [668] insgesamt aus dem Register gelöschter Gesellschaften einen starken Anstieg für England und Wales. Die herausgehobene Bedeutung des *striking offs* im englischen Recht ist also offensichtlich. In der Praxis soll diese Art der Beendigung der Gesellschaft sogar eine weit größere Bedeutung haben, als die Beendigung aufgrund vorangegangener Abwicklung. [669]

cc) Funktion der Vorschriften zum striking off

Zu hinterfragen bleibt die Funktion des Löschungsverfahrens iSd. ss. 1000 ff. CA 2006. Nicht zu bezweifeln ist, dass diese Art der Beendigung der Gesellschaft im Vergleich zur Liquidation kostengünstiger, einfacher und schneller ist. [670] Den Verantwortlichen wird die Last abgenommen, die Gesellschaft abzuwickeln. Sie haben, wenn sie ihre Gesellschaft beenden möchten,

---

664 Kurz hingewiesen sei hier noch auf das spezielle Löschungsverfahren im Falle der sich bereits in Abwicklung befindlichen Gesellschaft: Hat der *registrar* Grund zur Annahme, dass kein Liquidator aktiv ist oder die Gesellschaft bereits vollständig abgewickelt ist, und sind daneben die vom Liquidator einzureichenden Berichte über sechs Monate nicht übersandt worden, so kann er ebenso ein Löschungsverfahren einleiten, s. 1001 CA 2006.

665 *Zimmer/Naendrup*, ZGR 2007, 789, 799.

666 Entsprechendes muss bezüglich der Adresse der *directors* gelten.

667 Auch teilte das Companies House auf Anfrage keine entsprechenden Statistiken mit.

668 *BIS*, Statistical Tabels on Companies Registration Activities, 2009-10, Table C1, S. 14.

669 *Farrar*, S. 742; *Borges*, IPRax 2005, 134, 136; *Just*, Rn. 330.

670 *Davies*, ch. A-11, S. 1229; *Just*, Rn. 330; *Borges*, IPRax 2005, 134, 136.

lediglich ihren Geschäftsbetrieb einzustellen. Alles Übrige erledigt das Companies House mit dem in den ss. 1000 ff. CA 2006 vorgesehenen Verfahren. Dies ist freilich aber nur Nebeneffekt des Verfahrens. Eigentlich sollen diese Vorschriften gewährleisten, dass nur noch tatsächlich aktive Gesellschaften im Register aufgelistet sind.[671] Eine administrative Funktion kann dem Verfahren folglich nicht abgesprochen werden.

Wie gezeigt[672] knüpfen die Vorschriften in der Praxis regelmäßig an die Nichteinhaltung von Publizitätspflichten an. Es stellt sich damit die Frage, ob die Löschung von Amts wegen auch in die Reihe der Sanktionen der Nichtbeachtung der Publizitätspflichten einzuordnen ist. So wird vertreten, dass die Vorschriften – im Gegensatz zu den häufig als zu lax bezeichneten deutschen Regelungen – ein effektives und abschreckendes Sanktionsinstrumentarium seien.[673] Auch soll diese Einordnung als solches der verfahrensmäßigen Ausgestaltung wegen unter rechtsstaatlichen Gesichtspunkten unbedenklich sein.[674] Richtigerweise[675] ist die Missachtung der Pflichten allerdings als bloßes Indiz für die Inaktivität der Gesellschaft zu werten.[676] Die Löschung beruht daher lediglich auf der Annahme, dass die Gesellschaft ihren Geschäftsbetrieb beendet hat und ist nur faktische Folge der Nichterfüllung von Publizitätspflichten.[677] Nichtsdestotrotz bleibt es festzuhalten: Da die Gesellschaft bei Nichtbeachtung dieser Pflichten ihre Löschung erwarten kann, kann das *striking off* durchaus unter der Begrifflichkeit der „Sanktionen für die Gesellschaft“ besprochen werden.

Auch wenn der Sanktionscharakter der Vorschriften nicht im Mittelpunkt steht, so kann die faktische Folge der Löschung doch durchaus als Methode angesehen werden, Gesellschaften anzuhalten, ihren Publizitätspflichten, insbesondere der Einreichung von *annual accounts* und *annual returns* nachzukommen.[678] Beispielsweise wird die hohe Compliance Rate hinsichtlich der ord-

---

[671] *Davies*, ch. A-12, S. 1230.

[672] S. Kapitel D. II. 2. b) bb).

[673] *J. Schmidt*, ZIP 2007, 1712; i.E. auch *Zimmer/Naendrup*, ZGR 2007, 789, 799. *Farrar*, S. 743: „*threat of being struck off the register concentrates the minds (...) on the need to fulfil their filing obligations*“.

[674] *J. Schmidt*, ZIP 2007, 1712.

[675] S. Kapitel D. II. 2. b) bb). Dort wird aufgezeigt, dass entscheidendes Kriterium das Vorliegen einer *defunct company* ist.

[676] So auch *Lamprecht*, ZEuP 2008, 289, 295.

[677] *Lamprecht*, ZEuP 2008, 289, 295. Dieser weist auch darauf hin, dass sich eine Sanktion der Nichtbeachtung schon schwerlich mit Art. 11 und 12 der Publizitätsrichtlinie (jetzt: Art. 12 und 13) vereinbaren ließe.

[678] *Davies*, ch. A-12, S. 1230; *Farrar*, S. 743.

nungsgemäßen Einreichung von *annual accounts* mit regelmäßig über 95 %[679] sicherlich zu einem großen Teil auf diesen Aspekt zurück zu führen sein.

dd) Rechtsfolgen der Löschung

Wurde die Gesellschaft gelöscht, hier aufgrund der Missachtung von Publizitätspflichten, gilt sie bekanntlich als vollbeendet. Fraglich ist nunmehr, was das englische Recht für zurückgebliebenes Vermögen der gelöschten Gesellschaft vorgesehen hat.

Gem. s. 1012 (1) CA 2006 hat die Beendigung einer Gesellschaft zur Folge, dass noch vorhandene Vermögenswerte[680] der Gesellschaft als *bona vacantia* (herrenloses Vermögen) betrachtet werden.[681] Dieses geht dann auf die englische Krone[682] über. Verbindlichkeiten[683] erlöschen hingegen mit Beendigung der Gesellschaft.[684] Im Rahmen dieses sog. „Heimfallrechts" vertritt der Crown Representative die englische Krone.[685] Bei diesem handelt es sich gem. s. 1013 (1) CA 2006 um den Treasury Solicitor, welchem die Aufgabe zukommt, die Aktivmasse abzuwickeln.[686] Der Erlös fällt an den englischen Fiskus.[687]

ee) Restoration to the register

Damit stellt sich die Frage, wie es um die Rechte der Gläubiger des Unternehmens bestimmt ist. Aber auch die Verantwortlichen der Gesellschaft mögen ein Interesse daran haben, dass die Gesellschaft und deren Vermögen nicht einfach „verschwinden". Nicht zuletzt um dieser Problematik beizukommen, hat der englische Gesetzgeber das Institut der Wiedereintragung der Gesellschaft ins

---

679 Kapitel C. II. 2. S. auch zur Compliance Rate (über 90%) der ordnungsgemäßen Einreichung des *annual return* Kapitel C. II. 3. c) aa).

680 *„All property and rights"*. Ausgenommen hiervon soll aber treuhänderisch verwaltetes Vermögen sein (*not including property (...) on trust for another person*"). S. 1012 (1) CA 2006.

681 Hierzu *Palmer*, ch. 15.512. Zu beachten ist die Verzichtsmöglichkeit der Krone iSd. s. 1013 CA 2006, s. hierzu *Sheikh*, S. 1162 ff.

682 Auch kann das Vermögen auf das Duchy of Lancaster oder den Duke of Cornwall übergehen. Lancaster und Cornwall sind jeweils königliche Herzogtümer.

683 Sofern nicht das Vermögen besichert ist, z.B. in Form von *mortgages* oder *charges*.

684 Insofern kann es nicht richtig sein, wenn *Behrens*, FS Ott, 2002, S. 313, 322 von einer Gesamtrechtsnachfolge spricht. Ebenso ablehnend *Lamprecht*, ZEuP 2008, 289, 295.

685 S. die Besonderheiten bezüglich Cornwall und Lancaster in s. 1013 (8) CA 2006.

686 S. zu diesem speziellen Verfahren ss. 1013 ff. CA 2006; *Palmer*, ch. 15.735.3 ff.; *Treasury Solicitor*, Bona Vacantia Division, Guidelines for the Assets of Dissolved Companies that have vested in the Crown as Bona Vacantia (BVC1), passim.

687 *Lamprecht*, ZEuP 2008, 289, 295 f.

Register (*restoration to the register*) geschaffen, ss. 1024 ff. CA 2006. [688] Grundsätzlich ist zwischen zwei Arten der Wiedereintragung zu differenzieren: [689] Zum einen kommt eine solche auf Antrag der (nun) früheren *directors* oder *members* der Gesellschaft zum *registrar* gem. s. 1024 CA 2006 in Frage. [690] Zum anderen kann ein Antrag bei Gericht von den in s. 1029 (2) CA 2006 genannten Personen eingereicht werden. Zu diesen zählen neben den früheren *directors* oder *members* der Gesellschaft der Secretary of State, frühere Gläubiger, frühere Liquidatoren oder andere Personen, die nach Ansicht des Gerichts ein Interesse an der Wiedereintragung zu haben scheinen. Beide Anträge sind in der Regel [691] bis zu sechs Jahre nach der Auflösung möglich. Bezüglich der Anwendbarkeit beider Arten der Wiedereintragung gilt es vorab, unabhängig von der zuständigen Einrichtung (*registrar*/Gericht), zu unterscheiden: Eine Wiedereintragung iSd. s. 1024 CA 2006 ist nur nach einer Auflösung aufgrund des vorangegangenen Löschungsverfahrens iSd. s. 1000 CA 2006 [692] vorgesehen. S. 1029 CA 2006 hingegen ermöglicht eine Wiedereintragung in allen Fällen der Beendigung von Gesellschaften. [693]

Wurde die Gesellschaft nach s. 1000 CA 2006 gelöscht und der Antrag auf Wiedereintragung gem. s. 1024 CA 2006 fristgerecht gestellt, so ist vom *registrar* zu prüfen, ob folgende drei Bedingungen iSd. 1025 CA 2006 erfüllt sind: [694]

---

688 Diese Vorschriften haben die gerichtlichen Verfahren der ss. 651 (Wiedereintragung nach Abwicklung und anschließender Löschung) und 653 CA 1985 (Wiedereintragung nach schlichter Streichung aus dem Register aufgrund mangelnder Geschäftstätigkeit) abgelöst. Die alte (teilweise streitige) Rechtslage darstellend *Davies*, 7th edition, 2003, S. 868 ff. Mit Abschaffung der Vorschriften ist insbesondere auch die Diskussion um ein entsprechendes Wahlrecht hinfällig geworden. Zum damaligen Meinungsstand s. ferner *Re Belmont & Co Ltd* [1950] Ch. 10; *Re Test Holdings (Clifton) Ltd* [1970] Ch. 285; *Re Thompson & Riches Ltd* [1981] 1 WLR 682; *Mansel*, FS Kegel, 2002, S. 111, 115; *Borges*, IPRax 2005, 134, 136.

689 Zur *restoration* ausführlich *Palmer*, ch. 15.516 ff.

690 Im CA 1985 gab es noch keinen Antrag zum *registrar*. Dieser soll das Verfahren schneller und damit prozessökonomischer abwickeln, *Davies*, ch. A-15, S. 1233.

691 Geht es um Schäden, die aus der Verletzung einer Person entstanden sind, ist ein Antrag iSd. s. 1029 CA 2006 zum Gericht gem. s. 1030 (1) CA 2006 unbefristet möglich.

692 Ebenso bei einer Löschung nach s. 1001 CA 2006.

693 *Sealy/Worthington*, S. 680. S. zu den möglichen Fällen der Beendigung Kapitel D. II. 2. b) aa). Ausgenommen sind hier dem Wortlaut des s. 1029 (1) CA 2006 nach allerdings die Beendigung aufgrund Act of Parliament und iSd. Art. 12 der Publizitätsrichtlinie.

694 Im Rahmen des Antrags hat der Antragsteller gem. s. 1026 (1, 2) CA 2006 in einem *statement of compliance* zu erklären, dass diese Bedingungen auch vorliegen. Dies kann als eine bedeutende Verfahrenserleichterung angesehen werden, so muss der *registrar* den Sachverhalt nicht selbst erforschen.

Zum einen muss die Gesellschaft zum Zeitpunkt der Löschung aktiv tätig gewesen sein. Zum anderen ist im Falle eines Vermögensüberganges an die Krone eine schriftliche Zustimmung des Crown Representative über die Wiedereintragung durch den Antragsteller einzuholen.[695] Außerdem sind sämtliche noch ausstehenden Dokumente, meist also *annual accounts* bzw. der *annual return*,[696] einzureichen sowie noch nicht bezahlte *civil penalties* gem. s. 453 CA 2006[697] zu entrichten.[698] Liegen alle Voraussetzungen[699] vor, ist die Gesellschaft vom *registrar* wieder einzutragen, s. 1025 (1) CA 2006.[700] Wurde die Wiedereintragung verweigert, bleibt der Weg iSd. s. 1029 CA 2006.[701] Diese Vorschriften bestätigen oben gefundenes Ergebnis hinsichtlich der Funktion der Löschungsvorschriften iSd. s. 1000 CA 2006:[702] Die Löschung im Register hängt nicht nur mit der beendeten Geschäftstätigkeit zusammen, sondern gerade auch mit dem Verstoß gegen Publizitätspflichten.

Eine Wiedereintragung iRd. Verfahrens iSd. s. 1029 CA 2006 setzt voraus, dass (a) im Falle der Löschung iSd. ss. 1000 f. CA 2006 die Gesellschaft im Zeitpunkt der Löschung noch eine Geschäftstätigkeit ausübte, dass (b) im Falle der Löschung iSd. s. 1003 CA 2006 den Erfordernissen der ss. 1004 bis 1009 CA 2006 nicht entsprochen wurde, oder dass (c) in allen anderen Fällen, das Gericht die Wiedereintragung für richtig erachtet.[703] Letztlich liegt diese Entscheidung aber im Ermessen des Gerichts („*may order*“).[704]

---

695 Die Erstattung etwaiger Kosten, die dem Crown Representative im Laufe des Verfahrens entstanden sind, können als Gegenleistung für die Zustimmung vom Antragsteller verlangt werden.

696 Vgl. Kapitel D. II. 2. b) bb).

697 Vgl. Kapitel D. II. 1. Auch sollen damit korrespondierende Geldbußen aus Vorgängervorschriften umfasst sein.

698 Dieses Erfordernis weist jedenfalls auf die bewusste, enge Verbindung zwischen einem Verstoß gegen Publizitätsvorschriften und der Löschung der Gesellschaft hin. S. zur Funktion der Vorschriften des *striking offs* Kapitel D. II. 2. b) cc).

699 Eine besondere Beschwer – wie regelmäßig gefordert von den Vorschriften des gerichtlichen Wiedereintragungsverfahrens nach CA 1985 – ist damit nicht erforderlich.

700 *Davies*, ch. A-15, S. 1233 spricht von einer „*duty to restore the company to the register*“.

701 *Davies,* ch. A-15, S. 1233, Fn. 138.

702 S. wiederum Kapitel D. II. 2. b) cc).

703 S. 1031 (1) CA 2006. Beachte für die umfassten Beendigungstatbestände Kapitel D. II. 2. b) aa).

704 Zumindest soll die Wiedereintragung zu einem Überschuss der Erträge durch Rückführung der Güter im Vergleich zu den Liquidationskosten führen. *Re Lindsay Bowman*

Gerade Variante (c) gilt es näher zu beleuchten. Fraglich ist hier, ob diese auch auf die gem. ss. 1000 f. oder 1003 CA 2006 gelöschten Gesellschaften anzuwenden ist, wenn die in (a) und (b) genannten Fälle nicht vorliegen. Dies muss aufgrund des Wortlautes ("*…in any other case the court considers it just to do so*") bejaht werden. [705] Das bedeutet folglich, dass eine gelöschte Gesellschaft auch bei nicht vorhandener Geschäftstätigkeit im Zeitpunkt der Löschung [706] auf Veranlassung des Gerichts wiedereingetragen werden kann. [707]

Liegt eine Auflösung der Gesellschaft iSd. ss. 1000 f. CA 2006 vor, so dürfte ein Antrag iSd. s. 1029 CA 2006 aufgrund des Wortlautes des s. 1030 (5) (b) CA 2006 aber nur gestellt werden, wenn zuvor von den Antragsberechtigten iSd. s. 1024 CA 2006 ein fristgerechter Antrag auf Eintragung beim *registrar* eingereicht und verweigert wurde. [708] Dies würde zu einer Entlastung der Gerichte und einer Beschleunigung des Verfahrens führen. So hat der *registrar* nur die drei oben genannten Bedingungen zu prüfen. Allerdings will s. 1030 (5) CA 2006 nur die Frist festsetzen, in der der Antrag zu erfolgen hat. [709] Die (früheren) *directors* und *members* der Gesellschaft haben also im Fall des *striking offs* iSd. ss. 1000 f. CA 2006 ein Wahlrecht, ob sie einen Antrag beim *registrar* oder bei Gericht stellen.

Wird die Gesellschaft wieder eingetragen, so wird sie gem. ss. 1028 (1), 1032 (1) CA 2006 als niemals aufgelöst angesehen. [710] Sie erlangt rückwirkend ihre rechtliche Existenz umfassend wieder. [711] Sämtliche Rechtsverhältnisse, die mit der Auflösung untergingen, leben ex tunc wieder auf. Hat ein *director* wäh-

Ltd [1969] 1 WLR 1443, 1447; s. auch *Mansel*, FS Kegel, 2002, S. 111, 116 und *Borges*, IPRax 2005, 136, 140 f.

705 *Davies*, ch. A-16, S. 1234, Fn. 137.

706 Bzw. Nichtvorliegen der ss. 1004 bis 1009 CA 2006.

707 S. die Hinweise auf entsprechende gerichtliche Entscheidungen bei *Davies*, ch. A-16, S. 1234, Fn. 137.

708 „*…an application to the registrar has been made under section 1024 (...) within the time allowed for making such an application*".

709 Dieser Antrag kann sogar grundsätzlich innerhalb einer Frist von 28 Tagen nach Bekanntgabe der Verweigerung durch den *registrar* erfolgen, auch wenn die Sechs-Jahresfrist schon abgelaufen ist; *Palmer*, ch. 15.517.

710 Die Gesellschaft gilt im Falle des s. 1028 (1) CA 2006 als wiedereingetragen, wenn der *registrar* seine bejahende Entscheidung an den Antragsteller übersendet; *Palmer*, ch. 15.515. Im Falle des s. 1032 (1) CA 2006 gilt dies hingegen, wenn die Kopie eines entsprechenden Gerichtsbeschlusses zur Wiedereintragung an den *registrar* übermittelt wurde; *Palmer*, ch. 15.1518.

711 Ein somit möglicherweise begangener Verstoß gegen (in s. 453 CA 2006 oder in damit korrespondierenden Vorschriften geahndeten) Publizitätspflichten darf aber nicht berücksichtigt werden, ss. 1028 (2), 1032 (2) CA 2006.

rend der Nichtexistenz der Gesellschaft für diese Geschäfte getätigt, so gelten solche nun der Gesellschaft gegenüber als wirksam und der *director* wird von seiner vorübergehenden persönlichen Haftung frei. [712] Daneben sind im CA 2006 auch Regelungen vorgesehen, nach welchen durch gerichtliche Verfügungen die hypothetische, ohne Löschung anzunehmende Lage herbeigeführt werden kann. [713] Überdies fällt insbesondere das Vermögen, welches an die Krone geflossen ist, wieder der Gesellschaft zu. [714] Wurde über Vermögensteile verfügt, so hat die Krone der Gesellschaft gem. s. 1034 (2) CA 2006 den entsprechenden Abwicklungserlös zukommen zu lassen. [715]

ff) Bewertung

Das englische Recht wählt zwar grundsätzlich einen anderen Weg als die deutsche und die untersuchten kontinentaleuropäischen Rechtsordnungen, indem es der Löschung aus dem Register konstitutive Wirkung zukommen lässt. Schon am Beispiel der ss. 1000 ff. CA 2006 lässt sich jedoch feststellen, dass die jeweiligen Zwecke nicht zu entfernt voneinander liegen. Der Aufrechterhaltung der Existenz der Gesellschaft nach Löschung im Register bei noch vorhandenem Vermögen stehen das Ende der Existenz mit Streichung und der Anfall an die Krone gegenüber. In ersterem Fall erlischt die Gesellschaft erst mit vollständiger Abwicklung, in zweiterem Fall erfolgt eine Übertragung des Vermögens. Auch das englische Recht lässt das Vermögen damit nie ohne Zuordnungsobjekt. Daneben bleiben Gläubiger jeweils nicht unberücksichtigt. Auf der einen Seite in Form der Abwicklung, auf der anderen Seite in Form der Wiedereintragung.

Indes kann die Löschung und Vollbeendigung als Folge der Nichtbeachtung gewisser Publizitätspflichten als außergewöhnlich gravierend bezeichnet werden. Das englische Recht „sanktioniert“ [716] insofern mit der schwersten aller Strafen, dem (zumindest vorläufigen) „Todesurteil“ für die Gesellschaft.

III. Empfehlungen für eine Limited

Mit der Darstellung der Sanktionen nach englischem Recht lassen sich für die Verantwortlichen einer Limited wichtige Schlüsse ziehen: Es sollte auf jeden

---

712 *Tyman's Ltd v Craven* [1952] 2 QB 100 (Evershed MR); *Re Lindsay Bowman Ltd* [1969] 1 WLR 1443, 1445, 1447; *Borges*, IPRax 2005, 134, 136; *Zimmer/Naendrup*, ZGR 2007, 789, 814 f.; *Lamprecht*, ZEuP 2008, 289, 296 f.

713 Ss. 1028 (3, 4), 1032 (3, 4) CA 2006.

714 *Re C. W. Dixon Ltd* [1947] Ch. 251, 255; *Palmer*, ch. 15.519.

715 Zu einigen Besonderheiten hinsichtlich der Erlösauskehr s. *Lamprecht*, ZEuP 2008, 289, 297 mwN.

716 S. zur Funktion des Löschungsverfahrens Kapitel D. II. 2. b) cc).

Fall gewährleistet sein, dass den englischen Publizitätspflichten nachgekommen wird. Zwar ist ein *secretary* nicht mehr zwingend erforderlich, [717] jedoch ist durchaus nachzuvollziehen, warum diese vorwiegend für administrative Aufgaben zuständige Institution geschaffen wurde. Meist sind die *directors* mit ihren operativen Tätigkeiten so stark ausgelastet, dass eine zusätzliche Unterstützung im dokumentarischen Bereich Sinn macht. Insbesondere sollte Sorge dafür getragen werden, dass die Pflichten eingehalten werden, deren Verletzung zur Disqualifikation des Verantwortlichen oder gar zur Löschung der Gesellschaft führen können. So schränken Geldsanktionen nur bedingt ein, eine Löschung wirkt hingegen empfindlich. Zwar ist auch im Löschungsverfahren ein mehrmaliges „Nachfragen" durch den *registrar* vorgesehen bis es letztlich zur tatsächlichen Löschung kommt. Jedoch kann wie dargestellt auch dieses ins Leere gehen. Insofern ist den Verantwortlichen zu empfehlen, bei entsprechenden Anzeichen für eine unterbliebene Beachtung von Publizitätspflichten regelmäßig die London Gazette und die Akte am Companies House hinsichtlich Löschungsvorschlägen bzw. erfolgter Löschung zu prüfen. [718] Mit der elektronischen Einsichtnahme sollte dies auch aus dem Ausland agierende Verantwortliche vor keine größeren Probleme stellen. Eine solche Kontrolle ist schon deshalb sinnvoll, um sicher zu gehen, dass möglichen Problemen bei der Zustellung von Mitteilungen durch den *registrar* aufgrund Mängel in der Adresse etc. vorgebeugt wird. Auf diesem Wege kann bereits frühzeitig einer Löschung und diversen Sanktionen entgegengewirkt werden.

IV. Vergleich zum deutschen Recht

Möglicherweise verdeutlichen die Darstellung der deutschen Vorschriften, welche bei einem Nichtbefolgen der deutschen Publizitätspflichten vorgesehen sind, und das Aufzeigen der Unterschiede in Umfang oder Wirkungskraft die überragende Stellung der Publizitätspflichten im englischen Recht. [719]

Soweit eine Pflicht zur Anmeldung von Tatsachen oder Einreichung von Unterlagen zum Handelsregister besteht, hat das Registergericht, sofern ein Unterlassen vorliegt, ein Zwangsgeld gem. §§ 14 HGB, 79 GmbHG von bis zu 5000 Euro festzusetzen. [720] Adressat des Registerzwanges ist derjenige, der zur

---

717 S. Kapitel C. II. 3. b) bb).

718 *Lamprecht*, ZEuP 2008, 289, 295.

719 S. bereits insoweit Kapitel D. I. 1. h) zu den beschränkten Möglichkeiten einer „Disqualifikation" im deutschem Recht.

720 Zu den zahlreichen Einzelfällen, in denen das Registergericht ein Zwangsgeld verhängen kann s. Baumbach/Hueck/*Haas*, § 79, Rn. 3 f. Es können vom Registergericht bei

Anmeldung oder Einreichung verpflichtet ist. Bei der GmbH sind dies die Geschäftsführer. [721] Gegen die Gesellschaft selbst kann also kein Zwangsgeld verhängt werden. [722] Die Festsetzung des Zwangsgeldes soll dabei gerade ein Beugemittel darstellen. [723] Entsprechend wurde auch der Begriff „Ordnungsstrafe" ersetzt. [724] Anders als im englischen Recht sollen die Verantwortlichen also nicht primär bestraft, sondern gezwungen werden, den Pflichten nachzukommen. Hingegen sieht der Tatbestand des § 82 GmbHG eine Freiheitsstrafe oder Geldstrafe vor. Diese Vorschrift betrifft aber in erster Linie falsche Angaben und unwahre Versicherungen bei bestimmten Anmeldungen zum Handelsregister. [725] Insofern wird also nicht die bloße Nichtbeachtung einer Publizitätspflicht sanktioniert. [726]

Daneben kann das Bundesamt für Justiz gem. § 335 HGB im Rahmen eines Justizverwaltungsverfahrens [727] bei pflichtwidrigem Unterlassen der rechtzeitigen Offenlegung der Rechnungslegung iSd. § 325 HGB gegen die Geschäftsführer oder alternativ gegen die Gesellschaft selbst ein Ordnungsgeld erlassen. Dieses kann zwischen 2.500 und 25.000 Euro betragen. Dadurch soll wiederum ein Befolgen der Vorschriften erzwungen werden. [728] Zwar wird die Höhe des verhängbaren Betrages als gerade für kleine Gesellschaften zu hoch bezeichnet. [729] Doch zeigen die Zahlen seit Einführung des § 335 HGB, dass nicht zuletzt die zu erwartenden Ordnungsgelder ihre Funktion erfüllen: So sollen nach Einführung der Vorschrift im Jahre 2007 nun regelmäßig rund 90% der Unternehmen in Deutschland der Offenlegung ihrer Rechnungslegung nachkommen. [730] Demzufolge liegt die Compliance Rate bei der Offenlegung der Rech-

---

trotz nicht ordnungsgemäßer Anmeldung erfolgten Eintragungen mit konstitutiver Wirkung fehlende Unterlagen sogar erzwungen werden. S. aber auch die Ausnahme in § 79 II GmbHG. Zum Verfahren und auch der Erforderlichkeit einer Androhung §§ 388 ff. FamFG.

721 § 78 GmbHG; Staub/*Koch*, § 14, Rn. 13 f.; Ebenroth/Boujong/Joost/Strohn/*Schaub*, § 14, Rn. 26.

722 BeckOKGmbHG/*C. Jaeger*, § 79, Rn. 2.

723 Ebenroth/Boujong/Joost/Strohn/*Schaub*, § 14, Rn. 1; Staub/*Koch*, § 14, Rn. 2.

724 Aufgehoben durch das EGStGB vom 02.03.1974, BGBl. I 1974, S. 469.

725 Ausführlich Lutter/Hommelhoff/*Kleindiek*, § 82, Rn. 1 ff.

726 Beachte insofern wiederum den umgrenzten Prüfungsumfang einleitend in Kapitel D.

727 Zu Einzelheiten dieses Verfahrens kurz Baumbach/Hopt/*Merkt*, § 335, Rn. 3; ausführlich BeckBK/*Kozikowski/H.P. Huber*, § 335, Rn. 20 ff.

728 BeckBK/*Kozikowski/H.P. Huber*, § 331, Rn. 2; Baumbach/Hopt/*Merkt*, § 335, Rn. 2.

729 Vgl. den Verweis von *Fockenbrock*, Handelsblatt vom 17.02.2010, S. 1 auf *Clausnitzer* vom DIHK in Brüssel, welcher ein Einstiegsordnungsgeld von 250 Euro forderte.

730 *Fockenbrock*, Handelsblatt vom 17.02.2010, S. 1, der auch darauf hinweist, dass 169 Mio. Euro iRd. Ordnungsgeldverfahrens kassiert wurden. Schwierigkeiten sollen

nungslegung mittlerweile fast auf englischem Niveau. Hinsichtlich der vorgesehenen Reaktionsmöglichkeiten auf die Nichtbeachtung der jährlichen Rechnungslegungspublizität geht das englische Recht also über das deutsche höchstens aufgrund der für die Verantwortlichen zusätzlich vorgesehenen strafrechtlichen Sanktionen hinaus.[731] In ihrer Wirkung unterscheiden sie sich mit der Höhe des verhängbaren deutschen Ordnungsgeldes und der nahezu gleichen Compliance Rate insgesamt aber nur marginal.

Zusammenfassend lässt sich also feststellen, dass - soweit es um das bloße Unterlassen von Publizitätspflichten geht – auch das deutsche Recht einen hohen Standard geschaffen hat.[732] Dennoch kommt durch eine strafrechtliche Ahndung der höhere Unrechtsgehalt der Nichtbeachtung der Publizitätspflichten zur Geltung. Bekanntlich ist die strafrechtliche Sanktion die schärfste Form staatlicher Reaktion auf ein vorausgegangenes rechtswidriges Verhalten. Damit wird der bedeutendere Stellenwert der Publizitätspflichten im englischen Recht deutlich.

Dieses Ergebnis lässt sich abschließend auch durch das Außerkrafttreten der Vorschrift des § 2 I 2 LöschG (im Jahre 1994) bestätigen, welche besagte, dass eine Gesellschaft „von Amts wegen zu löschen [ist], wenn die Gesellschaft entgegen gesetzlicher Verpflichtung in drei aufeinanderfolgenden Jahren ihren Jahresabschluss und die mit ihm offenzulegenden Unterlagen ganz oder teilweise nicht bekanntgemacht und zum Handelsregister eingereicht hat, die Offenlegung auch nicht innerhalb von sechs Monaten bewirkt, nachdem das Gericht die Absicht der Löschung mitgeteilt hat, und ein Beteiligter innerhalb dieser Frist nicht glaubhaft gemacht hat, daß die Gesellschaft Vermögen besitzt.“[733] Zwar war,

---

aber noch in der Berücksichtigung der Frist zur Einreichung bestehen. So sollen laut einer Untersuchung von *Henselmann/Kaya*, WPg 2009, 497 die Mehrzahl der Unternehmen diese nicht einhalten.

[731] Hingewiesen sei auf die Bußgeldvorschriften iSd. § 334 HGB, welche inhaltliche bzw. formale Mängel u.a. in der Aufstellung des Jahresabschlusses, des Lageberichts, oder den Grundsätzen der Offenlegung sanktionieren. Dabei kann eine solche Ordnungswidrigkeit mit bis zu 50.000 Euro geahndet werden. Erwähnt sei auch die Vorschrift des § 331 HGB, welche bei Verschleierung oder unrichtiger Wiedergabe iRd. offenzulegenden Rechnungslegung den Verantwortlichen mit einer Geld- oder Freiheitsstrafe belegt. Jeweils geht es hier aber nicht um die Sanktion der bloßen Nichteinreichung. S. hierzu und auch bereits zum Ausscheiden der §§ 283, 283b StGB: Kapitel D. I. 2. h).

[732] Auch bei Nichtbeachtung firmenrechtlicher Vorschriften sind Zwangsgelder bzw. Ordnungsgelder vorgesehen, s. z.B. §§ 79, 35a GmbHG iVm. 14 HGB und § 37 HGB. MüKoGmbHG/*J. Mayer*, § 4, Rn. 140 ff. zur Möglichkeit eines Amtslöschungsverfahrens iSd. § 399 FamFG aufgrund unzulässiger Firmierung (mit dem Ziel der Änderung).

[733] Gesetz über die Auflösung und Löschung von Gesellschaften und Genossenschaften in der Fassung vom 19.12.1985.

parallel zur Diskussion um die Funktion der Löschung einer *defunct company,* auch hier der Normzweck umstritten.[734] So wurde zum Teil für deren Bestimmung als Sanktion unterlassener Offenlegung plädiert. Die herrschende Meinung sah jedoch lediglich den administrativen Zweck der Vorschrift. So sollte den Registergerichten unnötige Arbeit mit längst inaktiven und vermögenslosen Gesellschaften erspart werden.[735] Jedenfalls konnte auch hier die Löschung als Folge und zumindest indirekte Sanktion der Nichtbeachtung einer Publizitätspflicht gesehen werden. Mit der Aufhebung der Vorschrift zeigt der deutsche Gesetzgeber, dass er an die Missachtung handelsrechtlicher Publizitätspflichten – zumindest auch nicht indirekt – keine existenzbestimmenden Konsequenzen knüpfen will. Auch hieraus lässt sich eine geringere Bedeutung der genannten Pflichten im Vergleich zum englischen Recht folgern.

734 Vgl. Kapitel D. II. 2. b) cc).

735 Näher *K. Schmidt*, GmbHR 1994, 829, 832 f.; *Hunger*, S. 125. S. nunmehr den restriktiveren § 394 FamFG.

E. Grenzüberschreitende Konsequenzen

Mit der hohen Anzahl der mit Verwaltungssitz in Deutschland aktiven Limiteds stellt sich nun die Frage, welche Konsequenzen die Nichtbeachtung der oben aufgeführten englischen Publizitätspflichten gerade für diese mit sich bringt. Es soll also geprüft werden, wie sich die dargestellten Sanktionen auf die *officers* in Deutschland (E. I.), wie auch auf die „deutsche“ Limited selbst auswirken können (E. II.). Die Schwerpunkte dieser Untersuchung sollen wiederum in den Auswirkungen der Verhängung einer *disqualification order* (E. I. 2.) sowie den Auswirkungen der Löschung der Gesellschaft im Register liegen (E. II. 2.).

I. Konsequenzen für die officers

1. Sanktionen des CA 2006

Fraglich ist, inwiefern der englische Staat die Möglichkeit hat, eine verhängte Geldstrafe bzw. Geldbuße in Deutschland durchzusetzen. So ist eine Vollstreckung des Betrages dem englischen Staat aufgrund der Staatensouveränität freilich nicht ohne ein Mitwirken der Bundesrepublik Deutschland möglich. Vielmehr bedarf es einer Regelung, welche eine vom Ausland veranlasste Vollstreckung legitimiert. Eine Vollstreckung ausländischer Geldsanktionen stellte sich bisher aber als schwierig dar. [736]

Am 28.10.2010 trat allerdings die Umsetzung des Rahmenbeschlusses über die gegenseitige Anerkennung von Geldstrafen und Geldbußen [737] in Form eines Gesetzes zur Änderung des IRG [738] in Kraft. [739] Zweck des Rahmenbeschlusses und der geänderten bzw. neuen Vorschriften ist es, jedem Mitgliedstaat Vollstreckungshilfe durch Vollstreckung einer rechtskräftigen, gegen einen Betroffenen verhängten Geldsanktion – Geldstrafe oder Geldbuße – zu bieten. [740]

---

736 *Bönke*, NZV 2006, 19 f.; *Hackner/Trautmann*, DAR 2010, 71, 73.

737 Rahmenbeschluss 2005/214/JI des Rates vom 24.02.2005, ABl. 2005 Nr. L 76, S. 16. Im Folgenden: „Rahmenbeschluss“.

738 Gesetz über die internationale Rechtshilfe in Strafsachen in der Fassung vom 27.06.1994; BGBl. I 1994, S. 1537.

739 Gesetz zur europaweiten Vollstreckung von Geldstrafen und Geldbußen (EuGeldG); BGBl. I 2010, S. 1408; Gesetzesentwurf BT-Drucks. 17/1288, S. 1; Pressemitteilung des BMJ vom 27.10.2010.

740 Die neuen Vorschriften der §§ 87 ff. IRG gehen völkervertraglichen Vereinbarungen vor. Von tatsächlicher Bedeutung war bisher ein Vertrag mit Österreich: Dies insbesondere hinsichtlich Verkehrsordnungswidrigkeiten. S. den Vertrag vom 31.05.1988 zwischen der Bundesrepublik Deutschland und der Republik Österreich über Amts-

Gem. § 87 IRG wird einem anderen Mitgliedstaat Vollstreckungshilfe sowohl bei Geldsanktionen aufgrund Straftaten als auch aufgrund Ordnungswidrigkeiten gewährleistet.[741] Die oben aufgeführten Geldsanktionen sollten zumindest insoweit umfasst sein. Vollstreckungsvoraussetzung ist gem. § 87a IRG lediglich die Übermittlung des Originals der zu vollstreckenden Entscheidung oder einer beglaubigten Abschrift und eines vollständig ausgefüllten Formblattes. Allerdings ist gem. § 87b I 1 IRG eine Vollstreckung einer Geldsanktion nur zulässig, wenn in Bezug auf die Tat auch in Deutschland eine Strafe oder Geldbuße verhängt werden könnte. Dies muss aber vom zuständigen Bundesamt für Justiz gem. § 87b I 2 IRG dann nicht geprüft werden, wenn ein Rechtsgebiet betroffen ist, das in Art. 5 des Rahmenbeschlusses aufgeführt ist. Gerade mit diesem Erfordernis der nicht erforderlichen Prüfung der beiderseitigen Sanktionierbarkeit sollte eine Verfahrenserleichterung bzw. –beschleunigung geschaffen werden.[742] Jedoch lässt sich bei Durchsicht des Kataloges iSe. Kernbereichs des Strafrechts[743] kein Verstoß gegen Publizitätspflichten ausmachen. Damit ist die Prüfung der beiderseitigen Sanktionierbarkeit notwendig, welche vom Bundesamt für Justiz die komplizierte Aufgabe verlangt, den ausländischen Sachverhalt unter eine deutsche Norm zu subsumieren.[744] Wie oben gezeigt,[745] sieht auch das deutsche Recht (zumindest für die Verantwortlichen) umfassende Sanktionen in einschlägigen Bereichen vor.[746] Ist eine beiderseitige Sanktionierbarkeit grundsätzlich zu bejahen, sind acht weitere Zulässigkeitsvo-

---

und Rechtshilfe in Verwaltungssachen; BGBl. II 1990, S. 358. S. ferner das sich seit 1997 in Kraft befindliche Übereinkommen vom 13.11.1991 zwischen den Mitgliedstaaten der Europäischen Gemeinschaften über die Vollstreckung ausländischer strafrechtlicher Verurteilungen in Deutschland; BGBl. II 1997, S. 1351. Letzteres ist lediglich zwischen Deutschland und den Niederlanden von praktischer Relevanz.

741 Stichtag ist der 27.10.2010. Ausländische Entscheidungen dürfen nur vollstreckt werden, wenn sie danach erlassen beziehungsweise nach diesem Zeitpunkt rechtskräftig wurden.

742 S. zu weiteren Verfahrenserleichterungen *Hackner/Trautmann*, DAR 2010, 71 ff. z.B. Reduzierung der formellen Anforderungen, unmittelbare Geschäftswege, Wegfall der Umwandlung der Entscheidung.

743 Hierzu zählen Beteiligung an einer kriminellen Vereinigung, Terrorismus, Menschenhandel, Waffenschmuggel, Betrug, Handel mit gestohlenen Kraftfahrzeugen, Vergewaltigung usw.

744 S. hierzu Schomburg/Lagodny/Greß/Hackner/*Schomburg/Hackner*, IRG, § 49, Rn. 8. Dort auch zu den speziellen Erfordernissen in der Subsumtion.

745 S. Kapitel D. IV.

746 Ob es sich bei einer Parallelwertung nach deutschem Rechtsverständnis jeweils um eine Straftat oder Ordnungswidrigkeit handelt, soll unschädlich sein; BT-Drucks. 17/1288, S. 23.

raussetzungen iSd. § 87b III IRG zu prüfen. Hierzu zählen u.a. die Überschreitung einer Bagatell-Grenze von 70 Euro und gewisse prozessuale Mindeststandards, wie z.B. die Gewährung rechtlichen Gehörs und einer angemessenen Verteidigung. [747] Dem Betroffenen ist mit Eingang des Vollstreckungsersuchens bei der zuständigen Behörde grundsätzlich die Gelegenheit zur Äußerung zu gewährleisten, § 87c IRG. Ebenso ist ihm, sofern die Entscheidung für vollstreckbar erklärt wird, die Bewilligung, mit Gründen versehen, unter Beifügung der Entscheidung und Angabe der Höhe der zu vollstreckenden Geldsanktion, zuzustellen. Will er die Zahlung an die Bundeskasse vermeiden, bleibt die Möglichkeit des Einspruchs, welchem bei Ablehnung durch die Bewilligungsbehörde eine gerichtliche Entscheidung folgen kann, §§ 87g ff. IRG. [748]

Zwar wurde mit der Umsetzung des Rahmenbeschlusses durch die in zahlreichen Bereichen nicht mehr erforderliche Prüfung der beiderseitigen Sanktionierbarkeit eine deutliche Verfahrensbeschleunigung geschaffen. Jedoch greift diese Erleichterung wie gezeigt gerade nicht hinsichtlich der hier zu prüfenden Vollstreckung ausländischer Geldsanktionen aufgrund Verletzung von Publizitätspflichten. Das Verfahren bleibt insbesondere deshalb – trotz zusätzlich eingeführter Erleichterungen - relativ langwierig, aufwändig, arbeitsintensiv und „ressourcenbindend“. [749] Ob die englischen Behörden mit diesem Wissen Publizitätsverstöße in Deutschland ähnlich strikt verfolgen werden wie in England, bleibt abzuwarten. [750] Jedenfalls wurde in Deutschland zuvor grundsätzlich wenig Gebrauch [751] von einer vertragslosen [752] Vollstreckung iSd. Vorschriften des IRG gemacht. [753]

---

747 S. zu allen Voraussetzungen den kurzen Überblick bei *Hering*, SVR 2010, 290, 291.

748 Dagegen kann wiederum die Rechtsbeschwerde zulässig sein, §§ 87j ff. IRG.

749 Zur Situation vor der Änderung des IRG *Hackner/Trautmann*, DAR 2010, 71, 73.

750 So i.E. auch *Zimmer/Naendrup*, ZGR 2007, 789, 801; *Just/Krämer*, BC 2006, 29, 31 zu den Vorgängervorschriften.

751 So *Bönke*, NZV 2006, 20, Fn. 6.

752 Anders also im Verhältnis mit Österreich und den Niederlanden.

753 Aufgrund der praktisch sehr geringen Relevanz einer Freiheitsstrafe für in Deutschland ansässige Verantwortliche soll hinsichtlich der Auslieferung nur kurz auf die Vorschriften zum Europäischen Haftbefehl verwiesen werden (§§ 78 ff. IRG). Sofern es um eine Vollstreckung in Deutschland geht, seien kurz das Übereinkommen über die Überstellung verurteilter Personen (BGBl. II 1991, S. 1006), das Übereinkommen zwischen den Mitgliedstaaten der Europäischen Gemeinschaft über die Vollstreckung ausländischer strafrechtlicher Entscheidungen (BGBl. II 1997, S. 1350) sowie die subsidiären §§ 84 iVm. 48 ff. IRG erwähnt. S. Näheres bei Ahlbrecht/Böhm/*Böhm/Rosenthal*, S. 244 ff., 354 ff. und die RiVASt, Anlage II, Länderteil, Vereinigtes Königreich.

2. Disqualifikation

Fraglich ist, ob der CDDA 1986 auch für den in Deutschland aktiven Unternehmensleiter Bedeutung hat. Hierbei ist zwischen einer Tätigkeit als *director* einer Limited mit Verwaltungssitz in Deutschland und der Eigenschaft als Leiter einer deutschen Kapitalgesellschaft in Deutschland zu differenzieren.

a) Tätigkeit als *director* einer in Deutschland aktiven Limited

Damit ist zu ergründen, ob der CDDA 1986 auch auf den *director* einer ausschließlich in Deutschland tätigen Limited Anwendung findet. Hierfür ist zunächst die international-privatrechtliche Qualifikation des CDDA 1986 auszumachen. Anschließend ist dessen territoriale Reichweite festzustellen. Daneben gilt es zu untersuchen, ob die *disqualification order* auch über die Vorschriften zur Eintragung der Limited als Zweigniederlassung im deutschen Recht Einzug finden kann. Abschließend ist zu prüfen, ob die Disqualifikation iSd. CDDA 1986 auch anderweitig zu einem Tätigkeitsverbot in Deutschland führen kann.

aa) International-privatrechtliche Qualifikation des CDDA 1986

Dem deutschen Recht ist ein dem englischen CDDA 1986 entsprechendes Institut nicht bekannt. [754] Damit ist dessen Sinn und Zweck im englischen Recht zu ermitteln und einer deutschen Kollisionsnorm zuzuweisen. [755]

Zum einen wird darauf hingewiesen, dass sich der CDDA 1986 im Grenzbereich zwischen Gesellschafts- und Insolvenzrecht befindet. [756] Anfänglich war zwar die *disqualification* im Companies Act verankert. Jedoch fand sich diese sodann verteilt auf den CA 1985 und den IA 1985 wieder. [757] Auch soll aus den Interpretationsvorschriften des CA 1985 und des IA 1986 bisweilen entnommen werden können, dass der CDDA 1986 dem Insolvenzrecht zugeordnet wird. [758] Ferner wird darauf aufmerksam gemacht, dass ein Tätigkeitsverbot in einigen Fällen darauf gestützt wird, dass der zu Disqualifizierende *director* einer insol-

---

754 S. im Ansatz schon zu den (hinsichtlich Publizitätsverstößen) viel eingeschränkteren deutschen Regelungen Kapitel D. I. 2. h).

755 BGHZ 29, 137, 139; *Kropholler*, § 17 I.

756 Hierauf weist *Höfling*, S. 183 hin, die i.E. aber eine insolvenzrechtliche Qualifikation ablehnt.

757 Wie gezeigt befinden sich die Vorschriften zur Disqualifikation nunmehr zusammengefasst im CDDA 1986.

758 Z.B. s. 735A CA 1985 oder s. 426 (10) (a) IA 1986 („*insolvency law means (...) sections (...) of the Companies Directors Disqualification Act*“). Dies diskutierend *Höfling*, S. 183.

venten Gesellschaft war.[759] Weiter wird die überwiegende Mehrheit an Disqualifizierungen aufgrund s. 6 CDDA verhängt,[760] welcher die Insolvenz voraussetzt. Hieraus könnte eine insolvenzrechtliche Qualifikation abgeleitet werden. Allerdings beschränkt sich eine Disqualifizierung bei weitem nicht auf Fälle, die mit der Insolvenz der Gesellschaft zusammenhängen. Eine eindeutige Zuordnung des CDDA 1986 zum Insolvenzrecht ist folglich nicht möglich.[761]

Vielmehr wird versucht, mit dem CDDA 1986 die Pflichten der verantwortlichen Personen (auch außerhalb der Insolvenz) durchzusetzen. Die Regelungen behandeln die Fähigkeit, *director*[762] einer Gesellschaft sein zu können, und betreffen damit im weiten Sinne deren Binnenorganisation.[763] Ebenso wurde ein Ausgleich zur mangelnden Haftungsbeschränkung geschaffen. Dies spräche für eine gesellschaftsrechtliche Qualifikation.[764] Folglich wären mit der Geltung der Gründungstheorie die Vorschriften des CDDA 1986 durch das deutsche Recht grundsätzlich zur Anwendung berufen.

Gegen eine gesellschaftsrechtliche Qualifikation wird allerdings vorgebracht, dass die Regelungen des CDDA 1986 nur indirekt auf die Gesellschaft einwirken.[765] Vielmehr soll der Schutz der Öffentlichkeit im Vordergrund stehen. So soll es die Anordnung von Tätigkeitsverboten sein, mit der als staatlicher Hoheitsakt die Allgemeinheit vor der Untauglichkeit bestimmter Personen als Leiter einer Gesellschaft geschützt wird. Der CDDA 1986 beschreibe lediglich die Voraussetzungen bei deren Vorliegen die hoheitliche Maßnahme angeordnet werden könne.[766] Im Zentrum der Vorschriften soll folglich die Regelung der hoheitlichen Maßnahme „Anordnung eines Berufsverbotes" stehen.[767] Im Ergebnis sei damit eine öffentlich-rechtliche Qualifikation zu bejahen.[768]

Einer öffentlich-rechtlichen Qualifikation ist zuzustimmen, da die insolvenzrechtliche Funktion nicht im Mittelpunkt des CDDA 1986 steht und die gesellschaftsrechtlichen Wirkungen ebenso nur Nebeneffekt des Schutzes der Allgemeinheit und damit der Anordnung des Tätigkeitsverbotes sind. Der

---

759 *Höfling*, S. 183 sowie Kapitel D. I. 2. d) zu s. 6 und s. 10 CDDA 1986.

760 S. wiederum Kapitel D. I. 2. d).

761 Eine insolvenzrechtliche Qualifikation nimmt *Wilhelmi*, GmbHR 2006, 13, 18 vor, begründet dies aber nicht.

762 Bzw. jegliche sonstige „leitende" Teilnahme am Unternehmen; s. oben Kapitel D. I. 2. a).

763 Dies diskutierend *Behme*, ZVglRWiss 108 (2009), 178, 180.

764 Für eine gesellschaftsrechtliche Qualifikation: *Höfling*, S. 184.

765 *Behme*, ZVglRWiss 108 (2009), 178, 180.

766 *Lanzius*, ZInsO 2004, 296, 299.

767 *Lanzius*, ZInsO 2004, 296, 299.

768 BGH NJW, 2007, 2328, 2330, der auf *Lanzius*, ZInsO 2004, 296, 299 verweist. So auch *Rönnau*, ZGR 2005, 832, 842; *Behme*, ZVglRWiss 108 (2009), 178, 180.

CDDA 1986 kann daher über die Grenzen des Königreichs hinaus keine Anwendung finden.[769] Dies hat zur Folge, dass sich ein deutsches Gericht der Regelungen des CDDA 1986 nicht bedienen kann, vielmehr bleibt ihm bei Vorliegen von Fehlverhalten (also z.B. der Nichtbeachtung der Publizitätspflichten) allein die Anregung an die englischen Behörden.[770] Außerdem entfaltet eine von einem englischen Gericht ausgesprochene Disqualifikation schon aufgrund des öffentlich-rechtlichen Charakters des CDDA 1986 grundsätzlich keine Wirkung in Deutschland. D.h. eine *disqualification order* kann aus sich heraus keinen Leiter einer deutschen Kapitalgesellschaft seines Amtes entheben bzw. eine derartige Leitung verhindern. Vielmehr sind hiesige Gläubiger mit deutschen Mechanismen zu schützen.

bb) Territoriale Reichweite

Auch wenn deutsche Gerichte kein Tätigkeitsverbot nach dem CDDA 1986 aussprechen können und die öffentlich-rechtliche Qualifikation auch grundsätzlich keine unmittelbare Wirkung einer *disqualification order* in Deutschland zulässt, so ist doch zu beantworten, inwiefern *directors* einer ausschließlich in Deutschland aktiven Limited mit einer englischen Disqualifikation überhaupt belegt werden bzw. gegen eine solche englische Disqualifikation verstoßen können, wenn sie nicht in England tätig sind. Dies ist eine Frage der territorialen Reichweite des CDDA 1986. Regelmäßig wird nämlich außer der gewählten Rechtsform der Limited und dem *registered office* bei der im Rahmen dieser Arbeit zu untersuchenden Gesellschaft keine territoriale Verbindung zu England bestehen.

Zunächst gilt es auf den Begriff der *company* iSd. s. 22 (2) CDDA 1986 abzustellen. Davon umfasst ist jede Gesellschaft, die gem. Part V des IA 1986 abgewickelt werden kann. Hierunter fallen auch ausländische Gesellschaften.[771] Folglich kann auch ein Geschäftsleiter einer ausländischen Gesellschaft nach den Vorschriften des CDDA 1986 disqualifiziert werden.[772]

---

769 BGH NJW, 2007, 2328, 2330, mit Verweis auf *Lanzius*, ZInsO 2004, 296, 299; *Rönnau,* ZGR 2005, 832, 842.

770 BGH NJW, 2007, 2328, 2330.

771 Als *unregistered companies*. Nach s. 220 (1) IA 1986 gehören hierzu auch Gesellschaften, die außerhalb Großbritanniens gegründet wurden. *Dicey/Morris/Collins*, ch. 30R-033, S. 1353 f., s. dort auch Fn. 45 mwN. Zu beachten ist aber die Erforderlichkeit eines *place of business* bei einer Disqualifikation iSd. ss. 11, 22 (2) (a) CDDA 1986.

772 Europarechtlich ist dagegen nichts einzuwenden. Ausländische Gesellschaften oder Geschäftsleiter werden gegenüber inländischen nicht benachteiligt.

Die Entscheidung *Re Seagull Manufacturing Co Ltd. (No. 2)* behandelte die territorialen Reichweite des CDDA 1986: [773] Geschäftsleiter ausländischer (und damit nicht-englischer) Gesellschaften seien meist keine Briten und hielten sich auch regelmäßig im Ausland auf. Dessen sei sich der Gesetzgeber bei der Schaffung der Vorschriften bewusst gewesen. Außerdem sei es im Zeitalter moderner Kommunikationsmittel möglich, auch auf anderem Wege als persönlich vor Ort Personen einer anderen Rechtsordnung zu schädigen. Das Kriterium der Anwesenheit sei somit keine Voraussetzung für die Anwendung des CDDA 1986. Die Vorschriften seien unabhängig davon anwendbar, ob die entscheidenden Handlungen im Ausland vorgenommen wurden. Darüber hinaus seien für eine Disqualifikation nicht einmal Auswirkungen in England erforderlich. Auf diesem Wege könnten alle ungeeigneten Geschäftsleiter bereits im Vorfeld an einer Tätigkeit als *director* in England gehindert und damit bestmöglicher Schutz für die Öffentlichkeit gewährleistet werden. Eine territoriale Beschränkung des CDDA 1986 wurde folglich verneint. [774]

Da schon der Geschäftsleiter einer ausländischen Gesellschaft, der sich nicht in Großbritannien aufhält oder dort Geschäfte tätigt, umfasst ist, muss ebenso der *director* einer in England gegründeten Limited mit Verwaltungssitz in Deutschland von den Regelungen des CDDA 1986 betroffen sein und folglich mit einer *disqualification order* belegt werden können. [775] Dies muss auch bei ausschließlicher Tätigkeit in Deutschland der Fall sein. So kann zwar berücksichtigt werden, dass der CDDA 1986 den Schutz der (englischen) Allgemeinheit gewährleisten will. Auch die hier relevanten und letztlich sanktionierten Publizitätsvorschriften wurden insbesondere für den englischen Gläubiger geschaffen. Dies spräche folglich für eine Beschränkung der Anwendbarkeit auf das englische Inland. Allerdings kann es nicht angehen, englischen Gerichten das Vorgehen gegen Gesellschaften, die nach englischem, also eigenem Recht gegründet wurden, (bzw. gegen deren Geschäftsleiter) zu versagen. [776] Dies muss sowohl hinsichtlich des Erlasses einer *order* als auch hinsichtlich etwaiger

---

773 *Re Seagull Manufacturing Co Ltd (No. 2)* [1994] 1 BCLC 273. *Höfling*, S. 184 f. und *Lanzius*, ZInsO 2004, 296, 299 f. Die Entscheidung betraf lediglich einen britischen Staatsangehörigen, der als Geschäftführer einer englischen Gesellschaft weder Wohnsitz noch *domicile* in Großbritannien hatte. Der Geschäftsführer trug vor, dass der CDDA 1986 deshalb keine Anwendung fände. Das Gericht ging über diese Frage allerdings hinaus und diskutierte die territoriale Reichweite umfassend.

774 Dem Einwand der weltweiten Disqualifikation entgegnete das Gericht, dass dies eine Frage der Reichweite der Anordnung der Disqualifikation sei.

775 Ebenso: *Lanzius*, ZInsO 2004, 296, 300; *Rönnau*, ZGR 2005, 832, 842; *Schall*, ZIP 2005, 965, 972 mit Fn. 124.

776 *Lanzius*, ZInsO 2004, 296, 300.

Verstöße gegen diese gelten. Außerdem kann bereits vorausschauend die englische Allgemeinheit geschützt werden, wenn ein ungeeigneter, „ausländischer" Leiter nicht zugelassen wird und durch Sanktionen ermahnt wird. Ist der Disqualifizierte also weiter als *director* einer Limited auch nur am deutschen Markt tätig, so verstößt er gegen englisches Recht, was freilich in England geahndet wird.

Festzuhalten bleibt folglich: Kommt der *director* einer Limited den englischen Publizitätsvorschriften nicht nach, so kann dies auch bei ausschließlicher Tätigkeit in Deutschland zu einer Disqualifikation iSd. CDDA 1986 führen. Inwiefern etwaige Sanktionen bei Nichtbeachtung des Verbotes auch in Deutschland durchsetzbar sind, ist eine andere Frage. [777]

cc) Eintragung in das deutsche Handelsregister

Eine Verhinderung der Tätigkeit des nach englischem Recht disqualifizierten *director* in Deutschland ist nach bisher dargestellten Grundsätzen nicht möglich. Jedoch ist mit dem neu eingefügten § 13e III 2 HGB eine Norm vorhanden, die in Bezug auf die in Deutschland einzutragende Zweigniederlassung [778] die Bestellungshindernisse der §§ 76 III 2, 3 AktG und 6 II 2, 3 GmbHG auch auf die gesetzlichen Vertreter der ausländischen Gesellschaft erstrecken will. Hier ist zu untersuchen, ob die *disqualification order* unter ein derartiges Bestellungshindernis eingeordnet werden kann. [779] Im Anschluss ist zu prüfen, ob bei Vorliegen eines solchen Bestellungshindernisses die Eintragung der Zweigniederlassung verweigert werden kann und welche Auswirkungen eine solche Verweigerung hat.

(1) Bestellungshindernis iSd. §§ 6 II 2, 3 GmbHG und 76 III 2, 3 AktG

Nach § 6 II 2 Nr. 2 GmbHG [780] kann Geschäftsleiter einer Gesellschaft nicht sein, wer „aufgrund eines gerichtlichen Urteils oder einer vollziehbaren Entscheidung einer Verwaltungsbehörde einen Beruf, einen Berufszweig, ein Gewerbe oder einen Gewerbezweig nicht ausüben darf, sofern der Unternehmensgegenstand ganz oder teilweise mit dem Gegenstand des Verbots übereinstimmt." Fraglich ist, ob das Tätigkeitsverbot iSd. CDDA 1986 als ein „aufgrund eines gerichtlichen Urteils oder einer vollziehbaren Entscheidung einer

[777] S. hierzu Kapitel E. I. 1.

[778] S. zur Eintragungspflicht Kapitel C. III. 2.

[779] Eine Berücksichtigung der *disqualification order* durch das deutsche Recht würde schon deshalb nicht gegen die Niederlassungsfreiheit verstoßen, da gerade ein Missbrauch dieser vorläge.

[780] Im Folgenden werden wiederum nur die Vorschriften des § 6 II GmbHG besprochen. Für § 76 III AktG kann hier ebenso nichts anderes gelten. S. zu den Grundsätzen der §§ 6 II GmbHG und 76 III AktG bereits oben Kapitel D. I. 2. h).

Verwaltungsbehörde" angeordnetes gelten kann, schließlich wurde es im Ausland verhängt.

Die *disqualification order* könnte als ausländische Entscheidung ebenso zu den Fällen des § 6 II 2 Nr. 2 GmbHG zählen. Der Wortlaut des § 6 II 2 Nr. 2 GmbHG ist insofern offen und bezieht sich nicht auf „deutsche" Urteile oder Entscheidungen. [781] Allerdings wird § 6 II 2 Nr. 3 GmbHG, der bei bestimmten vorsätzlich begangenen Straftaten die Eignung des Geschäftsleiters verneint, durch § 6 II 3 GmbHG erweitert. Satz 3 erstreckt die Berücksichtigung von Ausschlussgründen auch auf eine Verurteilung von Taten im Ausland, wenn diese mit den in § 6 II 2 Nr. 3 GmbHG aufgeführten vergleichbar sind. Fraglich ist daher, ob nicht auch iRd. § 6 II 2 Nr. 2 GmbHG ausländische Entscheidungen Einzug finden sollten. Eine *disqualification order* könnte mit einem inländischen gerichtlichen Urteil oder einer vollziehbaren Entscheidung einer inländischen Behördenentscheidung über ein Tätigkeitsverbot zu vergleichen und entsprechend Satz 3 zu berücksichtigen sein. Eine analoge Anwendung des § 6 II 2 Nr. 2 iVm. II 3 GmbHG steht also im Raum. Hierfür bedürfte es einer analogiefähigen Norm, einer planwidrigen Regelungslücke durch den Gesetzgeber sowie einer hinreichenden Vergleichbarkeit zwischen dem geregelten und dem nicht geregelten Sachverhalt. [782]

Jedoch sollen laut Gesetzgeber ausländische Entscheidungen, die einer Person die Ausübung der Geschäftsführertätigkeit als solche untersagen, keinen gesetzlichen Ausschlussgrund per se darstellen. [783] Vielmehr müsse gewährleistet sein, dass die den Entscheidungen zugrunde liegenden Bestellungshindernisse der jeweiligen ausländischen Rechtsordnung den im deutschen Recht vorgesehenen Ausschlussgründen inhaltlich und wertungsmäßig entsprechen. [784] Auf diese Weise erreicht der Gesetzgeber eine Prüfung der Entsprechung durch § 6 II 2 Nr. 3 iVm. II 3 GmbHG, da diese eine Erstreckung der Bestellungshindernisse wegen unternehmensbezogener Straftaten nur auf „vergleichbare" Verurteilungen im Ausland vorsieht. Damit wird nicht von der Rechtsfolge, nämlich dem Tätigkeitsverbot, sondern von der zugrundeliegenden Straftat ausgegangen. [785] Wird hingegen lediglich die Verurteilung an sich und somit das Tätigkeitsverbot berücksichtigt, wird der ausländischen Entscheidung ein zu großer Wirkungsumfang eingeräumt. Eine Erstreckung der Ausschlussgründe auf aus-

---

781 Hierauf weist Goette/Habersack/*Wachter*, S. 45, Rn. 1.124 hin.

782 *Würdinger/Bergmeister*, JURA 2007, 15, 16 f. mwN. S. zur Rechtsmethode der Analogie allgemein *Larenz/Canaris*, S. 194 ff.

783 BT-Drucks. 16/6140, S. 75.

784 BT-Drucks. 16/6140, S. 75; BeckOKGmbHG/*Wisskirchen/Kuhn*, GmbHG, § 6, Rn. 19.

785 BT-Drucks. 16/6140, S. 75.

ländische Behördenentscheidungen wurde im Gesetzgebungsverfahren also bewusst abgelehnt.[786] Eine analoge Anwendung des § 6 II 2 Nr. 2 iVm. II 3 GmbHG scheidet demzufolge schon deshalb aus.

§ 6 II 2 Nr. 3 GmbHG erfasst grundsätzlich nur von Strafgerichten ausgesprochene Verurteilungen („Straftaten"). Es könnte aber eine analoge Anwendung von § 6 II 2 Nr. 3 iVm. II 3 GmbHG in Betracht kommen. Die *disqualification order* müsste als eine „Verurteilung im Ausland wegen einer Tat, die mit den in Satz 2 Nr. 3 genannten Taten vergleichbar ist", zu werten sein. Zwar sind in § 6 II 2 Nr. 3 GmbHG beispielsweise Straftaten aufgrund unrichtiger Darstellungen im Rahmen von Publizitätspflichten genannt und somit auch grundsätzlich mit ausgewählten Verstößen, nach welchen dem *director* ein Tätigkeitsverbot nach dem CDDA 1986 auferlegt werden könnte, nicht unvergleichbar. Zudem wäre so nicht von der Rechtsfolgenseite her argumentiert, sondern vielmehr eine tatsächliche Vergleichbarkeit gewährleistet. Für eine Analogie bedarf es jedoch bekanntlich gerade einer planwidrigen Regelungslücke. Der Gesetzgeber hat aber die Aufnahme derartiger ausländischer Entscheidungen überdacht und sich grundsätzlich dagegen ausgesprochen.[787] Ein im Ausland verhängtes Tätigkeitsverbot stellt demzufolge kein zu berücksichtigendes Bestellungshindernis dar.

Auch eine englische Verurteilung aufgrund eines Verstoßes gegen eine *disqualification order* kann nicht als vergleichbar gewertet werden. So sind, wie aufgezeigt,[788] zwar die Gründe, aufgrund derer eine *disqualification order* grundsätzlich erlassen werden kann, mit den in § 6 II 2 Nr. 3 GmbHG aufgeführten Straftatbeständen noch ähnlich, allerdings ist dort gerade nicht ein Verstoß gegen ein Tätigkeitsverbot aufgelistet. Zwar könnte eine englische Verurteilung[789] aufgrund der Verletzung von Publizitätspflichten Beachtung finden.[790] Soweit die bloße Nichtbeachtung der dargestellten Publizitätspflichten bestraft wird, ist die Verurteilung jedoch nicht vergleichbar: Die in Frage kom-

---

786 Vgl. BT-Drucks. 16/6140, S. 75; dies bestätigend: *Wicke*, § 6, Rn. 5; Roth/Altmeppen/*Altmeppen*, § 6, Rn. 20; Baumbach/Hueck/*Hueck/Fastrich*, § 6, Rn. 14.

787 BT-Drucks. 16/6140, S. 75.

788 S. Kapitel D. I. 2. h).

789 S. Kapitel D. I. 1.

790 Goette/Habersack/*Wachter*, S. 44, Rn. 1.122 verweist hier auf Schwierigkeiten bei der Feststellung der Vergleichbarkeit. Deshalb wird empfohlen, bei der Anstrebung der Eintragung in Zweifelsfällen entsprechende Verurteilungen im Ausland immer vorzulegen. Dies empfehle sich schon wegen der Strafbarkeit einer falschen Versicherung in Bezug auf vorliegende Bestellungshindernisse iSd. § 82 I Nr. 5 StGB, was ein erneutes Bestellungshindernis begründen würde (§ 6 II 2 Nr. 2 GmbHG).

menden deutschen Vorschriften knüpfen regelmäßig an die Krise des Unternehmens an. [791]

(2) Folgen des Vorliegen eines Bestellungshindernisses

Darüber hinaus wäre die bisher umstrittene Frage zu beantworten, ob bei Vorliegen eines Bestellungshindernisses die Eintragung der Zweigniederlassung überhaupt verweigert werden darf. [792] Nach alter Rechtslage war es zweifelhaft, ob die §§ 13d ff. HGB den Gerichten hierfür ein geeignetes Instrumentarium an die Hand gaben. Denn die maßgeblichen §§ 13f II 2, 13g II 2 HGB a.F. umfassten gerade nicht die Vorschriften der kapitalgesellschaftsrechtlichen Anmeldebestimmungen, die Gewerbeuntersagungen betrafen. [793] Der BGH hat aber noch vor Inkrafttreten der Vorschriften des MoMiG entschieden, dass aus dieser mangelnden Verweisung keinesfalls der Schluss gezogen werden dürfe, dass das zuständige Registergericht ihm bekannte Gewerbeverbote nicht berücksichtigen dürfe. [794] Das Gericht hat sich vielmehr für eine Eintragungsverweigerung ausgesprochen. [795] Ganz in diesem Sinne hat der Gesetzgeber die Neufassung des § 13e III HGB ausgestaltet. [796] Eine Eintragung wird demzufolge nicht vollzogen, sofern ein Bestellungshindernis iSd. § 6 II 2, 3 GmbHG vorliegt.

Ist die Gesellschaft bzw. Zweigniederlassung trotz mangelnder Eintragung im Inland tätig, so wären vorgesehene Sanktionen interessant: [797] Jedenfalls kann ein Zwangsgeld iSd. § 14 HGB gegen die anmeldepflichtige Person verhängt werden. [798] Hingegen ist eine Handelndenhaftung der Vertreter einer anzumeldenden Zweigniederlassung iSd. §§ 11 II GmbHG, 41 II AktG analog ab-

---

791 S. Kapitel D. I. 2. h).

792 Frühere Rechtsprechung: Für ein Recht der Eintragungsverweigerung: OLG Jena FGPrax 2006, 127, 128; gegen ein solches Recht: OLG Oldenburg RIW 2001, 863.

793 Staub/*Koch*, § 13e, Rn. 39. Es ging um die §§ 37 II AktG, 8 III GmbHG a.F. welche vom Geschäftsleiter eine Versicherung verlangten, dass kein Gewerbeverbot vorliege.

794 BGH NJW 2007, 2328; s. hierzu *Eidenmüller/Rehberg*, NJW 2008, 28 ff.; ablehnend: *Bauer/Großerichter*, NZG 2008, 253 ff.

795 Der BGH NJW 2007, 2328 äußerte, dass so weder gegen die Zweigniederlassungsrichtlinie noch gegen die Niederlassungsfreiheit verstoßen werde.

796 Wiederum ablehnend und kritisch zur Regelung: *Bauer/Großerichter*, NZG 2008, 253 ff. Kritisch: *Kindler*, AG 2007, 721, 729 f.; *ders.*, IPRax 2009, 189, 201.

797 Zum Ganzen: Staub/*Koch*, § 13d, Rn. 59 ff.; *Wachter*, DStR 2005, 1817, 1818 ff.

798 Freilich ist es in der Praxis für das zuständige Gericht schwierig, von der Existenz einer anmeldepflichtigen Zweigniederlassung Kenntnis zu erlangen. *Wachter*, DStR 2005, 1817, 1819 f. Anders, sofern es eine Eintragung angestrebt hat und diese verweigert wurde.

zulehnen.[799] Darüber hinaus ist keine Sanktionsmöglichkeit ersichtlich. Die in Deutschland mit Verwaltungssitz tätige Limited kann auch weiterhin aktiv bleiben. In Anbetracht der Tatsache, dass lediglich ein Zwangsgeld droht, verwundert es jedenfalls nicht, dass der erforderlichen Anmeldung einer Zweigniederlassung nur sehr zurückhaltend nachgekommen wird.

dd) Gewerbeverbot

Weder als Bestellungshindernis iSd. § 6 II 2 GmbHG noch als Berufsverbot nach § 70 StGB kann die *disqualification order* in Deutschland Berücksichtigung finden. So kann § 6 II 2 GmbHG – abgesehen von den soeben erfolgten Ausführungen zur Eintragung der Zweigniederlassung – nur bei der Bestellung als Geschäftsführer einer GmbH Beachtung finden. Ein Berufsverbot iSd. § 70 StGB bedarf hingegen freilich einer vorausgehenden deutschen Verurteilung. Unbenommen bleibt den deutschen Behörden aber die Möglichkeit der Verhängung eines Gewerbeverbotes, insbesondere iSd. § 35 GewO.[800] Die Vorschriften über die Eintragung der Zweigniederlassung schließen den Erlass einer Gewerbeuntersagung gegen den *director* nämlich gerade nicht aus.[801]

Eine anfängliche oder nachträgliche Kontrolle von Unternehmen soll zudem regelmäßig gegenüber Auslandsgesellschaften unproblematisch sein, sofern die materiell-rechtliche Berufsregel nach ihrem Geltungswillen auf diese anwendbar und diese Erstreckung mit Europarecht vereinbar ist.[802] Auch die hier speziell betroffenen *directors* ließen sich mit dem Gewerbeverbot ohne Schwierigkeiten disqualifizieren. So will § 35 GewO grundsätzlich alle unzuverlässigen Ge-

---

799 BGH NJW 2005, 1648, 1649 f. will die Nichteinhaltung der Pflicht zur Anmeldung nicht anders sanktionieren als bei entsprechenden Verstößen im nationalen Recht; einer anderen Lösung steht die Niederlassungsfreiheit entgegen. Zustimmend: Staub/*Koch*, § 13d, Rn. 36, 63; Roth/Altmeppen/*Roth*, § 4a Rn. 66; *Goette*, ZIP 2005, 1481, 1482; ebenso und umfassend zur Diskussion: Lutter/*Lutter*, S. 1, 9 ff. Ablehnend: *Kindler*, AG 2007, 721, 727: Die fehlende Zweigniederlassungspublizität entspreche wertungsmäßig der fehlenden Handelsregisterpublizität einer inländischen Vorgesellschaft, weshalb sie in gleicher Weise sanktionsbedürftig sei; *ders.*, IPRax 2009, 189, 201; mit umfassender Darstellung: MüKoBGB/*ders.*, IntGesR, Rn. 527 ff.: So soll tragendes Argument der Rechtsprechung des EuGH zur Niederlassungsfreiheit der Umstand sein, dass Gläubiger gerade durch die Zweigniederlassungspublizität geschützt seien. Zu diesem Schutz gehöre, dass der Zweigniederlassungsstaat geeignete Maßnahmen ergreifen muss, um die Offenlegungspflichten ausländischer Gesellschaften durchzusetzen. Eine solche geeignete Maßnahme sei gerade die Handelndenhaftung.

800 S. Kapitel D. I. 2. h), in welchem auch weitere Gewerbeverbote aufgeführt sind.

801 OVG Münster GewA 2005, 486; *Mödl*, RNotZ 2008, 1, 5.

802 Eidenmüller/*Rehberg*, § 7, Rn. 28.

schäftsleiter eines Gewerbebetriebes an einer Tätigkeit hindern. Auch ist die europarechtliche Vereinbarkeit der Anwendbarkeit der die Allgemeinheit schützenden, öffentlich-rechtlichen Norm des § 35 GewO anerkannt. [803] Um ein Gewerbeverbot verhängen zu können, müssten allerdings Anhaltspunkte für die Unzuverlässigkeit des *directors* gegeben sein. Liegt eine *disqualification order* mit regelmäßigem Wirkungsanspruch auch in Deutschland vor, so steht es dem deutschen Recht jedenfalls frei, einen Verstoß hiergegen zum Anlass für ein Gewerbeverbot zu nehmen. [804] Für eine europarechtliche Unzulässigkeit des Abstellens auf die *disqualification order* ist in der Tat nichts ersichtlich: Das deutsche Recht knüpft nur an eine ausländische Regelung an. Inländer werden zudem nicht besser behandelt.

Zweifelhaft bleibt freilich, ob die deutschen Behörden von einem entsprechenden ausländischen Tätigkeitsverbot überhaupt erfahren. Schließlich besteht schon kein grenzüberschreitender Abgleich etwaiger Register disqualifizierter Geschäftsleiter.

b) Tätigkeit als Leiter einer deutschen Kapitalgesellschaft

Vielfach diskutiert und mittlerweile geklärt ist die Möglichkeit der Umgehung des Vorliegens eines deutschen Bestellungshindernisses iSd. § 6 II 2, 3 GmbHG für eine deutsche GmbH durch die Gründung und Leitung einer englischen Limited. [805] Hier gilt es hingegen den umgekehrten Fall der Umgehung einer vorliegenden *disqualification order* (und damit dem bestehenden Hindernis der Eintragung als Zweigniederlassung in Deutschland) durch die Gründung und Leitung einer deutschen Kapitalgesellschaft zu untersuchen.

Wie gezeigt kann auch gegen Geschäftsleiter ausländischer Gesellschaften eine Disqualifikation ausgesprochen werden, allerdings entfaltet der als öffentlich-rechtlich zu qualifizierende CDDA 1986 gerade keine Wirkung in Deutschland. [806] Hier kann nichts anderes gelten als bei den Eintragungsvoraussetzungen der Zweigniederlassung der Limited, die auf die Regelungen der § 6 II 2, 3 GmbHG zurückgreifen: Das Vorliegen eines Tätigkeitsverbots iSd. CDDA 1986 hat für einen deutschen Geschäftsleiter einer in der Haftung

---

803 Tettinger/Wank/*Tettinger*, § 35, Rn. 12; BeckOKGewO/*Pielow*, § 35, Rn. 1.

804 Eidenmüller/*Rehberg*, § 7, Rn. 20. Will der disqualifizierte *director* ein Gewerbe leiten, so liegt ein Verstoß gegen eine *disqualification order* bereits vor. Dieser könnte hinsichtlich sämtlicher Gewerbearten in Deutschland Berücksichtigung finden.

805 BGH NJW 2007, 2328: Die Eintragung der Zweigniederlassung der Limited kann in diesem Fall verweigert werden. Auf diese Weise soll die Umgehung unterbunden werden. S. Kapitel E. I. 2. a) cc) (2).

806 S. Kapitel E. I. 2. a) aa), bb).

beschränkten Gesellschaft somit kein Bestellungshindernis iSd. § 6 II 2, 3 GmbHG zur Folge. Eine Person, der gegenüber in England eine *disqualification order* verhängt wurde, kann folglich auch in der Zukunft zum Geschäftsleiter einer deutschen Kapitalgesellschaft bestellt werden. [807] Dass sie damit gegen die *disqualification order* verstößt und sich somit nach englischem Recht haftbar macht, steht auf einem anderen Blatt. Unbenommen bleibt es aber dem deutschen Recht auch hier auf die Vorschriften zu den Gewerbeverboten zurückzugreifen. [808]

3. Stellungnahme

Die *officers* einer in Deutschland aktiven Limited werden sich durch die vorgesehenen strafrechtlichen Sanktionen nicht abschrecken lassen. Hier bedarf es einer Nachbesserung des Rahmenbeschlusses (in Form der Aufnahme von Publizitätsverstößen in den Katalog des Art. 5) sowie des geänderten IRG, sodass eine Vollstreckung in Deutschland einfacher zu bewerkstelligen ist. [809]

Die Verhängung einer *disqualification order* fällt in Deutschland stärker ins Gewicht. Diese findet über die Gewerbeverbote grundsätzlich Berücksichtigung. Ob das deutsche Recht von solchen Gebrauch macht, bleibt jedoch abzuwarten. Zumindest wird es für deutsche Behörden kein Leichtes sein, von einer englischen Disqualifikation zu erfahren, wenn weiterhin kein grenzüberschreitender Abgleich erfolgt. Daran anknüpfend ist ein gemeinschaftsweites elektronisches Register zu fordern, welches sämtliche Tätigkeitsverbote nach Personen gegliedert beinhaltet. Auf diese Weise könnte eine *disqualification order* über das Gewerbeverbot verstärkt Beachtung finden. Weiter ließe sich ein EU-weit geltendes, einheitliches Tätigkeitsverbot für Geschäftsführer von Kapitalgesellschaften diskutieren. So wäre ein Mitgliedstaaten-übergreifender Schutz gewährleistet. Schon jetzt ist dem Gläubiger zu empfehlen, das *disqualified directors register* (elektronisch) einzusehen und entsprechende Schritte einzuleiten. [810]

Hinsichtlich des deutschen Rechts positiv zu vermerken ist freilich die Aufnahme weiterer Strafurteile in den Katalog des § 6 II 2 Nr. 3 GmbHG. Dies ist schon jetzt ein Schritt in die richtige Richtung. Jedoch sollten ebenso ausländi-

---

807 So auch Goette/Habersack/*Wachter*, S. 45, Rn. 1.124; *Wälzholz*, MittBayNot 2008, 425, 428.

808 S. Kapitel E. I. 2. a) dd).

809 Vgl. Kapitel E. I. 1.

810 Z.B. Nichtaufnahme bzw. Beendigung der Geschäftsbeziehung, Zahlungsaufforderung und Mitteilung an die deutschen Behörden.

sche Tätigkeitsverbote im § 6 II 2 GmbHG aufgenommen werden. Schwierigkeiten bleiben aber weiterhin hinsichtlich der vom MoMiG-Gesetzgeber geforderten Entscheidungsfreiheit, [811] da auf eine Vergleichbarkeit aufgrund nicht vorhandener entsprechender Tätigkeitsverbote in Deutschland nicht abgestellt werden kann. Hier ließe sich – entsprechend dem Gewerbeverbot iSd. § 35 GewO – an das Einführen des Tatbestandsmerkmals der Unzuverlässigkeit denken. [812]

Letztlich bleibt festzuhalten, dass das englische Recht zwar umfangreiche Sanktionen für die Nichtbeachtung von Publizitätspflichten für die Verantwortlichen vorgesehen hat, diese jedoch in Deutschland bisher weitgehend leer laufen. Es verwundert also nicht, wenn gerade auch Gründer zweifelhafter Herkunft die Rechtsform der Limited wählen.

II. Konsequenzen für die „deutsche" Limited

Damit bleibt zu prüfen, inwiefern sich die englischen Sanktionen auch auf die in Deutschland tätige Limited selbst auswirken.

1. Nicht auf Löschung gerichtete Sanktionen

Bezüglich der strafrechtlichen Verurteilungen iSd. CA 2006 kann hier grundsätzlich nichts anderes gelten als bei den Auswirkungen der strafrechtlichen Sanktionen auf die Verantwortlichen. [813] Allerdings bleibt anzumerken, dass das deutsche Recht hinsichtlich der Sanktionen für die Gesellschaft selbst viel restriktiver ist, mithin die beiderseitige Sanktionierbarkeit oft ausscheiden wird. Eine *civil penalty* iSd. s. 453 (1) CA 2006 wird sich aber durchsetzen lassen. [814] Somit ist diesbezüglich eine Vollstreckung zwar möglich, jedoch bleibt sie schwerfällig und von geringer praktischer Bedeutung.

Folglich lässt sich feststellen, dass sowohl die *officers* der „deutschen" Limited als auch die Limited selbst hinsichtlich der bisher geprüften Sanktionen

---

811 S. Kapitel E. I. 2. a) cc) (1).

812 S. die im englischen Recht gem. ss. 1182 ff. CA 2006 geschaffene Möglichkeit: Hier kann eine inländische englische Disqualifikation erfolgen, sofern ein (potentieller) *director* etc. im Ausland als (im weitesten Sinne) ungeeignet eingestuft wurde. *Davies*, ch. 10-14, S. 253 f.

813 S. Kapitel E. I. 1. Die mit dem EuGeldG eingeführten Regelungen umfassen auch juristische Personen, somit Gesellschaften.

814 Vgl. Kapitel D. IV: Die Nichteinreichung des Jahresabschlusses wird auch nach deutschem Recht mit einem Bußgeld sanktioniert.

keinen tiefgreifenden Gefahren ausgesetzt sind. So sind schon unabhängig von deren tatsächlicher Relevanz bzw. Durchsetzbarkeit in Deutschland die genannten Sanktionen der Nichtbeachtung von Publizitätspflichten und deren Auswirkungen in Deutschland – abgesehen von der *disqualification order* und deren Berücksichtigung im Wege eines Gewerbeverbotes – regelmäßig nur finanzieller Natur und für alle Beteiligten nicht existenzbestimmend. [815] Etwas anderes könnte aber hinsichtlich der Löschung der Gesellschaft gelten:

2. Löschung der Gesellschaft

Nach deutschem Recht sind auch die Auflösung, Abwicklung und Beendigung der Gesellschaft vom Gesellschaftsstatut umfasst. [816] Mit der Geltung der Gründungstheorie in Deutschland ist folglich englisches Recht entscheidend. Das englische Recht folgt ebenso der Gründungstheorie und verweist nicht in das deutsche zurück. [817] Es ordnet die Auflösung, Abwicklung und Beendigung gleichfalls dem Gesellschaftsstatut zu. [818] Englisches materielles Recht muss also einschlägig sein. Das Ende der Rechtspersönlichkeit der Limited ist folglich auch in Deutschland zu beachten.

Der Verlust der Rechtspersönlichkeit muss auch ungeachtet dessen anerkannt werden, ob die Gesellschaft im deutschen Handelsregister als Zweigniederlassung gem. §§ 13d ff. HGB eingetragen ist oder nicht. [819] So besitzt die Zweigniederlassung zwar betriebswirtschaftlich und organisatorisch eine gewisse Eigenständigkeit, sie bleibt aber ein rechtlich unselbstständiger Teil des Unternehmens. [820] Ist die in Deutschland aktive Limited also mit einer Zweigniederlassung eingetragen, teilt diese doch das rechtliche Schicksal der englischen Hauptniederlassung. [821]

Somit ist fraglich, wie es um die rechtlichen Beziehungen der nun rechtsunfähigen Limited in Deutschland bestimmt ist. Von Bedeutung sollte dies allerdings nur sein, wenn die vollbeendete Gesellschaft in Deutschland noch nicht

---

815 Ob nach Ablauf der *disqualification order* diese in Deutschland iRd. Tatbestands der Unzuverlässigkeit Beachtung findet, bleibt abzuwarten.

816 S. Kapitel B. II. 2. Der Referentenentwurf ordnet die Gründungsanknüpfung sogar ausdrücklich an; s. Kapitel B. III. 2.

817 S. Kapitel B. I. 3. und einleitend Kapitel C.

818 *Dicey/Morris/Collins*, ch. 30-011, S. 1341: „*Whether a corporation has been dissolved must be determined by the law of its place of incorporation.*".

819 *Zimmer/Naendrup*, ZGR 2007, 789, 802. Zur Eintragungspflicht der Zweigniederlassung s. Kapitel C. III. 2.

820 *Süß*, DNotZ 2005, 180, 181.

821 *Wachter*, MDR 2004, 611, 612 mwN.

(vollständig) abgewickelt wurde und damit auch noch (möglicherweise unentdecktes) Vermögen im Inland vorhanden ist. Zwar kann bezüglich etwaiger Rechtsverhältnisse zu Dritten grundsätzlich auch in Deutschland schlicht von deren Erlöschen ausgegangen werden. Die Gläubiger verlieren also (zumindest fürs Erste) ihre Aktivposten. Jedoch stehen die Aktivposten der Gesellschaft in Frage, insbesondere deshalb, da die Grenzen des englischen Heimfallrechts zweifelhaft sind. Ist die Gesellschaft hingegen vollständig abgewickelt und vermögenslos, so entschwindet die Limited mit dem Verlust der Rechtsfähigkeit nach englischem Recht schlicht aus dem deutschen Rechtsverkehr. [822] Hiermit ist bei einer unerwarteten Löschung aus dem Register aufgrund Nichtbeachtung der Publizitätspflichten aber regelmäßig nicht zu rechnen. Vielmehr wird die Gesellschaft ungeahnt „aus dem Leben gerissen" werden. In der folgenden Untersuchung wird also – sofern nicht explizit auf Gegenteiliges hingewiesen ist – davon ausgegangen, dass noch Vermögen der Gesellschaft vorhanden ist.

Damit und in Ermangelung einschlägiger gemeinschaftsrechtlicher Vorschriften [823] ist im Folgenden umfassend die Frage nach der Verfahrensweise mit in Deutschland zurückgebliebenem Vermögen einer erloschenen Limited zu prüfen. Freilich soll auch untersucht werden, wie mit den Rechtsbeziehungen der Gesellschaft an sich umzugehen ist. Insgesamt gilt es auch die Folgen einer weiteren Aktivität der rechtsunfähigen Limited zu untersuchen. Letzteres wird häufig der Fall sein, da die Verantwortlichen von einer Löschung nichts erfahren bzw. sich darüber hinwegsetzen. Ebenso sollen andere damit zusammenhängende rechtliche Aspekte geklärt werden, um ein umfangreiches Bild zu den „deutschen" Konsequenzen der Löschung durch den Gründungsstaat England zu gewährleisten.

a) Zuordnung des Vermögens

Zuerst bedarf es einer Zuordnung des vorhandenen Vermögens der Gesellschaft in Deutschland. Unter den Begriff des Vermögens fallen alle geldwerten Rechte und Güter. [824] Für die Feststellung, ob tatsächlich Vermögen der Gesellschaft in

---

[822] Zu einer etwaigen erforderlichen Löschung der Zweigniederlassung aus dem deutschen Register s. unten Kapitel E. II. 2. c) dd) (4).

[823] Der Vorentwurf einer Richtlinie über die Auflösung und Liquidation von Gesellschaften aus dem Jahre 1987 wurde nicht weiter verfolgt; Abgedruckt bei *Lutter*, Europäisches Unternehmensrecht, S. 299 ff. Ziel dieser Liquidationsrichtlinie lag darin, Gläubigern und Gesellschaftern im Fall der Auflösung und Liquidation einer Gesellschaft einen gleichwertigen Schutz zu bieten. S. hierzu Spahlinger/Wegen/*Wendt*, Rn. 1076 ff.

[824] So etwa MüKoZPO/*Patzina*, § 23, Rn. 16.

Deutschland vorhanden ist, ist zunächst die Differenzierung nach Inlands- oder Auslandsvermögen nötig. Es geht also um die Belegenheit der Vermögenswerte.[825] Bei körperlichen Gegenständen ist nach deutschem Recht ausschlaggebend, wo sich die Sache tatsächlich physisch befindet.[826] Nach h.M. in Deutschland sollen hingegen in Anlehnung an § 23 S. 2 ZPO Forderungen an dem Ort belegen sein, an dem der Schuldner seinen gewöhnlichen Aufenthalt (Wohnsitz) oder seinen Gesellschafts(verwaltungs)sitz hat.[827] Damit geht auch das englische Recht einher.[828]

aa) Grenzen des Heimfallrechts

Aufgrund der umfassenden Geltung englischen Gesellschaftsrechts auch hinsichtlich einer „deutschen“ Limited, liegt es nahe, zuvorderst die Grenzen des englischen Heimfallrechts auszuloten. Dieses könnte möglicherweise auch das in Deutschland belegene Vermögen umfassen, sodass eine Zuordnung gewährleistet wäre. Hierfür sollen als Erstes die Situation im Internationalen Enteignungsrecht analysiert und etwaige Parallelen aufgezeigt werden (E. II. 2. a) aa) (1)). Anschließend soll untersucht werden, welche Vorgaben das englische Recht hinsichtlich der Geltung des Heimfallrechts auch im Ausland, mithin in Deutschland, macht (E. II. 2. a) aa) (2)). Sodann wird geprüft, ob das deutsche Recht eine Geltung des englischen Heimfallrechts überhaupt vorschreibt (E. II. 2. a) aa) (3)). Weiter wird die Bedeutung des Territorialitätsprinzips in diesem Zusammenhang beleuchtet (E. II. 2. a) aa) (4)). Abschließend soll das gefundene Ergebnis einer Überprüfung durch das europäische Recht standhalten (E. II. 2. a) aa) (5)).

(1) Internationales Enteignungsrecht

Immer wieder wird im Rahmen der Diskussion um die Zuordnung des zurückgebliebenen Vermögens eine Vergleichbarkeit mit der Situation im Internationalen Enteignungsrecht angeführt. Zumindest wird unter Berufung auf das Internationale Enteignungsrecht von derselben Rechtsfolge für das Vermögen ausgegangen.[829] Einige Stimmen äußern darüber hinaus sogar, dass „die Aneignung des vergessenen Vermögens der Gesellschaft durch die Krone (…) einer Enteig-

---

[825] Die Belegenheit eines Vermögensgegenstandes ist nach der lex fori zu beurteilen. Kronke/Melis/Schnyder/*Kronke/Mazza*, Teil K, Rn. 251.

[826] Ebenso gilt dies bei dinglichen Rechten, insbesondere der Hypothek. *Kegel/Schurig*, § 23 II. 4. mit weiteren Ausführungen.

[827] BGH NJW 1953, 542; WM 1962, 601; MüKoBGB/*Kindler*, IntGesR, Rn. 1042 f.; *Kegel/Schurig*, § 23 II. 4.

[828] *Dicey/Morris/Collins*, ch. 22R-001 ff., -023 ff., S. 1109 ff., 1116 ff.

[829] S. zu dieser Art der Zuordnung unten Kapitel E. II. 2. a) bb) (4).

nung gleichzustellen [sei], die (...) im Inland nicht anerkannt wird". [830] Dies soll Anlass genug für eine Prüfung sein, ob diese beiden Situationen, d.h. der Heimfall von Vermögen an einen ausländischen Staat und die Enteignung durch einen ausländischen Staat, tatsächlich vergleichbar oder gar gleichzustellen sind. So könnten Schlüsse aus der Rechtslage im Internationalen Enteignungsrecht für die Grenzen des Heimfallrechts gezogen werden.

Das Internationale Enteignungsrecht beantwortet die Frage, ob und unter welchen Voraussetzungen die privatrechtlichen Folgen fremdstaatlicher Enteignungen anzuerkennen sind. [831] Enteignungen sind hoheitliche Eingriffe in private Rechte für staats- oder wirtschaftspolitische Ziele. [832] Diese können aber auch Akte sein, die in ein privatrechtliches Gewand gekleidet sind, ebenso Akte, die in Tendenz und Wirkung einer Enteignung gleich kommen. [833] Beim Heimfallrecht geht es hingegen zwar primär um die Zuordnung herrenlosen Vermögens. Nimmt man jedoch den unmittelbar vorhergehenden Akt der unfreiwilligen Löschung und Beendigung der Gesellschaft mit dazu, durch welche wenigstens im Falle der ss. 1000 ff. CA 2006 das Heimfallrecht erst berufen wird, so kann zunächst durchaus der Anschein einer ähnlichen Sachlage erweckt werden. Jedenfalls bei oberflächlicher Analyse ist beiden Situationen gemein, dass ein ausländischer Staat eine Gesellschaft im Ausland vernichtet und sich deren Vermögen bemächtigen möchte. Damit ist weiter zu beantworten, wie die deutsche Rechtsordnung auf eine Enteignung eines ausländischen Staates reagiert.

Das deutsche Internationale Enteignungsrecht fordert für eine Anerkennung einer ausländischen Enteignung eine gewisse Nähebeziehung zwischen dem enteignenden Hoheitsträger und dem enteigneten Vermögen. [834] Im Rahmen dieses Merkmals geht die ganz h.M. vom sog. Territorialitätsprinzip [835] als ungeschriebenen Bestandteil aus. [836] Das Territorialitätsprinzip hat eine positive wie auch eine negative Aussage inne: Dessen positive Wirkung fordert eine Anerkennung

---

830 So ausdrücklich *Knütel*, RIW 2004, 503, 505; s. ferner LG Gera, Beschluss vom 03.05.2007 – 1 HK T 24/07; *Krömker/Otte*, BB 2008, 964.

831 BeckOKBGB/*Spickhoff*, EGBGB, Art. 46, Rn. 10; MüKoBGB/*Wendehorst*, EGBGB, Art. 46 Anh., Rn. 1.

832 BGHZ JZ 1986, 91, 95; Staudinger/*Großfeld*, IntGesR, Rn. 815.

833 Staudinger/*Großfeld*, IntGesR, Rn. 818.

834 MüKoBGB/*Wendehorst*, EGBGB, Art. 46 Anh., Rn. 13.

835 Umstritten ist die systematische Zuordnung. Siehe hierzu Nachweise bei MüKoBGB/*Wendehorst*, EGBGB, Art. 46 Anh., Rn. 13, Fn. 55, der auch darauf verweist, dass dieser Streit keine praktische Relevanz hat.

836 BeckOKBGB/*Spickhoff*, EGBGB, Art. 46, Rn. 11; MüKoBGB/*Wendehorst*, EGBGB, Art. 46 Anh., Rn. 13. Dieses wurde bereits vom BVerfG gebilligt, BVerfGE 84, 90, 124.

fremdstaatlicher Enteignungen.[837] Dies wird dem Interesse einer friedlichen internationalen Ordnung gerecht.[838] Mit der negativen Wirkung des Territorialitätsprinzips sollen Enteignungen aber regelmäßig nicht das außerhalb des enteignenden Staates belegene Vermögen umfassen.[839] Dies soll die Souveränität der Staaten abgrenzen[840] sowie eigene Staatsbürger vor Eingriffen mit fremden wirtschafts- und staatspolitischen Zwecken schützen.[841]

Folglich bedeutet dies, dass auch bei einer gewünschten Reichweite der Enteignung durch den Enteignerstaat auf das im Ausland belegene Vermögen diese nicht anerkannt wird. Eine freiwillige Beschränkung der Enteignung auf die im enteignenden Staat belegenen Vermögenswerte soll dabei gerade selten sein. Vielmehr wolle der Enteignerstaat regelmäßig auch außerhalb des Territoriums belegenes Vermögen an sich ziehen, soweit sie einem Staatsangehörigen oder aus ihrer Sicht inländischen Gesellschaften gehören.[842] Will man bereits hier eine parallele Folge für die Anerkennung des Heimfallrechts in Deutschland festmachen, so wäre diese Anerkennung folglich zu verneinen. Dies müsste dann unabhängig davon gelten, ob nun durch das englische Recht auch eine Anwendung auf in Deutschland belegenes Vermögen beansprucht wird.

Allerdings wird eine Anerkennung ultraterritorialer Enteignungen und damit eine Einschränkung des negativen Territorialitätsprinzips im Internationalen Enteignungsrecht durchaus diskutiert:[843] Dabei wird regelmäßig vorgeschlagen, nicht nur auf die Gebietshoheit, sondern auch auf die Personalhoheit des enteignenden Staates abzustellen. Ist diese zu bejahen, wäre eine „genügend enge Verbindung" bzw. ein „enger territorialer Bezug" des Vermögens zum Enteignungsstaat als ausreichend anzusehen. Teilweise wird eine Enteignung im Ausland belegenen Vermögens bei Staatsangehörigen des enteignenden Staates sogar schlechthin oder zur Sicherung des Zugriffs einer fremden Macht erlaubt. Daneben wird eine Enteignung bejaht, wenn die Vermögenswerte als Zubehör einer Wirtschaftseinheit, wie z.B. eines Unternehmens, zu qualifizieren sind. Auch wird darauf verwiesen, dass sich die Enteignung ausnahmsweise dann auch auf das Vermögen im Ausland erstreckt, wenn der Belegenheitsstaat zustimmt und damit die Enteignung vollzieht.[844] Gerade rechtspolitische Erwä-

---

837 Ulmer/*Behrens*, Einl. B 144; die positive Wirkung des Territorialitätsprinzip kann ausnahmsweise am ordre public scheitern, s. Staudinger/*Großfeld*, IntGesR, Rn. 820.

838 MüKoBGB/*Wendehorst*, EGBGB, Art. 46 Anh., Rn. 15.

839 Staudinger/*Großfeld*, IntGesR, Rn. 821.

840 Staudinger/*Großfeld*, IntGesR, Rn. 822.

841 *Wiedemann*, FS Beitzke, 1979, S. 811, 812.

842 So jedenfalls *Beemelmans*, S. 14.

843 S. zum Ganzen: MüKoBGB/*Wendehorst*, EGBGB, Art. 46 Anh., Rn. 23 f. mwN.

844 BGHZ 25, 134, 140; 32, 256, 259; Staudinger/*Großfeld*, IntGesR, Rn. 824 mwN.

gungen sollen es nahe legen, unter bestimmten Voraussetzungen auch extraterritoriale Enteignungswirkungen im Inland anzuerkennen. [845] Zumindest ist nach allen Ansichten aber immer eine Anerkennung der Enteignung durch den Belegenheitsstaat erforderlich. [846] Zieht man wiederum eine Parallele zum Heimfallrecht, so ließe dies die Diskussion einer entsprechenden Anerkennung des Heimfallrechts auch im deutschen Recht zu.

Jedoch wird richtigerweise angeführt, dass es sich bei einer Enteignung um einen „artfremden" Eingriff handelt. [847] Ein solcher Eingriff liegt mit dem Heimfallrecht jedoch gerade nicht vor, da dieses nicht zu politischen oder wirtschaftspolitischen Zwecken besteht. [848] Nichts anderes kann gelten, wenn man auch die Löschung der Gesellschaft im Register dazu zählt. Damit läge hier jedenfalls ein weniger starker Eingriff in die Souveränität eines ausländischen Staates vor. Wenn aber schon über die Anerkennung der Enteignung eines ausländischen Staates gestritten wird, so mag auch die des englischen Heimfallrechts bejahbar sein. Dafür bedarf es aber zunächst der Bestimmung der vom Heimfallrecht beanspruchten Reichweite.

(2) Englisches Recht

Es gilt demnach die *bona-vacantia*-Regel iSd. s. 1012 CA 2006 [849] näher zu betrachten. Festzustellen ist, ob diese aus Sicht des englischen Rechts auch außerhalb Englands [850] ihre Wirkung entfalten soll.

(a) Meinungsstand in der deutschen Literatur

Regelmäßig wird in der deutschen Literatur geäußert, dass nach englischem Recht Vermögen außerhalb der Grenzen Englands vom Heimfallrecht nicht um-

---

845 Ulmer/*Behrens*, Einl. B 144, der die negative Wirkung des Territorialitätsgrundsatzes nur gelten lassen will, wenn die Enteignung ohne hinreichende Entschädigung durchgeführt wurde.

846 Der Belegenheitsstaat enteignet dann selbst, Staudinger/*Großfeld*, IntGesR, Rn. 824; MüKoBGB/*Wendehorst*, EGBGB, Art. 46 Anh., Rn. 24; *Wiedemann*, FS Beitzke, 1979, S. 811, 812 f. Im Fall völkervertraglicher Regelungen ist eine solche Anerkennung geboten, vgl. Ulmer/*Behrens*, Einl. B 144.

847 MüKoBGB/*Kindler*, IntGesR, Rn. 967.

848 Hirte/Bücker/*Mock/Schildt*, § 17, Rn. 130.

849 S. zu dieser schon die Ausführungen bei Kapitel D. II. 2. b) dd).

850 Korrekterweise sei hier darauf hingewiesen, dass unzweifelhaft auch Vermögen in Wales, Schottland und Nordirland vom Heimfallrecht an die Krone (bzw. an das Duchy of Lancaster oder den Duke of Cornwall) umfasst ist. Der Einfachheit und vereinheitlichten Terminologie halber soll (wiederum) mit den Begriffen „Krone" und „England" gearbeitet werden.

fasst sein soll. [851] Es wird aber auch vertreten, dass das englische Recht das im Ausland belegene Vermögen beanspruchen will. [852] Rechtliche Begründungen oder auch stichhaltige Verweise auf englische Quellen [853] werden jedoch jeweils nicht bzw. lediglich eingeschränkt, meist nur unter Verweis auf das Territorialitätsprinzip, [854] geliefert. Häufig wird beim Anführen des Territorialitätsgrundsatzes gerade nicht differenziert, ob es nun das englische Recht ist, welches den Territorialitätsgrundsatz beachten will und damit von sich aus nur eine Geltung in England beansprucht, oder ob es das deutsche Recht ist, welches die Anerkennung der Entscheidung des englischen Rechts mit dem Territorialitätsgrundsatz versagt. Es bleibt folglich klarzustellen, welchen Geltungsbereich die Vorschrift des s. 1012 CA 2006 beansprucht. Will sie nur das in England belegene Vermögen erfassen, gilt es ferner zu beantworten, ob das englische Recht eine Verweisung auf ausländische Regelungen hinsichtlich im Ausland belegenen Vermögens vorsieht, oder dieses schlicht unberücksichtigt und damit ungeregelt lässt.

---

851 Wachter/*Süß*, Rn. 240; *Mansel*, FS Kegel, 2002, S. 111, 116; *Happ/Holler*, DStR 2004, 730, 736; *Schulz*, NZG 2005, 415; *Borges*, IPRax 2005, 134, 136; *Süß*, DNotZ 2005, 180, 189; *Vallender*, ZGR 2006, 425, 437; *Röder*, RIW 2007, 866, 867; *J. Schmidt*, ZIP 2007, 1712 f.; *dies.*, ZIP 2008, 2400; *Lamprecht*, ZEuP 2008, 289, 297 f.; *Werner*, GmbHR 2008, 43 f.; Triebel/von Hase/Melerski/*von Hase*, Rn. 646; kritischer *Leible/Lehmann*, GmbHR 2007, 1095 f.

852 LG Gera, Beschluss vom 03.05.2007 – 1 HK T 24/07; auch *Knütel*, RIW 2004, 503, 504, welcher sich dafür ausspricht, dass der Eigentumserwerb der Krone vom deutschen Recht nicht anerkannt wird (zu einem Fall einer in Guernsey registrierten und gelöschten Gesellschaft). Zur Frage nach der Anerkennung kann es nur kommen, wenn das englische Recht eine entsprechende Geltung beansprucht. So wohl auch *Schmittmann/Bischoff*, ZInsO 2009, 1561, 1564; *N. Schmidt*, ZInsO 2009, 1635, 1637. Ohne nähere Begründung *Schall/Westhoff*, GmbHR 2005, R357. *Zimmer/Naendrup*, ZGR 2007, 789, 804 lässt die beiden Ansichten hingegen „dahinstehen“. Dem Wortlaut nach auch auf das Vermögen in Deutschland bezogen, da nicht differenzierend *Kessler/Eicke*, DStR 2005, 2101, 2103.

853 Zitiert wird lediglich *Ing*, S. 11, 60.

854 *Kegel/Seidl-Hohenveldern*, FS Ferid I, 1978, S. 234 weisen gerade darauf hin, dass dieser Begriff, je nach Zusammenhang, in dem er verwendet wird, verschiedenen Sinn hat. Der Begriff wird gar als Schleier, der über der wirklichen Sachlage liegt, bezeichnet. MüKoBGB/*Sonnenberger*, Einl. IPR, Rn. 420 ff. macht darauf aufmerksam, dass für sich betrachtet der Begriff zur Lösung von Rechtsfragen ungeeignet sei. Dies verstärkt die Notwendigkeit einer Prüfung des englischen Rechts.

(b) Deutsche Rechtsprechung

Das Amtsgericht Charlottenburg nimmt im Rahmen seines Vorlagebeschlusses zum EuGH vom 07.11.2008 [855] Stellung zum englischen Heimfallrecht. Es interpretiert die Vorschrift dahingehend, dass sich der Vermögensanfall zugunsten der britischen Krone auch auf in anderen Mitgliedstaaten belegenes Vermögen erstrecken soll. So teilt das Amtsgericht mit, dass sich die „Rechtswirkung [des s. 1012 CA 2006], die nur gegenüber der Gesellschaft in ihrer Gesamtheit angeordnet werden kann, auch auf das in anderen Mitgliedstaaten der Europäischen Gemeinschaft belegene Gesellschaftsvermögen", und damit auch auf das in Deutschland belegene, auswirken muss.

Unkorrekt ist schon die Aussage des Gerichts, dass die Rechtswirkung des s. 1012 CA 2006 gegenüber der Gesellschaft nur in ihrer Gesamtheit angeordnet werden kann: [856] Die Gesellschaft existiert bereits mit Löschung nicht mehr. Der Vermögensanfall erfolgt zeitlich nach der Beendigung. Deshalb kann die Gesellschaft gar nicht mehr Normadressat der Vorschrift sein. [857] Darüber hinaus setzt das Gericht schlicht die Geltung des Heimfallrechts für auch im Ausland belegenes Vermögen voraus. Ob das englische Recht aber eine solche Geltung überhaupt beansprucht, vergisst das Gericht zu untersuchen. [858]

Neben dem Amtsgericht Charlottenburg hatten weitere deutsche Gerichte die Gelegenheit, sich zur Thematik zu äußern. Diese Gerichte schlossen sich regelmäßig der herrschenden Ansicht in der Literatur an. [859] Jedoch wurden ebenfalls keine ausführlichen Begründungen oder stichhaltigen Quellen aus der englischen Rechtsordnung angeführt: So verweist beispielsweise das OLG Nürnberg in seinem Hinweisbeschluss vom 10.08.2007, unter Anführung des Territorialitätsprinzips, auf eine diesbezüglich unstreitige Rechtslage zwischen den Parteien, aber auch auf die Übereinstimmung mit der von der Klagepartei vorgelegten Bestätigung des Treasury Solicitor sowie die allgemein zugänglichen Fundstellen in der deutschen Literatur, um darzulegen, dass etwaiges

[855] AG Charlottenburg, Beschluss vom 07.11.2008 – 99 AR 3845/08. Der EuGH hat sich mit Beschluss vom 12.01.2010, C-497/08 leider nicht zur Sache geäußert, sondern nur seine Unzuständigkeit für die Vorlagefrage angenommen (ABl. 2010 Nr. C 63, S. 19).

[856] Dabei war es schon falsch auf den s. 1012 CA 2006 abzustellen. Dieser trat erst zum 01.10.2009 in Kraft. In seinem Beschluss vom 07.11.2008 hätte sich das Gericht daher auf den nahezu inhaltsgleichen s. 654 CA 1985 stützen müssen. *J. Schmidt*, EWiR 2009, 379, 380.

[857] *Bachner/Gasser*, ZfRV 2009, 113, 116.

[858] Ähnlich *Bachner/Gasser*, ZfRV 2009, 113, 116.

[859] S. soeben Kapitel E. II. 2. a) (2) (a).

Auslandsvermögen vom Heimfallrecht nicht erfasst ist.[860] Deshalb hat das OLG Nürnberg keine weitere Ermittlung des englischen Rechts betrieben.[861] Auch das OLG Jena führt in seinem Beschluss vom 22.08.2007 die gebietsbeschränkende Wirkung des Vermögensanfalls bei der englischen Krone an.[862] Das Gericht argumentiert aber nur mit deutschem Recht, mithin mit dem Grundsatz, dass die dingliche Rechtslage von Sachen sich nach dem Recht des Lageortes bestimmt.[863] Auch die Berücksichtigung der deutschen Rechtsprechung hilft für eine Beurteilung des Anspruchs des englischen Rechts an die Reichweite des Heimfallrechts folglich nicht wesentlich weiter.[864]

(c) Das Heimfallrecht iSd. s. 1012 CA 2006

Der CA 2006 soll das Schicksal des im Ausland belegenen Gesellschaftsvermögens schlicht nicht regeln.[865] Womöglich trifft aber s. 1012 CA 2006 doch eine Aussage: Nach dem Wortlaut fällt bei der Löschung der Gesellschaft ihr zurückbleibendes Vermögen nicht durchgehend an die Krone. Vielmehr weist s. 1012 CA 2006 „je nach Lage des Falles“[866] das Vermögen „an die Krone, oder an das Herzogtum Lancaster oder den jeweiligen Herzog von Cornwall.“[867] Fraglich ist, ob damit eine Regelung bezüglich der beanspruchten territorialen Reichweite getroffen wurde. Näher wird die Vorschrift nämlich nicht präzisiert. Da es sich mit Lancaster und Cornwall um Regionen innerhalb Englands handelt, muss die geographische Lage für den Vermögensanfall an eines

---

860 OLG Nürnberg NZG 2008, 76, 77. Angeführt werden vom Gericht *Schall,* DStR 2006, 1229; *Happ/Holler,* DStR 2004, 730; *Schulz,* NZG 2005, 415; *Süß,* DNotZ 2005, 180; *Borges,* IPRax 2005, 134. Wie oben erwähnt liefern diese Fundstellen jedoch keine ausreichende Argumentation.

861 Unter Verweis auf Zöller/*Geimer,* § 293, Rn. 14 ff. Gegen eine zu schmale Untersuchung des englischen Rechts durch ein Gericht wird iRd. Beschlusses des LG Duisburg NZG 2007, 637 (zur grenzüberschreitenden Insolvenz der Limited) durch *Cranshaw,* jurisPR-InsR 20/2007, Anm. 4, C 2. argumentiert. So wird unter Hinweis auf Thomas/Putzo/*Reichold,* § 293, Rn. 4 die umfassende Erfassung des ausländischen Rechts gefordert.

862 OLG Jena NZG 2007, 877, 878.

863 OLG Jena NZG 2007, 877, 878.

864 Ebenso verweist das KG in seinem Beschluss vom 15.10.2009 - 8 U 34/09 (Leitsatz in NZG 2010, 310) nur auf das Territorialitätsprinzip. OLG Düsseldorf, Beschluss vom 10.05.2010 - I-24 U 160/09 zieht eine Geltung des Heimfallrechts außerhalb Englands erst gar nicht in Erwägung.

865 *Lamprecht,* ZEuP 2008, 289, 298.

866 S. 1012 (1) (a) CA 2006: “*as the case may be*“.

867 S. 1012 (1) (a) CA 2006: “*belong to the Crown, or to the Duchy of Lancaster or to the Duke of Cornwall for the time being*”.

der drei Institutionen entscheidend sein. [868] Jedoch ist der Vorschrift nicht zu entnehmen, auf wessen geographische Lage abzustellen ist. [869] In Frage kommen der Ort der Eintragung der Gesellschaft im Companies House, der Ort des *registered office* der Gesellschaft, sowie der Ort der Belegenheit des Vermögens. Dies gibt letztlich Aufschluss darüber, ob nun das englische Recht auch im Ausland belegenes Vermögen beansprucht.

Der Ansatz, vom jeweiligen Ort der Eintragung im Companies House auszugehen, d.h. je nach Eintragungsort der Gesellschaft der jeweiligen Institution das Vermögen anfallen zu lassen, kann sogleich verworfen werden. Denn die beiden Herzogtümer weisen kein eigenes Companies House auf. [870] Will man je nach Lage des *registered office* das Vermögen der jeweiligen Institution zuweisen, könnte auch ein Vermögen im Ausland von der Vorschrift umfasst sein, da sich das *registered office* einer Limited nicht im Ausland befinden kann. [871] Aus dem Abstellen auf die Belegenheit des Vermögens ließe sich jedoch schließen, dass ausländisches Vermögen von der Regelung des s. 1012 CA 2006 nicht umfasst wird, da keine entsprechenden ausländischen Orte aufgeführt sind.

Englischen Quellen äußern sich nur sehr eingeschränkt zur Reichweite des Heimfallrechts. Meist wird lediglich angeführt, dass das gesamte Vermögen in England an die Krone fällt und nicht explizit darauf verwiesen, dass im Ausland belegenes Vermögen nicht umfasst sein soll. [872] Eine Begründung fehlt regelmäßig. Auch findet sich, soweit ersichtlich, in der englischen Rechtsprechung kein Fall, welcher ausdrücklich das im Ausland belegene Vermögen ausnimmt. Diese helfen also bei der Untersuchung des s. 1012 CA 2006 nicht weiter. Lediglich *Ing* betont, dass im Ausland belegenes Vermögen nicht betroffen sein soll. [873]

Für eine Entscheidung könnten auch die vom Treasury Solicitor veröffentlichten Guidelines for the Assets of dissolved Companies that have vested in the Crown as bona vacantia [874] (im Folgenden: Guidelines) herangezogen werden. [875] In Punkt 11 wird die Institution mitgeteilt, welche für den Umgang mit den Vermögenswerten zuständig ist. Dabei wird grundsätzlich darauf verwiesen, dass jeweils sowohl das *registered office* als auch der Ort der Belegenheit des

868 Vgl. Bachner/Gasser, ZfRV 2009, 113, 116.

869 Vgl. Bachner/Gasser, ZfRV 2009, 113, 116.

870 Das Companies House befindet sich für englische und walisische Gesellschaften in Cardiff; s. Kapitel C. II. 3. b) bb).

871 S. wiederum Kapitel C. II. 3. b) bb).

872 Z.B. *Mann* (1952) 15 M.L.R. 479 „*all its property in England vest in the Crown as bona vacantia.*“.

873 *Ing*, S. 11 „*Property outside England and Wales is not collected as bona vacantia…*“.

874 *Treasury Solicitor*, Bona Vacantia Division, BVC1. S. schon Kapitel D. II. 2. b) dd).

875 So *Bachner/Gasser*, ZfRV 2009, 113, 116.

Vermögens ausschlaggebend sind. Fallen diese wie vorliegend auseinander, soll jedoch die Institution zuständig sein, in deren Region die Werte liegen. [876] Dies spricht also dafür, dass die Belegenheit des Vermögens im Rahmen des s. 1012 CA 2006 entscheidend sein soll. In Punkt 12 gibt der Treasury Solicitor sogar explizit bekannt, dass er bzw. die jeweilige Institutionen sich nur für in England und Wales belegenes Vermögens zuständig halten. Wenn sich also schon der Treasury Solicitor als der für das herrenlose Vermögen bzw. dessen Abwicklung Verantwortliche nicht für im Ausland belegenes Vermögen zuständig sieht, will auch s. 1012 CA 2006 keine entsprechende Wirkung entfalten. [877]

Bezüglich der Ansicht bzw. der Guidelines des Treasury Solicitor, welche dem Grunde nach beispielsweise auch vom OLG Nürnberg herangezogen wurde, um das Ausscheiden des Vermögensanfall auf im Ausland belegenes Vermögen zu begründen, [878] wird jedoch angeführt, dass es gerade auch Aufgabe des Treasury Solicitor sei, die Krone vor Belastungen zu schützen. Daher sei es nachzuvollziehen, dass dieser sich gegen einen Anfall an die Krone ausspreche: [879] Bei Anfall eines Kfz an die Krone sei diese verpflichtet, erforderliche Steuern abzuführen, vom Fahren ohne Versicherungsschutz und den entsprechenden Konsequenzen ganz zu schweigen. Auch bei Anfall eines Grundstücks entstünden der Krone finanzielle Belastungen, wie etwa die Grundsteuer oder etwaiger Versicherungsschutz. Darüber hinaus wird darauf aufmerksam gemacht, dass eine entsprechende Verwertung des im Ausland belegenen Vermögens nur schwierig für den Treasury Solicitor zu bewerkstelligen sei.

Diese Sicht kann aber nicht richtig sein: Das positive Vermögen kann gerade beim Anfall von Grundstücken die Belastungen überwiegen. Außerdem ist der Treasury Solicitor nicht auf sich alleine gestellt, sondern hat hinter sich eine Behörde stehen, die in der Lage sein wird, eine Vermögensverwertung auch im Ausland durchzuführen. Darüber hinaus bestehen mit zahlreichen Ländern Verträge etc., welche bei einer Abwicklung im Ausland grundsätzlich helfen. Ferner steht der Krone nach wie vor die Verzichtsmöglichkeit iSd. 1013 CA 1006 zu. [880] Ein Heranziehen der Ansicht bzw. der Guidelines des Treasury Solicitor ist also durchaus möglich, da dieser nicht ausschließlich von die Krone schützenden Erwägungen bestimmt wird.

Festzuhalten bleibt, dass sich s. 1012 CA 2006 an der Belegenheit des Vermögens im Inland festmacht, und folglich auch keine Anwendung des Heimfall-

---

876 S. Punkt 11 (6) der Guidelines.

877 So i.E. auch *Bachner/Gasser*, ZfRV 2009, 113, 116 f.

878 S. Kapitel E. II. 2 a) aa) (2) (b).

879 *N. Schmidt*, ZInsO 2009, 1635, 1637.

880 S. Kapitel D. II. 2. b) dd).

rechts auf Vermögen im Ausland gefordert wird. Das Schicksal des im Ausland belegenen Vermögens wird hiernach im CA 2006 tatsächlich nicht geregelt.

(d) Grundsätze aus der englischen Rechtsprechung

Dieses Ergebnis könnte auch durch Grundsätze aus der englischen Rechtsprechung bestätigt werden. So hatten englische Gerichte bereits mehrmals die Gelegenheit sich zu einem umgekehrt gelagerten Fall zu äußern: Als durch die Rechtsprechung geklärt gilt, dass das Heimfallrecht auch in England belegenes Vermögen einer im Ausland gegründeten Gesellschaft, welche nach ausländischem Recht beendet wurde, umfasst.[881] Schon daraus wird in der deutschen Literatur der Umkehrschluss gezogen, dass ausländisches Vermögen einer in England gegründeten Gesellschaft dem Rechtserwerb durch die englische Krone nicht unterworfen werden soll.[882] Lediglich auf im Inland belegenes Vermögen soll englisches Recht anwendbar sein.

Gestützt wird diese Ansicht durch den „Parallelfall" zum erbrechtlichen Heimfallrecht.[883] Im angeführten Fall geht es um das Anfallrecht der Krone bei erbenlosem Nachlass: Gem. s. 46 (1) (vi) Administration of Estate Act 1925 (c. 23) fallen erbenlose Nachlässe ebenso wie das Vermögen der gelöschten Gesellschaft als *bona vacantia* an die Krone.[884]

Zunächst ist im englischen Recht zwischen dem anwendbaren Recht für die Feststellung der Erbenlosigkeit des Nachlasses und dem auf die Verteilung des Nachlasses anwendbaren Recht zu unterscheiden.[885] Hier interessiert nur das auf die Verteilung des (erbenlosen) Nachlasses anzuwendende Recht. England kennt die Nachlassspaltung: Für die Verteilung des Nachlasses gilt nach englischem Recht für unbewegliches Vermögen die *lex rei sitae.*[886] Dies ist das Recht des Landes, in dem das Vermögen belegen ist. Im (vergleichbaren) hiesigen Fall also ausländisches Recht. Für bewegliches Vermögen gilt hingegen die *lex domicilii.*[887] Dies ist das letzte Erblasserdomizil,[888] welches iRd. vorliegen-

---

[881] *Russian & English Bank v Baring Brothers & Co Ltd* [1936] AC 405, 444; *Re Banque de Industrielle de Moscou* [1952] 1 Ch. 919; *Re Azoff Don Commercial Bank* [1954] 1 Ch. 315; *Dicey/Morris/Collins*, ch. 30-055, S. 1365 mit weiteren Hinweisen auf Rechtsprechung; s. auch *Flechter*, S. 235 und *Rammeloo*, S. 144.

[882] So ausdrücklich *Behrens*, FS Ott, 2002, S. 313, 323 und *J. Schmidt*, ZIP 2007, 1712, 1713.

[883] *Behrens*, FS Ott, 2002, S. 313, 323; *J. Schmidt*, ZIP 2007, 1712.

[884] Bzw. an die Herzogtümer Lancaster oder Cornwall.

[885] *Heckel*, S. 78.

[886] *Dicey/Morris/Collins*, ch. 27R-015, S. 1238.

[887] *Dicey/Morris/Collins*, ch. 27R-010, S. 1236; *Heckel*, S. 79. S. Ferid/Firsching/Dörner/Hausmann/*Henrich*, Band III, Großbritannien, C II, Rn. 9 ff. zu den Fragen, wann es sich nach englischem Recht um bewegliches oder unbewegliches

den Falles ebenso im Ausland belegen sein soll. Nur wenn mit der Anwendung des ausländischen Rechts ein dem Heimfallrecht vergleichbares Institut einschlägig wäre, soll die *lex rei sitae* bezüglich des beweglichen Nachlasses gelten. [889] Für eine Geltung der *lex domicilii* wäre also ein echtes Erbrecht des Staates notwendig. Das deutsche Erbrecht kennt beispielsweise kein Heimfallrecht. Vielmehr ist mit § 1936 BGB ein privatrechtliches Erbrecht des Staates vorhanden, welches damit nicht entsprechend zu qualifizieren ist. Darüber hinaus wäre aber mit Anwendung der *lex rei sitae* gleichermaßen ausländisches Recht einschlägig. So wird ja gerade von der Belegenheit im Ausland ausgegangen. Als ein Grundsatz im englischen Rechts kann daher festgehalten werden: Es wird keine Anwendung des erbrechtlichen Heimfallrechts auf das im Ausland belegene unbewegliche wie auch bewegliche Vermögen beansprucht. [890] Vielmehr beruft das englische Recht im erbrechtlichen Fall sogar ausländisches Recht.

Die Grundsätze der englischen Rechtsprechung laufen den oben erarbeiteten Aussagen zur Reichweite des Heimfallrechts iSd. s. 1012 CA 2006 nicht zuwider. Das englische Recht beansprucht das im Ausland belegene Vermögen gleichfalls nicht. Im Unterschied zum englischen Internationalen Erbrecht findet sich bezüglich im Ausland zurückgebliebenen Vermögens einer beendeten englischen Gesellschaft jedoch keine ausdrückliche Regelung, d.h. es fehlt – zumindest auf den ersten Blick – an einer Verweisung ins ausländische Recht. [891]

(e) Versteckte Kollisionsnorm

Mansel sieht in der Heimfallrechts-Vorschrift allerdings eine versteckte Kollisionsnorm, welche auf das Recht der Belegenheit verweist: [892]

Bei einer versteckten Kollisionsnorm wird die Rechtsfolge einer Kollisionsnorm, d.h. die Anwendbarkeit einer bestimmten Rechtsordnung, nicht ausdrück-

---

Vermögen handelt und welche Rechtsordnung für die Unterscheidung einschlägig ist. Die Differenzierung nach englischem Recht ist der deutschen ähnlich.

888 Der Domizilbegriff des englischen Rechts ist mit dem deutschen Wohnsitzbegriff nicht identisch, vielmehr verlangt er die Zugehörigkeit zu einem Rechtsgebiet und nicht zu einem bestimmten Ort. Diese Zugehörigkeit wird nur sehr restriktiv bejaht. S. Staudinger/*Hausmann*, EGBGB, Anh. Art. 4, Rn. 5 ff.

889 *Dicey/Morris/Collins*, ch. 2-023 f., S. 44.

890 So hat sich *Jenkins, LJ* in einem obiter dictum iRd. Entscheidung *In the Estate of Maldonado decd.* [1954] P. 223, 245, 249 (CA) geäußert, dass im Ausland belegener erbenloser Nachlass nicht vom englischen Recht beansprucht werden kann. S. ferner *Heckel*, S. 89.

891 Vgl. i.E. *Mansel*, FS Kegel, 2002, S. 111, 117.

892 *Mansel*, FS Kegel, 2002, S. 111, 117 ff. Sich anschließend *Lamprecht*, ZEuP 2008, 289, 298.

lich erwähnt, sondern sie ist objektiv verborgen.[893] Der Vorschrift des s. 1012 CA 2006[894] wird neben ihrem materiell-rechtlichen Inhalt auch ein kollisionsrechtlicher zugesprochen: Zum einen normiert s. 1012 CA 2006 das Heimfallrecht an sich. Zum anderen wird dieses aber nur bezüglich des im Inland belegenen Vermögens bestimmt. Hierin soll schon eine versteckte einseitige Kollisionsnorm gesehen werden können.[895] Deren allseitiger Ausbau wäre allerdings erforderlich, um zu einer Verweisung ins Land der Belegenheit zu gelangen.[896] Jedoch wird darauf hingewiesen, dass das englische Kollisionsrecht einem solchen allseitigen Ausbau einer geschriebenen Norm nur mit großer Zurückhaltung zustimmt. Dies sei nur dann möglich, wenn keine richterliche Stellungnahme in diesem Bereich vorliege.[897]

Hier wird die englische Kollisionsregel, die für die Rechtsinhaberschaft an Vermögensgegenständen im Allgemeinen angewandt wird, angeführt:[898] Entscheidend ist das Recht des Ortes der Belegenheit.[899] Damit könnte tatsächlich bereits eine allgemeine richterrechtliche Kollisionsregel vorhanden sein, welche das ausländische Recht zur Anwendung beruft.[900] An dieser Stelle geht es aber richtigerweise um den spezielleren Fall der Vermögenszuordnung beendeter Gesellschaften.[901] Eine versteckte Kollisionsnorm in der Heimfallrecht-Regelung kann folglich bejaht werden.[902] Aber auch wenn man eine derartige versteckte

---

893 *Kropholler*, § 13 IV mit grundsätzlichen Ausführungen zur versteckten Kollisionsnorm.

894 Genaugenommen hatte *Mansel*, FS Kegel, 2002, S. 111, 117 ff. zur nahezu inhaltsgleichen Vorgängervorschrift des s. 654 CA 1985 ausgeführt. Sein Ansatz kann daher auf diese Vorschrift übertragen werden.

895 Eine einseitige Kollisionsnorm regelt lediglich, unter welchen Voraussetzungen die inländische Rechtsordnung anzuwenden ist, gibt aber keine direkte Aussage über die Anwendbarkeit ausländischen Rechts. BeckOKBGB/*Lorenz*, EGBGB, Einl. IPR, Rn. 45.

896 Eine allseitige Kollisionsnorm beinhaltet einen umfassenden Rechtsanwendungsbefehl, der auch auf ausländisches Recht verweisen kann. BeckOKBGB/*Lorenz*, EGBGB, Einl. IPR, Rn. 45.

897 *Mansel*, FS Kegel, 2002, S. 111, 118; *Dicey/Morris/Collins*, ch. 1-048, S. 22.

898 *Mansel*, FS Kegel, 2002, S. 111, 118 mwN.

899 S. auch die dargestellten richterrechtlichen Grundsätze iRd. englischen erbrechtlichen Heimfallrechts Kapitel E II. 2. a) aa) (2) (d).

900 So will wohl *Behrens*, FS Ott, 2002, S. 313, 324 zu einer Verweisung ins deutsche Recht gelangen.

901 Mit Begründung *Mansel*, FS Kegel, 2002, S. 111, 119.

902 Daneben wird darauf verwiesen, dass das deutsche Recht auch dann zur Anwendung berufen werde, sofern das englische Recht mit dem sachrechtlich begrenzten Heimfallrecht überhaupt keine Verweisungsregelung treffe, mithin Normenmangel vorliege. Dies soll im Wege einer kollisionsrechtlichen Sonderanknüpfung an die inländische

Verweisung nicht annehmen will, so muss man doch über die allgemeine Kollisionsregel der Anwendbarkeit des Rechts des Ortes der Belegenheit zur Anwendung deutschen Rechts gelangen.

(f) Zwischenergebnis

Obwohl sich englische Quellen zur Reichweite des s. 1012 CA 2006 nur zurückhaltend äußern, muss nach alledem feststehen, dass das englische Recht eine Geltung des Heimfallrechts iSd. s. 1012 CA 2006 für im Ausland belegenes Vermögen nicht beansprucht. Dies manifestiert sich sowohl in seiner sachrechtlichen Begrenztheit auf in England belegenes Vermögen als auch in der kollisionsrechtlichen Verweisung auf das Recht des Staates, in welchem sich der Vermögensgegenstand befindet. Dieses Ergebnis wird auch dadurch gestützt, dass die englische Krone bisher noch nie den Heimfall von Vermögen außerhalb des Vereinigten Königreiches geltend gemacht hat.[903]

Die in der Literatur angeführte Vergleichbarkeit bzw. Gleichstellung mit dem Internationalen Enteignungsrecht[904] muss auch hier abgelehnt werden: Das englische Recht beansprucht schon keine Geltung seines Heimfallrechts im Ausland. Gerade anders ist es bei Enteignungen, die nach dargestellter Ansicht ausländische Staaten regelmäßig unabhängig von einer etwaigen Anerkennung auch über ihre Grenzen hinaus wirken lassen wollen.

(3) Deutsches Recht

Ginge man dennoch von einer Beanspruchung des im Ausland belegenen Vermögens durch den englischen Staat aus,[905] so würde sich die Frage stellen, ob das deutsche Recht die Anwendung des englischen Heimfallrechts auf im Inland belegenes Vermögen zulässt.

(a) International-privatrechtliche Qualifikation des Heimfallrechts

Das deutsche Recht kennt für das von einer gelöschten Gesellschaft zurückgebliebene Vermögen keine entsprechende Regelung. Damit gilt es Sinn und Zweck des Heimfallrechts in der englischen Rechtsordnung zu ermitteln und der passenden Kollisionsnorm im deutschen Recht zuzuordnen.[906] Fraglich muss also sein, ob eine gesellschaftsrechtliche Qualifikation in Frage kommt, das

---

Belegenheit der Vermögensgegenstände durch das deutsche Recht möglich sein; *Mansel*, FS Kegel, 2002, S. 111, 119, 122. Auf Schwierigkeiten hinweisend *Kropholler*, § 25 III 3.

903 So zuletzt *Leible/Lehmann*, GmbHR 2007, 1095, 1096.

904 S. Kapitel E. II. 2. a) aa) (1).

905 Vgl. Kapitel E. II. 1. a) aa) (1).

906 S. zu dieser funktionellen Qualifikation bereits Kapitel E. I. 2. a) aa).

deutsche Recht mithin auf das Heimfallrecht verweist, oder doch eine andere Einordnung einschlägig ist:

Für eine gesellschaftsrechtliche Qualifikation ließe sich anführen, dass sich das englische Heimfallrecht im CA 2006 befindet und damit in einem Act of Parliament, der das Gesellschaftsrecht kodifiziert. Ferner unterfällt auch „das Ende" der Gesellschaft dem Gesellschaftsstatut.[907] Das Heimfallrecht ordnet zurückgebliebenes Gesellschaftsvermögen zu, hat eine ähnliche Funktion wie die Abwicklung, in welchem Rahmen u.a. ebenso Vermögenszuweisungen erfolgen, und folgt regelmäßig unmittelbar der Vollbeendigung. Weiter spräche es für eine gesellschaftsrechtliche Qualifikation, wenn man sämtliche die Gesellschaft betreffende Normen dem Gesellschaftsstatut unterstellen könnte.

Allerdings wird darauf hingewiesen,[908] dass das englische Recht bei der Beendigung einer im Ausland gegründeten Gesellschaft mit Vermögenswerten in England das englische Heimfallrecht anwendet, hingegen nicht ein etwaiges Heimfallrecht des ausländischen Staates, dessen Recht das Gesellschaftsstatut ist.[909] Dabei ist gerade die Geltung der Gründungstheorie auch in England zu berücksichtigen.[910] Weiter spricht gegen einen privatrechtlichen Charakter des Heimfallrechts, dass es der englischen Krone im Hinblick auf die englischen Vermögenswerte einer ausländischen Gesellschaft eine privilegierte Stellung einräumt, die für Privatpersonen gerade nicht vorstellbar wäre.[911] Zu betonen ist ferner die Beschränkung des Rechtserwerbs der Krone auf in England belegenes Vermögen. Diese territoriale Begrenzung ist gerade für Rechtspositionen charakteristisch, die Ausfluss staatlicher Hoheitsrechte sind.[912]

Somit ist im Ergebnis von einer öffentlich-rechtlichen Qualifikation des Heimfallrechts auszugehen.[913] Das deutsche Internationale Privatrecht beruft das englische Heimfallrecht demzufolge nicht zur Anwendung.[914] Ginge man also entgegen dem oben gefundenen Ergebnis dennoch von einem Anspruch des

---

907 S. Kapitel E. II. 2. Hirte/Bücker/*Mock/Schildt*, § 17, Rn. 127, i. E. aber die gesellschaftsrechtliche Qualifikation ablehnend.

908 *Behrens*, FS Ott, 2002, S. 313, 323 f.

909 S. schon den Fall in der englischen Rechtsprechung Kapitel E. II. 2. a) aa) (2) (d).

910 S. Kapitel B. I. 3. und einleitend Kapitel C.

911 *Behrens*, FS Ott, 2002, S. 313, 324.

912 *Behrens*, FS Ott, 2002, S. 313, 323.

913 Es ließe sich auch über eine sachenrechtliche Qualifikation des Heimfallrechts sprechen. So geht es um die Zuordnung des Vermögens, mithin dem Recht an Sachen. Dies andeutend: *Behrens*, FS Ott, 2002, S. 313, 323. I.E. bliebe es aber dabei: Auf das englische Heimfallrecht wird nicht verwiesen; Art. 43 EGBGB.

914 I.E. auch Hirte/Bücker/*Mock/Schildt*, § 17, Rn. 127, die allerdings mit der fehlenden gesellschaftsrechtlichen Qualifikation die tatsächliche Qualifikation der *bona vacantia*-Regelung dahinstehen lassen wollen.

englischen Rechts auf in Deutschland belegenes Vermögen aus, so ließe sich dieser aus Sicht des deutschen Rechts nicht verwirklichen.[915]

(b) Regelung im Internationalen Erbrecht

Möglicherweise verlangt allerdings ein weiterer parallel gelagerter Fall, hier aus dem Internationalen Erbrecht, ein Abweichen von just gefundenem Ergebnis der Nichtberufung englischen Rechts:[916] In vielen Ländern ist bei Erbenlosigkeit des Nachlasses ein Anfall des Vermögens an den Fiskus vorgesehen.[917] Nach ganz herrschender Meinung wird dabei der Zugriff eines Staates auf erbenlose Nachlässe im deutschen Internationalen Privatrecht erbrechtlich qualifiziert.[918] Nach Art. 25 I EGBGB entscheidet das Recht des Staates, dem der Erblasser zum Zeitpunkt seines Todes angehörte, ob es sich um einen erbenlosen Nachlass handelt und unter welchen Voraussetzungen der Nachlass auf den Staat oder andere öffentliche Körperschaften übergeht.[919] Entgegen den soeben getroffenen Feststellungen zur öffentlich-rechtlichen Natur des englischen Heimfallrechts und der damit verbundenen Nichtverweisung auf englisches Recht, könnte das deutsche Recht dieses also dennoch zur Anwendung auch auf in Deutschland zurückgebliebenes Vermögen berufen, um einen Gleichlauf mit den Vorschriften zum Internationalen Erbrecht zu gewährleisten.

Dabei wird im Rahmen des deutschen Internationalen Erbrechts erkannt, dass es zu Spannungen zwischen den unterschiedlichen Arten des Vermögensanfalles an den jeweiligen Staat kommt. So zeigt der internationale Vergleich der staatlichen Zugriffsrechte, dass diese sehr unterschiedlich ausgestaltet sind:[920] Sollte der Nachlass erbenlos sein, ist in Deutschland gem. § 1936 BGB

---

[915] Will man hingegen die oben aufgezeigte Parallele zum Internationalen Enteignungsrecht fortführen, so muss eine Anerkennung des englischen Heimfallrechts in Deutschland ebenso abwegig sein; vgl. Kapitel E. II. 2. a) aa) (1).

[916] Auf die Vergleichbarkeit der Fälle hinweisend *Behrens*, FS Ott, 2002, S. 313, 323 Fn. 13; *Knütel*, RIW 2004, 503, 504; *Lamprecht*, ZEuP 2008, 289, 297, Fn. 49.

[917] S. bereits zum englischen erbrechtlichen Heimfallrecht Kapitel E. II. 2. a) (2) (d).

[918] MüKoBGB/*Birk*, EGBGB, Art. 25, Rn. 173; Staudinger/*Dörner*, EGBGB, Art. 25, Rn. 203 mwN.; Soergel/*Schurig*, EGBGB, Art. 25, Rn. 29 mwN.; *Kropholler*, § 51 IV 2 d.

[919] Staudinger/*Dörner*, EGBGB, Art. 25, Rn. 203. Schon *Savigny*, § 377, S. 315 f. sprach sich dafür aus, dass sowohl die Frage, ob der Nachlass erbenlos sei, als auch welchem Fiskus der Anspruch zustehe, ohne Rücksicht auf die Lage der Vermögensgegenstände dem Erbstatut zu unterstellen sei.

[920] Z.B. MüKoBGB/*Birk*, EGBGB, Art. 25, Rn. 172 ff.; *Bungert*, MDR 1991, 713 ff.

das private Erbrecht des Staates mit universaler Wirkung einschlägig; [921] andere Rechtsordnungen, wie das englische Recht, kennen hingegen nur ein hoheitliches Aneignungsrecht. [922] Dabei ist erstaunlich, dass man zum einen den hoheitlichen Charakter, z.B. des englischen erbrechtlichen Heimfallrechts, erkennt. Zum anderen will man dennoch vollumfänglich auf die einschlägigen Kollisions- und Sachnormen des betreffenden Staates verweisen. [923] Wie die ausländische Rechtsordnung den Vermögensanfall an den Staat selbst einordnet, interessiert die deutsche lex fori nämlich gerade nicht. [924] Sie nimmt also keine Rücksicht darauf, ob die Nachlasszuweisung an den ausländischen Fiskus erbrechtlich, öffentlich-rechtlich (oder sachenrechtlich) zu qualifizieren ist. Jedoch wird davon ausgegangen, dass das jeweilige Heimfallrecht territorial auf im jeweiligen eigenen Land belegenes Vermögen begrenzt ist. [925] Ferner wird auf eine Rückverweisung durch den Heimfallrecht-Staat ins deutsche Recht vertraut: Das ausländische Kollisionsrecht soll meist eine einseitige Kollisionsnorm beinhalten, die eben lediglich auf den im eigenen Territorium belegenen erbenlosen Nachlass Anspruch erhebt und ausländisches Vermögen unberücksichtigt lässt. [926] Diese Kollisionsregel sei dann allseitig auszubauen, was zu einer Verweisung in das jeweilige Belegenheitsrecht führt. [927] Auf diese Weise kommt man über eine Rückverweisung zur Anwendung deutschen Rechts. [928] Sieht man die ausländische Aneignungsnorm jedoch als lediglich sachrechtlich begrenzt an, soll regelmäßig ein Normenmangel entstehen, welcher durch das Berufen deutschen Rechts zu beheben sei. [929] Zwar geht man somit von einer erbrechtlichen Qualifikation aus, gelangt letztlich aber dennoch zur Anwendung deutschen Rechts. Das zum Erbstatut zu zählende ausländische Heimfallrecht umfasst folglich regelmäßig nicht das in Deutschland belegene Vermögen. Auch

---

921 Damit wäre bereits ein Erbe berufen. Erbenlosigkeit läge somit eigentlich gar nicht vor. Ein solches staatliches Erbrecht kennen ebenso z.B. die Schweiz, die Türkei, Griechenland und Spanien; Soergel/*Schurig*, EGBGB, Art. 25, Rn. 29.

922 Staudinger/*Dörner*, EGBGB, Art. 25, Rn. 205 f. führt hier daneben Österreich, die Niederlande und Großteile der US-Bundesstaaten an.

923 Staudinger/*Dörner*, EGBGB, Art. 25, Rn. 214.

924 MüKoBGB/*Birk*, EGBGB, Art. 25, Rn. 173.

925 MüKoBGB/*Birk*, EGBGB, Art. 25, Rn. 173.

926 Staudinger/*Dörner*, EGBGB, Art. 25, Rn. 214.

927 Soergel/*Schurig*, EGBGB, Art. 25, Rn. 31; Staudinger/*Dörner*, EGBGB, Art. 25, Rn. 214; a.A. *Bungert*, MDR 1991, 713, 716 f.

928 Soergel/*Schurig*, EGBGB, Art. 25, Rn. 31. Im Ergebnis ebenso MüKoBGB/*Birk*, EGBGB, Art. 25, Rn. 175 f.; a.A. *Firsching*, IPRax 1986, 25, 27.

929 Soergel/*Schurig*, EGBGB, Art. 25, Rn. 31 mwN. S. für eine entsprechende Annahme iRd. englischen Heimfallrechts Kapitel E. II. 2. a) aa) (2) (e).

bei einem Blick auf die Regelungen des englischen Rechts [930] wird deutlich, dass im Ergebnis deutsches Erbrecht Anwendung findet.

Will man einen Gleichlauf zwischen dem im Inland zurückgebliebenen Vermögen einer vollbeendeten ausländischen Gesellschaft und eines erbenlosen Erblassers herstellen, so ist darauf hinzuweisen, dass das deutsche Internationale Privatrecht ebenso die Anwendung ausländischen Rechts anordnet. Dies könnte unabhängig davon geschehen, ob der jeweilige Staat sein Heimfallrecht nun gesellschaftsrechtlich, öffentlich-rechtlich (oder sachenrechtlich) qualifiziert. Es würde schlicht das Heimfallrecht zum Gesellschaftsstatut zählen. Mit der meist gebietsbeschränkten Wirkung könnte man darauf vertrauen, dass das ausländische Recht auf deutsches Recht zurückverweist oder bei mangelnder Regel im jeweiligen Recht über dessen Desinteresse zur Anwendung deutschen Rechts kommt. Entsprechendes ist, wie oben festgestellt, im englischen Recht gerade der Fall. [931]

Fraglich ist demzufolge, ob die Situation des Heimfall- bzw. Aneignungsrechts bei erbenlosen Nachlässen überhaupt mit der der beendeten Gesellschaft gleichgesetzt werden kann: Als Grund für die stetige erbrechtliche Qualifikation wird angeführt, dass es beim „erbrechtlichen" hoheitlichen Heimfallrecht in der Sache ebenso um die Ordnung des Nachlasses geht. [932] Dies ist gerade Regelungsinhalt des Erbrechts. Zwar soll der Anfall des Vermögens der Gesellschaft an den Staat im Grundsatz auch das zurückbleibende Vermögen der gelöschten Gesellschaft ordnen. Jedoch gehört es im Gegensatz zum Erbrecht nicht zu den primären Aufgaben des Gesellschaftsrechts, zurückbleibendes Vermögen zu verteilen. Weiter soll auch die Übertragung der Entscheidung des BGB-Gesetzgebers, der in § 1936 BGB die Beteiligung des Fiskus als subsidiäres privates Erbrecht ausgestaltet hat, auf die Ebene des Kollisionsrechts eine Bedeutung für die erbrechtliche Qualifikation haben. [933] Damit einhergehend soll die einheitliche Qualifikation aller Ausgestaltungen eines Fiskuserbrechts vorzugswürdig sein. [934] Dem deutschen Recht ist also zumindest der Zugriff auf erbenloses Vermögen an sich bekannt. Um hiermit parallel argumentieren zu können, müsste auch im deutschen Gesellschaftsrecht eine Art Heimfallrecht des Vermögens gelöschter Gesellschaften an den Staat überhaupt vorhanden sein. Aller-

930 Kapitel E. II. 2. a) aa) (2) (d).

931 Zur Annahme einer Verweisung bzw. (wiederum) eines Normenmangels im englischen Recht Kapitel E. II. 2. a) aa) (2) (e).

932 *Kropholler*, § 51 IV 2 d.

933 Staudinger/*Dörner*, EGBGB, Art. 25, Rn. 203.

934 Staudinger/*Dörner*, EGBGB, Art. 25, Rn. 203.

dings ist im deutschen Gesellschaftsrecht keine entsprechende Regelung zu finden.[935]

Damit lässt sich ein Gleichlauf mit den deutschen Regelungen zu erbenlosen Nachlässen nicht herstellen, vielmehr ist dieser auszuschließen. Es bleibt folglich dabei, die Qualifikation des Heimfallrechts dem Sinn und Zweck nach festlegen zu müssen. Dies hat ergeben, dass es öffentlich-rechtlich zu qualifizieren ist und damit nicht dem Gesellschaftsstatut unterfällt. Daher beruft also das deutsche Recht das englische Heimfallrecht hinsichtlich in Deutschland zurückgebliebenen Vermögens nicht zur Anwendung.

(4) Territorialitätsprinzip

Fraglich bleibt, welche Bedeutung dem Territorialitätsprinzip zukommt.[936] So soll gerade dieses eine Erstreckung des Heimfallrechts auf in Deutschland belegenes Vermögen bereits unmöglich machen.[937]

Das Territorialitätsprinzip im Internationalen Öffentlichen Recht besagt: Bestimmte Handlungen des Staates (Gesetze, Verwaltungsentscheidungen, Gerichtsentscheidungen), die unmittelbar den Staatsinteressen dienen, wirken grundsätzlich nur im Staatsgebiet.[938] Diese Beschränkung ist damit zu begründen, dass kein Staat die Ausübung fremder Hoheitsrechte auf seinem Staatsgebiet dulden wird.[939] Damit dürfte das hoheitliche englische Heimfallrecht nicht über die Grenzen Englands hinaus gelten.[940] So ließe sich nun hier anführen, dass das Territorialitätsprinzip zum einen in der Beschränkung des englischen Heimfallrechts auf in England belegenes Vermögen Beachtung findet. Der englische Staat respektiert damit die territoriale Souveränität anderer Staaten. Zum anderen läge auch in der Nichtberufung des Heimfallrechts durch den deutschen Staat der Wunsch der Berücksichtigung des Territorialitätsprinzips.

Allerdings wird richtigerweise darauf hingewiesen, dass eine Vermögensübertragung an einen Staat international-privatrechtlich in Deutschland nicht per se ausgeschlossen ist.[941] Vielmehr muss eine Prüfung erfolgen, ob das in-

---

935 S. unten die Diskussion um die Konstruktion eines etwaigen Heimfallrechts Kapitel E. II. 2. a) bb) (2).

936 S. bereits zum Territorialitätsprinzip iRd. Internationalen Enteignungsrechts Kapitel E II. 2. a) aa) (1).

937 S. die zahlreichen zu unbestimmten Verweise in der deutschen Literatur und Rechtsprechung Kapitel E. II. 2. a) aa) (2) (a), (b).

938 *Kegel/Seidl-Hohenveldern*, FS Ferid I, 1978, S. 233, 236. S. dort und auch in Kapitel E. II. 2. a) aa) (2) (a) den Hinweis auf die Unschärfe des Begriffes.

939 *Kegel/Seidl-Hohenveldern*, FS Ferid I, 1978, S. 233, 236.

940 Vgl. *Bungert*, MDR 1991, 713, 715 mwN. zur territorialen Begrenzung des erbrechtlichen Heimfallrechts.

941 Hirte/Bücker/*Mock/Schildt*, § 17, Rn. 130.

ländische deutsche Recht die Geltung des ausländischen Rechts wünscht und eine vom ausländischen Recht geforderte grenzüberschreitende Wirkung folglich anerkennt. [942] So wäre auch eine anderweitige, mithin privatrechtliche Qualifikation des Heimfallrechts möglich gewesen. Alleine das Anführen des Territorialitätsprinzips hilft also nicht weiter.

(5) Bedenken des Amtsgerichts Charlottenburg: Vereinbarkeit mit europarechtlichen Vorgaben

Gegen eine Vereinbarkeit der Nichtanwendung des Heimfallrechts auf im Ausland belegenes Vermögen mit dem Europarecht spricht sich das Amtsgericht Charlottenburg aus. Es führt in seinem Vorlagebeschluss zum EuGH vom 07. 11. 2008 [943] an, dass es „nicht nachvollziehbar [wäre], wenn sich eine Gesellschaft im Einklang mit der Rechtsprechung des Europäischen Gerichtshof von der Gründung bis zur Löschung uneingeschränkt dem englischen Gesellschaftsrecht als Gesellschaftsstatut unterstellen kann und die Geltung deutschen Gesellschaftsrechts von Anfang an ausschließen will, für den Fall des Eintritts negativer Rechtsfolgen des von Beginn an gewählten Gesellschaftsrechts aber wieder in das insofern günstigere bundesdeutsche Gesellschaftsrecht (...) fliehen kann.“ Es sei vor dem Hintergrund der gesellschaftsrechtlichen EuGH-Rechtsprechung kein Raum für ein derartiges „Herauspicken der Rosinen“. Zwar erkennt das vorlegende Gericht, dass s. 1012 CA 2006 im Ausland (Deutschland) grundsätzlich keine Wirkung entfalten kann, auch wenn dieses vom englischen Recht gewünscht wäre. Jedoch wird hier die angeordnete enteignende Wirkung des Heimfallrechts angeführt: Diese finde nach deutschem Recht auch für im Inland belegenes Vermögen Anwendung, wenn der Belegenheitsstaat durch Gesetz oder Staatsvertrag sein Einverständnis gegeben hat. [944] Wegen des Abschlusses und der Ratifikation des EG-Vertrages [945] und insbesondere mit der Geltung der Art. 10, 43, 48 EGV [946] neigt das Amtsgericht Charlottenburg der Auffassung zu, Deutschland habe der enteignenden Wirkung auf seinem Territorium für das Vermögen entsprechender Gesellschaften zugestimmt. Es sei vor dem Primärrecht der Europäischen Gemeinschaft in seiner Gesamtheit nicht überzeugend, wenn die Mitgliedstaaten die vom Gesellschaftsrecht eines europäischen Partnerstaates ausgehenden „Fernwirkungen“ ablehnen könnten.

---

942 Ähnlich Hirte/Bücker/*Mock/Schildt*, § 17, Rn. 130.

943 S. bereits Kapitel E. II. 2. a) aa) (2) (b).

944 Vgl. auch Kapitel E. II. 1. a) aa) (1).

945 Jetzt: AEUV; s. hierzu Kapitel B. I. 4. a).

946 Jetzt: Art. 4 III EUV, 49, 54 AEUV.

Jedoch beansprucht das englische Recht wie dargelegt keine Geltung des Heimfallrechts auch im Ausland. [947] Insofern gehen gar keine „Fernwirkungen" vom englischen Gesellschaftsrecht aus, deren Nichtanerkennung gegen das europäische Primärrecht verstoßen könnte. Darüber hinaus verkennt das Gericht, dass das Heimfallrecht gerade nicht gesellschaftsrechtlich zu qualifizieren ist. Es erfolgt also keine Flucht vor den negativen Rechtsfolgen des ausländischen Gesellschaftsrechts. Es kann folglich gar keine Verletzung der EuGH-Rechtsprechung vorliegen: Der durch die EuGH-Rechtsprechung festgesetzte Schutzbereich der angeführten Art. 43, 48 EGV umfasst die Niederlassungsfreiheit der Gesellschaft, und nicht etwaige hoheitliche Heimfallrechte der Mitgliedstaaten. [948] Wie das Heimfallrecht zu qualifizieren ist, kann nicht die Niederlassungsfreiheit festlegen. Aus dieser folgt lediglich, dass das Gründungsstatut auch im Ausland Anwendung finden muss. [949] Die Frage, ob die Grundfreiheiten eine weitere Geltung des Gründungsrechts auch auf gelöschte Auslandsgesellschaften fordern, ist also hiervon zu differenzieren. Weiter ist schon die Qualifikation des Heimfallrechts als Enteignungstatbestand abzulehnen. [950] Zwar kann wie gezeigt eine Anerkennung des Heimfallrechts diskutiert werden, jedoch ist auch diese letztlich zu verneinen. [951]

Die gefundenen Ergebnisse lassen sich demgemäß durchaus (auch unter Berücksichtigung der vom Amtsgericht Charlottenburg angeführten Zweifel) mit den europarechtlichen Vorgaben vereinbaren.

bb) Anderweitige Zuordnung des Vermögens

Da nach den vorangehenden Ausführungen also feststehen muss, dass das in Deutschland belegene Vermögen nicht vom englischen Heimfallrecht umfasst ist und demzufolge nicht an die englische Krone fällt, hat eine anderweitige Zuordnung dieses Vermögens zu erfolgen. Diese Zuordnung ist nach alledem nach deutschem Recht vorzunehmen, was auch mit dem Grundsatz des Art. 43 EGBGB, welcher hinsichtlich einer Vermögenszuordnung das Recht des Staates zur Anwendung beruft, in welchem sich die Sache befindet, einhergeht.

Dabei muss insbesondere die Berücksichtigung der Interessen der Gläubiger und der Mitglieder der Gesellschaft von Bedeutung sein: Diese wollen in ir-

---

947 S. Kapitel E. II. 2. a) aa) (2) (f). Die Entscheidung des Amtsgericht Charlottenburg diesbezüglich ebenso rügend *J. Schmidt*, EWiR 2009, 379, 380.

948 *J. Schmidt*, EWiR 2009, 379, 380.

949 S. Kapitel B. I. 6.

950 *J. Schmidt*, EWiR 2009, 379, 380 zur Vorgängervorschrift. S. Kapitel E. II. 2. a) aa) (1).

951 Kapitel E. II. 2. a) aa) (2) (c).

gendeiner Form auf das von ihnen an die Gesellschaft geleistete Vermögen zugreifen.

(1) Herrenlosigkeit

Mit dem Verlust der Rechtsfähigkeit die Herrenlosigkeit des zurückbleibenden Vermögens anzunehmen, widerspräche grundlegenden Strukturprinzipien des deutschen Rechts: [952] Derartige verselbstständigte Vermögenseinheiten sind dem deutschen Recht fremd. Es ist vielmehr eine Zuordnung zu einem Rechtssubjekt erforderlich. Eine Herrenlosigkeit des Vermögens liefe zudem den Interessen der Mitglieder der gelöschten Gesellschaft diametral entgegen. [953] Ebenso blieben die Interessen der Gesellschaftsgläubiger unberücksichtigt. [954]

(2) Anfall an den deutschen Staat

Möglicherweise finden sich in deutschen Sachnormen Regelungen oder Grundsätze, welche einen Anfall an den deutschen Fiskus zulassen.

(a) Übertragung des Gedanken der §§ 45 III, 46 BGB

Zumindest im deutschen Vereinsrecht ist unter bestimmten Umständen ein Anfall an den Fiskus vorgesehen: [955] Zwar fällt grundsätzlich mit Auflösung des Vereins und Entzug seiner Rechtsfähigkeit gem. § 45 I BGB sein Vermögen an die in der Satzung bestimmten Personen. Auch könnte – hierzu hilfsweise – gem. § 45 II 1 BGB durch die Satzung vorgeschrieben sein, dass die Berechtigten durch Beschluss der Mitgliederversammlung oder ein anderes Vereinsorgan bestimmt werden. Fehlt es jedoch an einer derartigen Vorschrift in der Satzung, fällt nach § 45 III BGB das Vermögen an den Fiskus des Bundeslandes, in dessen Gebiet der Verein seinen Sitz hatte. § 46 BGB verweist auf die entsprechende Anwendung der Vorschriften über eine dem Fiskus als gesetzlichem Erben anfallende Erbschaft. Daraus folgt, dass der Fiskus als Gesamtrechtsnachfolger in das Vereinsvermögen und die Vereinsverbindlichkeiten eintritt, vgl. §§ 1922, 1936 S. 1, 1967 BGB. [956] Möglichweise ließe sich daraus eine entsprechende Regelung für den vorliegenden Fall konstruieren. [957]

---

[952] RGZ 98, 103; OLG Stuttgart NJW 1974, 1627, 1628; OLG Nürnberg NZG 2008, 76, 77; *Behrens*, FS Ott, 2002, S. 313, 325; *Borges*, IPRax 2005, 134, 137. So aber *Lewald*, RabelsZ 21 (1956) 119, 130.

[953] OLG Jena NZG 2007, 877, 878; MüKoBGB/*Kindler*, IntGesR, Rn. 985; *Röder*, RIW 2007, 864, 867.

[954] *Röder*, RIW 2007, 866, 867.

[955] Dies erkennen auch Hirte/Bücker/*Hirte*, § 1, Rn. 77a und *Lamprecht*, ZEuP 2008, 289, 300 f.

[956] PWW/*Schöpflin*, § 46, Rn. 1. Im Unterschied zum englischen Heimfallrecht fällt iRd. §§ 45 III, 46 BGB das Vermögen nicht nur an den Fiskus, welcher dieses liquidiert.

Allerdings ist ein Anfall an den Fiskus gem. § 45 III BGB nur dann möglich, wenn entweder keine Vereinsmitglieder zu ermitteln sind, diese aus anderen Gründen ausfallen oder kein selbstnütziger Verein vorliegt. Selbstnützig sind wirtschaftliche Vereine und solche, die keine steuerbegünstigten Zwecke nach §§ 51 ff. AO verfolgen.[958] Diese Aspekte machen den hinter den §§ 45 III, 46 BGB stehenden Rechtsgedanken deutlich: Zum einen sollen die Vermögensinteressen der Mitglieder einer privaten juristischen Person denen des Fiskus vorgehen.[959] Die Gesellschafter der gelöschten Limited wären also primär zu berücksichtigen. Zum anderen soll der deutsche Fiskus selbstnützige Vereine gerade nicht „beerben".[960] Bei der Limited wird es sich jedoch regelmäßig um ein nach Gewinn für seine Gesellschafter strebendes Unternehmen gehandelt haben.[961] Eine Übertragung der Grundsätze der §§ 45 III, 46 BGB auf einen Anfall des Vermögens einer ausländischen gelöschten Gesellschaft an den Fiskus ist also schwerlich möglich.[962]

(b) Übertragung der Lösungen zur erbrechtlichen Konstellation

Jedoch könnte für einen Anfall an den deutschen Fiskus wiederum das Internationale Erbrecht angeführt werden.[963] Zuvor wurde bereits festgestellt, dass auch im Falle des erbenlosen Nachlasses von der Anwendung deutschen Rechts ausgegangen wird. Dies gilt mit der einheitlichen erbrechtlichen Qualifikation etwaiger Anfallrechte des Staates aufgrund Rückverweisung oder Normenmangel hinsichtlich des in Deutschland belegenen Vermögens.[964] Stimmen zur erbrechtlichen Thematik wollen sodann ein Aneignungsrecht des deutschen Staates entwickeln.

Dabei wird zum einen § 958 BGB angeführt, der bei herrenlosen beweglichen Sachen eine Aneignung durch jedermann ermöglicht. So soll es gerade „der öffentlichen Ordnung in Deutschland nicht entsprechen (...), unter Anwendung des § 958 BGB einen herrenlosen Nachlass plündernden Horden zu über-

---

Vielmehr befriedigt er auch Gläubiger und verwendet einen etwaigen Liquidationserlös in einer den Zwecken des Vereins entsprechenden Weise. So *Lamprecht*, ZEuP 2008, 289, 300 f. Zum englischen Heimfallrecht, bei welchem der Erlös beim Fiskus bleibt s. Kapitel D. II. 2. b) dd).

957 Dies diskutieren Hirte/Bücker/*Hirte*, § 1, Rn. 77a und *Lamprecht*, ZEuP 2008, 289, 300 f.

958 PWW/*Schöpflin*, § 45, Rn. 4.

959 *Knütel*, RIW 2004, 503, 505.

960 *Lamprecht*, ZEuP 2008, 289, 300.

961 Vgl. *Lamprecht*, ZEuP 2008, 289, 300 f.

962 So auch Hirte/Bücker/*Hirte*, § 1, Rn. 77a und *Lamprecht*, ZEuP 2008, 289, 300 f.

963 Dies ebenso diskutierend *Mansel*, FS Kegel, 2002, S. 111, 120 f.

964 S. Kapitel E. II. 2. a) aa) (3) (b).

lassen.“ [965] Deshalb sei ein vorrangiges Aneignungsrecht des Staates iSd. § 958 BGB von Nöten. Entsprechend könnte argumentiert werden, dass sich der deutsche Fiskus das bewegliche Vermögen der gelöschten Limited über § 958 BGB aneignen könne. Allerdings ist die Argumentation bereits im Erbrecht zweifelhaft: Das deutsche Recht hat mit § 1936 BGB ein universelles bürgerlich-rechtliches Fiskuserbrecht geschaffen. So wäre es sachlich unangemessen, den erbrechtlichen Zugriff des Fiskus zugunsten eines Aneignungsrechts zu verneinen. [966] Damit entfiele beispielsweise auch eine Haftung des Fiskus für die Nachlassverbindlichkeiten. [967] Außerdem müsse es wohl zumindest vorübergehend zur Herrenlosigkeit des Vermögens kommen. [968] Daneben darf nicht unberücksichtigt bleiben, dass sich § 958 BGB nur auf das bewegliche Vermögen bezieht und außerdem gerade kein vorrangig staatliches, sondern vielmehr ein für jedermann gleichrangiges Recht gewährt. [969] Insbesondere wären die Interessen der Gläubiger und der Mitglieder der Gesellschaft nicht berücksichtigt, da sich Regelungen über deren geordnete Befriedigung im deutschen Recht nicht finden. [970] Außerdem würde auch eine solche Regelung schwerlich über den in §§ 45, 46 BGB verankerten Rechtsgedanken hinweghelfen, welcher keinen Eintritt des Staates in „selbstnützige“ Organisationen will. [971] Nach allem muss ein Aneignungsrecht über § 958 BGB bezüglich des Vermögens der gelöschten Gesellschaft ausscheiden.

Zum anderen wird zur erbrechtlichen Konstellation aber ein Aneignungsrecht des deutschen Fiskus über § 928 II BGB vorgeschlagen. [972] Nach § 928 II BGB steht das Recht zur Aneignung eines aufgegebenen Grundstücks dem Fiskus des Landes zu, in welchem das Grundstück liegt. [973] Zwar will man im Wege der Analogie dessen Anwendung auf das gesamte Vermögen erreichen. [974] Jedoch werden wiederum für den zu untersuchenden Fall sowohl die

965 *Wolff*, S. 60.
966 MüKoBGB/*Birk*, EGBGB, Art. 25, Rn. 176.
967 MüKoBGB/*Birk*, EGBGB, Art. 25, Rn. 176.
968 S. soeben Kapitel E. II 2. a) bb) (1).
969 Näher *Graupner/Dreyling*, ZVglRWiss 82 (1983) 193, 202; *Bungert*, MDR 1991, 713, 716.
970 *Mansel*, FS Kegel, 2002, S. 111, 120.
971 Vgl. hierzu wiederum Kapitel E. II 2. a) bb) (1).
972 *Graupner/Dreyling*, ZVglRWiss 82 (1983) 193, 202 f.; *Bungert*, MDR 1991, 713, 717.
973 S. hierzu NK-BGB/*Grziwotz*, § 928, Rn. 14 ff.
974 Für nicht unbewegliches Vermögen seien die Einzelnormen § 35 I Strandordnung vom 17.05.1874, § 928 BGB, Art. 129 EGBGB und die landesgesetzlich geregelten Fischerei-, Perlfischerei-, Bernstein- und Schatzregalien als Analogiebasis heranzuziehen und im Wege der Rechtsanalogie zu einem hoheitlichen Aneignungsrecht zu erweitern. *Graupner/Dreyling*, ZVglRWiss 82 (1983) 193, 203; *Bungert*, MDR 1991, 713, 717.

Problematik um die zumindest vorübergehende Herrenlosigkeit als auch der Rechtsgedanke der §§ 45, 46 BGB und die Interessen der Gesellschafter und Gläubiger vernachlässigt.

Ein Anfall an den Fiskus kommt nach alledem nicht in Frage.

(3) Anfall an die Mitglieder

Möglicherweise könnte das Vermögen jedoch den Mitgliedern der Limited unmittelbar zugeordnet werden. [975] Eine Übertragung könnte im Verhältnis ihrer Anteile vollzogen werden. [976] So erscheinen deren (u.a. in §§ 45 III, 46 BGB zum Ausdruck gebrachten) Vermögensinteressen berücksichtigt. Auch sind die Mitglieder nach dem Erlöschen der Gesellschaft die mit der Gesellschaft zuvor am engsten verbundenen Bezugspunkte. Allerdings ließe sich anführen, dass dieser Anfall gerade gegen die Interessen der Gesellschafter spräche, da nicht klar sei, ob ihre Haftung auf das übergegangene Vermögen zu beschränken sei. [977] Vor allem aber wären die Interessen der Gläubiger gefährdet, welchen die Haftungsmasse entzogen wäre und welche auf eine Vielzahl, unter Umständen auch ihnen nicht bekannte Schuldner verwiesen wären. [978] Ein unmittelbarer Anfall des Vermögens an die Gesellschafter muss also ebenso ausscheiden.

(4) Fortbestand der Gesellschaft

Damit ist es naheliegend, an die h.M. im deutschen Recht, welche die Rechtsfähigkeit einer deutschen Gesellschaft solange als fortbestehend betrachtet bis sie vollständig abgewickelt ist und somit eine Vermögenszuordnung gewährleistet, anzuknüpfen. [979] Zumindest mit diesem Ergebnis gehen auch die iRd. zu untersuchenden Problematik in Literatur und Rechtsprechung vielzitierten Grundsätze zur Rest-/Spaltgesellschaft einher. So wollen zahlreiche Stimmen das Bestehen einer solchen Gesellschaft mit diesen Grundsätzen rechtfertigen. [980] Fraglich ist aber, ob die Lehre von der Rest-/Spaltgesellschaft hier tatsächlich ohne weiteres übernommen werden kann.

---

975 So laut *Flume*, FS F. A. Mann, 1977, S. 143, 161 die österreichische Rechtspraxis im Falle der Enteignung im Ausland und zurückbleibendem Vermögen in Österreich. Sind nach der Vernichtung der Gesellschaft nur die Mitglieder übrig, soll dies nach *Flume* die richtige Lösung sein.

976 Ablehnend *Knütel*, RIW 2004, 503, 505.

977 *Röder*, RIW 2007, 866, 867.

978 BGHZ 33, 195, 198; OLG Jena NZG 2007, 877, 878; *Flume*, FS F. A. Mann, 1977, S. 143, 162; *Knütel*, RIW 2004, 503, 505; *Röder*, RIW 2007, 866, 867.

979 S. zur Lehre vom Doppeltatbestand Kapitel D. II. 2. a) aa).

980 So beispielsweise OLG Jena NZG 2007, 877, 878 („ohne Weiteres übertragbar"); OLG Nürnberg NZG 2008, 76, 77; *Knütel*, RIW 2004, 503, 505; *Röder*, RIW 2007, 867; *Krömker/Otte*, BB 2008, 964.

(a) Lehre von der Rest-/Spaltgesellschaft

Die Lehre von der Rest-/Spaltgesellschaft ergibt sich „aus der gebietsbeschränkten Wirkung staatlicher Zwangseingriffe und der Notwendigkeit, das Rechtssubjekt um das außerhalb des Zugriffsbereichs belegenen und deshalb von der Zwangsmaßnahme nicht betroffenen Vermögens willen zu erhalten.“ [981] Sie gilt als ein „Exot aus dem Internationalen Gesellschaftsrecht“ und wurde im Zuge der Enteignungen im 20. Jahrhundert entwickelt. [982] Betroffene, im Ausland enteignete Unternehmen hatten Vermögen im Inland, der deutsche Staat wusste zunächst nicht mit diesem umzugehen. Insbesondere im Zusammenhang mit der Beschlagnahme deutschen Vermögens als Feindvermögen während und nach dem Zweiten Weltkrieg sowie als Folge der Enteignungen von Vermögen in der DDR und in anderen sozialistischen Staaten hatte sich die deutsche Rechtsprechung und Literatur mit der Thematik zu befassen. [983] Zu berücksichtigen war, dass das Ziel der Eingriffsstaaten auf unterschiedliche Weise erreicht werden konnte: [984] Gerade zum einen die Auflösung des Verbandes und die gleichzeitige Vernichtung der Mitgliedschaftsrechte sowie zum anderen die Beschlagnahme der Mitgliedschaftsrechte und die weitere Fortführung des Unternehmens als Alleingesellschafter führten zu Problemen, mit denen sich die deutsche Rechtsprechung auseinander zu setzen hatte. [985] Wie oben bereits aufgezeigt, erkennt die h.M. im deutschen Recht zwar die Enteignung im Ausland, nicht allerdings eine Enteignung im Inland an. [986] Dies gilt für beide genannten Arten des Eingriffs. Damit war auch hier zu entscheiden, wem das inländische Vermögen zugeordnet werden kann.

Nach mehrjähriger Diskussion in der Literatur hat die Rechtsprechung [987] entschieden, dass das Territorialitätsprinzip auch für die Aberkennung der

---

[981] BGHZ 24, 4, 10.

[982] *Knütel*, RIW 2004, 503, 505.

[983] *Wiedemann*, FS Beitzke, 1979, S. 811, 812; *Beemelmans*, S. 1 f. mwN. auch zu weiteren damals anstehenden Enteignungen. Die Problematik um die enteignenden Eingriffe stellt sich auch heute noch im Hinblick auf Nationalisierungsmaßnahmen in Entwicklungsländern, aber auch in Industriestaaten, s. hierzu Ulmer/*Behrens*, Einl. B 143.

[984] Zu den verschiedenen Arten s. *Wiedemann*, FS Beitzke, 1979, S. 811 f.

[985] *Wiedemann*, FS Beitzke, 1979, S. 811, 812 f. Daneben konnte der Staat auch das Gesellschaftsvermögen selbst konfiszieren. Vernichtete er so die Gesellschaft aber nicht, entstanden keine Schwierigkeiten, Ulmer/*Behrens*, Einl. B 146.

[986] S. Kapitel E. II. 2. a) aa) (1).

[987] Einen Überblick zum Durchbruch und zur Verfestigung der Theorie in der Rechtsprechung gibt *Wiedemann*, FS Beitzke, 1979, S. 811, 823 ff.

Rechts- oder Organisationsfähigkeit von Gesellschaften gelten soll. [988] Die Wirkung der Aberkennung soll sich auf das Gebiet des enteignenden Staates beschränken, im Inland soll eine Rest-/Spaltgesellschaft bestehen bleiben – beschränkt auf das Inlandsvermögen. [989] Terminologisch spricht man bei einer Vernichtung der alten Gesellschaft von einer Restgesellschaft. [990] Hingegen liegt im Inland eine Spaltgesellschaft vor, wenn lediglich die Mitgliedschaftsrechte [991] enteignet wurden, die Gesellschaft also im Enteignerstaat mit anderen Mitgliedern fortbesteht. [992] Rest- und Spaltgesellschaft werden rechtlich weitestgehend gleich behandelt, eine Unterscheidung ist deshalb in der Regel vernachlässigbar. [993] Die Rechtsprechung hat es deshalb sogar dahinstehen lassen, ob die Gesellschaft im Ausland überhaupt erloschen war (etwa im Fall der bloßen Übernahme der Anteile im Enteignerstaat). [994] Es soll deshalb einheitlich von der Restgesellschaft gesprochen werden. Der Theorie von der Restgesellschaft stehen aber nach wie vor Bedenken gegenüber: Das ihr innewohnende Territorialitätsprinzip steht den Grundsätzen des deutschen Gesellschaftsrechts gegenüber. Mit konsequenter Durchführung des Territorialitätsprinzips wird die „Einheit der juristischen Person" aufgegeben. [995] Letztlich beruht die Theorie von der Restgesellschaft aber auch auf einer politischen Willensentscheidung. [996] Deshalb wird gerade zugleich gefordert, dass die weitere Behandlung dieser unter größtmöglicher Schonung der gesellschaftsrechtlichen Ordnung zu erfolgen hat. [997]

---

988 Erstmals aufgetaucht ist die Theorie in RGZ 107, 94; s. ferner BGH NJW 1952, 540; NJW 1957, 1433; *Wiedemann*, FS Beitzke, 1979, S. 811, 813; Ulmer/*Behrens*, Einl. B 148.

989 *Wiedemann*, FS Beitzke, 1979, S. 811, 813.

990 MüKoBGB/*Kindler*, IntGesR, Rn. 988.

991 Bei einer Enteignung der Mitgliedschaftrechte will der enteignende Staat das Territorialitätsprinzip umgehen. Es gilt als sog. „kalte Gesellschaftsenteignung", da der Bestand der Gesellschaft unangetastet gelassen wird, um das Gesellschaftsvermögen über die Mitgliedschaftsrechte auch aus dem Ausland an sich zu ziehen. Freilich lässt dies das Territorialitätsprinzip nicht zu, so dass der Enteignerstaat Mitgliedschaftsrechte nur mit Wirkung für sein Territorium austauschen kann. BGHZ 62, 340, 343, 345; *Bemelmans*, S. 68 f.; s. MüKoBGB/*Kindler*, IntGesR, Rn. 989.

992 Staudinger/*Großfeld*, IntGesR, Rn. 834.

993 Kronke/Melis/Schnyder/*Kronke/Mazza*, Teil K, Rn. 264.

994 KG WM 1962, 122, 123; s. *Borges*, IPRax 2005, 134, 138 mwN.

995 *Paulick*, FS Raschhofer, 1977, S. 181, 195 f.

996 *Paulick*, FS Raschhofer, 1977, S. 181, 197.

997 Staudinger/*Großfeld*, IntGesR, Rn. 862; MüKoBGB/*Kindler*, IntGesR, Rn. 995 f.

(b) Übertragung der Grundsätze der Lehre von der Restgesellschaft

Will man nun die Lehre von der Restgesellschaft anführen, um das hiesige Fortbestehen einer Gesellschaft bei noch vorhandenem Vermögen zu begründen, so muss doch vorgebracht werden, [998] dass der Rechtsgrund für den Fortbestand als Restgesellschaft (im Enteignungsfalle) gerade die fehlende Anerkennung von Enteignung und Verlust der Rechtspersönlichkeit durch das deutsche Recht ist. [999] Hingegen besteht bei der Löschung der Limited an der Anerkennung der Beendigung ihrer rechtlichen Existenz kein Zweifel. Lässt man die Gesellschaft aufgrund der Grundsätze zur Restgesellschaft fortbestehen, so setzt sich die deutsche Rechtsordnung gerade über die Regelung des Gründungsrechts hinweg. [1000] In dieser Konstellation lässt sich eine Anwendung des Territorialitätsprinzips bezüglich der nicht zu erfolgenden Aberkennung der Rechtsfähigkeit von Gesellschaften also nur schwerlich begründen. [1001] Denn die Niederlassungsfreiheit umfasst gerade auch das Erlöschen der Rechtsfähigkeit der Gesellschaft, [1002] was eine Beurteilung nach dem Gründungsstatut erfordert. Ein Fortbestehenlassen der Gesellschaft aufgrund der Grundsätze der Lehre von der Restgesellschaft und damit ein gleichzeitiges Durchbrechen der Gründungstheorie sind somit nicht folgerichtig.

Soweit es um eine Ordnung des Vermögens geht, bedarf es jedoch schon gar keiner Nichtanerkennung der Beendigung in der Weise wie sie die Lehre von der Restgesellschaft verlangt: Es wird durch die Verweisung im englischen Recht gerade deutsches Recht zur Anwendung berufen. [1003] Es obliegt nach englischem Recht gerade dem deutschen Recht, eine Regelung hinsichtlich des zurückgebliebenen Vermögens zu treffen. Hiernach kann also zunächst durchaus davon ausgegangen werden, dass das deutsche Recht in der von ihm vorgesehenen Regelung zur Zuordnung vollkommen frei ist und damit auch ein Fortbestand der Gesellschaft in Frage kommt.

Auch wenn für die vorliegende Problematik die Begründung des Bestandes einer Gesellschaft mit der originären Lehre von der Restgesellschaft fehl gehen muss, sind sich doch im Ergebnis alle Meinungen einig: Es soll eine Gesell-

---

[998] Hirte/Bücker/*Mock/Schildt*, § 17, Rn. 129 f.; *Mock*, NZI 2008, 262, 263.

[999] In diesem Sinne aber z.B. das OLG Jena NZG 2007, 877, 878 („rechtfertigen es, die Beendigung der Gesellschaft für das in Deutschland belegene Vermögen nicht anzuerkennen.“).

[1000] *Mock*, NZI 2008, 262 f.

[1001] Vgl. auch schon Kapitel E. II. 2 a) aa) (4).

[1002] S. Kapitel B. II. 2. und auch *Mock*, NZI 2008, 263.

[1003] S. Kapitel E. II. 2. a) aa) (2) (e). Würde man anders als hier eine solche Rückverweisung nicht annehmen, käme man über die dort angeführte Sonderanknüpfung zur Anwendung deutschen Rechts.

schaft bestehen, welcher die Vermögenswerte in Deutschland zugeordnet werden können. [1004] Dieser den Regelungen des deutschen Gesellschaftsrechts entstammende Grundsatz enthält die einzig praktikable Lösung. Weder Herrenlosigkeit des zurückgebliebenen Vermögens, noch Anfall an den Staat oder die Gesellschafter kommen in Frage. [1005] Mit einer existierenden Gesellschaft hingegen ist sowohl eine Zuordnung des Vermögens gewährleistet als auch können die Interessen der Gesellschafter und Gläubiger insbesondere durch eine im Anschluss zu erfolgende Abwicklung gewahrt werden.

Zwar kann daher im Folgenden von einer „Restgesellschaft" in Deutschland gesprochen werden. [1006] Jedoch ist diese, zumindest in ihrer Entstehung, von der Restgesellschaft in den Enteignungsfällen zu unterscheiden. Unbenommen muss es aber bleiben, bei der sich anschließenden näheren rechtlichen Bestimmung die Grundsätze der enteignungsrechtlichen Restgesellschaft anzuführen und auf ihre hiesige Passgenauigkeit hin zu prüfen. Auch kann die fortbestehende Gesellschaft nicht mit der typischen deutschen Gesellschaft, die zwar gelöscht, aber noch nicht vollständig abgewickelt ist, mithin fortbesteht, exakt gleichgesetzt werden. Vielmehr ist es erforderlich, die fortbestehende Restgesellschaft anhand europarechtlicher Vorgaben sowie der Besonderheiten der betroffenen Rechtsordnungen einer eingehenden Überprüfung zu unterziehen. Die Restgesellschaft muss also in das deutsche, englische und gemeinschaftsweite Rechtsgefüge eingepasst werden. [1007]

1004 Aus der Rechtsprechung: OLG Stuttgart NJW 1974, 1627 f.; OLG Jena NZG 2007, 877, 878; OLG Nürnberg NZG 2008, 76, 77; OLG Düsseldorf, Beschluss vom 10.05.2010 - I-24 U 160/09. Aus der Literatur: Staudinger/*Großfeld*, IntGesR, Rn. 371; MüKoBGB/*Kindler*, IntGesR, Rn. 663; Palandt/*Thorn*, Anh. zu Art. 12 EGBGB, Rn. 17; *Mansel*, FS Kegel, 2002, S. 111, 121 f.; *Borges*, IPRax 2005, 134, 137; *Knütel*, RIW 2004, 503, 505; *Schulz*, NZG 2005, 415; *Röder*, RIW 2007, 867; *Krömker/Otte*, BB 2008, 964; *Mock*, NZI 2008, 262 f.; *Jooß*, GWR 2010, 306170. Auch *Behrens*, FS Ott, 2002, S. 313, 325 f., der ohne Verweisung lediglich im Wege einer Analogie zu deutschen gesellschaftsrechtlichen Normen (§§ 49 II BGB, 149 S. 2 HGB, 10 I PartGG, 69 I GmbHG, 264 II, 273 IV AktG, 87 I GenG) zum Fortbestand gelangen will. Auf die Bedenklichkeit dieser Lösung hinweisend Hirte/Bücker/*Mock/Schildt*, § 17, Rn. 130 („Gesellschaftsstatut [ist] ausländisches Recht").

1005 S. Kapitel E. II. 2. a) bb) (1) - (3).

1006 Die für diese im Ausland gelöschte und im Inland fortbestehende Gesellschaft verwendeten Termini weichen voneinander ab. Häufig wird in Zusammenhang mit dem englischen Recht auch von der „Restlimited" gesprochen.

1007 So auch *Lamprecht*, ZEuP 2008, 289, 291.

b) Inländisches Aktivvermögen

Fraglich ist, ob die Entstehung von Restgesellschaften nur möglich sein kann, wenn Aktivvermögen in Deutschland vorhanden ist. Vielmehr könnte entsprechend der Lehre vom erweiterten Doppeltatbestand [1008] jeglicher Abwicklungsbedarf im Inland ausreichen, um die ausländische Gesellschaft am Leben zu erhalten. [1009] Jedoch soll hier für ausländische Gesellschaften nicht über die im deutschen Recht herrschende Meinung von der Lehre vom Doppeltatbestand hinausgegangen werden. [1010] Entsprechend äußert sich auch die herrschende Meinung in der Rechtsprechung. [1011] Anderer Abwicklungsbedarf als zurückgebliebenes Vermögen lässt also keine Restgesellschaft entstehen.

c) Rechtlicher Status der Restgesellschaft und Folgeprobleme

Eine Restgesellschaft besteht fort, um die Zuordnung des Vermögens in Deutschland zu gewährleisten. Freilich bleibt es nicht dabei. Es stellt sich die Frage, wie mit dieser zukünftig zu verfahren ist: Viele Stimmen betrachten die Gesellschaft schlicht als fortbestehende Abwicklungsgesellschaft, wobei das bisherige Gesellschaftsstatut aufrechterhalten bleibt. [1012] Weitestgehend dessen Regeln entsprechend solle die Gesellschaft dann abgewickelt werden. Ob dies tatsächlich für vorliegende Restgesellschaften durchwegs gelten kann, muss im Folgenden geprüft werden. Im Zuge dessen soll auch untersucht werden, welche Folgen dieser rechtliche Status für die Gesellschaft, die Verantwortlichen, Gesellschafter oder Gläubiger mit sich bringt.

aa) Liquidationsgesellschaft oder geschäftlich aktive Gesellschaft

Um das Gesellschaftsstatut der Restgesellschaft feststellen zu können, soll hier zunächst beantwortet werden, in welcher Form diese Bestand haben kann. Frag-

---

1008 S. hierzu Kapitel D. II. 2. a) aa).

1009 Hierfür spricht sich *Lamprecht*, ZEuP 2008, 289, 303 aus, der die Lehre vom erweiterten Doppeltatbestand als herrschend ansieht.

1010 Vgl. wiederum Kapitel D. II. 2. a) aa).

1011 S. z.B. OLG Jena NZG 2007, 877, 878; OLG Düsseldorf, Beschluss vom 10.05.2010 - I-24 U 160/09: „Voraussetzung für die Annahme einer Restgesellschaft ist (…), dass (…) noch Restvermögen in Deutschland [vorhanden ist]“. IdS. auch LG Duisburg NZG 2007, 637; OLG Brandenburg, Beschluss vom 17.07.09 – 3 U 146/08; KG NZG 2010, 310. A.A. Sächsisches Landesarbeitsgericht, Urteil vom 15.01.2010, 3 Sa 716/08: Für Parteifähigkeit einer gelöschten und vermögenslosen Limited iRe. Kündigungsschutzklage.

1012 So z.B. OLG Stuttgart NJW 1974, 1627, 1628; Staudinger/*Großfeld*, IntGesR, Rn. 371 f.; *Mansel*, FS Kegel, 2002, S. 111, 122; *Lamprecht*, ZEuP 2008, 289, 306 f.; *J. Schmidt*, ZIP 2008, 2400, 2401; *Mödl*, DNotZ 2008, 1, 16.

lich erscheint, ob diese nur zur Abwicklung existiert oder ob sie auch weiter als Gesellschaft geschäftlich aktiv, das heißt werbend tätig sein kann. Dies muss vorliegend berücksichtigt werden, da die Verantwortlichen vom *striking off* durch den *registrar* möglicherweise nichts erfahren und in der Folge weiter im Namen der Gesellschaft tätig sind.[1013] Entsprechend werden gerade iRd. Enteignungsfälle folgende Ansätze diskutiert:

(1) Die enteignungsrechtliche Restgesellschaft

Es wird zum einen vertreten, dass das enteignungsfreie Vermögen grundsätzlich in Form einer Liquidationsgesellschaft abgespalten wird.[1014] So soll das zurückgebliebene Vermögen regelmäßig nicht für die Fortführung des Unternehmens als werbende Gesellschaft ausreichen.[1015] Die Liquidation ermögliche vielmehr eine rasche Bereinigung des Problems und sorge für Rechtssicherheit. Ferner soll die Annahme einer werbenden Gesellschaft dem Gläubiger- wie auch dem Gesellschafterinteresse nicht gerecht werden; so könnten als werbende Gesellschaft nachteilige Verpflichtungen eingegangen werden, wohingegen die Liquidation die Klärung der wirtschaftlichen Verhältnisse erzwinge.[1016]

Zum anderen wird vorgebracht, dass es „Tatfrage" sein soll, ob die Restgesellschaft nun als werbende oder als Liquidationsgesellschaft fortbesteht.[1017] Die Entscheidung über die Auflösung und Abwicklung bleibe hiernach den Mitgliedern der Gesellschaft vorbehalten.[1018] Zwar entspräche die Annahme einer Liquidationsgesellschaft meistens der Realität. Jedoch sei nicht einzusehen, dass es zu einer Verschleuderung wertvoller Vermögensgegenstände komme, die bei einer Fortführung der Gesellschaft als werbende besser hätten genutzt werden können.[1019] Es sei sehr schwer nachzuvollziehen, warum eine werbende Gesellschaft gegen den Willen der Mitglieder zerschlagen werden sollte.[1020] Dagegen wird eingewandt, dass sich der Wille der Gesellschafter noch gar nicht manifestiert habe; vielmehr könne nicht unterstellt werden, dass die Gesellschaft auch nach den enteignungsbedingt eingetretenen Veränderungen fortgeführt werden

---

1013 Die Problematik ebenso erkennend *Zimmer/Naendrup*, ZGR 2007, 789, 804; vgl. auch *Leible/Lehmann*, GmbHR 2007, 1095, 1098.

1014 *Flume*, FS F.A. Mann, 1977, S. 143, 162; MüKoBGB/*Kindler*, IntGesR, Rn. 997 mwN.

1015 MüKoBGB/*Kindler*, IntGesR, Rn. 999.

1016 MüKoBGB/*Kindler*, IntGesR, Rn. 999.

1017 BGH IPRspr. 1964/65 Nr. 189; Ulmer/*Behrens*, Einl. B 149; Kronke/Melis/Schnyder/*Kronke/Mazza*. Teil K, Rn. 272.

1018 BGH WM 1966, 221; ZIP 1989, 1546, 1547; Staudinger/*Großfeld*, IntGesR, Rn. 900.

1019 *Beemelmans*, S. 97; Staudinger/*Großfeld*, IntGesR, Rn. 907.

1020 Staudinger/*Großfeld*, IntGesR, Rn. 907.

soll. [1021] Allerdings wird sogar von den Verfechtern der Liquidationsgesellschaft den Gesellschaftern die Möglichkeit der Fortsetzung des Unternehmens als werbende Gesellschaft eingeräumt. Auf diese Weise wird den Gesellschaftern eine Art „Bedenkzeit“ zugesprochen, die zunächst für die Ordnung der Vermögensverhältnisse nützlich sein kann. [1022] Mit diesem Zugeständnis erscheint es durchaus zutreffend, es als „Tatfrage“ anzusehen, wie die enteignungsrechtliche Restgesellschaft nun zu qualifizieren sei. Warum sollte man den Umweg über eine Liquidationsgesellschaft gehen, wenn sich über die Fortsetzung der Gesellschaft mit dieser Lösung direkt entscheiden lässt.

(2) Die hiesige Restgesellschaft

Möglicherweise ist es iRd. hier zu untersuchenden Restgesellschaft gleichermaßen sinnvoll, die Einordnung „Tatfrage“ sein zu lassen: Kommt es zu einer Nichtbefolgung der Publizitätspflichten, da die Limited tatsächlich keine Geschäftstätigkeit mehr wahrnimmt, kann es tatsächlich um eine „geordnete Abwicklung“ als Liquidationsgesellschaft gehen. [1023] Oft wird das Befolgen der Publizitätspflichten aber aus Unwissenheit, Fahrlässigkeit oder gar bewusst unterbleiben, obwohl die Gesellschaft nach wie vor tätig ist. [1024] Zwar geht es dann ebenso um die Zuordnung des Vermögens. [1025] Die Fortführung des Unternehmens an sich wird aber regelmäßig gewünscht sein. Entsprechende Ansprüche gegen die Gesellschaft – auch solche, die nach der Löschung entstanden sind – könnten bei einer weiteren Tätigkeit gegen diese geltend gemacht werden. Ferner befindet sich bei der Limited mit Verwaltungssitz in Deutschland deren hauptsächliches Vermögen doch meist hierzulande. Dies spricht mit obigen Argumenten, welche iRd. enteignungsrechtlichen Lehre für eine Liquidationsgesellschaft angeführt werden, vorliegend jeweils gerade gegen die stetige Annahme einer solchen. [1026] Es wird häufig kein Grund bestehen, die Gesellschaft abzuwickeln.

Dagegen wird allerdings angeführt, eine für „tot“ erklärte Limited in Deutschland auf Dauer am Leben erhalten zu wollen sei mit der prinzipiellen Anerkennung der Beendigung nach dem englischen Gesellschaftsstatut nicht zu vereinbaren. [1027] Auch wird im deutschen Recht die Aufrechterhaltung der Rechtsfähigkeit einer deutschen Kapitalgesellschaft gerade nur solange vorge-

---

1021 MüKoBGB/*Kindler*, IntGesR, Rn. 1002.
1022 MüKoBGB/*Kindler*, IntGesR, Rn. 1002.
1023 *Zimmer/Naendrup*, ZGR 2007, 789, 804.
1024 *Zimmer/Naendrup*, ZGR 2007, 789, 804.
1025 *Zimmer/Naendrup*, ZGR 2007, 789, 804.
1026 Vgl. *Zimmer/Naendrup*, ZGR 2007, 789, 804 f.
1027 *J. Schmidt*, ZIP 2007, 1712, 1713; *dies.*, ZIP 2008, 2400, 2401.

nommen, bis sie vollständig abgewickelt ist.[1028] Ließe man damit die Restgesellschaft trotz erfolgter Löschung in England als weiter werbend tätige Kapitalgesellschaft fortbestehen, ginge dies über die Vorschriften des deutschen Rechts hinaus. Dies kann an dieser Stelle aber noch unschädlich sein. Vielmehr muss es Frage des auf die in der jeweiligen Form fortbestehende Gesellschaft anwendbaren Rechts sein, ob das Gründungsstatut oder die deutschen Vorschriften ignoriert werden oder nicht.

Daher ist es nicht zwingend, regelmäßig vom Fortbestand als Liquidationsgesellschaft auszugehen, vielmehr muss es auch hier „Tatfrage" sein: Übt die Gesellschaft (zum Zeitpunkt der Löschung oder aufgrund dieser) keine Geschäftstätigkeit mehr aus, handelt es sich um eine Liquidationsgesellschaft. Ist sie hingegen trotz Löschung weiter aktiv, ist sie als werbend, mithin geschäftlich tätige Gesellschaft einzustufen.

bb) Gesellschaftsstatut

(1) Die enteignungsrechtliche Restgesellschaft

In Enteignungsfällen wird im Rahmen der Lehre von der Restgesellschaft die Frage nach dem anwendbaren Recht uneinheitlich beantwortet. Im Grunde werden zwei unterschiedliche Ansätze vorgebracht:[1029]

Zum einen wird vertreten, die Restgesellschaft wie vor der Enteignung dem ausländischen Recht, mithin dem alten Gesellschaftsstatut zu unterstellen.[1030] So soll die Abwehr inländischer Wirkungen von Auslandsenteignungen einen Statutenwechsel nicht rechtfertigen.[1031] Zum anderen wird vertreten, dass die enteignete Auslandsgesellschaft in der Bundesrepublik deutschem Recht unterliege.[1032] Sie sei nach deutschem Recht zu beurteilen und abzuwickeln (oder umzugründen). Auf diese Weise sei die Gesellschaft zumindest effektiver Rechtskontrolle unterworfen.[1033] Besonders deutlich soll die Erforderlichkeit der Anwendung deutschen Rechts die Vorstellung machen, dass die ausländische Rechtsordnung das Rechtsinstitut der ausländischen Vereinigung ganz auf-

[1028] Vgl. Kapitel D. II. 2. a) aa).

[1029] Siehe ausführlich: MüKoBGB/*Kindler*, IntGesR, Rn. 1004 ff.; Staudinger/*Großfeld*, IntGesR, Rn. 911 ff.

[1030] MüKoBGB/*Kindler*, IntGesR, Rn. 1004; Ulmer/*Behrens*, Einl. B 149 mwN.; Kronke/Melis/Schnyder/*Kronke/Mazza*, Teil K, Rn. 273.

[1031] *Mertens*, JuS 1967, 97, 103 ff.

[1032] BGHZ 25, 134, 148; BGH WM 1991, 1880, 1881; *Wiedemann*, FS Beitzke, 1979, S. 811, 820.

[1033] Staudinger/*Großfeld*, IntGesR, Rn. 915.

hebt. [1034] Dann würde die Gesellschaft nach einem fiktiven bzw. aufgehobenen Recht fortbestehen. [1035]

Differenziert man iRd. Meinungen jedoch zwischen deren Anspruch auf Fortbestehen als Liquidationsgesellschaft bzw. als weiterhin werbend tätige Gesellschaft so lässt sich Folgendes feststellen: [1036] Die Stimmen, die eine Restgesellschaft als Liquidationsgesellschaft bestehen lassen, wenden auf diese weiterhin das alte Gesellschaftsstatut an. Will die Gesellschaft allerdings werbend tätig werden, so ist eine Umwandlung, mithin die Wahl einer deutschen Rechtsform nötig. [1037] Auch die Ansicht, die die Einordnung „Tatfrage" sein lässt, behandelt die Liquidationsgesellschaft nach ihrem alten Gesellschaftsstatut. Für die werbend tätige Gesellschaft will man im Ergebnis ebenso deutsches Recht gelten lassen.

(2) Die hiesige Restgesellschaft

Zu untersuchen ist, ob diese Ergebnisse auch für die hiesige Restgesellschaft gelten können.

Unterlässt man zunächst eine Differenzierung nach Liquidationsgesellschaft und weiter geschäftlich aktiver Gesellschaft, so lässt sich pauschal feststellen, dass einerseits angeführt wird, dass die Restgesellschaft über die Löschung hinaus nach englischem Recht zu beurteilen ist. [1038] Die Restgesellschaft soll also als englische Limited fortbestehen. [1039] Hierfür werden Gründe des Vertrauens- und Verkehrsschutzes angeführt. Jedoch wird andererseits betont, [1040] dass die Restgesellschaft eine Erfindung des deutschen Rechts sei, mithin dem englischen Recht nicht bekannt ist. Man könne dem englischen Recht keine vom deutschen Recht kreierte Rechtsform aufdrängen, da nach den allgemeinen Grundsätzen des Internationalen Privatrechts der Richter nicht die Kompetenz habe, das ausländische Recht zu korrigieren. Zwar gäbe es in Sonderfällen die Möglichkeit der Angleichung des materiellen Rechts, hiervon könne allerdings nicht mehr gesprochen werden, wenn dem englischen Recht eine dort gelöschte

---

1034 Wenn z.B. die Rechtsform der *private company limited by shares* aus der englischen Rechtsordnung entfernt wird.

1035 *Wiedemann*, FS Beitzke, 1979, S. 811, 820.

1036 *Borges*, IPRax 2005, 134, 139 f. mwN.

1037 Vgl. Kapitel E. II. 2. c) aa) (1).

1038 So z.B. OLG Stuttgart NJW 1974, 1627, 1628; OLG Jena NZG 2007, 877, 878; OFD Hannover NZG 2009, 1219; Staudinger/*Großfeld*, IntGesR, Rn. 371 f.; *Mansel*, FS Kegel, 2002, S. 111, 122; *Lamprecht*, ZEuP 2008, 289, 306 f.; *J. Schmidt*, ZIP 2008, 2400, 2401.

1039 Das OLG Jena NZG 2007, 877, 878 schreibt wörtlich: "Die Limited besteht (...) als sog. Restgesellschaft in Deutschland fort".

1040 *Leible/Lehmann*, GmbHR 2007, 1095, 1097.

Gesellschaft als in Deutschland weiterbestehend untergeschoben werde. Auch folge man mit dieser Lösung nicht der Sitztheorie. Die Restgesellschaft sei nämlich nicht ihres Sitzes wegen nach deutschem Recht zu beurteilen, sondern aufgrund der Tatsache, dass sie ein Konstrukt deutschen Rechts darstelle, welches damit Gründungsrecht sei. [1041] Damit sei im Ergebnis regelmäßig deutsches Recht auf die Restgesellschaft anzuwenden. [1042]

(a) Liquidationsgesellschaft

Soweit es um die Restgesellschaft als Liquidationsgesellschaft geht, sind diese Argumente aber nicht folgerichtig: Zwar erkennt die Ansicht, die deutsches Recht anwenden will, grundsätzlich die Notwendigkeit einer Restgesellschaft. Jedoch ist fraglich, ob die deutsche Rechtsordnung diese dem englischen Recht aufdrängt, wenn sie sie als englische Limited behandelt. So ist zum einen durch die englische Verweisung deutsches Recht berufen. Zum anderen findet gerade ein deutsches Institut Anwendung, das die Abwicklung von Kapitalgesellschaften bewerkstelligen soll. Für eine solche Abwicklung wird aber nach deutschem Recht immer der ursprüngliche Bestand als Kapitalgesellschaft aufrecht erhalten. Würde man die Restgesellschaft nach deutschem Recht behandeln, so könnte dies gerade auch die Grundfunktionen einer Kapitalgesellschaft (nämlich die Trennung von Gesellschaftsvermögen vom Vermögen der Gesellschafter und die Haftungsfreistellung dieser) [1043] aushebeln. Schließlich liegen jedenfalls die Gründungsvoraussetzungen einer deutschen Kapitalgesellschaft nicht vor, was zur Einordnung als deutsche Personengesellschaft führen würde. [1044]

Möglicherweise ist die Entscheidung nach dem auf die Restgesellschaft anwendbaren Gesellschaftsstatut schon getroffen, da die Niederlassungsfreiheit eine diskriminierungsfreie Behandlung [1045] gegenüber inländischen Gesellschaften und damit gerade die Wahrung der Grundfunktionen der Kapitalgesellschaft verlangt. [1046] Diese können in der vorliegenden Situation nur durch Anwendung englischen Rechts aufrecht erhalten werden.

[1041] *Leible/Lehmann*, GmbHR 2007, 1095, 1097 f.

[1042] Krafka/Willer/Kühn/*Krafka/Kühn*, Rn. 337b; Wachter/*Süß*, Teil 2, Kapitel 8, Rn. 115; *Leible/Lehmann*, GmbHR 2007, 1095, 1098; *Jooß*, GWR 2010, 306170; ebenso i.E. *Borges*, IPRax 2005, 134, 140 f.

[1043] *Lamprecht*, ZEuP 2008, 289, 301 f.

[1044] S. näher unten Kapitel E. II. c) bb) (2) (b) (bb). A.A. *Leible/Lehmann*, GmbHR 2007, 1095, 1098 und *Jooß*, GWR 2010, 306170, die für die Restgesellschaft in dieser Situation schlicht die Normen der GmbH anwenden wollen, ohne sie allerdings als GmbH zu qualifizieren. Damit kämen sie zum Erhalt des „Haftungsschildes“.

[1045] Zu den weiteren Voraussetzungen einer Rechtfertigung s. die *Centros*-Entscheidung des EuGH Kapitel B. I. 5.

[1046] Vgl. *Lamprecht*, ZEuP 2008, 289, 301 f.

Hiergegen wird jedoch vorgebracht, dass der Schutz der Niederlassungsfreiheit mit der rechtlichen Existenz nach dem Gründungsrecht enden muss. [1047] Es wird angeführt, dass die Niederlassungsfreiheit alternativ an den Satzungssitz, den Sitz der Hauptverwaltung und an die Hauptniederlassung anknüpft, vgl. Art. 48 EGV. [1048] Vorliegend soll die Niederlassungsfreiheit gerade am Satzungssitz anknüpfen. Mit erfolgter Beendigung der Limited sei der Satzungssitz sodann nicht mehr Grundlage der Niederlassungsfreiheit, womit von dieser auch nicht die rechtliche Nichtexistenz des zurückgebliebenen Gebildes im Ausland gefordert werden könne. [1049] Außerdem handle es sich gerade um das logische Gegenstück zu dem Grundsatz, dass eine Gesellschaft erst dann Niederlassungsfreiheit für sich beanspruchen könne, wenn im entscheidenden Zeitpunkt alle nach dem maßgeblichen nationalen Recht notwendigen Gründungsvoraussetzungen erfüllt sind. [1050] Unter europarechtlichen Gesichtspunkten wäre damit eine dem deutschen Recht unterliegende Restgesellschaft zulässig.

Dagegen wird richtigerweise eingewandt, dass auf den falschen Zeitpunkt abgestellt werde. So sollen Grundfreiheiten schon durch solche Regelungen beschränkt werden, die zwar erst in Zukunft Anwendung finden, durch ihre Vorwirkung allerdings die Ausübung dieser behindern oder weniger attraktiv machen. [1051] Dies könnte hier genau der Fall sein. Der Schutz der Niederlassungsfreiheit muss also weiter gehen als bis zur Löschung im Register. Hierfür spricht auch die Überlegung, dass europäischen Gesellschaften jedenfalls die Niederlassungsfreiheit zuteil werden muss, solange sie existieren: [1052] Da das englische Recht – im Gegensatz zu anderen europäischen Rechtsordnungen, die ihren Gesellschaften ihre Rechtsfähigkeit erst mit abgeschlossener Abwicklung aberkennen – [1053] ihre Gesellschaften bereits mit Löschung im Register als solche ohne Rechtspersönlichkeit ansehen, wäre dies nun eine Ungleichbehandlung gegenüber jenen Rechtsordnungen. Nur weil das englische Recht die Abwicklung auch nach der Vollbeendigung zulässt, kann dies nicht heißen, dass diese entgegen anderen Rechtsordnungen nicht von der Niederlassungsfreiheit umfasst

---

1047 So OLG Düsseldorf, Beschluss vom 10.05.2010 - I-24 U 160/09, dort zitiert: *Borges*, IPRax 2005, 134, 138; *Zimmer/Naendrup*, ZGR 2007, 789, 812; *J. Schmidt*, ZIP 2007, 1712, 1713; *Bachner/Gasser*, ZfRV 2009, 113, 119. Hiervon zu unterscheiden ist das von der Niederlassungsfreiheit umfasste Erlöschen der Rechtsfähigkeit der Gesellschaft; s. dazu Kapitel B. II. 2.

1048 Jetzt Art. 54 AEUV.

1049 *Borges*, IPRax 2005, 134, 138.

1050 *Bachner/Gasser*, ZfRV 2009, 113, 119.

1051 *Lamprecht*, ZEuP 2008, 289, 292.

1052 *Lamprecht*, ZEuP 2008, 289, 292 f.

1053 S. Kapitel D. II. 2. a).

ist.[1054] Der Schutz der Niederlassungsfreiheit muss also auch die Abwicklung der Gesellschaft erfassen. Damit ist festzustellen, dass die Liquidationsgesellschaft nur als „englische“ Limited diskriminierungsfrei Bestand haben kann.

Insofern entspricht das Ergebnis der Geltung des ursprünglichen Gesellschaftsstatuts auch der Lehre von der enteignungsrechtlichen Restgesellschaft.

(b) Geschäftlich aktive Gesellschaft

(aa) Diskussion

Ist die Restgesellschaft allerdings weiterhin geschäftlich tätig, ist es durchaus fraglich, ob sie als Gesellschaft eines Rechts bestehen kann, welches die Existenz der Gesellschaft gerade nicht akzeptiert.[1055] Will man daher deutsches Recht zum Gesellschaftsstatut berufen, ist zumindest die Nichtaufrechterhaltung der Grundfunktionen als Kapitalgesellschaft unschädlich. So läge jedenfalls schon keine Diskriminierung iSd. Niederlassungsfreiheit vor:[1056] Es geht nicht etwa um eine „nachgelagerte“ Abwicklung, welche mit ihrer Vorwirkung von der Niederlassungsfreiheit umfasst sein muss, sondern vielmehr um eine weitere Tätigkeit trotz Beendigung. Dies reicht deutlich über das hinaus, was das Gründungsrecht für seine Gesellschaft vorgesehen hat. Im Gegensatz zur Restgesellschaft als Liquidationsgesellschaft muss die Niederlassungsfreiheit hier also gerade darauf bestehen, dass die Gesellschaft, wie durch das englische Statut vorgesehen, nicht mehr als englische Gesellschaft existiert.

Dieses Ergebnis wird im Zusammenhang mit der Nichtbeachtung der Publizitätspflichten auch offenkundig:[1057] Die englischen Publizitätspflichten haben eine wesentliche Gläubigerschutzfunktion inne.[1058] Ginge man nun von einer Behandlung der weiterhin aktiven Restgesellschaft nach englischem Recht aus, so würde dies bedeuten, dass man einen Verstoß gegen die auferlegten Pflichten konsequenzenlos hinnimmt.[1059] Die englische Haftungsbeschränkung bestünde fort, obwohl deren rechtlich vorgesehener Ausgleich gerade nicht umgesetzt wurde. Die Anwendung englischen Rechts würde so auf eine unbillige Privilegierung der Gesellschafter hinauslaufen.[1060] Der Anreiz, den Publizitätspflichten nachzukommen, wäre für die Inhaber einer Limited in Deutschland deutlich

---

[1054] *Lamprecht*, ZEuP 2008, 289, 292 f.

[1055] *Zimmer/Naendrup*, ZGR 2007, 789, 807.

[1056] Vgl. Kapitel E. II. 2. c) bb) (2) (a).

[1057] *Röder*, RIW 2007, 866, 868; *Zimmer/Naendrup*, ZGR 2007, 789, 807.

[1058] S. Kapitel C. II. 1.

[1059] *Zimmer/Naendrup*, ZGR 2007, 789, 807. Anders ist dies bei der Restgesellschaft als Liquidationsgesellschaft. Diese tritt in das Liquidationsstadium ein.

[1060] *Röder*, RIW 2007, 866, 868.

niedriger. [1061] Ist die Restgesellschaft als Limited weiter aktiv, wäre es für diese in der Zukunft nicht mehr erforderlich, den Publizitätsvorschriften nach englischem Recht nachzukommen, denn die Gesellschaft ist aus englischer Sicht beendet. Außerdem ist sie nicht mehr im Register eingetragen. Die Gesellschaft wäre daher diesbezüglich gar nicht mehr in der Lage, die Publizitätsvorschriften zu befolgen. [1062] Der Schutz des Rechtsverkehrs verbietet folglich gerade die weitere Geltung des englischen Gesellschaftsstatuts. [1063]

(bb) Rechtsform

Fraglich bleibt, welche Rechtsform für die weiterhin in Deutschland werbend tätige Gesellschaft einschlägig ist. Mit der Anwendbarkeit des deutschen Rechts ist dies nicht notwendig präjudiziert. [1064] Im Rahmen der enteignungsrechtlichen Lehre von der Restgesellschaft ist nach allgemeiner Ansicht die weiter im Inland tätige Restgesellschaft in eine deutsche Kapitalgesellschaft umzugründen. [1065] Würden die Verantwortlichen solcher Gesellschaften daher eine Eintragung einer entsprechenden deutschen Kapitalgesellschaft veranlassen, [1066] kämen diese auch in die durch die jeweilige Rechtsform gebotenen Vorzüge, wie z.B. die Haftungsbeschränkung. Unterbleibt allerdings eine solche Umgründung, dann ist auch iRd. enteignungsrechtlichen Restgesellschaft fraglich, was geschieht. Letztlich ist die Situation nicht anders als bei der nach ausländischem Recht gegründeten Gesellschaft, die nach der Sitztheorie [1067] aufgrund inländischen Verwaltungssitzes als deutsche Gesellschaft zu qualifizieren ist. [1068] Dort ist die rechtliche Einordnung ebenso nach deutschem Recht vorzunehmen. [1069] Eine Umgründung ist hingegen nicht zwingend erforderlich. [1070] Hierbei ist vorrangig

---

1061 So auch *Zimmer/Naendrup*, ZGR 2007, 789, 807.

1062 *Zimmer/Naendrup*, ZGR 2007, 789, 807.

1063 Vgl. *Borges*, IPRax 2005, 134, 139; *Röder,* RIW 2007, 866, 868; i.E. auch für die Anwendung deutschen Rechts auf die werbend aktive Restgesellschaft *Lamprecht*, ZEuP 2008, 289, 313.

1064 *Borges*, IPRax 2005, 134, 139; *Zimmer/Naendrup*, ZGR 2007, 789, 807.

1065 BGH WM, 1991, 1880, 1881; *Lamprecht*, ZEuP 2008, 289, 313 mwN.

1066 Fraglich ist hier dann natürlich, wer dies zu veranlassen hat: Reichen die Geschäftsführer oder sind auch sämtliche Gesellschafter erforderlich etc. Vgl. *Flume*, FS F.A. Mann, 1977, S. 143, 164 zur Restgesellschaft, welche als deutsche AG aktiv werden möchte. Ein Beschluss sämtlicher Gesellschafter wird dort für die Fortsetzung als inländische Kapitalgesellschaft überzeugend gefordert.

1067 Zur Geltung der Gründungstheorie in Deutschland Kapitel B. IV.

1068 Vgl. z.B. OLG Hamburg NZG 2007, 597, 599. S. *Borges*, IPRax 2005, 134, 141; *Jooß*, GWR 2010, 306170.

1069 Siehe hierzu MüKoBGB/*Kindler*, IntGesR, Rn. 464 ff.

1070 BGH NZG 2002, 1009.

der Bereich des inländischen Sachrechts anzuwenden, der die Rechtsbeziehungen und Rechtsverhältnisse für ähnliche inländische Kooperationsformen bestimmt.[1071] Entsprechendes ist auch für die enteignungsrechtliche Restgesellschaft vertreten worden.[1072]

Es gilt also die deutsche Rechtsform zu finden, welche der *private company limited by shares* am ähnlichsten ist.[1073] Wie bereits angeführt ist diese nicht zuletzt aufgrund ihrer Haftungsbeschränkung am ehesten mit einer GmbH vergleichbar. Freilich fehlt die notwendige Eintragung als solche im Handelsregister iSd. §§ 7, 11 I GmbHG. Als Vorgesellschaft[1074] wäre zwar der Wille der Gesellschafter nach einer in der Haftung beschränkten Gesellschaftsform berücksichtigt.[1075] Allerdings ist die Vorgesellschaft gerade erforderliches Zwischenstadium zwischen Errichtung, also Abschluss des formgültigen GmbH-Vertrags, und Eintragung der Gesellschaft ins Handelsregister.[1076] Zwar könnte die Satzung der Limited als mit Ersterem vergleichbar angesehen werden.[1077] Zumindest fehlt es aber am Willen der Gesellschafter die Gesellschaft ins deutsche Handelsregister eintragen zu lassen.[1078] Dies ist für eine Vorgesellschaft immer von Nöten.[1079]

Damit ist die fortbestehende Gesellschaft nach den Regelungen des Personengesellschaftsrechts zu beurteilen:[1080] Entscheidend ist hier die Zahl der Gesellschafter sowie das Vorliegen eines Handelsgewerbes iSd. § 1 II HGB. Sind mindestens zwei Gesellschafter vorhanden, muss eine GbR angenommen, wenn hingegen – was regelmäßig der Fall sein wird – ein Handelsgewerbe vorliegt, eine OHG bejaht werden. Wird das Handelsgewerbe lediglich von einer einzel-

---

1071 Staudinger/*Großfeld*, IntGesR, Rn. 435; MüKoBGB/*Kindler*, IntGesR, Rn. 464.

1072 *Wiedemann*, FS Beitzke, 1979, S. 811, 820 f.

1073 S. zum Folgenden ausführlich *Zimmer/Naendrup*, ZGR 2007, 789, 808 f.

1074 Zur Vorgesellschaft: Roth/Altmeppen/*Roth*, § 11, Rn. 38 ff.

1075 Für eine Vorgesellschaft *Lamprecht*, ZEuP 2008, 289, 313 ff.; ausdrücklich gegen eine solche *Zimmer/Naendrup*, ZGR 2007, 789, 808.

1076 OLG Hamburg NZG 2007, 597, 599; Roth/Altmeppen/*Roth*, § 11, Rn. 38.

1077 S. den Hinweis von *Zimmer/Naendrup*, ZGR 2007, 789, 808.

1078 MüKoBGB/*Kindler*, IntGesR, Rn. 467.

1079 *K. Schmidt*, GesR, § 34 III, S. 1018 ff. MüKoBGB/*Kindler*, IntGesR, Rn. 467 verwehrt richtigerweise auch den Grundsätzen der fehlerhaften Gesellschaft die Anwendung, da nicht die Auswirkungen rechtsgeschäftlicher Mängel des Errichtungsaktes in Frage stehen, sondern schon der äußere Verbandstatbestand fehle.

1080 Ebenso OFD Hannover NZG 2009, 1219; *Zimmer/Naendrup*, ZGR 2007, 789, 808 f.; *Leible/Lehmann*, GmbHR 2007, 1095, 1098; *Röder*, RIW 2008, 866, 868; *Mödl*, DNotZ 2008, 1, 16.

nen Person betrieben, so handelt es sich bei dieser um einen Kaufmann, liegt kein Gewerbe vor, ist sie lediglich natürliche Person. [1081]

(cc) Gegenansichten

Gegen eine Qualifikation als Personengesellschaft wird allerdings ein Verstoß gegen die europäischen Grundfreiheiten angeführt: [1082] Es könne nicht angehen, dass alle Gesellschafter nun persönlich für etwaige Gesellschaftsschulden haften. Es läge gerade eine Diskriminierung gegenüber deutschen Gesellschaften vor, deren Haftungsbestand bis zur vollständigen Abwicklung aufrechterhalten wird. Wie dargestellt, [1083] gebietet die Niederlassungsfreiheit jedoch richtigerweise für die weiter aktive Gesellschaft keinen Schutz. Vielmehr ist die Niederlassungsfreiheit durch die Anerkennung der Löschung der Limited folgerichtig und hinreichend beachtet.

Weiter wird vorgebracht, dass die Fortsetzung einer werbenden Tätigkeit ein zu unsicheres Kriterium sei, um hieran Statusänderungen juristischer Personen anzuknüpfen. [1084] Abzulehnen ist als entscheidender Zeitpunkt bzw. Indiz für die Annahme einer werbenden Tätigkeit in der Tat der Antrag auf Wiedereintragung. [1085] So können auch an der Leitung der Gesellschaft nicht Beteiligte, wie z.B. Gläubiger, einen derartigen Antrag stellen. [1086] Hingegen wird vorgeschlagen, den Antrag auf Eintragung einer Zweigniederlassung in das deutsche Handelsregister als Beginn der werbenden Tätigkeit zu betrachten. [1087] Die Eintragung hätte aber bereits vorher, d.h. mit beginnender Geschäftstätigkeit der existenten Limited vorliegen müssen. [1088] Zumindest ließe sich, sofern denn ein solcher Antrag erfolgen sollte, eine aktive Tätigkeit bejahen. Vorzugswürdig erscheint allerdings, bei der schlichten Vornahme von Rechtsgeschäften durch den Gesellschafter im Namen der Limited oder der Restgesellschaft von einer werbenden Tätigkeit auszugehen. [1089] Zwar ist dies kein administrativer Akt; zumindest lässt sich aber daran durchaus festmachen, wann der Statutenwechsel erfolgt. Dies gilt, auch wenn es den Gesellschaftern, welche ja häufig gleichzei-

1081 Da regelmäßig ein Handelsgewerbe vorliegen wird, wird im Folgenden nicht näher auf die Behandlung der GbR bzw. natürlichen Person eingegangen.

1082 *Lamprecht*, ZEuP 2008, 289, 293, 314.

1083 S. Kapitel E. II. 2. c) bb) (2) (b) (aa).

1084 *Lamprecht*, ZEuP 2008, 289, 315.

1085 So auch *Leible/Lehmann*, GmbHR 2007, 1095, 1098.

1086 S. Kapitel D. II. 2. b) ee) zur Antragstellung auf Wiedereintragung. S. darüber hinaus zur speziellen Wirkung der Wiedereintragung unten Kapitel E. II. 2. c) cc) (4).

1087 *Leible/Lehmann*, GmbHR 2007, 1095, 1098.

1088 S. Kapitel C. III. 2.

1089 *Leible/Lehmann*, GmbHR 2007, 1095, 1098.

tig *directors* waren, nicht immer bewusst sein wird, dass sie die Rechtsverhältnisse der Gesellschaft deutschem Recht unterwerfen.

(3) Zwischenergebnis

Wie dargestellt erscheint die Differenzierung zwischen Behandlung als Liquidationsgesellschaft und weiter geschäftlich aktiver Gesellschaft der einzig gangbare Weg. Dass in der deutschen Rechtsprechung iRd. Thematik der gelöschten Limited regelmäßig eine solche Unterscheidung unterblieben ist, kann auch daran liegen, dass die Gesellschaften tatsächlich alle auf Abwicklung gerichtet waren. [1090]

Soweit die Restgesellschaft also zur Abwicklung Bestand hat, muss sie englischem Recht unterliegen und als englische Limited fortbestehen. [1091] Ist sie hingegen weiter werbend aktiv, findet ein Statutenwechsel statt. Die Gesellschaft ist dann (bis zur Umgründung) nach deutschem Personengesellschaftsrecht zu beurteilen.

cc) Überprüfung des Ergebnisses anhand der Restoration

Es stellt sich allerdings die Frage, wie sich das gefundene Ergebnis zum anwendbaren Gesellschaftsstatut mit dem englischen Rechtsinstitut der Wiedereintragung[1092] vereinbaren lässt. [1093] Möglicherweise ändert nämlich die Wiederauferstehung einer Gesellschaft die Schutzrichtung der Niederlassungsfreiheit. In diesem Fall könnte die Gesellschaft in ihrer Gesamtheit, mithin auch der deutsche Teil, nach altem Recht zu beurteilen sein. [1094] Es könnte jedenfalls anderes gelten, als dass die Niederlassungsfreiheit teilweise einen Bestand nach ihrem ursprünglichen Gesellschaftsstatut verwehrt. [1095] Damit wäre eine Korrektur des Ergebnisses in Betracht zu ziehen.

Auch wenn das deutsche Recht grundsätzlich die Wiederherstellung gelöschter ausländischer Gesellschaften anerkennt, [1096] ist doch zunächst fraglich,

---

1090 So wurden die Restgesellschaften in OLG Stuttgart NJW 1974, 1627, OLG Jena NZG 2007, 877, OLG Nürnberg NZG 2008, 76 und OLG Düsseldorf, Beschluss vom 10.05.2010 - I - 24 U 160/09 jeweils als Abwicklungsgesellschaften qualifiziert, auf welche ihr ursprüngliches Recht anzuwenden war.

1091 Der Begriff „Restlimited“ kann damit, entgegen den Ausführungen in Kapitel E. II. 2. a) bb) (4) (b), wo eine solch ausdrückliche Differenzierung noch nicht getroffen wurde, lediglich hinsichtlich dieser „englischen“ Gesellschaft verwendet werden.

1092 S. zur *restoration*, also zur Wiedereintragung, Kapitel D. II. 2. b) ee).

1093 Vgl. *Zimmer/Naendrup*, ZGR 2007, 789, 812 f.

1094 Vgl. *Zimmer/Naendrup*, ZGR 2007, 789, 812 f., 815.

1095 S. Kapitel E. II. 2. c) bb) (2) (b) (aa).

1096 BGHZ 51, 27, 28 f. zu der Wiederherstellung der Parteifähigkeit einer zwischenzeitlich gelöschten Schweizer Kapitalgesellschaft; *Lamprecht*, ZEuP 2008, 289, 303.

ob es in vorliegender Konstellation überhaupt zu einer Wiederauferstehung des sich in Deutschland befindlichen Teils der Gesellschaft – der Restgesellschaft – kommen kann (s. sogleich (1) und (2)).

(1) Keine Wirkung der Restoration aufgrund „Aufspaltung“

Teilweise löst man die Problematik um die Wiedereintragung sehr rigide: Es soll nur zum Wiederaufleben des in England befindlichen Teils der Limited kommen können.[1097] Dabei wird sogar angenommen, dass die Restgesellschaft in Deutschland englischem Recht unterliege.[1098] Dennoch habe die Wiedereintragung keinen Einfluss auf die in Deutschland bestehende Restgesellschaft.[1099] Mit dem Erlöschen habe England aufgrund des Territorialitätsprinzips die Hoheitsgewalt verloren. Alles andere als eine „Aufspaltung“ führe zu unerträglichen Schwebezuständen, wobei auf den Zeitraum der Möglichkeit der Wiedereintragung in das englische Register und damit der Wiederauferstehung der englischen Limited bis zu sechs Jahre nach Löschung verwiesen wird.

Unzweifelhaft ist der Gedanke an Rechtssicherheit nicht von der Hand zu weisen. Nichtsdestotrotz läuft eine derartige „Aufspaltung“ jedenfalls der Niederlassungsfreiheit zuwider,[1100] zumal diese die vollumfängliche Anerkennung des Gründungsstatuts verlangt.[1101] Zum Gründungsstatut müssen gerade auch die Wiedereintragung und damit eine Wiederauferstehung der gesamten Gesellschaft gehören. Will man die zeitliche Komponente, nämlich die Tatsache, dass die Wiedereintragung nach Löschung stattfindet, anführen, so lässt sich wieder die beschränkende Vorwirkung der Nichtanerkennung der ausländischen Regelungen anführen.[1102] Zwar verweist das englische Recht hinsichtlich des in Deutschland belegenen Vermögens zunächst auf deutsches Recht, jedoch darf damit nicht das Wiederauferstehen des deutschen Teils der Limited aus-

---

1097 *J. Schmidt*, ZIP 2007, 1712, 1714. Dieser Ansicht folgend Lutter/Hommelhoff/*Bayer*, Anh. II zu § 4a, Rn. 66.

1098 Eine solche Aufspaltung müsste mit dieser Ansicht folglich schon erst recht anzunehmen sein, wenn der deutsche Teil deutschem Recht unterliegt.

1099 *J. Schmidt*, ZIP 2007, 1712, 1714. In der Zwischenzeit hat *J. Schmidt*, ZIP 2008, 2400, 2404 ihre Ansicht etwas abgemildert, s. sogleich und Kapitel E. II. 2. c) dd) (6).

1100 *Röder*, RIW 2007, 866, 868 weist darauf hin, dass die Wiedereintragung aufgrund europarechtlicher Vorgaben anzuerkennen ist. Mittlerweile erkennt auch *J. Schmidt*, ZIP 2008, 2400, 2404, dass die Art. 43, 48 EGV (jetzt: Art. 49, 54 AEUV) ein völliges Ignorieren der Wiedereintragung nicht zulassen.

1101 Für eine Rechtfertigung der Beschränkung der Niederlassungsfreiheit in dieser einschneidenden Weise fallen die Schwebezustände nicht stark genug ins Gewicht;. *Lamprecht*, ZEuP 2008, 289, 304, Fn. 84.

1102 S. Kapitel E. II. 2. c) bb) (2) (a).

scheiden.[1103] Es will nur eine Regelung hinsichtlich des Vermögens, nicht aber hinsichtlich der Möglichkeit des Wiederauflebens der Gesellschaft treffen. Darüber hinaus kann die Verweisungsvorschrift zum Vermögen nur bis zu einer etwaigen Wiedereintragung von Bedeutung sein, da das englische Recht ab diesem Zeitpunkt wieder eine Regelung, mithin Zuordnung, vorsieht.[1104] Eine „Aufspaltung“ mit der Folge, dass es zu keiner Wiederauferstehung des deutschen Teils der englischen Limited kommen kann, ist folglich abzulehnen.

(2) Keine Restoration aufgrund mangelnden Vermögens in England

Ferner wird der Fall diskutiert, nach welchem das englische Gericht (bzw. nunmehr auch der *registrar*) eine Wiedereintragung der gelöschten Limited ablehnen könnte, wenn die Gesellschaft über kein Vermögen verfügt, das im englischen Inland liegt.[1105] Anders formuliert ist fraglich, ob das englische Recht die Anwendung seines Heimfallrechts an die Möglichkeit zur Wiedereintragung knüpfen will. Bejahendenfalls wäre eine Wiedereintragung der gelöschten Limited mit Verwaltungssitz in Deutschland regelmäßig ausgeschlossen, da diese typischerweise meist kein Vermögen in England hat.

Der CA 2006 gibt keine ausdrückliche Antwort. Allerdings könnte man die erforderliche Zustimmung des Crown Representative im Falle der Wiedereintragung iSd. s. 1024 CA 2006[1106] als Indiz für die Notwendigkeit eines Anfalls als *bona vacantia* werten. Jedoch ist diese auch nur dann von Nöten, wenn Vermögen tatsächlich an die Krone gefallen ist. Hieraus ergibt sich keine Aussage dahingehend, dass es zwingend erforderlich wäre, dass Vermögen angefallen ist.[1107] Im Falle eines solchen Antrages auf Wiedereintragung durch den *registrar* ist damit kein Grund ersichtlich, warum diesem Begehren nicht stattgegeben werden sollte.

Im Rahmen der gerichtlichen Wiedereintragungs-Möglichkeit lässt sich die diskutierte Erforderlichkeit von Vermögen, welches in England belegen ist, zumindest auch nicht auf die Entscheidung *Re. Lindsay Bowman Ltd.* stützen:[1108] Hier ging es um eine Limited, welche keine nennenswerten Vermögenswerte

---

1103 Dies lässt sich auch nicht mit dem Territorialitätsprinzip rechtfertigen. S. zur pauschalen Argumentation mit dem Territorialitätsprinzip Kapitel E. II. 2. a) aa) (1), (4) und zum Konflikt mit der Niederlassungsfreiheit Kapitel E. II. 2. a) bb) (4) (b).

1104 S. auch sogleich in Kapitel E. II. 2. c) cc) (2) zur Verweigerung der Wiedereintragung aufgrund mangelnden Vermögens in England.

1105 *Mansel*, FS Kegel, 2002, S. 111, 116.

1106 S. zu den beiden Arten der Wiedereintragung Kapitel D. II. 2. b) ee).

1107 IdS. auch *Lamprecht*, ZEuP 2008, 289, 299.

1108 *Re Lindsay Bowman Ltd* [1969] 1 WLR 1443, 1447 f. Diese Entscheidung anführend *Mansel,* FS Kegel, 2002, S. 111, 116. Hingegen ablehnend und mit ähnlicher Argumentation *Borges*, IPRax 2005, 134, 141 und *Lamprecht*, ZEuP 2008, 289, 299.

mehr hatte. Deshalb gab es für das Gericht keinen Grund dem Antrag der Gläubiger stattzugeben. Es solle an deren Beschwer mangeln. Diese Entscheidung gibt aber lediglich Aufschluss darüber, dass die Wiedereintragung abgelehnt wird, wenn die Rückführung der Güter zu keinem Überschuss der Erträge nach Abzug der Liquidationskosten führt.[1109] Es wird dagegen keine Aussage dazu getroffen, ob an die Krone gefallenes Vermögen von Nöten ist. Sollte eine „deutsche" Limited verwertbares Vermögen besitzen, über dessen Zuordnung aufgrund des *striking offs* (zumindest aus Sicht des englischen Rechts) Unsicherheit herrscht, so erfüllt die Wiedereintragung jedenfalls ihren Zweck, die Gesellschaft als Vermögensträger wiederherzustellen. Es ist folglich kein Argument dafür ersichtlich, dass für eine Wiedereintragung Vermögen in England erforderlich wäre. Das englische Recht will somit die Anwendung des Heimfallrechts und die Möglichkeit der Wiedereintragung nicht einherlaufen lassen.

Es bleibt daher festzuhalten: Die Wiedereintragung einer gelöschten „deutschen" Limited ist zum einen überhaupt (d.h. auch bei nicht in England vorhandenem Vermögen), zum anderen aber auch mit Wirkung für den deutschen Teil (d.h. keine „Aufspaltung") möglich.

(3) Nach englischem Recht zu beurteilende Liquidationsgesellschaft

Folglich sind die Wirkungen der Wiedereintragung auf die jeweilige Konstellation (Liquidationsgesellschaft und Geltung englischen Rechts; werbend tätige Gesellschaft und Geltung deutschen Rechts) zu untersuchen.

Wenn es um die Liquidationsgesellschaft geht, müssen mit Geltung der Gründungstheorie und auch der Anwendung englischen Rechts auf die Restgesellschaft die Wirkungen einer Wiedereintragung bezüglich dieser unzweifelhaft von Bedeutung sein: Die Restgesellschaft verwandelt sich dann wieder in einen Teil der nun wiederhergestellten englischen Limited.[1110] Dies geschieht nach englischem Recht grundsätzlich rückwirkend.[1111]

Man könnte einwenden, dass ein derartiger Fall der Wiedereintragung einer Liquidationsgesellschaft überhaupt nicht vorkommt, da es ja gerade „Tatfrage" sein soll, ob die Restgesellschaft als Liquidationsgesellschaft oder als weiterhin werbend tätige Gesellschaft angesehen wird.[1112] Bei der Abwicklungsgesellschaft liegt aber gerade keine Geschäftstätigkeit mehr vor. Folglich könnte sie auch nicht mehr eingetragen werden. S. 1031 (1) (c) CA 2006 erlaubt dem Gericht aber zum einen, dass es über das Einstellen der Geschäftstätigkeit hinaus in

[1109] S. bereits Kapitel D. II. 2. b) ee).

[1110] *Lamprecht*, ZEuP 2008, 289, 304.

[1111] Zu etwaigen Schwierigkeiten hinsichtlich der Rückwirkung bei bereits erfolgter Abwicklung s. unten Kapitel E. II. 2. c) dd) (6).

[1112] S. Kapitel E. II. 2. c) aa) (2).

seinem Ermessen steht, die Gesellschaft wieder einzutragen.[1113] Hier kommt gerade der Antrag durch die Gläubiger etc. in Frage. Zum anderen ist nach s. 1031 (1) (a) CA 2006 bezüglich der Voraussetzungen der Wiedereintragung (Geschäftstätigkeit) auf den Zeitpunkt der Löschung abzustellen.[1114] Im Falle der Wiedereintragung durch den *registrar* wird ebenso auf diesen Zeitpunkt abgestellt. Es sollte somit unschädlich sein, ob die Gesellschaft in der Zwischenzeit Abwicklungsgesellschaft ist und ihre werbende Geschäftstätigkeit eingestellt hat. Die Wiedereintragung einer Liquidationsgesellschaft erscheint daher möglich.

Das gefundene Ergebnis der Anwendung englischen Rechts auf die sich in Deutschland befindliche Abwicklungsgesellschaft bleibt also richtig. Jedoch handelt es sich mit Wiedereintragung nicht mehr um die selbstständige Restgesellschaft, sondern wieder um einen Teil der ursprünglichen englischen Limited. Auf diesem Wege wird der Niederlassungsfreiheit Genüge getan.

(4) Nach deutschem Recht zu beurteilende geschäftlich aktive Gesellschaft

(a) Geltung des alten Gesellschaftsstatuts

Bedeutendere Auswirkungen hat die Wiedereintragung auf eine Restgesellschaft, die weiter werbend aktiv ist und somit deutschem Recht unterliegt. Wie dargestellt, muss das Gründungsstatut der originären Gesellschaft vollumfänglich anerkannt werden. Um den Vorgaben der Niederlassungsfreiheit gerecht zu werden, darf es gerade nicht zu einer „Aufspaltung“ kommen.[1115] Den Statutenwechsel aufgrund weiterer werbender Tätigkeit als endgültiges Zerschneiden des Bandes zwischen Restgesellschaft und ursprünglichem Gesellschaftsstatut anzusehen, liefe dem ebenso zuwider. Wie gezeigt, lässt sich die weiter werbend tätige Gesellschaft nur nach deutschem Recht qualifizieren, um den Vorgaben der Niederlassungsfreiheit gerecht zu werden.[1116] Dies kann mit den Wirkungen einer Wiedereintragung aber nicht mehr aufrecht erhalten werden:[1117] Die englische Gesellschaft entsteht rückwirkend wieder. Damit kann sie die Niederlassungsfreiheit auch wieder entsprechend in Anspruch nehmen. Der deutsche Teil ist folglich wieder Teil der englischen Gesellschaft und daher nach englischem Recht zu beurteilen. Insofern würde das Ergebnis der Anwendung deutschen

---

1113 S. zum Ganzen bereits Kapitel D. II. 2. b) ee).

1114 „*at the time of striking off*“.

1115 S. Kapitel E. II. 2. c) cc) (1).

1116 Ein Bestehen über das Erlöschen der Gesellschaft hinaus ist in diesem Fall nicht erlaubt. S. Kapitel E. II. 2. c) bb) (2) (b).

1117 So auch *Zimmer/Naendrup*, ZGR 2007, 789, 815.

Rechts auf die weiter werbend aktive Gesellschaft einer Überprüfung anhand der Wiedereintragung also nicht standhalten.[1118]

(b) Maßgebender Anknüpfungspunkt

Diskutiert wird an dieser Stelle, wann sich die Schutzrichtung der Niederlassungsfreiheit ändert, d.h. ab welchem Zeitpunkt bzw. unter welchen Voraussetzungen die Gesellschaft als englische Limited betrachtet werden muss. Hier werden drei Anknüpfungspunkte vorgeschlagen:[1119] Zum einen könnte auf die reine Möglichkeit oder Aussicht der Wiedereintragung abgestellt werden, zum anderen auf das Stellen eines Antrags auf Wiedereintragung. Zuletzt wird die tatsächlich erfolgte Wiedereintragung als relevanter Zeitpunkt in Erwägung gezogen. Ein Abweichen vom Zeitpunkt der tatsächlich erfolgten Wiedereintragung, welche nach englischem Recht die Rechtspersönlichkeit wieder rückwirkend entstehen lässt, hat deshalb den Anschein diskussionswürdig zu sein, da mit der unmittelbar bevorstehenden Wiedereintragung das Wiederaufleben so nah ist, dass bereits die Niederlassungsfreiheit für die englische Limited eingreifen könnte. Möglicherweise will in erwähnten Fällen die Niederlassungsfreiheit den „Umweg" über das (gegebenenfalls nur kurzfristig geltende) deutsche Recht vermeiden.[1120] Klarstellend sei darauf hingewiesen, dass es folglich bei Einschlägigkeit einer der beiden erstgenannten Anknüpfungspunkte um die Behandlung nur der deutschen Restgesellschaft nach englischem Recht ginge, hingegen noch nicht um die „Wiederauferstehung" der Limited in ihrer Gesamtheit.

Stellt man auf die Möglichkeit oder Aussicht der Wiedereintragung ab,[1121] so hieße dies, dass die Niederlassungsfreiheit ihre Schutzrichtung ab dem Zeit-

---

[1118] IdS. auch *Borges*, IPRax 2005, 134, 140, der insofern zumindest die Möglichkeit der Anwendung deutschen Rechts bezweifelt. Für die Möglichkeit der Wiederherstellung wohl auch *Jooß*, GWR 2010, 306170 („in der Zwischenzeit"). Gegen die Möglichkeit der Wiederherstellung bei – wie hier erfolgter – Umqualifizierung *Lamprecht*, ZEuP 2008, 289, 313. Aus praktischen Erwägungen gegen einen „doppelten Statutenwechsel" *Krömker/Otte*, BB 2008, 964, 965.

[1119] *Zimmer/Naendrup*, ZGR 2007, 789, 815 ff.

[1120] Die Erörterung ist gerade hier und weniger bei der nach englischem Recht zu beurteilenden Restgesellschaft von Belang, da dort, wie gezeigt, ein Statutenwechsel nicht stattfindet. Dass aber die „normalen" Wirkungen einer Wiedereintragung (z.B. rückwirkendes Wiederaufleben der Rechtsverhältnisse oder der Gesellschaft in seiner Gesamtheit) erst mit deren Vollzug einschlägig sein können, muss außer Frage stehen.

[1121] AG Duisburg NZG 2003, 1167, 1168 geht zwar nicht näher auf die Thematik ein, gibt aber zu bedenken „wie es zu verfahren hätte, wenn (...) [die Gesellschaft] wieder in das Register eingetragen werden könnte." Die Begründung des AG Duisburg, warum es dieser Frage nicht nachgehen will, ist hingegen nicht ganz richtig: So ist Vermögenslosigkeit nicht immer ein Grund, welcher gegen die Wiedereintragung spricht

punkt ändert, in welchem die Voraussetzungen der ss. 1024 ff. CA 2006 vorzuliegen scheinen und es ferner potentielle Antragsteller gibt. Wie oben dargestellt, sind die Bedingungen für eine Wiedereintragung im Falle des *striking offs* relativ leicht erfüllt. Daneben gibt es eine Fülle an gesetzlich vorgesehenen Antragstellern. [1122] Sieht man von der Gesellschaft (und ihrer „näheren Umgebung“) ab, [1123] ist indes nicht immer klar, ob mögliche Antragsteller [1124] auf eine Wiedereintragung aus sind: Vor allem könnte man anhand des geäußerten Willens bisher auffindbarer potentieller Antragsberechtigter die Aussicht bzw. Möglichkeit verneinen, wohingegen sich neue Antragswillige, insbesondere Gläubiger, erst nach Jahren zeigen könnten. Deshalb wäre dieses Kriterium ein zu unsicheres, als daran eine Richtungsänderung in der Niederlassungsfreiheit knüpfen zu können. [1125] Außerdem würde man auf diesem Wege den auf Bestand der Limited gerichteten Schutz der Niederlassungsfreiheit häufig schon bei bzw. trotz Löschung gewährleisten, sofern eine Wiedereintragung zu erwarten ist. Die *officers* könnten so trotz Löschung unter dem alten englischen Gesellschaftsstatut weiter handeln, wären somit von einer Haftung frei. Dies liefe den Wertungen des Gesellschaftsstatuts zuwider. Daneben wäre natürlich fraglich, ob ein Antrag dann überhaupt gestellt wird. Unvergessen darf nicht bleiben, dass bei diesem vorgeschlagenen Anknüpfungspunkt immer noch nicht feststeht, ob auch in den Augen des *registrars* bzw. des Gerichts die Gesellschaft tatsächlich wieder eingetragen werden muss. [1126] Letztlich muss auf einen anderen Anknüpfungspunkt abgestellt werden.

Man könnte das Stellen des Antrags auf Wiedereintragung als ausschlaggebend ansehen. Zumindest ist dieser Moment ein zeitlich sicherer. Allerdings ist damit wiederum noch nicht gewährleistet, dass das Gericht oder der *registrar* für die Gesellschaft die Voraussetzungen einer Wiedereintragung bejaht und diese tatsächlich vornimmt. [1127] Würde man der Gesellschaft mit dem Antrag wieder die geänderte Schutzrichtung der Niederlassungsfreiheit zusprechen, das Gericht

---

(vgl. Kapitel D. II. 2. b) ee)). *Borges*, IPRax 2005, 136, 140 erwähnt in diesem Zusammenhang auch die „Aussicht auf Wiedereintragung“, diskutiert diese aber nicht weiter. *Zimmer/Naendrup*, ZGR 2007, 789, 815 f. führen beide Quellen an, sehen aber insgesamt „Bedenken“. Demgegenüber wollen *Krömker/Otte*, BB 2008, 964, 965 darauf abstellen, ob der „Antrag (…) Erfolg verspricht“.

1122 Ganz ähnlich auch *Zimmer/Naendrup*, ZGR 2007, 789, 816.

1123 Hier wird sich immer schnell feststellen lassen, ob Genannte eine Wiedereintragung anstreben, eine Aussicht auf diese also besteht.

1124 Zu den möglichen Antragstellern s. wiederum Kapitel D. II. 2. b) ee).

1125 *Zimmer/Naendrup*, ZGR 2007, 789, 816.

1126 S. zu den Voraussetzung der Wiedereintragung durch den *registrar* bzw. das Gericht erneut Kapitel D. II. 2. b) ee).

1127 *Zimmer/Naendrup*, ZGR 2007, 789, 816.

diesen aber ablehnen, so hätte dies einen unberechtigten vorübergehend haftungsfreien Zustand (als englische Limited) zur Folge. [1128]

Damit ist es am sinnvollsten an den Moment der tatsächlichen Eintragung anzuknüpfen: [1129] Ab hier besteht Rechtssicherheit. Mit diesem Zeitpunkt gewährt das englische Recht der gelöschten Gesellschaft rückwirkend wieder ihre Rechtspersönlichkeit, ss. 1028 (1), 1032 (1) CA 2006. [1130] Somit ist die Gesellschaft in ihrer Gesamtheit ab diesem Moment wieder englische Limited und wird als solche von der Niederlassungsfreiheit entsprechend geschützt. [1131]

dd) Liquidationsgesellschaft

Sowohl zu der nach deutschem Recht zu beurteilenden, weiter werbend aktiven Restgesellschaft als auch zu der hier zunächst zu prüfenden, nach englischem Recht einzuordnenden Liquidationsgesellschaft stellen sich weitere Rechtsfragen. Diese sollen – soweit nicht explizit erwähnt – ohne Berücksichtigung einer Wiedereintragung im englischen Register im Folgenden beantwortet werden.

(1) Rechts- und Parteifähigkeit

Der Restgesellschaft kann die Rechtsfähigkeit und damit auch die Parteifähigkeit nach § 50 ZPO nicht abgesprochen werden, solange noch Abwicklungsbedarf besteht. [1132] Dies entspricht dem in der Rechtsprechung gebilligten Prinzip, [1133] dass eine „erloschene juristische Person solange als parteifähig zu betrachten ist, als ihr nach dem Parteivortrag im betreffenden Rechtsstreit noch vermögensrechtliche Ansprüche zustehen“. [1134]

(2) Satzungssitz

Fraglich ist, wo die als fortbestehend zu betrachtende Limited ihren Satzungssitz hat. [1135] Jedenfalls sollte dieser nach dem Willen der Inhaber der Limited in Eng-

---

1128 *Zimmer/Naendrup*, ZGR 2007, 789, 816.

1129 Ausdrücklich *Zimmer/Naendrup*, ZGR 2007, 789, 816 f. Auch *Borges*, IPRax 2005, 136, 140 zieht diesen Zeitpunkt neben der Aussicht auf die Wiedereintragung ebenfalls in Erwägung.

1130 Zum exakten Zeitpunkt der Wiedereintragung s. Kapitel D. II. 2. b) ee).

1131 Terminologisch erscheint es nach alledem durchaus angemessen, den Begriff der „Restgesellschaft“ auch für die nach deutschem Recht zu beurteilende, werbend tätige zu verwenden. Dies zumindest solange, als dass eine Wiedereintragung möglich ist.

1132 OLG Nürnberg NZG 2008, 76, 77; *Just*, Rn. 347; *Vallender*, ZGR 2006, 425, 436; *Krömker/Otte*, BB 2008, 964, 965. S. zur Beteiligtenfähigkeit im Verfahren der freiwilligen Gerichtsbarkeit *Leible/Lehmann*, GmbHR 2007, 1095, 1096 f.

1133 Vgl. z.B. BGHZ 48, 303; 75, 178.

1134 OLG Nürnberg NZG 2008, 76, 77.

1135 Dies ist insbesondere von Bedeutung, da an den Satzungssitz Rechtsfolgen wie z.B. die Behörden- oder Gerichtszuständigkeit zu knüpfen sind.

land sein. Die h.M. [1136] in den Enteignungsfällen geht aber davon aus, dass der Satzungssitz der Gesellschaft mit der Enteignung im Enteignerstaat entfällt. Es sei sinnlos, den Satzungssitz noch in einem Staate bestehen zu lassen, der den Bestand der Gesellschaft nicht anerkennt und nichts mehr für die Gesellschaft bewirken will. [1137] Der Sitz sei nur Mittel der Anknüpfung verschiedener Rechtsfolgen, ob diese eintreten, sei hingegen dem Zweck der einzelnen Regelungen zu entnehmen. [1138] Dabei will man vielmehr an die inländische Belegenheit des enteignungsfreien Vermögens anknüpfen. [1139]

Das Erlöschen des Satzungssitzes in England anzunehmen kann aber für den Fall der gelöschten Limited nicht der richtige Ansatz sein. Sie muss ihren Satzungssitz in England behalten. [1140] Denn es existiert immer noch nach englischem Recht die Möglichkeit, die Wiedereintragung in England anzustreben. Solange diese besteht, ist auch kein Grund ersichtlich, den Satzungssitz der nach englischem Recht zu beurteilenden Gesellschaft aufzugeben. [1141]

(3) Vertretung zu Zwecken der Abwicklung

Außerdem ist zu beantworten, wie die auf Liquidation gerichtete Restgesellschaft weiterhin vertreten wird. Zweifelsfrei sind nämlich Personen von Nöten, die die Limited abwickeln. [1142] Möglicherweise lässt sich im Zuge des Auffindens eines Vertreters auch die Art und Weise der zu erfolgenden Abwicklung näher bestimmen.

Prinzipiell könnte die Restgesellschaft von ihren bisherigen *directors* weiter vertreten werden oder aber bis zu einer entsprechenden Bestellung ohne Vertreter Bestand haben. [1143] Dabei entscheidet grundsätzlich das Gesellschaftsstatut über die Frage, welches Organ in welchem Umfang die Gesellschaft vertreten

---

1136 BGHZ 19, 102, 105; 33, 195, 203; 38, 36, 39 f.; BGH JZ 1963, 359, 360. S. weitere Nachweise und zum Meinungsstand Staudinger/*Großfeld*, IntGesR, Rn. 851 ff.; Ulmer/*Behrens*, Einl. B 149.

1137 LG Hamburg AWD 1974, 410, 412. Deshalb will man die Gesellschaft sogar als sitzlos betrachten, MüKoBGB/*Kindler*, IntGesR, Rn. 1012.

1138 Soergel/*von Hoffmann*, EGBGB, Art. 38 Anh. III, Rn. 68; Ulmer/*Behrens*, Einl. B 149.

1139 Ulmer/*Behrens*, Einl. B 149.

1140 *Lamprecht*, ZEuP 2008, 289, 307.

1141 *Lamprecht*, ZEuP 2008, 289, 307. Ist die Wiedereintragung allerdings nicht mehr möglich, so besteht auch kein Grund mehr am Satzungssitz festzuhalten. In diesem Fall ist den für die Enteignungsfälle vorgesehen Regelungen zu folgen: Die Abwicklungsgesellschaft wird dann sitzlos. S. hierzu Staudinger/*Großfeld*, IntGesR, Rn. 854 ff. Regelmäßig wird die Restgesellschaft zu diesem Zeitpunkt aber schon vollständig abgewickelt sein.

1142 Durch die Vertreter wird auch die Prozessfähigkeit der Restgesellschaft gewährleistet.

1143 So z.B. auch *Lamprecht*, ZEuP 2008, 289, 308.

kann.[1144] Auch Bestellung und Beendigung der Organstellung richten sich nach dem Gesellschaftsstatut.[1145] Nach englischem Recht führt der Verlust der Rechtsfähigkeit der Gesellschaft jedoch auch zum Verlust der Vertretungsmacht.[1146] Dieser ist mit Fortgeltung des englischen Gesellschaftsstatuts somit grundsätzlich auch in Deutschland zu beachten.[1147]

(a) Organstellung nach Gesellschaftsstatut

Im Rahmen der Lehre von der enteignungsrechtlichen Restgesellschaft lässt man jedoch für die weitere Geschäftsführungs- und Vertretungsbefugnis die Organstellung nach den Regeln des ursprünglichen Gesellschaftsstatuts fortbestehen.[1148] Die bisherigen Vertretungsorgane sollen für die Restgesellschaft auftreten, da die Enteignung diese Befugnis nicht mit Wirkung außerhalb des enteignenden Staates beenden kann. Dies soll auch gerade dann gelten, wenn der Enteignerstaat die Organe ausdrücklich abberuft oder an ihrer Tätigkeit hindert.[1149] Dabei steht hinter dem Fortbestehenlassen der Vertretungsmacht der Gedanke der größtmöglichen Schonung des Gesellschaftsstatuts.[1150]

Diesem Ergebnis entsprechend wird angeführt, die Vertretungsmacht der *directors* für die durch die Löschung entstandene Restgesellschaft in Deutschland weiter gelten lassen zu müssen:[1151] Auf diese Weise soll insbesondere einer englischen Variante einer GmbH-Bestattung[1152] vorgebeugt werden. Fälle in der Praxis, in denen Limiteds vom *registrar* bereits nach kurzer Geschäftstätigkeit gelöscht wurden, Schulden zurückließen und zudem der bisherige *director* jegliche weitere Verantwortung von sich gewiesen hat, sollen nämlich nicht selten

---

1144 MüKoBGB/*Kindler*, IntGesR, Rn. 557, der aber auch darauf hinweist, dass sich die rechtsgeschäftliche Vertretungsmacht hingegen nach dem Vollmachtsstatut richten muss.

1145 Staudinger/*Großfeld*, IntGesR, Rn. 278.

1146 *Vallender*, ZGR 2006, 425, 437; *Lamprecht*, ZEuP 2008, 289, 308.

1147 Insofern werden hier – wie auch teilweise im Folgenden – ebenso Konsequenzen der Nichtbeachtung der Publizitätspflichten hinsichtlich der Verantwortlichen besprochen, da sie Folge der Löschung der Gesellschaft sind.

1148 Soergel/*von Hoffmann*, EGBGB, Art. 38 Anh. III, Rn. 65; Staudinger/*Großfeld*, IntGesR, Rn. 863; MüKoBGB/*Kindler*, IntGesR, Rn. 1015 jeweils mwN.

1149 MüKoBGB/*Kindler*, IntGesR, Rn. 1015; Staudinger/*Großfeld*, IntGesR, Rn. 863 f. Wird die Organstellung allerdings nicht aufgrund der Enteignung beendet, so ist die Beendigung freilich beachtlich.

1150 *Wiedemann*, FS Beitzke, 1979, S. 811, 822; grundsätzlich auch OLG Jena NZG 2007, 877, 878.

1151 *Lamprecht*, ZEuP 2008, 289, 309.

1152 Zur Firmenbestattung ausführlich *Kleindiek*, ZGR 2007, 276 ff. Anteile an der GmbH werden einem Dritten zum Zwecke missbräuchlicher Liquidation übertragen. Der Dritte beruft dann Geschäftsführer ab, um sie zu entlasten.

sein. Mögliche Aktiva seien dann (mutmaßlich in den Taschen der *directors*) verloren. Hiervor schützten im englischen Recht aber bereits die ss. 154 f. CA 2006, indem sie für jede *private company limited by shares* grundsätzlich mindestens eine natürliche Person als *director* forderten. [1153] Analog soll der Fortbestand der Vertretungsmacht der Regelfall sein, die *directors* sollen sich nicht ihren Pflichten entziehen können.

Allerdings kann es vorliegend nicht sachgerecht sein, die *directors* ohne jegliche Überprüfung im Amt zu belassen. [1154] So sind es vor allem auch die Gläubigerinteressen, die iRd. Abwicklung der Gesellschaft berücksichtigt werden müssen. Die *directors* aber haben es gerade versäumt, den Publizitätspflichten nachzukommen, welche eine herausragende gläubigerschützende Funktion inne haben. [1155] Auch [1156] deshalb erfolgte die Beendigung der Gesellschaft und eben nicht durch einen willkürlichen Enteignungsakt. Zwar ist der Fortbestand einer Restgesellschaft in Deutschland – entgegen dem ursprünglich im englischen Recht Vorgesehenen – wie in den Enteignungsfällen von Nöten. [1157] Nicht erforderlich ist aber der Fortbestand der Vertretungsmacht, denn nach deutschem Recht existieren durchaus andere Möglichkeiten, die Handlungsfähigkeit herzustellen. [1158] Diesbezüglich sind die grundsätzlichen Wertungen des geltenden Gesellschaftsstatuts gewahrt. Die Vertretungsmacht der ursprünglichen *directors* muss demzufolge – anders als in den Enteignungsfällen – beendet sein. [1159] Die Problematik einer möglichen „Limited-Bestattung" gilt es folglich ebenso alternativ zu lösen. [1160]

(b) Bestellung eines Pflegers

Das deutsche Recht hält die englische Rest-Limited zur Abwicklung am Leben, erkennt aber gleichzeitig das Erlöschen der Vertretungsverhältnisse an. Damit

---

1153 Wird dem nicht nachgekommen, so kann die Bestimmung eines *directors* innerhalb einer bestimmten Zeit durch den Secretary of State angeordnet werden. D.h. aber auch, dass eine Limited zumindest kurzfristig ohne *director* Bestand haben kann.

1154 OLG Jena NZG 2007, 877, 878.

1155 Vgl. OLG Jena NZG 2007, 877, 878.

1156 Zu den Funktionen des *striking offs* s. Kapitel D. II. 2. b) cc).

1157 Vgl. Kapitel E. II. 2. a) bb) (4), c) bb) (2) (a).

1158 S. sogleich.

1159 OLG Jena NZG 2007, 877, 878; i.E. ebenso Spahlinger/Wegen/*Spahlinger/Wegen*, Rn. 701; Fritz/Hermann/*Bähr*, Rn. 339; *Happ/Holler*, DStR 2004, 730, 734; *Süß*, DStR 2005, 180, 189; *Vallender*, ZGR 2006, 425, 437; *Röder*, RIW 2007, 866, 868; *Leible/Lehmann*, GmbHR 2007, 1095, 1098; *J. Schmidt*, ZIP 2008, 2400, 2401; *Krömker/Otte*, BB 2008, 964, 965; *Mödl*, DNotZ 2008, 1, 16; *Jooß*, GWR 2010, 306170.

1160 S. hierzu unten Kapitel E. II. 3.

käme man zu dem unbefriedigenden Ergebnis, dass die Rest-Limited nicht handlungsfähig ist, mithin nicht abgewickelt werden kann. Es obliegt also dem deutschen Recht eine solche Handlungsfähigkeit herzustellen.

Teilweise will man einen Pfleger für eine solche Gesellschaft bestellen.[1161] Dies soll schon international-privatrechtlich unproblematisch sein, da es sich hierbei nicht um eine gesellschaftsrechtliche, sondern um eine fürsorgerechtliche Maßnahme handle.[1162] Gem. Art. 24 EGBGB gelte damit deutsches Recht. Hierfür lässt sich anführen, dass der Staatsangehörigkeit natürlicher Personen iSd. Art. 24 I EGBGB der Ort des Verwaltungssitzes der juristischen Person entspricht.[1163] Schwierigkeiten dürfte diese Maßnahme international-privatrechtlich vorliegend auch schon deshalb nicht verursachen, da das deutsche Recht, will es eine Restgesellschaft fortbestehen lassen, eine Handlungsfähigkeit schaffen muss. Tatsächlich wurden für ausländische Gesellschaften zwar häufig Pflegschaften eingerichtet.[1164] Fraglich ist jedoch, ob dies für die im Gründungsstaat gelöschte Limited folgerichtig sein kann.

Nach § 1911 BGB[1165] ist es nicht möglich, einen Abwesenheitspfleger für juristische Personen zu bestellen.[1166] Zum Teil behalf sich die Rechtsprechung daher mit der Pflegschaft für unbekannte Beteiligte iSd. § 1913 BGB.[1167] Diese kommt gerade auch für juristische Personen in Frage.[1168] Jedoch muss die betroffene juristische Person als solche unbekannt sein oder es muss ungewiss sein, ob sie Wirksamkeit erlangt hat oder ob sie bereits erloschen ist.[1169] Denk-

---

1161 OLG Stuttgart NJW 1974, 1627, 1628; OLG Nürnberg NZG 2008, 76, 78; Staudinger/*Großfeld*, IntGesR, Rn. 372; Krafka/Willer/Kühn/*Krafka/Kühn*, Rn. 337b; Wachter/*Süß*, Teil 2., Kapitel 8, Rn. 116; Hirte/Bücker/*Mock/Schildt*, § 17, Rn. 131; Spahlinger/Wegen/*Spahlinger/Wegen*, Rn. 701; *Mansel*, FS Kegel, 2002, S. 111, 122 f.; *Schulz*, NZG 2005, 415, 416; *Vallender*, ZGR 2006, 425, 438; *Melchior*, GmbHR 2009, R81, R82.

1162 *Lamprecht*, ZEuP 2008, 289, 311, der aber vom Fortbestand der Vertretungsmacht ausgeht.

1163 MüKoBGB/*Kindler*, IntGesR, Rn. 558 mwN.

1164 S. *Beitzke*, FS Ballerstedt, 1975, S. 185 ff. Dort findet sich neben entsprechenden Entscheidungen auch die historische Entwicklung der Bestellung von Pflegschaften für Handelsgesellschaften und juristischen Personen.

1165 Die Bestimmung bezweckt die Fürsorge für Vermögensangelegenheiten einer Person, die infolge Abwesenheit daran gehindert ist, sie wahrzunehmen. S. hierzu MüKoBGB/*Schwab*, § 1911, Rn. 1 ff.

1166 MüKoBGB/*Schwab*, 4. Auflage, 2002, § 1911, Rn. 29.

1167 LG Stuttgart NJW 1949, 384, 385; LG Berlin JR 1952, 444; s. MüKoBGB/*Schwab*, 4. Auflage, 2002, § 1911, Rn. 29 mwN.

1168 Erman/*A. Roth*, § 1913, Rn. 2.

1169 Erman/*A. Roth*, § 1913, Rn. 2.

notwendig müsste dies hier aber verneint werden, da die Rechtsstellung als fortbestehende Limited unzweifelhaft ist. [1170] Daneben reicht es jedenfalls auch nicht aus, dass ihre Organe unbekannt oder verhindert sind. [1171]

In solchen Fällen soll die Anordnung einer Abwesenheitspflegschaft vielmehr über § 10 I des Zuständigkeitsergänzungsgesetz (ZustErgG) [1172] möglich sein. [1173] Die im Jahre 1952 geschaffene Norm setzt fest, dass „einer juristischen Person oder Gesellschaft für Vermögensangelegenheiten (…) ein Abwesenheitspfleger bestellt werden [kann], wenn die Verbindung mit (…) den zur Vertretung berechtigten Personen der juristischen Person oder Gesellschaft unterbrochen oder in einer Weise erschwert ist, dass die Vermögensangelegenheiten der (…) Gesellschaft (…) nicht ordnungsgemäß besorgt werden können". Damit wurde die Anwendbarkeit des § 1911 BGB auch auf juristische Personen ausgedehnt. [1174] Seit Bestand der Vorschrift war allerdings umstritten, ob § 10 ZustErgG eine ausreichende Rechtsgrundlage zur Bestellung eines Abwesenheitspflegers auch für eine aufgelöste ausländische Gesellschaft sei. [1175] Dies wurde auf der einen Seite abgelehnt, da der Wortlaut der Norm fordere, dass vertretungsberechtigte Organe vorhanden und lediglich die Verbindung zu diesen erschwert sei. [1176] Auf der anderen Seite wurden in der Praxis dennoch über diese Grenzen hinaus Pfleger bestellt, dies auch dann, wenn vertretungsberechtigte Personen überhaupt nicht vorhanden waren. [1177] Dadurch dass die aufgelöste ausländische Gesellschaft über keine vertretungsberechtigte Person mehr verfüge und eine solche nach dem besagten Recht auch nicht mehr bestellt werden könne, soll die Verbindung zu allen Vertretern iSd. Norm „unterbrochen" sein. [1178] Letztlich kann der Streit aber nunmehr dahinstehen. So hat der Gesetzgeber die Vorschrift des ZustErgG im Jahre 2006 ersatzlos gestrichen. [1179]

1170 A.A. OLG Nürnberg NZG 2008, 76, 77.

1171 MüKoBGB/*Schwab*, § 1913, Rn. 6.

1172 Gesetz zur Ergänzung von Zuständigkeiten auf dem Gebiet des Bürgerlichen Rechts, des Handelsrechts und das Strafrechts vom 7. August 1952, BGBl. I 1952, S. 407. Abgedruckt in: Jansen/*Sonnenfeld*, § 39, Rn. 17.

1173 MüKoBGB/*Schwab*, 4. Auflage, 2002, § 1913, Rn. 6.

1174 MüKoBGB/*Schwab*, 4. Auflage, 2002, § 1911, Rn. 32.

1175 Zum Meinungsstreit ausführlich s. *Schulz*, NZG 2005, 415, 416.

1176 *Beitzke*, FS Ballerstedt, 1975, S. 185, 188.

1177 Z.B. in etlichen der IZRspr. 1945 – 1953, Nr. 122 ff. dargestellten Fällen; s. *Beitzke*, FS Ballerstedt, 1975, S. 185, 188. S. z.B. auch OLG Stuttgart NJW 1974, 1627.

1178 *Schulz*, NZG 2005, 415, 416.

1179 Art. 48 Erstes Gesetz über die Bereinigung von Bundesrecht im Zuständigkeitsbereich des Bundesministerium der Justiz vom 19.04.2006, BGBl. I 2006, S. 866.

Grundsätzlich gegen die Bestellung eines Pflegers (und damit gegen eine solche iSd. verbleibenden § 1913 BGB) [1180] spricht, dass bei einer Liquidation die Belange aller Beteiligten berücksichtigt werden müssen. [1181] Dies läuft dem Wesen der Pflegschaft zuwider, welche die Fürsorge für den einzelnen in den Vordergrund stellt. [1182] Darüber hinaus sollen Pflegschaften an sich nur einzelne Angelegenheiten betreffen, es geht generell um die Personenpflegschaft. [1183] Dem läuft eine erforderliche umfassende Abwicklung der Gesellschaft entgegen. Ferner kann gegen eine Pflegerbestellung sprechen, dass so die zuständigen Betreuungsgerichte aus Handelsregistersachen heraus gehalten werden. [1184]

Damit lässt sich feststellen, dass eine Pflegerbestellung, wie es das OLG Nürnberg in seiner Entscheidung vom 10.08.2007 [1185] befürwortet (dort nach § 1913 BGB), eher abwegig ist. [1186] Die Bestellung des Pflegers für die Rest-Limited sollte folglich ausscheiden. [1187]

(c) Bestellung eines Nachtragsliquidators

Demgegenüber wird vorgeschlagen, entsprechend §§ 66 V GmbHG, 273 IV AktG einen Nachtragsliquidator zu bestellen. [1188]

[1180] Ein für die Pflegerbestellung erforderliches Fürsorgebedürfnis ließe sich für die Restgesellschaft mit dem Interesse an ihren Vermögensverhältnissen bejahen. So z.B. OLG Nürnberg NZG 2008, 76, 78; *Schulz*, NZG 2005, 415, 416.

[1181] MüKoBGB/*Kindler*, IntGesR, Rn. 1017.

[1182] Erman/*A. Roth*, Vor. § 1909, Rn. 1 ff.

[1183] *Beitzke*, FS Janssen, 1958, S. 29, 32; *ders.*, FS Ballerstedt, 1975, S. 185, 188.

[1184] *Beitzke*, FS Ballerstedt, 1975, S. 185, 193, der auch darauf hinweist, dass die Pflegschaft als Fürsorgeeinrichtung für natürliche Personen nicht zur Notorganschaft für juristische Personen umfunktioniert werden soll. *Schulz*, NZG 2005, 415, 416; *Krömker/Otte*, BB 2008, 964, 965.

[1185] OLG Nürnberg NZG 2008, 76.

[1186] Dies erkennt das Gericht teilweise sogar: Es äußert, dass ein Pfleger bestellt werden kann, solange der rechtliche Status der Gesellschaft ungeklärt ist. Dieser Status ist aber gerade nicht als ungeklärt anzusehen. Weiter davon auszugehen, dass die Vertretung vor Gericht als einzelne Angelegenheit zu werten ist, hilft nur punktuell weiter.

[1187] I.E. ebenso ausdrücklich *Leible/Lehmann*, GmbHR 2007, 1095, 1098; *Lamprecht*, ZEuP 2008, 289, 311; *J. Schmidt*, ZIP 2007, 1712, 1713; *dies.*, ZIP 2008, 2400, 2401; *Jooß*, GWR 2010, 306170.

[1188] OLG Jena NZG 2007, 877, 878; OFD Hannover NZG 2009, 1219; Lutter/Hommelhoff/*Bayer*, Anh. II zu § 4a, Rn. 66; BeckOKGmbHG/*Lorscheider*, § 66, Rn. 16; *J. Schmidt,* ZIP 2007, 1712, 1713; ausführlich *dies.*, ZIP 2008, 2400, 2401 ff.; *Krömker/Otte*, BB 2008, 964, 965 f. Unter Annahme einer „deutschen" Restgesellschaft: *Knütel*, RIW 2004, 503, 505; *Leible/Lehmann*, GmbHR 2007, 1095, 1098; *Jooß*, GWR 2010, 306170.

Da nach deutschem Recht die Löschungseintragung im Register eine deutsche Gesellschaft nicht immer zur Vollbeendigung bringt, findet eine Nachtragsliquidation statt, sofern die Vollbeendigung nur eine scheinbare ist. [1189] Dies ist bekanntlich dann zu bejahen, wenn die Gesellschaft zwar gelöscht ist, Vermögenslosigkeit, mithin der für die Vollbeendigung erforderliche Doppeltatbestand hingegen nicht vorliegt. [1190] Der Zweck der Nachtragsliquidation ist dabei gerade die Herbeiführung der Vollbeendigung, der Nachtragsliquidator liquidiert also die Gesellschaft. [1191] Anerkannter Hauptfall der Nachtragsliquidation ist eben noch existentes Vermögen. [1192] Dasselbe Ziel will auch die Restgesellschaft als Liquidationsgesellschaft verfolgen. Dort soll gleichfalls noch vorhandenes Vermögen abgewickelt werden. Es erscheint damit sinnvoll, die Nachtragsliquidation „als genuin-gesellschaftsrechtliches Abwicklungsverfahren“ [1193] auch für die Rest-Limited zur Anwendung zu berufen. Mit der Bestellung eines Nachtragsliquidators wäre die Restgesellschaft auch wieder vertreten.

Eine Bestellung von „Liquidatoren“ [1194] wird auch für die Restgesellschaft in den Enteignungsfällen vorgeschlagen, sofern beispielsweise die Vertretungsorgane an der Ausübung ihrer Funktionen außerhalb des Enteignerstaates gehindert sind. [1195] In diesem Zusammenhang wird darauf hingewiesen, dass zwar grundsätzlich das Gesellschaftsstatut für eine solche Bestellung entscheidend, auf die Mitwirkung der Gerichte des ausländischen Staates aber nicht zu zählen sei. [1196] Folglich soll ein deutsches Rechtsinstitut berufen werden, welches die Handlungsfähigkeit bewerkstelligt. Dabei sei es erforderlich, die Belange aller Beteiligten zu wahren, was gerade gegen die Bestellung eines Pflegers und für

---

1189 Näher Lutter/Hommelhoff/*Kleindiek*, § 74, 17 ff.; Scholz/*K. Schmidt*, § 74, Rn. 18 ff.; Baumbach/Hueck/*Schulze-Osterloh/Fastrich*, § 60, Rn. 65 ff.

1190 S. zur Lehre vom Doppeltatbestand Kapitel D. II. 2. a) aa).

1191 Scholz/*K. Schmidt,* § 74, Rn. 23.

1192 Scholz/*K. Schmidt,* § 74, Rn. 19; K. Schmidt/Lutter/*Riesenhuber*, § 273, Rn. 10. Parallel zur Diskussion um die Lehre vom erweiterten Doppeltatbestand sollen hier sonstige nicht vermögensrechtliche Abwicklungsmaßnahmen eine Nachtragsliquidation rechtfertigen. S. etwa Baumbach/Hueck/*Schulze-Osterloh/Noack*, § 74, Rn. 20; a.A. Scholz/*K. Schmidt*, § 74, Rn. 20.

1193 *J. Schmidt,* ZIP 2007, 1712, 1713; *dies.*, ZIP 2008, 2400, 2401.

1194 Um die Bestellung eines „Liquidators“ kann es in vorliegendem Fall nicht gehen. So wurde die Gesellschaft im Register bereits gelöscht. Ergibt sich nach der Löschung, dass eine Abwicklung noch erforderlich ist, so geht es gerade um die „Nachtragsliquidation“.

1195 MüKoBGB/*Kindler*, IntGesR, Rn. 1016 mwN. Vgl. oben zur fortbestehenden Vertretung im Rahmen der Enteignungsfälle Kapitel E. II. 2. c) dd) (3) (a).

1196 MüKoBGB/*Kindler*, IntGesR, Rn. 1016.

einen Liquidator spreche.[1197] Solange das englische Recht die Möglichkeit der Wiedereintragung bietet, können diese Argumente allerdings nicht vollumfänglich greifen. Ist nämlich die Möglichkeit der Wiedererlangung der Handlungsfähigkeit eröffnet, könnte mit den Aussagen zur enteignungsrechtlichen Restgesellschaft die Wiedereintragung primär berufen sein. Damit würde die Herstellung der Handlungsfähigkeit nach deutschem Recht gänzlich ausscheiden, da eine solche bereits durch das geltende Gesellschaftsstatut erreicht werden kann. Jedoch geht es gerade um die Handlungsfähigkeit der Restgesellschaft. Wie gezeigt, ist der Bestand einer solchen notwendig, um eine Zuordnung des Vermögens zu gewährleisten. Dies ist sowohl im Sinne des deutschen als auch des englischen Rechts. Stellt man der Restgesellschaft als Liquidationsgesellschaft keinen Vertreter, läuft deren Existenz weitgehend leer, eine Abwicklung kann nicht erfolgen. Die Bestellung eines Nachtragsliquidators, demgegenüber als Stellvertreter auch die Ansprüche gegen die Restgesellschaft geltend gemacht werden können, ist daher erforderlich.

Damit muss festgestellt werden, wie sich deutsche Gerichte für die Bestellung eines Nachtragsliquidators als zuständig ansehen können.[1198] Es wird versucht, die internationale Zuständigkeit[1199] über Art. 22 Nr. 2 EuGVO[1200] zu bejahen:[1201] Danach sind für Klagen, „welche die Gültigkeit, die Nichtigkeit oder die Auflösung einer Gesellschaft oder juristischen Person oder die Gültigkeit der Beschlüsse ihrer Organe zum Gegenstand haben, die Gerichte des Mitgliedstaats, in dessen Hoheitsgebiet die Gesellschaft oder juristische Person ihren Sitz hat" ausschließlich international zuständig. Art. 22 Nr. 2 S. 2 EuGVO beruft bei der Entscheidung, wo der Sitz der Gesellschaft ist, die Vorschriften des Internationalen Privatrechts der lex fori zur Anwendung.[1202] Der Satzungssitz der nach dem Gründungsrecht zu beurteilenden Restgesellschaft liegt nach wie vor in England.[1203] Dementsprechend wären englische Gerichte international zustän-

1197 MüKoBGB/*Kindler*, IntGesR, Rn. 1017; vgl. auch *Beitzke*, FS Ballerstedt, 1975, S. 185, 192.

1198 Eine Zuständigkeit ausdrücklich ablehnend: *Vallender*, ZGR 2006, 425, 438.

1199 In gerichtlichen Verfahren ist die örtliche Zuständigkeit immer vor der internationalen Zuständigkeit zu prüfen. Es kann dem örtlich unzuständigen Gericht nicht zugemutet werden eine umfassende Prüfung der internationalen Zuständigkeit vorzunehmen. S. z.B. Keidel/*Engelhardt*, § 97, Rn. 6.

1200 Verordnung Nr. 44/2001 des Rates vom 22.12.2000 über die gerichtliche Zuständigkeit und die Anerkennung und Vollstreckung von Entscheidungen in Zivil- und Handelssachen, Amtsblatt Nr. L 12, S. 1. Zu Art. 22 Nr. 2 EuGVO im Allgemeinen s. *Nagel/Gottwald*, § 3, Rn. 191 ff.

1201 *Leible/Lehmann*, GmbHR 2007, 1095, 1096, i.E. aber ablehnend.

1202 Hirte/Bücker/*Leible*, § 12, Rn. 9.

1203 S. Kapitel D. II. 2. c) dd) (2).

dig. Allerdings umfasst Art. 22 Nr. 2 EuGVO nur kontradiktorische Verfahren, mithin keine einseitigen Verfahren. [1204] Art. 22 Nr. 2 EuGVO ist für die Bestellung eines Nachtragsliquidators damit nicht einschlägig. [1205] Zwar sollen – abgesehen von den in Art. 1 II lit. a EuGVO ausgeklammerten klassischen Bereichen der freiwilligen Gerichtsbarkeit – Verfahren der freiwilligen Gerichtsbarkeit in den Anwendungsbereich der EuGVO fallen. Die Art. 2 ff. EuGVO setzen aber ein Zweiparteienverfahren voraus. [1206] Demzufolge ist der Anwendungsbereich der EuGVO für die Bestellung eines Nachtragsliquidators schon nicht eröffnet. [1207]

Bei der Bestellung eines Nachtragsliquidators iSd. § 273 IV 1 AktG handelt es sich um ein unternehmensrechtliches Verfahren iSd. § 375 Nr. 3 FamFG. [1208] Eine entsprechende Bestellung für die Abwicklung einer Rest-Limited muss, wenn auch die Vorschriften der §§ 66 V GmbHG, 273 IV AktG analog anzuwenden sind, ebenso darunter fallen. Bei diesen Verfahren ergibt sich, da die §§ 98 bis 104 FamFG nicht einschlägig sind, nach § 105 FamFG die internationale Zuständigkeit eines deutschen Gerichts gerade aus der örtlichen. Die ausschließliche örtliche Zuständigkeit eines Gerichts knüpft § 377 I FamFG an die Niederlassung oder den Sitz des Rechtsträgers an. [1209] Bei ausländischen Unternehmen, die ihre Niederlassung oder ihren Sitz im Ausland, allerdings im Inland eine Zweigniederlassung eingerichtet haben, ist dabei das Gericht örtlich zuständig, in dessen Bezirk die Zweigniederlassung besteht, § 13d I HGB. [1210] Sind die Gesellschaften also ihrer Pflicht zur Eintragung einer Zweigniederlassung nachgekommen, besteht die örtliche wie auch die internationale Zuständigkeit des Registergerichts dieses Ortes. [1211] Wurde keine Zweigniederlassung eingetragen, so kommen, im Einklang mit der Rechtsprechung zu § 5 I Nr. 1 FamFG, [1212] der Sitz der Hauptverwaltung wie auch die Belegenheit

---

1204 *Nagel/Gottwald*, § 3, Rn. 193; Rauscher/*Mankowski*, Brüssel I-VO, Art. 22, Rn. 34; Hirte/Bücker/*Leible*, § 12, Rn. 11. S. z.B. zur Einschlägigkeit iRe. Klage eines *directors* einer Limited gegen seine Abberufung OLG Frankfurt/Main NZG 2010, 581.

1205 I.E. auch *J. Schmidt*, ZIP 2008, 2400, 2401; *Lamprecht*, ZEuP 2008, 289, 312.

1206 Geimer/Schütze/*Geimer*, A. 1 Art. 1, Rn. 33.

1207 Allgemein zum Anwendungsbereich der EuGVO *Nagel/Gottwald*, § 3, Rn. 20 ff.

1208 Die Vorschrift wird auch entsprechend auf die GmbH angewandt. Daneben ließe sich die Bestellung eines Nachtragsliquidators als Verfahren nach dem GmbHG auch iSd. § 375 Nr. 6 FamFG qualifizieren. Vgl. Keidel/*Heinemann*, § 375, Rn. 62, 72.

1209 MüKoZPO/*Krafka*, § 377, Rn. 3 ff.

1210 MüKoZPO/*Krafka*, § 377, Rn. 5; Keidel/*Heinemann*, § 377, Rn. 9.

1211 Vgl. *J. Schmidt,* ZIP 2008, 2400, 2401 f. zur örtlichen Zuständigkeit.

1212 BGH WM 1991, 680; WM 1991, 14. Zuvor § 5 FGG.

des Hauptvermögens in Betracht.[1213] Steht die Zuständigkeit weiter in Frage, so muss die Bestimmung in entsprechender Anwendung des § 5 I Nr. 1 FamFG[1214] dem nächsthöheren gemeinsamen Gericht der zur Diskussion stehenden Gerichte obliegen.[1215] Diese so bestimmte örtliche Zuständigkeit eröffnet wiederum die internationale. Außerdem muss sich eine internationale Zuständigkeit schon aus der Natur der Sache ergeben.[1216] Das für das in Deutschland belegene Vermögen berufene deutsche Recht muss nämlich zur Bestellung eines Nachtragsliquidators auch die Zuständigkeit deutscher Gerichte annehmen können. Ein Antrag auf Bestellung von Nachtragsliquidatoren entsprechend der §§ 66 V GmbHG, 273 IV AktG kommt also vor deutschen Gerichten in Frage.

Zu einem solchen Antrag auf Bestellung muss jeder Beteiligte ermächtigt sein, der ein berechtigtes Interesse an der Nachtragsliquidation hat, also neben den Gläubigern auch die Gesellschafter und die *directors*.[1217] Das Gericht muss sodann nach pflichtgemäßem Ermessen über die Person des Nachtragsliquidators entscheiden, wobei es nicht an einen personellen Vorschlag durch den Antragsteller gebunden ist.[1218] In diesem Zusammenhang könnte gegen eine Bestellung eines Nachtragsliquidators vorgebracht werden, dass niemand zur Übernahme eines solchen Amtes verpflichtet werden kann.[1219] Vielmehr steht es dem zum Nachtragsliquidator Bestellten frei, das Amt anzunehmen oder auszuschlagen.[1220] Dabei sei schon fraglich, wer ohne gesichertes Entgelt zur Übernahme des Amtes bereit sei. Daher scheitere eine Nachtragsliquidation regelmäßig[1221] bzw. soll es in der Praxis nicht immer leicht sein, eine entsprechende Person zu finden.[1222] Auch wegen des erforderlichen Kostenvorschusses durch den Antragsteller[1223] wird die Nachtragsliquidation nicht immer einfach zu bewerkstelligen sein. Damit ist dem Antragsteller zu empfehlen, dem Gericht eine Person zu präsentieren, welche sowohl zur Übernahme des Amtes bereit als

---

1213 I.E. ebenso OLG Jena NZG 2007, 877, 879. Ähnlich zu § 5 FGG *J. Schmidt,* ZIP 2008, 2400, 2401 f.

1214 § 5 FamFG ist nur dann anzuwenden, wenn, wie hier, ansonsten kein Rechtsschutz gewährleistet ist; Keidel/*Sternal*, § 5, Rn. 5.

1215 Zum zuständigen Bestimmungsgericht s. Keidel/*Sternal*, § 5, Rn. 29 ff.

1216 *J. Schmidt,* ZIP 2008, 2400, 2401 unter Verweis auf OLG Jena NZG 2007, 877, 879.

1217 *J. Schmidt*, ZIP 2008, 2400, 2402. Allgemein zur Nachtragsliquidation: BGHZ 105, 259, 262; Baumbach/Hueck/*Schulze-Osterloh/Fastrich*, § 60, Rn. 66; Ulmer/*Paura*, § 74, Rn. 45.

1218 BGH NJW 1970, 1044, 1046; Ulmer/*Paura*, § 74, Rn. 46.

1219 Lutter/Hommelhoff/*Kleindiek*, § 74, Rn. 21; *J. Schmidt*, ZIP 2008, 2400, 2402.

1220 Lutter/Hommelhoff/*Kleindiek*, § 74, Rn. 21 mwN.

1221 *Lamprecht*, ZEuP 2008, 289, 308 f.

1222 *J. Schmidt*, ZIP 2008, 2400, 2402.

1223 S. hierzu Ulmer/*Paura*, § 74, Rn. 45.

auch dazu geeignet ist.[1224] Kostenvorschüsse müssen im Gegenzug zu der zu erwartenden Befriedigung aus dem Vermögen in Kauf genommen werden.

Mit Bestellung ist die Gesellschaft wieder handlungsfähig. Der Nachtragsliquidator vertritt die Rest-Limited, sie ist mithin auch prozessfähig. Aufgabe des Nachtragsliquidators muss es sein, zum Zwecke der Abwicklung das Vermögen zu verwalten und in Geld zu verwandeln.[1225] Anschließend sind Gläubiger zu befriedigen sowie der Überschuss an die Gesellschafter auszuschütten.[1226] Die Vertretungsmacht des Nachtragsliquidators hat diese sämtlichen Bereiche zu umfassen. Er ist insbesondere nicht weisungsgebunden.[1227] Erkennt der Nachtragsliquidator, dass ein Insolvenzeröffnungsgrund vorliegt, muss er einen Insolvenzantrag stellen.[1228]

(4) Eintragungen zum deutschen Handelsregister

Trotz entsprechender Pflicht wird die ursprüngliche Limited häufig nicht im deutschen Handelsregister (als Zweigniederlassung) eingetragen sein.[1229] Nichtsdestotrotz muss immer – sei es nun mit oder ohne erfolgte Eintragung der Zweigniederlassung – sowohl bei bloßer Aufhebung der Zweigniederlassung als auch bei Beendigung der Auslandsgesellschaft an sich eine entsprechende Anmeldung zum Handelsregister erfolgen.[1230] Andernfalls greifen die §§ 15 I, IV, 13g V HGB, 39 I GmbHG zugunsten des Rechtsverkehrs, welche ein Berufen auf den Fortbestand der Gesellschaft bzw. die entsprechende Vertretungsordnung ermöglichen.

1224 In Frage kommen hier erfahrene Rechtsanwälte oder Insolvenzverwalter; sicherlich nicht schädlich sind Kenntnisse des englischen Gesellschaftsrechts; *J. Schmidt*, ZIP 2008, 2400, 2402.

1225 S. ausführlich *J. Schmidt*, ZIP 2008, 2400, 2402 f.

1226 Ulmer/*Paura*, § 74, Rn. 50. Bei der Durchführung der Nachtragsliquidation müssen grundsätzlich die Vorschriften über die Liquidation Anwendung (§§ 65 ff. GmbHG) finden.

1227 Näher *J. Schmidt*, ZIP 2008, 2400, 2403.

1228 *J. Schmidt*, ZIP 2008, 2400, 2403. Zur Insolvenzfähigkeit der Liquidationsgesellschaft Gottwald/*Gottwald/Kolmann*, § 132, Rn. 101; Gottwald/*Uhlenbruck/Grundlach*, § 5, Rn. 22; Beck/Depré/*Ampferl*, § 2, Rn. 19; *Vallender*, ZGR 2006, 425, 436 ff.; allgemein zu Schwierigkeiten im Verhältnis von Insolvenzverfahren und Wiedereintragung *Lamprecht*, ZEuP 2008, 289, 303 ff.; *ebenda*, wie auch bei *Schall*, ZVI 2007, 236 ff. und *Mock*, NZI 2008, 262 f., zur Streitfrage um eine gemeinschaftsweite insolvenzrechtliche Einpassung.

1229 Kapitel C. III. 2.

1230 §§ 13f V iVm. 13g V HGB bzw. §§ 13f V HGB iVm. 273 I 1 AktG; §§ 13g V HGB iVm. 74 I 1 GmbHG. S. *Mödl*, RNotZ 2008, 1, 16 und Baumbach/Hopt/*Hopt*, § 15, Rn. 11 mwN. Zum Meinungsstand hinsichtlich dieser sog. voreintragungspflichtigen Tatsachen *Canaris*, § 5 I. 2. c).

Soweit aber noch Vermögen in Deutschland vorhanden ist, kann die Gesellschaft nicht als beendet angesehen werden. Vielmehr ist die Restgesellschaft als Liquidationsgesellschaft ins Handelsregister einzutragen bzw. bei bereits erfolgter Eintragung einer Zweigniederlassung entsprechend umzutragen. [1231] Dies wird das zuständige Gericht bei einem Antrag auf Bestellung eines Nachtragsliquidators von Amts wegen zu veranlassen haben. [1232] Unterbleibt eine solche Eintragung hat dies freilich keine Auswirkungen auf die Rechtsfähigkeit der englischen Gesellschaft, sie hat also lediglich deklaratorischen Charakter. [1233]

Die Wirkungen des § 15 HGB sind in dieser Konstellation von unterschiedlicher Bedeutung: Zum einen von geringer, so besteht die Gesellschaft sowieso nach englischem Recht fort. Zum anderen aber von großer, da mit der Eintragung als Liquidationsgesellschaft § 15 HGB nicht mehr hinsichtlich der Vertretungsmacht der *directors* herangezogen werden kann. Um die *directors* der Fähigkeit, weiter außenwirksam für die Gesellschaft Abwicklungshandlungen vorzunehmen, zu beschneiden, bedarf es also schnellstmöglichst einer entsprechenden Eintragung im Register.

Ebenso muss der zur Vertretung und Abwicklung der Limited berufene Nachtragsliquidator im Handelsregister eingetragen werden. [1234] Für dessen Legitimation soll allerdings schon die Bestellungsurkunde ausreichen. [1235] An formelle Voraussetzungen, insbesondere Registereintragungen, sind nämlich unter außergewöhnlichen Umständen keine zu hohen Anforderungen zu stellen, sofern man dem von der deutschen Rechtsordnung anerkannten Fortbestand der ausländischen Gesellschaft gerecht werden will. [1236]

Ist die Rest-Limited vollständig abgewickelt, so ist dies im Handelsregister zu vermerken.

1231 Vgl. *Knütel*, RIW 2004, 503, 505; *Krömker/Otte*, BB 2008, 964, 966 f.; *J. Schmidt*, ZIP 2008, 2400; s. auch die Eintragung im Falle des OLG Jena NZG 2007, 877. A.A. Krafka/Willer/Kühn/*Krafka/Kühn*, Rn. 337a f., die eine Löschung von Amts wegen gem. § 395 FamFG verlangen. Dies aber bei Annahme des Fortbestandes der Gesellschaft nach deutschem Recht.

1232 *Krömker/Otte*, BB 2008, 964, 966.

1233 *Krömker/Otte*, BB 2008, 964, 966.

1234 So OLG Jena NZG 2007, 877, 878. IdS. zur „regulären" Nachtragsliquidation iSd. § 66 V GmbHG MüKoZPO/*Krafka*, § 394 FamFG, Rn. 25; vgl. auch Baumbach/Hueck/*Haas*, § 67, Rn. 13.

1235 *Schulz*, NZG 2005, 415, 417; *Krömker/Otte*, BB 2008, 964, 966. Ähnlich zur „regulären" Nachtragsliquidation Krafka/Willer/Kühn/*Krafka/Kühn,* Rn. 438.

1236 BGH IPRspr. 1970 Nr. 6b; Staudinger/*Großfeld*, IntGesR, Rn. 859; MüKoBGB/*Kindler*, IntGesR, Rn. 1014; Fritz/Hermann/*Bähr*, Rn. 338; *Schulz*, NZG 2005, 415, 416; *Krömker/Otte*, BB 2008, 964, 966.

(5) Haftung

Da die Liquidationsgesellschaft grundsätzlich englischem Gesellschaftsrecht unterliegt, haften die Gesellschafter nicht persönlich. [1237] Dieses Haftungsschild muss aufrecht erhalten werden. Die Haftung bleibt auf das von ihnen in die Gesellschaft eingebrachte Haftungskapital beschränkt. [1238]

Gem. s. 1000 (7) (a) CA 2006 soll allerdings ungeachtet der Löschung eine etwaige Haftung der *directors* fortbestehen. Als gesellschaftsrechtliche Vorschrift müsste diese auch nach dem Ende der Gesellschaft Berücksichtigung finden. [1239] Mit dieser Norm geht es aber primär um die Innenhaftung gegenüber der Gesellschaft, dem Rechtsverkehr ist damit nicht geholfen. [1240] Eine Haftung im Außenverhältnis kommt meist nur in Betracht, wenn die *directors* nach der englischen Löschung für die Gesellschaft handeln. Nehmen diese Abwicklungshandlungen in Deutschland vor, ohne als Nachtragsliquidator bestellt worden zu sein, kann, wie soeben dargestellt, § 15 I HGB greifen und dies zu einer Verpflichtung der Gesellschaft führen. Die *directors* kann aber auch eine Haftung als falsus procurator [1241] entsprechend § 179 BGB treffen, da sie keine Vertretungsmacht mehr hinsichtlich der englischen Limited haben. [1242] Es obliegt dann dem bestellten Nachtragsliquidator die Geschäfte zu genehmigen. Wird (untypischerweise) ein *director* als Nachtragsliquidator bestellt, entkommt dieser folglich einer Haftung. Wird ein Dritter hierzu ernannt, ist es an ihm, die Sinnhaftigkeit der getätigten Geschäfte zu überprüfen. Dies erscheint auch sachgerecht. Auf diese Weise bleiben zuverlässige, ordnungsgemäß verwaltende *directors* von einer Haftung frei. [1243]

Der bestellte Nachtragsliquidator haftet in der Liquidationsphase lediglich für die Sorgfaltspflichten iSd. §§ 43, 71 IV GmbHG. [1244] Andere gesellschafts-

---

1237 *Krömker/Otte*, BB 2008, 964, 966; *J. Schmidt*, ZIP 2008, 2400, 2403.

1238 S. Fälle des ausnahmsweisen Durchgriffs bereits Kapitel C. II. 1. mwN. Zu einer etwaigen Haftung nach deutschem Recht kurz Lutter/Hommelhoff/*Bayer*, Anh. II zu § 4a, Rn. 40 ff.

1239 *J. Schmidt*, ZIP 2007, 1712, 1714. Zum Umfang des Gesellschaftsstatuts s. Kapitel B. II.

1240 Ebenso *J. Schmidt*, ZIP 2007, 1712, 1714. S. wiederum für Fälle des ausnahmsweisen Durchgriffs bereits Kapitel C. II. 1. mwN. Zu einer etwaigen Haftung nach deutschem Recht kurz Lutter/Hommelhoff/*Bayer*, Anh. II zu § 4a, Rn. 34 ff.

1241 Bzw. falsi procuratores.

1242 *J. Schmidt*, ZIP 2007, 1712, 1714; *J. Schmidt*, ZIP 2008, 2400, 2404.

1243 Sind die *directors* weiter werbend für die Gesellschaft tätig, so kommt es nach hier vertretener Auffassung bekanntlich zu einer Umqualifizierung der Gesellschaft. S. zur diesbezüglichen Haftung unten Kapitel E. II. 2. c) ee) (4).

1244 *Krömker/Otte*, BB 2008, 964, 966; *J. Schmidt*, ZIP 2008, 2400, 2403.

rechtliche Haftungsregelungen des deutschen Rechts kommen für den Nachtragsliquidator nicht in Frage, da diese als spezielle Ausprägung deutschen GmbH-Rechts auf die englische Gesellschaft nicht angewendet werden dürfen. [1245]

Unabhängig davon gilt es zu bestimmen, in welchem Umfang die Rest-Limited für Verbindlichkeiten einzustehen hat. Zwar gelten nach englischem Recht ungesicherte Altverbindlichkeiten mit der *dissolution* als gelöscht. [1246] Jedoch geht es vorliegend mit der Konstruktion der Liquidationsgesellschaft gerade um die Abwicklung des Vermögens und damit auch um eine entsprechende primäre Erlösauskehr an die Gläubiger. Die Verbindlichkeiten bestehen daher mit der Gesellschaft fort. Weiter ist auch kein Grund ersichtlich, die Haftung auf inländische Verbindlichkeiten der Gesellschaft zu beschränken. So haben auch ausländische Gläubiger darauf vertraut, dass ihnen das gesamte Vermögen als Haftungsmasse zur Verfügung steht. [1247]

(6) Restoration

Aufgabe des Nachtragsliquidators ist es, das in Deutschland belegene Vermögen der Gesellschaft abzuwickeln. [1248] Es stellt sich allerdings die Frage, wie zu verfahren ist, wenn das „deutsche" Vermögen der Gesellschaft bereits (teilweise) in Geld umgewandelt wurde, womöglich etwaige Gläubiger befriedigt wurden und es nunmehr zur Wiedereintragung der Limited im englischen Register kommt. Bekanntlich lässt die Wiedereintragung die Limited vollumfänglich ex tunc auferstehen und die Rest-Limited rückwirkend wieder zu einem Teil dieser werden. [1249] Gleichzeitig soll nach englischem Recht das an die Krone gefallene Vermögen rückwirkend der Limited zugeordnet werden.

Im Schrifttum wird diese Problematik meist nicht oder oft nur insofern erkannt, als man das „deutsche" Vermögen schlicht wieder an die ursprüngliche Limited fallen lassen will. [1250] Dies würde aber zu großen Abwicklungsschwierigkeiten führen.

Wie erörtert kann es jedenfalls nicht richtig sein, die Wirkungen der Wiedereintragung nicht für den deutschen Teil der Limited gelten zu lassen (keine

---

1245 *Krömker/Otte*, BB 2008, 964, 966.

1246 S. Kapitel D. II. 2. b) dd).

1247 *Jooß*, GWR 2010, 306170.

1248 S. Kapitel E. II. 2. c) dd) (4).

1249 S. Kapitel E. II. 2. c) cc) (3).

1250 Z.B. *Krömker/Otte*, BB 2008, 964, 967 lassen das Vermögen schlicht eo ipso an die Gesellschaft zurückfallen; *Röder*, RIW 2008, 866, 868 erkennt die Problematik um die vorangegangene Abwicklung, hat aber keinen Lösungsvorschlag.

„Aufspaltung“).[1251] Zwar entstünden damit keine praktischen Probleme, so bedürfte es keiner Rückabwicklung hinsichtlich des in Deutschland belegenen Vermögens, allerdings wäre das Gründungsstatut bzw. die Niederlassungsfreiheit in einer nicht rechtzufertigenden Weise missachtet.

Überprüft wird folglich die Möglichkeit, den Abwicklungshandlungen des Nachtragsliquidators eine den Abwicklungshandlungen der Krone entsprechende Rechtsfolge beizumessen.[1252] So ist diese bei einer Wiedereintragung verpflichtet, lediglich einen Wertersatz an die Gesellschaft auszukehren, sofern sie Abwicklungshandlungen vorgenommen hat und das betreffende Vermögen damit nicht mehr für sie zur Rückübertragung erreichbar ist.[1253] Die Abwicklungshandlungen blieben damit wirksam. Oft wird iRd. Nachtragsliquidation ein Abwicklungserlös aber bereits an etwaige Gläubiger (ggf. Gesellschafter) ausgekehrt sein. Anders als die Krone kann der Nachtragsliquidator den Erlös nicht einbehalten. Mit einer solchen Wertersatzpflicht würde sich dann niemand zur Übernahme des Liquidatorenamtes finden.[1254] Sie muss damit verworfen werden.

Ebenso hilft die Annahme eines gutgläubigen Erwerbs durch den Dritten nicht weiter. Zum einen wird sich der Nachtragsliquidator wiederum einer Ersatzpflicht ausgesetzt sehen, zum anderen werden die Vertragspartner auch von der Eigenschaft als Nachtragsliquidator erfahren, sodass ein gutgläubiger Erwerb regelmäßig ausscheidet.[1255]

Also wird vorgeschlagen, mit der Wiedereintragung schlicht den Letztbegünstigten der Nachtragsliquidation zu ändern:[1256] Der Erlös soll dabei – unter Fortlaufen des Nachtragsliquidationsverfahrens und Aufrechterhalten bisher getätigter Geschäfte – nach Befriedigung der Gläubiger nun nicht mehr an die Gesellschafter, sondern die wiedereingetragene Gesellschaft fallen. Auf diese Weise sollen jahrelange Schwebezustände unterbunden und ein Ausgleich zwischen den Belangen von Gesellschaft bzw. Gesellschafter auf der einen sowie Gläubigern und Rechtsverkehr auf der anderen Seite geschaffen werden.

Richtigerweise lässt sich eine *restoration* mit all ihren Wirkungen, die das Gründungsstatut vorsieht, mit der Konstruktion einer Liquidationsgesellschaft nicht vereinbaren. Die Wirksamkeit bisher hinsichtlich des Vermögens durch den Nachtragsliquidator getätigter Rechtsgeschäfte wird sich daher aufgrund der Abwicklungsschwierigkeiten gegenüber der Niederlassungsfreiheit rechtfertigen

---

[1251] S. Kapitel E. II. 2. c) cc) (1).
[1252] Letztlich ablehnend *J. Schmidt*, ZIP 2008, 2400, 2404.
[1253] S. Kapitel D. II. 2. b) dd), ee).
[1254] *J. Schmidt*, ZIP 2008, 2400, 2404.
[1255] *J. Schmidt*, ZIP 2008, 2400, 2404.
[1256] So *J. Schmidt*, ZIP 2008, 2400, 2404.

lassen [1257] und damit eine Abweichung vom englischen Recht erlauben. Jedoch besteht für eine weitere Abwicklung der Restgesellschaft kein Grund. Auch hat das englische Recht in einer solchen Situation, d.h. nach erfolgter Wiedereintragung, deutsches Recht bezüglich des in Deutschland belegenen Vermögens gerade nicht mehr berufen. [1258] Damit muss die Liquidation mit Wiedereintragung beendet sein und die „Restgesellschaft" wieder ein Teil der Limited in ihrer Gesamtheit sein. Noch vorhandenes Vermögen und auch ein etwaiger greifbarer Abwicklungserlös sind wieder der Limited in ihrer Gesamtheit zuzuordnen. [1259]

Der Nachtragsliquidator muss mit Wiedereintragung seine Vertretungsmacht ex nunc verlieren. [1260] Gleichzeitig lebt die ursprüngliche Vertretungsmacht der *directors* ex nunc auf. Zwar sieht das englische Recht mit Wiedereintragung grundsätzlich das Wirksamwerden in der Zwischenzeit durch die *directors* getätigter Geschäfte vor. [1261] Ein Abweichen hiervon ist jedoch erforderlich und gerechtfertigt, da die Nachtragsliquidatoren ansonsten nicht effektiv agieren könnten. So stünden an deren Seite immer *directors,* die versuchen könnten, die Abwicklungstätigkeit durch eigene, auf Abwicklung gerichtete Geschäfte mit Hilfe der Wiedereintragung zunichte zu machen. Diese sind aber gerade regelmäßig nicht geeignet, die Restgesellschaft ordnungsgemäß zu liquidieren. [1262]

Ob die Wiedereintragung einer gelöschten, „deutschen" Limited praktisch aber überhaupt in Frage kommt, ist zweifelhaft. Zwar werden insbesondere die Gläubiger danach streben, ihre Ansprüche gegen die Gesellschaft geltend zu machen. Die Wiedereintragung wird sich jedoch für viele hiesige – zumindest typische – Gläubiger als zu kompliziert darstellen. Insbesondere ist nämlich ein Antrag ist im „fernen" England zu stellen. [1263] Zumindest besteht hier bereits mit dem Antrag auf Bestellung eines Nachtragsliquidators ein einfacheres Mittel. Weniger abgeneigt werden die Gesellschafter oder *directors* der Wiedereintragung sein. So werden diese etwas enger mit dem Gründungsstaat verknüpft sein und ein Weiterleben der Limited u.U. anstreben. Unvergessen darf aber auch

---

1257 Zur Rechtfertigung Kapitel B. I. 5. und 6.

1258 Vgl. Kapitel E. II. 2. c) cc) (1).

1259 Wurde die Limited bereits vollständig abgewickelt (und ist die Nachtragsliquidation damit regelmäßig beendet), wird sich eine Wiedereintragung für alle Beteiligten nicht mehr lohnen. Wird diese dennoch beantragt und vollzogen (vgl. Kapitel D. II. 2. b) ee)) bleibt es dabei: Die ursprüngliche Limited entsteht wieder.

1260 Entsprechende Eintragungen sind im Handelsregister vorzunehmen.

1261 S. Kapitel D. II. 2. b) ee).

1262 Vgl. Kapitel E. II. 2. c) dd) (3). Unbenommen muss es den *directors* aber bleiben, ihre auf Abwicklung gerichteten Rechtsgeschäfte, die durch die Nachtragsliquidatoren noch nicht genehmigt wurden, dann selbst wirksam zu machen. Eine etwaige persönliche Haftung entfiele damit.

1263 Vgl. *Lamprecht*, ZEuP 2008, 289, 304.

hier der relativ hohe Preis einer Wiedereintragung nicht sein. [1264] Schon deshalb will bei typischen kleinen „deutschen" Limiteds ein Antrag auf Wiedereintragung gut überlegt sein.

ee) Geschäftlich aktive Gesellschaft

(1) Rechts-/ Parteifähigkeit und Satzungssitz

Unproblematisch ist die Rechts- und Parteifähigkeit iSd. § 50 ZPO der als deutsche Personengesellschaft fortbestehenden Restgesellschaft. [1265]

Mit einem Statutenwechsel ist kein automatischer Wechsel des Sitzes der Gesellschaft verbunden. [1266] Solange die Möglichkeit der Wiedereintragung besteht, muss der Satzungssitz weiterhin in England belegen sein.

(2) Unternehmensträger

Häufig wird den Vertragspartnern nicht bewusst sein, dass es sich bei der auftretenden Gesellschaft nicht mehr um eine Limited, sondern um eine nach deutschem Recht zu beurteilende Personengesellschaft [1267] handeln wird. Fraglich ist damit, wer in einer solchen Situation Berechtigter bzw. Verpflichteter ist. Aus dem im Handelsrecht anerkannten Grundsatz der unternehmensbezogenen Rechtsgeschäfte [1268] ist zu folgern, dass im Zweifel mit dem wirklichen Unternehmensträger ein Vertrag zustande kommt, sofern das Unternehmen nur falsch bezeichnet wurde. [1269] Dass der Vertragspartner kein Unternehmen ausländischen Rechts ist muss gerade unschädlich sein, höchstens liegt hierin ein unbeachtlicher Irrtum. [1270] Das „Handeln unter falschem Recht" muss wie eine Rechtsformverfehlung unter nationalem Recht aufgefasst werden. [1271] Die im

---

1264 *Lamprecht*, ZEuP 2008, 289, 304, der Gesamtkosten iHv. 1400 Euro anführt, sofern man eines diverser hierauf spezialisierter Unternehmen beauftragt. Deren Notwendigkeit dürfte aufgrund sprach- wie auch fachlicher Anforderungen nicht von der Hand zu weisen sein.

1265 Handelt es sich lediglich um einen Kaufmann, so sind auch dessen Rechts- und Parteifähigkeit unschwer zu bejahen. S. zu den in Theorie und Praxis in Frage kommenden Rechtsformen Kapitel E. II. 2. c) bb) (2) (b) (bb). S. dort abschließend auch den Hinweis, dass die Untersuchung iRd. weiter geschäftlich aktiven Restgesellschaft anhand einer OHG (und nicht einer GbR) vorgenommen wird.

1266 *Schulz*, NZG 2005, 415, 417 mwN.

1267 Entsprechend beim Kaufmann.

1268 Hierzu näher etwa BeckOKBGB/*Habermeier*, § 164, Rn. 25.

1269 Auch *Jooß*, GWR 2010, 306170 mwN.

1270 *Jooß*, GWR 2010, 306170.

1271 Vgl. OLG Hamburg NZG 2007, 597, 599. S. *Jooß*, GWR 2010, 306170, der beispielhaft auf das Auftreten einer Vorgründungsgesellschaft oder unechten Vorgesellschaft als GmbH oder GmbH i.G. verweist: Dort wird aus dem unternehmensbezogenen

Namen der Restgesellschaft abgeschlossenen Rechtsgeschäfte berechtigen und verpflichten daher diese als Gesellschaft deutschen Rechts.

(3) Vertretung

Ist die Restgesellschaft OHG, so ist jeder Gesellschafter gem. § 125 I HGB zur Vertretung berechtigt. Handelt hingegen ein *director,* der nicht Gesellschafter ist, wird sich dessen rechtsgeschäftliche Vertretungsmacht aus der *constitution* oder der Berufung als *director* folgern lassen. [1272] Insofern muss anders als oben bei der nach englischem Recht zu beurteilenden Liquidationsgesellschaft [1273] nicht das Ende der Vertretungsmacht der *directors* angenommen werden. Vorliegend geht es nämlich um eine rechtsgeschäftliche Vertretungsmacht, die dem Willen der Gesellschafter entspringt. [1274] Unproblematisch ist im Übrigen die Prozessfähigkeit: Die Restgesellschaft als OHG wird im Prozess von ihren organschaftlichen Vertretern repräsentiert.

Sofern die Vertretungsmacht des *directors* im deutschen Handelsregister nicht als gelöscht vermerkt wurde, [1275] kann sich die Wirksamkeit etwaiger durch den *director* getätigter Rechtsgeschäfte auch aus der Publizitätswirkung der §§ 15 I, 13g V HGB, 39 I GmbHG ergeben. [1276] Dass die Gesellschaft dort als Limited ausgewiesen ist, ist unschädlich. [1277]

(4) Eintragungen zum deutschen Handelsregister

Ist die Restgesellschaft weiter tätig, so ist sie als Zweigniederlassung einer Limited aus dem Handelsregister zu löschen. [1278] Dies ist angezeigt, um die Wirkungen des § 15 I HGB zu vermeiden. [1279] Ein Berufen der Vertragspartner auf § 15 I HGB bedürfte es aber gar nicht, da man im Falle der geschäftlich tätigen Restgesellschaft mit dem auf diese anzuwendenden deutschen Recht sowohl zur Rechtsfähigkeit dieser als auch zu bestehender Vertretungsmacht der *directors*

Rechtsgeschäft der wahre Rechtsträger berechtigt und verpflichtet; so BGH NJW 1984, 2164.

1272 Vgl. OLG Hamburg NZG 2007, 597, 599. *Jooß*, GWR 2010, 306170.

1273 Vgl. Kapitel E. II. 2. c) dd) (3) (a).

1274 Demzufolge muss die Vertretungsmacht des Einzelkaufmanns bei einer Ein-Mann-Limited unschwer vorhanden sein.

1275 Vgl. Kapitel E. II. 2. c) dd) (4).

1276 Ähnlich, aber ohne Berücksichtigung der nicht erforderlichen voreintragungspflichtigen Tatsache *Jooß*, GWR 2010, 306170.

1277 Vgl. Kapitel E. II. 2. c) ee) (2).

1278 Gem. § 395 FamFG. Krafka/Willer/Kühn/*Krafka/Kühn*, Rn. 337a f.

1279 Vgl. Kapitel E. II. 2. c) dd) (4), und soeben ee) (3).

gelangt. [1280] Etwas anderes gilt freilich, wenn die Gesellschafter der werbend tätigen Gesellschaft die Vertretungsmacht der *directors* widerrufen.

(5) Haftung

Die Einordnung als Personengesellschaft hat zur Folge, dass die Gesellschafter eine persönliche Haftung für die Verbindlichkeiten gem. § 128 HGB trifft. [1281] Ebenso haftet ein Einzelunternehmer persönlich. Eine persönliche Haftung greift bekanntlich aber nur dann, wenn das Erlöschen der englischen Gesellschaft nicht „anerkannt", vielmehr weiter gehandelt wird. Entsprechend lässt sich diese Haftung auch mit dem englischen Recht bzw. der Niederlassungsfreiheit vereinbaren. [1282] Die Gesellschafter sind in dieser Situation nicht schutzlos gestellt: Neben der Möglichkeit der Umgründung bleibt ihnen der Antrag auf Wiedereintragung. [1283]

Fraglich ist, ob es zu einer Haftung der *directors* kommt, wenn diese nicht als Gesellschafter [1284] herangezogen werden können. Zum einen sollen die weiter handelnden *directors* entsprechend § 179 BGB als falsi procuratores einer Haftung unterworfen werden. [1285] Allerdings steht ihnen gerade Vertretungsmacht für die nach deutschem Recht zu qualifizierende Restgesellschaft zu. [1286] Dass sie womöglich als Vertreter einer nicht mehr existenten Limited auftreten, muss wie dargestellt unschädlich sein. [1287] Zum anderen wird vorgeschlagen, die *directors* einer Handelndenhaftung iSd. § 11 II GmbHG analog zu unterwerfen. [1288] Allerdings kennt das deutsche Personengesellschaftrecht, abgesehen von den Fällen der *culpa in contrahendo* oder der Inanspruchnahme persönlichen

---

1280 Vgl. soeben Kapitel E. II. 2. c) ee) (4).

1281 Vgl. OLG Hamburg NZG 2007, 597, 599. *Leible/Lehmann*, GmbHR 2007, 1095, 1098; *Jooß*, GWR 2010, 306170 weist auf eine mögliche Ausnahme im Falle reiner Kapitalanlagegesellschaften (z.B. geschlossene Immobilienfonds), entsprechend derselben engen Voraussetzungen wie bei inländischen Gesellschaften, hin; s. hierzu BGH NJW 2002, 1642.

1282 Vgl. Kapitel E. II. 2. c) bb) (2) (b) (aa) und beachte sogleich zum Umfang der Haftung der Gesellschafter.

1283 S. sogleich Kapitel E. II. 2. c) ee) (6).

1284 Bzw. als Einzelunternehmer.

1285 Hierfür bei grundsätzlich weiterer werbender Tätigkeit *Süß*, DNotZ 2005, 180, 189; *Röder*, RIW 2007, 866, 868; *Schall*, EWiR 2007, 335, 336; *J. Schmidt*, ZIP 2007, 1712, 1714; *dies.*, ZIP 2008, 2400, 2403 f.; *Just*, Rn. 347.

1286 Ist die Vertretungsmacht hingegen erloschen, kommt eine Haftung iSd. § 179 BGB in Frage; vgl. Kapitel E. II. 2. c) ee) (3).

1287 Vgl. Kapitel E. II. 2. c) ee) (2), (3).

1288 Vgl. *Lamprecht*, ZEuP 2008, 289, 315 ff. unter der Annahme, dass eine Umqualifizierung in eine deutsche Personengesellschaft nicht in Frage kommt. S. zur Handelndenhaftung schon Kapitel E. I. 2. a) cc) (2).

Vertrauens, keine persönliche Haftung des Handelnden. [1289] Es ist kein Grund ersichtlich, für die Restgesellschaft hiervon abzuweichen. Außerdem bedarf es dieser regelmäßig eng auszulegenden Vorschrift nicht, da bereits die Haftung der Gesellschafter besteht, Gläubiger also schon auf anderem Wege geschützt sind. [1290] Richtig kann also nur sein, die handelnden *directors* als solche keiner Haftung auszusetzen. [1291]

Hinsichtlich des Umfanges der Haftung für Verbindlichkeiten bleibt Folgendes anzumerken: Eine Haftung der Gesellschaft für Altverbindlichkeiten kann bejaht werden. [1292] Ferner kann die Haftung durchaus auch auf ausländische Verbindlichkeiten erstreckt werden. [1293] In der Haftung der Gesellschafter für Altverbindlichkeiten einen Verstoß gegen die Niederlassungsfreiheit anzunehmen, ist abzulehnen. [1294] Jene entfaltet in vorliegender Situation nämlich keinen Schutz mehr. [1295] Wenn weiterhin gehandelt wird, haben sich dies die Gesellschafter selbst zuzuschreiben. [1296] Den Gesellschaftern bleibt wie erwähnt die Wiedereintragung. [1297]

(6) Restoration

Mit Wiedereintragung ändert sich das anzuwendende Recht. [1298] Die ex tunc auferstandene englische Limited umfasst auch den deutschen Teil. Die durch die *directors* iRd. werbend tätigen Restgesellschaft wirksam vorgenommenen Geschäfte bleiben gültig. Das englische Recht sieht mit der Wiedereintragung sowieso deren Wirksamwerden ex tunc vor. [1299] Eine Haftung der Gesellschafter entfällt mit dem Wiederaufleben der haftungsbeschränkten Limited rückwir-

---

1289 Etwa *Jooß*, GWR 2010, 306170. Entsprechendes gilt für Einzelunternehmen.

1290 Vgl. BGH NJW 1984, 2164, 2165. Ebenso *Jooß*, GWR 2010, 306170.

1291 So auch *Jooß*, GWR 2010, 306170. A.A. ohne Anführen bestimmter Normen *Mödl*, RNotZ 2008, 1, 16.

1292 *Jooß*, GWR 2010, 306170.

1293 Vgl. Kapitel E. II. 2. c) dd) (5).

1294 A.A. *Jooß*, GWR 2010, 306170.

1295 Vgl. Kapitel E. II. 2. c) (2) (b) (aa).

1296 Vgl. schon § 25 HGB.

1297 U.U. können im Innenverhältnis *directors* in Anspruch genommen werden.

1298 S. Kapitel E. II. 2. c) cc) (4).

1299 S. Kapitel D. II. 2. b) ee). Der Fall, dass von einem Gesellschafter, welcher nicht *director* ist, Rechtsgeschäfte getätigt werden, scheidet in der Praxis wohl regelmäßig aus. Hier käme es auf die Genehmigung eines *directors* an.

kend. [1300] Die inländische Zweigniederlassung der englischen Limited ist wieder im Handelsregister als solche zu vermerken. [1301]

3. Stellungnahme

Wie die Verantwortlichen kann sich die Gesellschaft selbst hinsichtlich der Durchsetzung der in England verhängten Geldstrafen in relativer Sicherheit wiegen. Dies gilt auch nach Inkrafttreten der Änderungen des IRG. Lediglich die Vollstreckung einer *civil penalty* iSd. s. 453 (1) CA 2006 kann die Gesellschaft aufgrund der bejahbaren beiderseitigen Sanktionierbarkeit treffen.

Bedeutender fällt in Deutschland jedoch die Löschung der Limited aus dem englischen Register ins Gewicht. Sie hat sowohl Konsequenzen für die „deutsche“ Limited als auch ggf. für deren *officers* und Gesellschafter:

So wird die Löschung und damit die Beendigung der Gesellschaft grundsätzlich vom deutschen Recht anerkannt. Zwar wird in der Folge der deutsche Teil der Limited als Restgesellschaft, [1302] welche englischem Recht unterliegt, aufrechterhalten; dies allerdings nur, um die auf Beendigung der Gesellschaft gerichtete, notwendige Abwicklung zu gewährleisten. Unter Beibehaltung der Haftungsbeschränkung wird also der deutsche Teil der Limited liquidiert und gilt im Anschluss auch in Deutschland als beendet. Die *officer*s haben bei der Liquidation in der Regel kein Mitspracherecht mehr. Deren Interessen, wie auch die der Gesellschafter, bleiben aber nicht unberücksichtigt: Ihnen ist ggf. ein Antrag auf Wiedereintragung zu empfehlen. Ein Antrag auf Bestellung eines Nachtragsliquidators kommt für sie hingegen nur in Frage, wenn sie kein Interesse mehr an der weiteren Existenz der Gesellschaft haben.

Wird die Löschung der Limited hingegen nicht beachtet und ist das Unternehmen geschäftlich weiter aktiv, also werbend tätig, so wird die fortbestehende Gesellschaft deutschem Recht unterworfen. Die Haftungsfreistellung des englischen Rechts geht dann folgerichtig verloren. Blickt man wiederum auf die Auswirkungen der Nichtbeachtung der englischen Publizitätspflichten, so kann damit für die Gesellschafter eine „Haftungserweiterung“, die als Sanktion gewertet werden könnte, nach deutschem Recht ausgemacht werden. Dies gilt freilich nur dann, wenn die ursprüngliche Sanktion des englischen Rechts – die Löschung – nicht „anerkannt“ wird. Da die Vertretungsmacht der *directors* bei einem Weiterhandeln bestehen bleibt, diese mithin in der Folge regelmäßig nicht

---

1300 Ebenso verhält es sich bei der vorübergehend als Einzelunternehmen eingestuften Ein-Mann-Limited.

1301 Vgl. Kapitel E. II. 2. c) ee) (4).

1302 Zu den steuerlichen Folgen: OFD Hannover NZG 2009, 1219.

haften, ist folglich den Gesellschaftern zu raten, die *directors* bzw. *secretaries* zum Befolgen der entscheidenden Publizitätspflichten anzuhalten. Zumindest bei Anzeichen von Kommunikationsschwierigkeiten mit dem *registrar* sind die London Gazette und das Register am Companies House regelmäßig zu konsultieren. Jedenfalls müssen sie alles dafür tun, dass nach Löschung nicht weitergehandelt wird. [1303] Auch hier können die Gesellschafter alternativ „ihr Heil" in der Wiedereintragung suchen.

Soweit in Deutschland die Löschung der Gesellschaft Berücksichtigung findet, mithin eine Restgesellschaft fortbesteht, sind auch die Interessen der Gläubiger bedacht: Liegt eine Liquidationsgesellschaft vor, können sie die Bestellung eines Nachtragsliquidators beantragen oder aber die praktisch für sie aufwendigere Wiedereintragung anstreben. Handelt es sich um eine werbend tätige Gesellschaft, sollten sie versuchen, über die Gesellschaft bzw. die Gesellschafter an ihr Geld zu gelangen. Von einem Antrag auf Wiedereintragung ist gerade in dieser Konstellation abzuraten, da ansonsten mit Wiederaufleben der haftungsbeschränkten Limited die Gesellschafter als zusätzlich Haftende wegfallen. Damit ist Gläubigern zu empfehlen, wollen sie grundsätzlich mit einer Limited Geschäfte tätigen, stets das Register am Companies House zu konsultieren. Dies, um neben den umfassenden Informationen zur Gesellschaft auch eine Löschung in Erfahrung zu bringen. Auf diesem Wege können sie dann von der persönlichen Haftung der Gesellschafter Kenntnis erhalten und so bei häufig nur geringem Haftungskapital der Limited ein unerwartetes „Haftungsmehr" in Anspruch nehmen. Daneben können sie aber auch ggf. im Vorfeld der Löschung die nötigen Schritte einleiten, d.h. die Nichtaufnahme oder Beendigung einer Geschäftsbeziehung, bzw. das schnelle Eintreiben ausstehender Forderungen.

Im Zusammenhang mit dem Verfahren der Löschung der Gesellschaft im englischen Register ist eine weitere Problematik zu erwähnen, welche für den deutschen Rechtskreis zu entstehen vermag: [1304] Die „Limited-Bestattung". Fälle in der Praxis sind bekannt, in welchen durch die Nichtbeachtung bestimmter Publizitätspflichten das Verfahren des *striking offs* angestrengt und zur „Bestattung" der Kapitalgesellschaft missbraucht wird. [1305] Zahlungsunfähige bzw. überschuldete Limiteds können auf diese Weise ihre Löschung und Vollbeendigung erlangen. Regelmäßig wird nicht mehr genügend Vermögen vorhanden

---

[1303] Zumindest bei der hier untersuchten, typischerweise kleinen „deutschen" Limited sollte dies in der Praxis nicht unmöglich sein. Z.B. bleibt ein solches Unternehmen aufgrund der geringen Anzahl an Arbeitnehmern flexibel, kann seine Tätigkeit also „schnell" einstellen.

[1304] *J. Schmidt*, ZIP 2008, 2400, 2405; *Lamprecht*, ZEuP 2008, 289, 309; s. bereits oben Kapitel E. II. 2. c) dd) (3) (a).

[1305] *Lamprecht*, ZEuP 2008, 289, 309.

sein, um die Verfahrenskosten einer Nachtragsliquidation zu decken. Für die Gläubiger wird dann die Zahlung des mit der Antragstellung erforderlichen Kostenvorschusses [1306] ausscheiden. [1307] Noch vorhandenes Vermögen wird zwar der Restgesellschaft zugeordnet, da diese aber handlungsunfähig ist, ist es für die Gläubiger nicht greifbar. Aufgrund der das Vermögen überwiegenden Verfahrenskosten werden auch ein Antrag auf Wiedereintragung und ein Insolvenzverfahren nicht in Betracht kommen. Die Gläubiger bleiben mit ihren Forderungen alleine. [1308] Auch diese Problematik zeigt, welches Gewicht den Publizitätspflichten zukommt. Bei Konsultation der gebotenen Publizitätsmittel hätten die Gläubiger einen derartigen Ausfall oft vermeiden können. Zumindest sollten sich Gläubiger dieser Missbrauchsmöglichkeit bewusst sein, wenn sie mit einer Limited in Geschäftsbeziehungen treten.

1306 Vgl. § 121 KostO – das Doppelte der vollen Gebühr nach Wert. Bei Liquidation z.B. von 1 Mio. Euro: 3.114 Euro; bei 500 Tsd. Euro: 1.614 Euro; bei 100 Tsd. Euro: 414 Euro.

1307 *J. Schmidt*, ZIP 2008, 2400, 2405.

1308 A.A. *J. Schmidt*, ZIP 2008, 2400, 2405, die hingegen einen Antrag auf Wiedereintragung vorschlägt.

F. Fazit

Zwar wird die englische Limited vielerorts gepriesen und ist auch in Deutschland allgegenwärtig.[1309] Nach vorstehender Untersuchung, die die Gefahren aufzeigt, die aufgrund der Nichtbeachtung der englischen handelsrechtlichen Publizitätspflichten entstehen können, sollte deren bevorzugte Wahl aufgrund „einfachster Gründungsvoraussetzungen und Haftungsfreistellung" allerdings in Frage stehen.

Auf der einen Seite stehen die umfassenden, teilweise schwer zu erfassenden Publizitätspflichten, welchen die *officers* ab Geschäftsbeginn stets nachzukommen haben. Auf der anderen Seite sind die Sanktionen zu beachten, die die Verantwortlichen wie auch die Gesellschaft einschneidend treffen können. Zudem kann gerade die angepriesene Haftungsfreistellung der Gesellschafter bei Fortführung der Gesellschaft trotz Löschung entfallen, was deren ökonomisches Risiko enorm verschärft.

Aus genannten Konsequenzen ist für potentielle Gesellschaftsgründer zu folgern, dass, wenn sie sich nicht in der Lage fühlen, die Beachtung der Publizitätspflichten zu bewerkstelligen – sei es mangels eigener Zuverlässigkeit, mangels eigener Fachkunde oder mangels finanzieller Mittel für die die Gesellschaft unterstützende Fachkräfte – die Rechtsform der englischen Limited zu hohe Risiken birgt.

Der Gläubiger einer Limited wird schon durch die Wahl der Rechtsform der Limited gewarnt sein; insbesondere erwartet er kein Mindestkapital als Absicherung. Zusätzlich muss ihm aber klar sein, dass er sich durch Selbstinformation zu schützen hat. Ansonsten könnte er hinsichtlich seiner Forderungen leer ausgehen. Das englische Recht bietet für eine solche Information ausreichende Quellen. Diese sind aber für den typischen kleinen Gläubiger nicht immer leicht konsultierbar. Insbesondere die Fülle an Informationen, die nicht zentral an einer Stelle zu erlangen sind und nur in ihrer Gesamtheit einen wirklichen Einblick in die Limited bieten, werden sie überfordern. Außerdem kann in der Praxis vom Laien nicht erwartet werden, dass er sämtliche Informationsquellen erschöpft. Sollten sich Gläubiger dessen bewusst werden, wird die Limited in Deutschland früher oder später „aussterben".[1310]

Mit seiner Rechtsprechung zu Niederlassungsfreiheit hat der EuGH zwar in einem ersten Schritt die Grenzen des europäischen „Rechtsformmarktes" weitgehend aufgehoben. Dies zeigt sich praktisch an der Vielzahl der Limiteds, die nun in Deutschland tätig sind. Die tatsächliche Umsetzung birgt aber wie gezeigt

---

1309 Vgl. Kapitel A. I.

1310 IdS. auch BeckOKBGB/*Mäsch*, EGBGB, Art. 12, Rn. 99a.

noch erhebliche Schwierigkeiten. Insofern ist nun ein zweiter Schritt, d.h. eine Nachbesserung auf EU-Ebene erforderlich: Ein gemeinschaftsweites Register, welches effektive und umfassende grenzüberschreitende Publizität gewährleistet, ist zu schaffen. Ebenso ist im Bereich der Tätigkeitsverbote EU-weit aktiv zu werden. Aber auch die Arbeiten an einer Liquidationsrichtlinie sollten wieder aufgenommen werden. Zuletzt bleibt eine Änderung des Art. 5 des Rahmenbeschlusses über die gegenseitige Anerkennung von Geldstrafen und Geldbußen (in Form einer Aufnahme von Publizitätsverstößen) zu fordern.

G. Zusammenfassung der wesentlichen Ergebnisse in Thesen

I. Die Gründungstheorie hat im Geltungsbereich der europäischen Niederlassungsfreiheit umfassend Einzug gefunden. Dem Gesellschaftsstatut zuzuordnen sind sowohl das „Ende“ der Gesellschaft als auch die handelsrechtlichen Publizitätspflichten. Insoweit ist auch hierzulande die Limited mit Verwaltungssitz in Deutschland dem englischem Recht zu unterstellen.

II. Handelsrechtliche Publizitätspflichten mit ihrer besonderen gläubigerschützenden Funktion sind im englischen Recht zahlreich vorhanden. Durch das Zusammenspiel der verschiedenen Publizitätspflichten und -mittel wird den Gläubigern ein tiefer Einblick in die Gesellschaft gewährt, welcher sie zu adäquatem Selbstschutz veranlassen soll. Allerdings ist zu berücksichtigen, dass die teilweise nur unter größerem Aufwand zu erlangenden Informationen insbesondere für Laien nicht immer einfach zu erfassen sind. Gerade die Pflicht, am *registered office* Register zu führen, läuft außerdem gegenüber „fernen“ Gläubigern zumeist leer.

III. Das deutsche Recht fällt hinsichtlich seiner Publizitätspflichten allerdings nicht wesentlich hinter die englischen zurück. Jedoch zumindest insofern, als dass keine Einsichtnahme bei der Gesellschaft möglich ist und eine dem *annual return* entsprechende, zusammenfassende Information nicht zu erlangen ist.

IV. Die Einhaltung der Publizitätspflichten sucht das englische Recht durch einen strengen Katalog an Sanktionen zu gewährleisten. Dabei sind solche sowohl für die *officers* als auch solche für die Gesellschaft selbst vorgesehen. Auf Seiten der *officers* sind strafrechtliche (Geld-)Sanktionen iSd. CA 2006 zu erwähnen sowie die Disqualifikation als Leiter einer Kapitalgesellschaft zu betonen. Auf Seiten der Gesellschaft selbst kann es ebenso zur Verurteilung zu Geldstrafen kommen. In der Praxis ist aber gerade die Verhängung von *civil penalties* durch den *registrar* von Relevanz. Es bleibt die schwerwiegendste Sanktion für die Gesellschaft, nämlich ihre Löschung aus dem Register, zu nennen.

V. Angesichts dieser Sanktionen ist der Limited die Bestellung eines *secretary* zu empfehlen, welcher sich vorwiegend um administrative Aufgaben, mithin auch um die Einhaltung der Publizitätspflichten kümmert. Ferner soll auf die Notwendigkeit der regelmäßigen Einsichtnahme der London Gazette bzw. des Registers am Companies House hingewiesen werden, wodurch Kommunikationsschwierigkeiten zwischen *registrar* und Gesellschaft sowie insbesondere die ggf. bevorstehende, bedeutende Folge der Löschung der Gesellschaft vermieden werden können.

VI. Auch das deutsche Recht hat (mittlerweile) einen hohen Sanktionsstandard geschaffen. Gewerbeverbote können Verantwortliche an einer leitenden Tätigkeit hindern. Im Bereich der Handelsregistereintragungen sind Zwangsgelder für die Verantwortlichen, im Bereich des Jahresabschlusses Ordnungsgelder für Verantwortliche sowie die Gesellschaft selbst vorgesehen. Jedenfalls an der mangelnden strafrechtlichen Sanktion lässt sich aber der im deutschen Recht niedriger bewertete Unrechtsgehalt festmachen. Dies bestätigt die Abschaffung des § 2 I 2 LöschG.

VII. Die Vollstreckung der im englischen Recht vorgesehenen Geldstrafen sowie *civil penalties* in Deutschland stellt sich trotz Umsetzung des europäischen Rahmenbeschlusses über die gegenseitige Anerkennung von Geldstrafen und Geldbußen als schwierig dar. Eine Aufnahme der Publizitätsverstöße in den Katalog des Art. 5 des Rahmenbeschlusses über die gegenseitige Anerkennung von Geldstrafen und Geldbußen und eine entsprechende Änderung des IRG sind jedenfalls von Nöten.

VIII. Eine in England verhängte *disqualification order* kann in Deutschland über ein Gewerbeverbot, insbesondere iSd. § 35 GewO Berücksichtigung finden. Um dies effektiv zu bewerkstelligen, ist in der Zukunft jedoch ein grenzüberschreitender Abgleich von nationalen Registern „disqualifizierter" Geschäftsleiter erforderlich. Ebenso ist die Einführung eines EU-weiten Registers und eines einheitlichen EU-Tätigkeitsverbotes zu überdenken. Auch sollte die Aufnahme ausländischer Tätigkeitsverbote in den § 6 II 2 GmbHG in Erwägung gezogen werden.

IX. Anders als die Löschung deutscher und weiterer europäischer Gesellschaften in den jeweiligen nationalen „Gründungs-Registern", hat die Löschung einer englischen Gesellschaft im englischen Register konstitutive Wirkung.

X. Bei Löschung in England fällt vorhandenes Vermögen der Gesellschaft aufgrund des englischen Heimfallrechts iSd. s. 1012 CA 2006 an die englische Krone. Im Ausland belegenes Vermögen ist vom englischen Heimfallrecht jedoch nicht umfasst. Weder beansprucht das englische Recht im Ausland belegenes Vermögen, noch beruft das deutsche Recht das als öffentlich-rechtlich zu qualifizierende englische Heimfallrecht für in Deutschland belegenes Vermögen zur Anwendung.

XI. Die von einigen Stimmen herangezogene Vergleichbarkeit einer ausländischen Enteignung mit dem Heimfallrecht, ist insofern nicht folgerichtig, als das englische Recht eine Geltung des Heimfallrechts über seine Grenzen hinaus nicht will. Dies anders als der enteignende Staat, der die Enteignung auch dort wirken lassen will.

XII. Deutsches Recht ordnet das in Deutschland belegene Vermögen einer in Deutschland fortbestehenden Restgesellschaft zu. Das Fortbestehenlassen ist aufgrund einer englischen Rückverweisung ins Land der Belegenheit des Vermögens möglich. Ein Berufen auf das Territorialitätsprinzip hilft nicht weiter. Mit dem Fortbestand ist – wenn auch aufgrund anderer Begründung – von derselben Rechtsfolge wie im Internationalen Enteignungsrecht auszugehen.

XIII. Für den Fortbestand der Restgesellschaft reicht mit der Lehre vom Doppeltatbestand sonstiger Abwicklungsbedarf nicht aus.

XIV. Ob die Restgesellschaft als Liquidationsgesellschaft oder geschäftlich aktive Gesellschaft einzuordnen ist, ist „Tatfrage".

XV. Die Liquidationsgesellschaft unterliegt englischem Recht. Sie besteht mithin unter Aufrechterhaltung der Haftungsstruktur als rechts- und parteifähige Limited in Deutschland fort. Da die *directors* mit Löschung ihre Vertretungsmacht verlieren, ist ein Nachtragsliquidator zu bestellen, der die Restgesellschaft abwickelt.

XVI. Die weiter geschäftlich tätige Gesellschaft ist hingegen nach deutschem Recht zu beurteilen. Sie ist als Handelsgewerbe OHG; ist nur ein Gesellschafter vorhanden ist sie Einzelunternehmen. Rechts- und Parteifähigkeit sind zu bejahen. Gesellschafter bzw. Einzelunternehmer haften persönlich und sind vertretungsbefugt. Die Vertretungsmacht der *directors* bleibt bestehen, sie haften mithin grundsätzlich nicht persönlich.

XVII. Die Wiedereintragung ist in beiden Konstellationen möglich. Die Liquidationsgesellschaft wird rückwirkend Teil der ursprünglichen Limited. Der Nachtragsliquidator scheidet ex nunc aus, gleichzeitig ersteht die Vertretungsmacht der *directors* wieder auf. Um Abwicklungsschwierigkeiten vorzubeugen, bleiben vom Nachtragsliquidator getätigte Geschäfte wirksam. Erfolgt im Falle der weiter werbend tätigen Gesellschaft die Wiedereintragung, ist sie ex tunc wieder als Teil der auferstandenen Limited nach englischem Recht zu beurteilen. Die persönliche Haftung der Gesellschafter entfällt rückwirkend. Getätigte Geschäfte bleiben ebenfalls wirksam.

XVIII. Soweit eine Restgesellschaft fortbesteht, sind die Interessen aller Beteiligten berücksichtigt: Sowohl den *officers* und Gesellschafter als auch insbesondere den Gläubigern, sind grundsätzlich ein Antrag auf Wiedereintragung und ein Antrag auf Nachtragsliquidation möglich. Gerade im Falle einer „Limited-Bestattung" kommen derartige Anträge für Gläubiger aber mangels verfahrenskostendeckenden, ausreichend vorhandenen Gesellschaftsvermögens nicht in Frage.

XIX. Insgesamt ist den Gläubigern der durch das englische Recht vorgesehene Selbstschutz durch umfangreiche Konsultation der Publizitätsmittel nahezulegen. Jedenfalls kann so etwaigen Schwierigkeiten mit der englischen Gesellschaft oder deren Verantwortlichen vorgebeugt werden.

XX. Auf gemeinschaftsrechtlicher Ebene bedarf es nach der durch die Rechtsprechung des EuGH zur Niederlassungsfreiheit erfolgte Liberalisierung des europäischen „Rechtsformmarktes“ eines zweiten Schrittes: EU-weit geltende Vorschriften müssen grenzüberschreitende Publizität leichter gewährleisten und ebenso Sorge dafür tragen, dass bei Nichtbeachtung entsprechende Sanktionen gemeinschaftsweit Beachtung finden.

LITERATURVERZEICHNIS

Ahlbrecht, Heiko; Böhm, Klaus-Michael; Esser, Robert; Hugger, Heiner; Kirsch, Stefan; Rosenthal, Michael: Internationales Strafrecht in der Praxis, Heidelberg 2008. (Zit.: Ahlbrecht/Böhm/*Bearbeiter*)

Altmeppen, Holger: Schutz vor „europäischen" Kapitalgesellschaften, NJW 2004, 97 ff.

ders.; Roth, Günther H.: GmbHG, Kommentar, 6. neubearbeitete Auflage, München 2009. (Zit.: Altmeppen/Roth/*Bearbeiter*)

Apfelbaum, Sebastian: Der gesellschaftsrechtliche Gläubigerschutz im Recht der englischen private limited company, NotBZ 2007, 153 ff.

Baas-Holler, Jill K.: Geschäftsführerpflichten gegenüber der Gesellschaft im englischen und deutschen GmbH-Recht, Hamburg 2008

Bachner, Thomas; Gasser, Bettina: Restvermögen einer gelöschten Limited, ZfRV 2009, 113 ff.

Bamberger, Heinz G.; *Roth, Herbert*: Beck´scher Online Kommentar, BGB, 17. Auflage, München 2010. (Zit.: BeckOKBGB/*Bearbeiter*)

von Bar, Christian: Internationales Privatrecht, Zweiter Band, München 1991

Bauer, Frank; Großerichter, Helge: Zur Durchsetzung deutscher Bestellungshindernisse von Geschäftsleitern gegenüber ausländischen Gesellschaften, NZG 2008, 253 ff.

Baumbach, Adolf; Hopt, Klaus J.: Handelsgesetzbuch, 34. neubearbeitete Auflage, München 2010. (Zit.: Baumbach/Hopt/*Bearbeiter*)

Baumbach, Adolf; Hueck, Alfred: GmbH-Gesetz, 19. Auflage, München 2010. (Zit.: Baumbach/Hueck/*Bearbeiter*)

Bayer, Walter; Schmidt, Jessica: Aktuelle Entwicklungen im Europäischen Gesellschaftsrecht (2004-2007), BB 2008, 454 ff.

dies.: BB-Rechtsprechungs- und Gesetzgebungsreport im Europäischen Gesellschaftsrecht 2008/09, BB 2010, 387 ff.

Bayer, Walter; Hoffmann, Thomas; Lieder, Jan: Ein Jahr MoMiG in der Unternehmenspraxis, GmbHR 2010, 9 ff.

Beck, Siegfried; Depré, Peter: Praxis der Insolvenz, 2. Auflage, München 2010 (zit.: Beck/Depré/*Bearbeiter*)

Beemelmans, Hubert: Die gespaltene Gesellschaft, Frankfurt/Main Berlin 1963

Behme, Casper: Der Director der britischen Private Limited Company mit Verwaltungssitz in Deutschland, ZVglRWiss 108 (2009) 178 ff.

ders.; Nohlen, Nicolas: Zur Wegzugsfreiheit von Gesellschaften – Der Schlussantrag von Generalanwalt Maduro in der Rechtssache Cartesio (C-210/06), NZG 2008, 496 ff.

Behrens, Peter: Die englische Krone als Rechtsnachfolgerin in herrenloses Gesellschaftsvermögen in Deutschland?, Konsequenzen wirtschaftlicher Normen, Festschrift für Claus Ott zum 65. Geburtstag, Wiesbaden 2002, S. 313 ff. (Zit.: *Behrens*, FS Ott, 2002)

ders.: Das Internationale Gesellschaftsrecht nach dem Überseering-Urteil des EuGH und den Schlussanträgen zu Inspire Art, IPRax 2003, 193 ff.

Beitzke, Günther: Pflegschaften für Handelsgesellschaften und juristische Personen, Beiträge zum Zivil und Wirtschaftsrecht, Festschrift Ballerstedt, Berlin 1975, S. 185 ff. (Zit.: *Beitzke*, FS Ballerstedt, 1975)

Beitzke, Günther: Probleme der enteignungsrechtlichen Spaltgesellschaft, Der Schutz des privaten Eigentums im Ausland, Festschrift Janssen, Heidelberg 1958, S. 29 ff. (Zit.: *Beitzke*, FS Janssen, 1958)

Bennett, David A.; Davies, Paul; Frisby, Sandra; Girvin, Stephen: Palmer´s Company Law: Annotated guide to the Companies Act 2006, 2nd edition, London 2009. (Zit.: *Palmer´s Company Law:* Annotated guide to the Companies Act 2006)

Benni, Marco; Buscaroli, Francesca; u.a.: Cooperative, VII Edizione, Milano 2006 (Zit.: *Benni*)

Bernstorff, Christoph, Graf von: Einführung in das englische Recht, 3. Auflage, München 2006

Bitter, Georg; Crezelius, Georg; Emmerich, Volker u.a.: Scholz, Kommentar zum GmbH-Gesetz, III. Band, §§53 -85, 10. neubearbeitete und erweiterte Auflage, Köln 2010. (Zit.: Scholz/*Bearbeiter*)

Bönke, Detlef O.: Grenzüberschreitende Ahndung von Verkehrsverstößen: Das EU-Übereinkommen zur Vollstreckung von Geldstrafen und Geldbußen, NZV 2006, 19 ff.

Borges, Georg: Der rechtliche Status der im Registerstaat erloschenen Gesellschaft, IPRax 2005, 134 ff.

Buchner, Gerhard: Amtslöschung, Nachtragsliquidation und masselose Insolvenz von Kapitalgesellschaften, Köln/Berlin/Bonn/München 1987

Bumiller, Ursula; Harders, Dirk: Freiwillige Gerichtsbarkeit, FamFG, 9. Auflage, München 2009

Bungert, Hartwin: Ausländisches Fiskuserbrecht vor deutschen Gerichten, MDR 1991, 713 ff.

Canaris, Claus-Wilhelm: Handelsrecht, 24. vollständig neu bearbeitete Auflage, München 2006

ders.; Habersack, Mathias; *Schäfer, Carsten:* Handelsgesetzbuch, Großkommentar, Band 1, 5. neu bearbeitete Auflage, Berlin 2009, Begründer: Staub, Hermann. (Zit.: Staub/*Bearbeiter*)

ders.; Habersack, Mathias; Schäfer, Carsten: Handelsgesetzbuch, Großkommentar, Band 2, 5. neu bearbeitete Auflage, Berlin 2008, Begründer: Staub, Hermann. (Zit.: Staub/*Bearbeiter*)

Clausnitzer, Jochen: Deutsches Firmenrecht versus Europäisches Gemeinschaftsrecht – Der Entwurf eines Gesetzes zum Internationalen Gesellschaftsrecht und aktuelle Rechtsprechung zur europakonformen Auslegung des Firmenrechts, DNotZ 2008, 484 ff.

Cranshaw, Friedrich L.: Anmerkung zum Beschluss des LG Duisburg vom 20.02.2007 – 7 T 269/06, jurisPR-InsR 20/2007, Anm. 4.

Crezelius, Georg: Jahresabschlußpublizität bei deutscher Kapitalgesellschaft, ZGR 1999, 252 ff.

Davies, Paul L.: Gower and Davies′ Principles of modern company law, 8th edition, London 2008. (Zit.: *Davies*)

ders.: Gower and Davies′ Principles of modern company law, 7th edition, London 2003. (Zit.: *Davies*, 7th edition, 2003)

ders.: Legal Capital in Private Companies in Great Britain, AG 1998, 346 ff.

Deboissy, Florence; Wicker, Guillaume: Code des sociétés et autres groupements, 12e édition, Paris 2008

Dicey, Albert V.; Morris, John H. C.; Collins, Lawrence Dicey: Morris and Collins on the Conflicts of Laws, Vol. 1 & 2, 14th edition, London 2006. (Zit.: *Dicey/Morris/Collins*)

Dierksmeier, Jochen: Die englische Ltd. in Deutschland - Haftungsrisiko für Berater, BB 2005, 1516 ff.

Dignam, Alan; Lowry, John: Company Law, 5th edition, London 2009

Duzer, Peter van: Statutory Procedure, Striking off and dissolution, 33 C.S.R. 16, 128 ff.

Ebenroth, Carsten T.; Bippus, Birgit: Die staatsvertragliche Anerkennung ausländischer Gesellschaften in Abkehr von der Sitztheorie, DB 1988, 842 ff.

Ebenroth, Carsten T.; Boujong, Karlheinz; Joost, Detlev; Strohn, Lutz: Handelsgesetzbuch, Band 1, §§ 1 – 342e, 2. Auflage, München 2008. (Zit.: Ebenroth/Boujong/Joost/Strohn/*Bearbeiter*)

Ebert, Sabine; Levedag, Christian: Die zugezogene „private company limited by shares (Ltd.)" nach dem Recht von England und Wales als Rechtsformalternative für in- und ausländische Investoren in Deutschland, GmbHR 2003, 1337 ff.

Ebke, Werner: Das Schicksal der Sitztheorie nach dem Centros-Urteil des EuGH, JZ 1999, 656 ff.

Eidenmüller, Horst: Ausländische Kapitalgesellschaften im deutschen Recht, München 2004. (Zit.: Eidenmüller/*Bearbeiter*)

ders.: Mobilität und Restrukturierung von Unternehmen im Binnenmarkt, JZ 2004, 24 ff.

ders.: Geschäftsleiter- und Gesellschafterhaftung bei europäischen Auslandsgesellschaften mit tatsächlichem Inlandssitz, NJW 2005, 1618 ff.

ders.; *Rehm, Gebhard*: Gesellschafts- und zivilrechtliche Folgeprobleme der Sitztheorie, ZGR 1997, 89 ff.

d*ers.; Rehberg Markus*: Umgehung von Gewerbeverboten mittels Auslandsgesellschaft, NJW 2008, 28 ff.

Ekkenga, Jens: Offene Fragen zur Rechnungslegung einer in Deutschland ansässigen Private Company Limited by Shares, Rechtswissenschaft im Wandel, Festschrift des Fachbereichs Rechtswissenschaft zum 400jährigen Gründungsjubiläum der Justus-Liebig-Universität Gießen, Tübingen 2007, S. 395 ff. (Zit.: *Ekkenga*, FS Gießen, 2007)

Ellrott, Helmuth; Förschle, Gerhard; Kozikowski, Michael; Winkeljohann, Norbert: Beck'scher Bilanz-Kommentar, Handels- und Steuerbilanz, §§ 238 bis 339, 342 bis 342 e HGB; mit IFRS-Abweichungen, 7. völlig neu bearbeitete Auflage, München 2010. (Zit.: BeckBK/*Bearbeiter*)

Engelhardt, Helmut; Sternal, Werner: FamFG, Familienverfahren, Freiwillige Gerichtsbarkeit, Kommentar, 16. Auflage, München 2009, Begründer: Keidel, Theodor. (Zit.: Keidel/*Bearbeiter*)

Erbe, Stephan Boris: Die Limited und Limited & Co. KG, Stuttgart 2008

Farrar, John; Hannigan Brenda: Farrar's Company Law, 4th edition, London Edinburgh 1998. (Zit.: *Farrar*)

Ferid, Murad; Firsching, Karl; Dörner, Heinrich; Hausmann, Rainer: Internationales Erbrecht, Band III, Georgien – Italien, Stand: 46. Ergänzunglieferung, München 2002. (Zit.: Ferid/Firsching/Dörner/Hausmann/*Bearbeiter*)

Firsching, Karl: Das Anfallsrecht des Fiskus bei erblosem Nachlass, IPRax 1986, 25 ff.

Flechter, Ian F.: Cross-Border Insolvency, Tübingen 1992

Fleischer, Holger: Bestellungshindernisse und Tätigkeitsverbote von Geschäftsleitern im Aktien-, Bank- und Kapitalmarktrecht, WM 2004, 157 ff.

ders.: Kapitalschutz und Durchgriffshaftung bei Auslandsgesellschaften, Europäische Auslandsgesellschaften in Deutschland, Berlin 2005, Herausgeber: Lutter, Marcus. (Zit.: Lutter/*Fleischer*)

ders.; Goette, Wulf: Münchener Kommentar zum Gesetz betreffend die Gesellschaften mit beschränkter Haftung – GmbHG, Band 1, §§ 1 - 34, München 2010. (Zit.: MüKoGmbHG/*Bearbeiter*)

Flume, Werner: Juristische Person und Enteignung im IPR, Festschrift für F.A. Mann, München 1977, S. 143 ff. (Zit.: *Flume*, FS F.A. Mann, 1977)

Fockenbrock, Dieter: Staat zwingt Firmen zu mehr Transparenz, Handelsblatt vom 17.02.2010, S. 1

Franz, Alexander: Internationales Gesellschaftsrecht und deutsche Kapitalgesellschaften im In- und Ausland, BB 2009, 1250 ff.

ders.; Laeger, Lars: Die Mobilität deutscher Kapitalgesellschaften nach Umsetzung des MoMiG unter Einbeziehung des Referentenentwurfs zum internationalen Gesellschaftsrecht, BB 2008, 678 ff.

Freitag, Robert: Der Wettbewerb der Rechtsordnungen im Internationalen Gesellschaftsrecht, EuZW 1999, 267 ff.

Fritz, Daniel F.; Hermann, Ottmar: Die Private Limited Company in Deutschland, Münster 2008. (Zit.: Fritz/Hermann/*Bearbeiter*)

Geimer, Reinhold; Schütze, Rolf: Europäisches Zivilverfahrensrecht, Kommentar zur EuGVVO, EuEheVO, EuZustellungsVO, EuInsVO, EuVTVO, zum Lugano-Übereinkommen und zum nationalen Kompetenz- und Anerkennungsrecht, 3. Auflage, München 2010. (Zit.: Geimer/Schütze/*Bearbeiter*)

Geist, Andreas: Bestellungshindernisse und Tätigkeitsverbote von Geschäftsleitern im Kapitalgesellschafts-, Kapitalmarkt- und Bankaufsichtsrecht, Göttingen 2004

Germain, Michel: Les sociétés commerciales, 19e edition, Paris 2009

Gernoth, Jan P.: Das deutsche Handelsregister - telekommunikative Steinzeit im Zeichen des europäischen Wettbewerbs, BB 2004, 837 ff.

Goette, Wulf: Aus der neueren Rechtsprechung des BGH zum GmbH-Recht, ZIP 2005, 1481 ff.

ders.; Habersack, Mathias: Das MoMiG in Wissenschaft und Praxis, Köln 2009. (Zit.: Goette/Habersack/*Bearbeiter*)

Gottwald, Peter: Insolvenzrechts-Handbuch, 4. neu bearbeitete Auflage, München 2010. (Zit.: Gottwald/*Bearbeiter*)

Graf, Helmut; Bisle, Michael: Besteuerung und Rechnungslegung der britischen „private company limited by shares" (Limited) – Teil II, IStR 2004, 873 ff.

Grasmann, Günther: System des internationalen Gesellschaftsrechts, Berlin 1970

Graupner, Rudolf; Dreyling, Anette: Erblose Nachlässe im deutsch-britischen internationalen Privatrecht, ZVglRWiss 82 (1983) 193 ff.

Griffin, Stephen: Company Law, Fundamental Principles, 4th edition, 2006 Harlow

Großfeld, Bernhard: Die Entwicklung der Anerkennungstheorien im Internationalen Gesellschaftsrecht, Festschrift für Harry Westermann, Karlsruhe 1974, S. 199 ff. (zit.: *Großfeld*, FS H. Westermann, 1974)

Habersack, Mathias: Europäisches Gesellschaftsrecht, 3. Auflage, München 2006

Hackner, Thomas; Trautmann, Sebastian: Die Vollstreckung ausländischer Geldstrafen und Geldbußen nach dem Gesetzentwurf der Bundesregierung zu einem europäischen Sanktionsgesetz, DAR 2010, 71 ff.

Happ, Wilhelm; Holler, Lorenz: „Limited" statt GmbH? - Risiken und Kosten werden gern verschwiegen, DStR 2004, 730 ff.

Haug, Felix: Ex-post Gläubigerschutz in der private company limited by shares, Jena 2009

Heckel, Martin F. J.: Das Fiskuserbrecht im Internationalen Privatrecht, Tübingen 2006

Heinz, Volker G.: Die englische Limited, 2. Auflage, Baden-Baden 2006

Henrich, Dieter: J. von Staudingers Kommentar zum Bürgerlichen Gesetzbuch mit Einführungsgesetz und Nebengesetzen, Einführungsgesetz zum Bürgerlichen Gesetzbuche/IPR, Einleitung zum IPR; Art. 3-6 EGBGB, Berlin 2003. (Zit.: Staudinger/*Bearbeiter*, EGBGB)

Henselmann, Klaus; Kaya, Devrimi: Empirische Analyse des Offenlegungszeitpunkts von Jahresabschlüssen nach dem EHUG, WPg 2009, 497 ff.

Hering, Manfred: Anerkennung und Vollstreckung von Geldstrafen und Geldbußen in Deutschland, Umsetzung des Rahmenbeschlusses 2005/214/JI des Rates der EU, SVR 2010, 290 ff.

Hicks, Andrew: Disqualification of Directors – Forty Years On, J.B.L. 1988, 27 ff.

ders.: Director disqualification: can it deliver?, J.B.L. 2001, 433 ff.

ders.; Goo, Say H.: Company Law, 3rd edition, London 1999. (Zit.: *Hicks*)

Hirte, Heribert: Die organisierte „Bestattung" von Kapitalgesellschaften: Gesetzgeberischer Handlungsbedarf im Gesellschafts- und Insolvenzrecht, ZInsO 2003, 833 ff.

ders.; Bücker, Thomas: Grenzüberschreitende Gesellschaften, 2. überarbeitete und erweiterte Auflage, Köln 2006. (Zit.: Hirte/Bücker/*Bearbeiter*)

ders.; Lanzius, Tim; Mock, Sebastian: Tätigkeitsverbot für Organmitglieder als Gläubigerschutzinstrument, Das Kapital der Aktiengesellschaft in Europa, Berlin 2006, Herausgeber: Lutter, Markus, S. 301 ff. (Zit.: *Hirte/Lanzius/Mock* in: Lutter, Das Kapital der Aktiengesellschaft in Europa)

Höfling, Barbara S.: Das englische internationale Gesellschaftsrecht, Heidelberg 2002

Hofmeister, Jörg: Grundlagen und Entwicklungen des Internationalen Gesellschaftsrechts, WM 2007, 868 ff.

Horn, Norbert: Deutsches und europäisches Gesellschaftsrecht und die EuGH-Rechtsprechung zur Niederlassungsfreiheit - Inspire Art, NJW 2004, 893 ff.

Hüffer, Uwe: Aktiengesetz, 9. neubearbeitete Auflage, München 2010

Hunger, Markus: Offenlegungspflichten und Handelsregisterpraxis in Großbritannien und Deutschland, Berlin 1991

Ing, Noel: Bona Vacantia, London 1971

Jänig, Ronny: Die Company Law Reform Bill: Zur Reform des Gesellschaftsrechts im Vereinigten Königreich, RIW 2006, 270 ff.

Jimenez Sanchez, Guillermo J.: Derecho Mercantil I, 13. ediciòn actualizada, Barcelona 2009. (Zit.: *Jimenez Sanchez*)

Jooß, Alexander: Die erloschene Limited, GWR 2010, 306170

Just, Clemens: Die englische Limited in der Praxis, 3. Auflage, München 2008 *ders.:* Englisches Gesellschaftsrecht, München 2008. (Zit.: *Just*, Englisches Gesellschaftsrecht)

ders.: GmbH versus Limited – Praxisempfehlungen, BC 2006, 25 ff.

ders.; Krämer, Joachim: Limited: Besonderheiten der Buchführung und Abschlusserstellung - im Unterschied zur Handelsbilanz, BC 2006, 29 ff.

Kadel, Jürgen: Die englische Limited, MittBayNot 2006, 102 ff.

Karsten, Frederik: GmbH-Recht, Baden-Baden 2009

Kaulen, Dorothee M.: Die Anerkennung von Gesellschaften unter Art. XXV Abs. 5 S. 2 des Freundschafts-, Handels- und Schifffahrtsvertrag zwischen der Bundesrepublik Deutschland und den Vereinigten Staaten von Amerika von 1954, Frankfurt 2008

Kegel, Gerhard: Soergel, Bürgerliches Gesetzbuch mit Einführungsgesetzen und Nebengesetzen, Band 10, Einführungsgesetz, 12. neubearbeitete Auflage, Stuttgart Berlin Köln 1996. (Zit.: Soergel/*Bearbeiter*, EGBGB)

ders.; Schurig, Klaus: Internationales Privatrecht, 9. neubearbeitete Auflage, München 2004

ders.; Seidl-Hohenveldern, Ignaz: Zum Territorialitätsprinzip im internationalen öffentlichen Recht, Konflikt und Ordnung, Festschrift für Murad Ferid zum 70. Geburtstag, München 1978. (Zit.: *Kegel/Seidl-Hohenverdern*, FS Ferid I, 1978)

Kessler, Wolfgang; Eicke, Rolf: Die Limited - Fluch oder Segen für die Steuerberatung?, DStR 2005, 2101 ff.

Kienzl, Franziska: Gläubigerschutz bei zuziehenden EU-Auslandsgesellschaften – erörtert am Beispiel der englische private company limited by shares, Augsburg 2008

Kindler, Peter: Niederlassungsfreiheit für Scheinauslandsgesellschaften? Die „Centros“-Entscheidung des EuGH und das internationale Privatrecht, NJW 1999, 1993 ff.

ders.: Auf dem Weg zur Europäischen Briefkastengesellschaft? Die „Überseering"-Entscheidung des EuGH und das internationale Privatrecht, NJW 2003, 1073 ff.

ders.: „Inspire Art" - Aus Luxemburg nichts Neues zum internationalen Gesellschaftsrecht, NZG 2003, 1086 ff.

ders.: GmbH-Reform und internationales Gesellschaftsrecht, AG 2007, 721 ff.

ders.: Internationales Gesellschaftsrecht 2009: MoMiG, Trabrennbahn, Cartesio und die Folgen, IPRax 2009, 189 ff.

ders.; Nachmann, Josef: Handbuch Insolvenzrecht in Europa, München 2010. (Zit.: Kindler/Nachmann/*Bearbeiter*)

Kirchhof, Hans-Peter; Lwowski, Hans-Jürgen; Stürner, Rolf: Münchener Kommentar zur Insolvenzordnung, Band 3, §§ 270 - 359, Internationales Insolvenzrecht, Insolvenzsteuerrecht, 2. Auflage, München 2008. (Zit.: MüKoInsO/*Bearbeiter*)

Kleindiek, Detlef: Ordnungswidrige Liquidation durch organisierte Firmenbestattung, ZGR 2007, 276 ff.

Knütel, Christian: Nachtragsliquidation des inländischen Vermögens einer englischen Kapitalgesellschaft, RIW 2004, 503 ff.

Köster, Anna-Elisabeth: Die Kodifizierung des Internationalen Gesellschaftsrechts – Bedeutung für die Unternehmensmitbestimmung, ZRP 2008, 214 ff.

Koller, Ingo; Roth, Wulf-Henning; Morck, Winfried: Handelsgesetzbuch, Kommentar, 5. Auflage, München 2005. (Zit.: Koller/Roth/Morck/*Bearbeiter*)

Krafka, Alexander; Willer, Heinz; Kühn, Ulrich: Registerrecht, Handbuch der Rechtspraxis, Band 7, 8. neu bearbeitete Auflage, München 2010 (Zit.: Krafka/Willer/Kühn/*Bearbeiter*)

Krömker, Michael; Otte, Sabine: Die gelöschte Limited mit Restvermögen in Deutschland: Stehen Gläubiger und Gesellschafter im Regen?, BB 2008, 964 ff.

Kronke, Herbert; Melis, Werner; Schynder, Anton K.: Handbuch Internationales Wirtschaftsrecht, Köln 2005. (Zit.: Kronke/Melis/Schnyder/*Bearbeiter*)

Kropholler, Jan: J. von Staudingers Kommentar zum Bürgerlichen Gesetzbuch mit Einführungsgesetz und Nebengesetzen, Einführungsgesetz zum Bürgerlichen Gesetzbuche/IPR, Internationales Gesellschaftsrecht, Berlin 1998. (Zit.: Staudinger/*Großfeld*, IntGesR)

ders.: Internationales Privatrecht, 6. neubearbeitete Auflage, Tübingen 2006

ders.: J. von Staudingers Kommentar zum Bürgerlichen Gesetzbuch mit Einführungsgesetz und Nebengesetzen, Einführungsgesetz zum Bürgerlichen Gesetzbuche/IPR, Art. 25, 26 EGBGB (Internationales Erbrecht), Berlin 2007. (Zit.: Staudinger/*Dörner,* EGBGB)

Kußmaul, Heinz; Ruiner, Christoph: Ausgewählte Charakteristika der Limited mit ausschließlicher Geschäftstätigkeit in Deutschland im Licht der aktuellen Gesetzesänderungen, IStR 2007, 696

Lamprecht, Philipp: Gelöschte englische Limiteds in Deutschland – Die Spaltungstheorie im Zeitalter der Niederlassungsfreiheit, ZEuP 2008, 289 ff.

Lanzius, Tim: Die Directors Disqualification des englischen Rechts – ein Baustein zum Schutz des deutschen Rechtsverkehrs vor Scheinauslandsgesellschaften, ZInsO 2004, 296 ff.

Larenz, Karl; Canaris, Claus-Wilhelm: Methodenlehre der Rechtswissenschaft, 3. Auflage, Berlin 1995

Leible, Stefan; Lehmann, Matthias: Auswirkungen der Löschung einer Private Limited Company auf ihr in Deutschland belegenes Vermögen, GmbHR 2007, 1095 ff.

Leible, Stefan; Hoffmann, Jochen: „Überseering“ und das (vermeintliche) Ende der Sitztheorie, RIW 2002, 925 ff

Leuering, Dieter: Von Scheinauslandsgesellschaften hin zu „Gesellschaften mit Migrationshintergrund“, ZRP 2008, 73 ff.

Lewald, Walter: Das Internationale Enteignungsrecht im Licht neuen Schrifttums, RabelsZ 21 (1956) 119 ff.

Liebscher, Thomas; Scharff, Bettina: Das Gesetz über elektronische Handelsregister und Genossenschaftsregister sowie das Unternehmensregister, NJW 2006, 3745 ff.

Liese, Jens: Die Handelsregistereintragung Europäischer Auslandsgesellschaften in Deutschland - oder: Ceci n'est pas une pipe?, NZG 2006, 201 ff.

Lindacher, Walter F.: Die Nachgesellschaft, Festschrift für Wolfram Henckel zum 70. Geburtstag, Berlin 1995, S. 549 ff. (Zit.: *Lindacher*, FS Henckel, 1995)

Lutter, Markus: Die Eintragung von EU-Auslandsgesellschaften im deutschen Handelsregister, Europäische Auslandsgesellschaften in Deutschland, Berlin 2005, Herausgeber: Lutter, Marcus. (Zit.: Lutter/*Lutter*)

ders.: Europäisches Unternehmensrecht, 4. vollständig überarbeitete Auflage, Berlin 1996. (Zit.: *Lutter*, Europäisches Unternehmensrecht)

ders.; Hommelhoff, Peter: GmbH-Gesetz, Kommentar, 17. völlig neubearbeitete und erweiterte Auflage, Köln 2009. (Zit.: Lutter/Hommelhoff/*Bearbeiter*)

Mann, Michael: A Note on the Revivfication of a Dissolved Foreign Corporation, (1952) 15 M.L.R. 479

Mansel, Heinz-Peter: Internationalprivatrechtliche Anpasssung bei Liquidationsgesellschaften im deutsch-englischen Rechtsverkehr, Liber Amicorum Gerhard Kegel, München 2002, S. 111 ff.. (Zit.: *Mansel*, FS Kegel, 2002)

ders.; Thorn, Karsten; Wagner, Rolf: Europäisches Kollisionsrecht 2008: Fundamente der Europäischen IPR-Kodifikation, IPRax 2009, 1 ff.

Mayer, Franz: Der Vertrag von Lissabon im Überblick, JuS 2010, 189 ff.

Mayson, Stephen; French, Derek; Ryan, Christopher L.: Company Law, 25th edition, Oxford 2008/2009. (Zit.: *Mayson/French/Ryan*)

Melchior, Robin: Kalter Krieg in Europa – Die Rest-Limited auf dem Prüfstand des EuGH, GmbHR 2009, R81 f.

Mertens, Hans-Joachim: Die Spaltgesellschaft als methodisches Problem, JuS 1967, 97 ff.

Michalski, Lutz: Kommentar betreffend die Gesellschaften mit beschränkter Haftung (GmbH-Gesetz), Band I, Systematische Darstellungen, §§ 1-34 GmbHG, München 2010

ders.: Grundzüge des internationalen Gesellschaftsrechts, NZG 1998, 762 ff.

Mock, Sebastian: Anmerkung zum Beschluss zum Beschluss des OLG Thüringen vom 22.08.2007 – 6 W 244/07, NZI 2008, 262 f.

Mödl, Robert: Die ausländische Kapitalgesellschaft in der notariellen Praxis, RNotZ 2008, 1 ff.

Geoffrey Morse: Palmer´s Company Law, London, Release Oct. 2010. (Zit.: *Palmer*)

Nagel, Heinrich; Gottwald, Peter: Internationales Zivilprozessrecht, 6. neubearbeitete Auflage, Köln 2007

National Audit Office: Company Director Disqualification, A Follow Up Report, May 1999, H.C. 424

Oetker, Hartmut: Handelsrecht, 5. Auflage, Berlin Heidelberg New York 2007

Ottersbach, Christina: The effects of Inspire Art: A critical comparison of the formation of German and English companies, J.I.T.L. & P. 2009, 4(1/2), 31 ff.

Palandt, Otto: Bürgerliches Gesetzbuch, 69. neubearbeitete Auflage, München 2010. (Zit.: Palandt/*Bearbeiter*)

Park, Tido: Kapitalmarktstrafrecht, Handkommentar, 2. Auflage, Baden-Baden 2008. (Zit.: Park/*Bearbeiter*)

Paulick, Heinz: Territorialitätsprinzip und Spaltungstheorie, Festschrift für Hermann Raschhofer, Kallmünz 1977, S. 181 ff. (Zit.: Paulick, FS Raschhofer, 1977)

Pettet, Ben; Lowry, John; Reisberg, Arad: Pettet's Company Law, 3rd edition, London 2009. (Zit.: *Pettet*)

Pielow, Johann-Christian: Beck'scher Online Kommentar, Gewerberecht, 10. Edition, München 2010. (Zit.: BeckOKGewO/*Bearbeiter*)

Prütting, Hanns; Wegen, Gerhard; Weinreich,Gerd: BGB, Kommentar, 4. neubearbeitete und erweiterte Auflage, Köln 2009. (Zit.: PWW/*Bearbeiter*)

Radtke, Hennig; Hoffmann, Maike: Die Anwendbarkeit von nationalem Insolvenzstrafrecht auf EU-Auslandsgesellschaften, EuZW 2009, 404 ff.

Rammeloo, Stephan: Corporations in private international law, Oxford 2001

Rauscher, Thomas: Brüssel I-VO, Brüssel IIa-VO, Band 2, Europäisches Zivilprozessrecht, 2. Auflage, München 2006. (Zit.: Rauscher/*Bearbeiter*)

ders.: Münchener Kommentar zur Zivilprozessordnung mit Gerichtsverfassungsgesetz und Nebengesetzen – Band 4, Gesetz über das Verfahren in Familiensachen und in den Angelegenheiten der freiwilligen Gerichtsbarkeit (FamFG), 3. Auflage, München 2010. (Zit.: MüKoZPO/*Bearbeiter*)

ders.; Wax Peter; Wenzel, Joachim: Münchener Kommentar zur Zivilprozessordnung mit Gerichtsverfassungsgesetz und Nebengesetzen – Band 1, §§ 1 - 510c, 3. Auflage, München 2008. (Zit.: MüKoZPO/*Bearbeiter*)

Reed, Alan; Fitzpatrick, Ben; Seago, Peter: Criminal Law, 4th edition, London 2009. (Zit.: *Reed/Fitzpatrick/Seago*)

Rickford, Jonathan: Fundamentals, Developments and Trends in British Company Law – Some Wider Reflections, ECFR 2004, 391

Richter, Lutz: Der identitätswahrende Wegzug deutscher Gesellschaften ins EU-/EWR-Ausland auf dem Vormarsch - Zugleich Anmerkungen zu den Schlussanträgen in der Rechtssache Cartesio vom 22. 5. 2008, IStR 2008, 719 ff.

Riegger, Bodo: Centros - Überseering - Inspire Art: Folgen für die Praxis; ZGR 2004, 510 ff.

Ring, Gerhard; Grziwotz, Herbert; Keukenschrijver, Alfred: Nomos Kommentar, BGB, Sachenrecht, Band 3, 2. Auflage, Baden-Baden 2008. (Zit.: NK-BGB/*Bearbeiter*)

Röder, Erik: RIW-Kommentar zum Beschluss des OLG Thüringen vom 22.08.2007 – 6 W 244/07, Restgesellschaft in Liquidation für in Deutschland belegenes Vermögen einer gelöschten Ltd., RIW 2007, 866 ff

Römermann, Volker: Die Limited in Deutschland – eine Alternative zur GmbH?, NJW 2006, 2065 ff.

Rönnau, Thomas: Haftung der Direktoren einer in Deutschland ansässigen englischen Private Company Limited by Shares nach deutschem Strafrecht - eine erste Annäherung, ZGR 2005, 832 ff.

Roth, Wulf-Henning: Die Sitzverlegung vor dem EuGH, ZIP 2000, 1597 ff.

ders.: Internationales Gesellschaftsrecht nach Überseering, IPRax 2003, 117 ff.

Rotheimer, Marietje: Referentenentwurf zum Internationalen Gesellschaftsrecht, NZG 2008, 181 ff.

Rowedder, Heinz; Schmidt-Leithoff, Christian: Gesetz betreffend die Gesellschaften mit beschränkter Haftung, Kommentar, 4. Auflage, München 2002. (Zit.: Rowedder/Schmidt-Leithoff/*Bearbeiter*)

Ruiz de Velasco y del Valle: Manual de derecho mercantil, 3. ediciòn, Madrid Adolfo 2007

Saame, Phillipp: Die Zweigniederlassung eines ausländischen Unternehmens in Deutschland, Mainz 1994

Saenger, Ingo: Die im Handelsregister gelöschte GmbH im Prozeß, GmbHR 1994, 300 ff.

Sandrock, Otto: Ein amerikanisches Lehrstück für das Kollisionsrecht der Kapitalgesellschaften, RabelsZ 42 (1978) 227 ff.

ders.: Die Konkretisierung der Überlagerungstheorie in einigen zentralen Fragen, Festschrift Günther Beitzke, Berlin 1979, S. 669 ff. (Zit.: *Sandrock*, FS Beitzke, 1979)

ders.: Centros: ein Etappensieg für die Überlagerungstheorie, BB 1999, 1337 ff.

ders.: Die Schrumpfung der Überlagerungstheorie, ZVglRWiss 102 (2003) 447 ff.

ders.: Niederlassungsfreiheit und Internationales Gesellschaftsrecht, EWS 2005, 529 ff.

Savigny, Friedrich C. von: System des heutigen Römischen Rechts, 8. Band, Berlin 1849

Scanlan, Gary; Harvey, Andrew; Prime, Terence; Ogowewo, Tunde: Companies Act 2006, A guide to the new law, London 2007. (Zit.: *Scanlan*)

Schall, Alexander: Englischer Gläubigerschutz bei der Limited in Deutschland, ZIP 2005, 965 ff.

ders.: Anmerkung zum Beschluss des LG Duisburg vom 20.02.2007 – 7 T 269/06, EWiR 2007, 335 f.

ders.: Insolvenzverfahren und Haftung bei der Limited nach Geschäftseinstellung und Streichung im Companies Register, ZVI 2007, 236 ff.

ders./Westhoff, André: Die Neuwahlen zum Deutschen Bundestag liegen hinter uns – kommt jetzt die „UGG"?, GmbHR 2005, R357

Schlauß, Stefan: Über 90% Publizität - nachhaltiger Wandel der Offenlegungskultur, DB 2010, 153 ff.

Schmelz, Christoph: Das Liquidationsrecht der GmbH, terra incognita?, NZG 2007, 135 ff.

Schmidt, Karsten: Handelsrecht, 5. neubearbeitete Auflage, Köln 1999. (Zit.: *K. Schmidt*, HR)

ders.: Gesellschaftsrecht, 4. völlig neu bearbeitete und erweiterte Auflage, Köln 2002. (Zit.: *K. Schmidt*, GesR)

ders.: Löschung und Beendigung der GmbH, GmbHR 1988, 209 ff.

ders.: Zur Ablösung des Löschungsgesetzes, GmbHR 1994, 829 ff.

ders., Lutter Markus: Aktiengesetz, Kommentar, Band I., Köln 2008. (Zit.: K. Schmidt/Lutter/*Bearbeiter*)

dies.: Aktiengesetz, Kommentar, Band II., Köln 2008. (Zit.: K. Schmidt/Lutter/*Bearbeiter*)

Schmidt, Jessica: Anmerkung zum Beschluss des OLG Thüringen vom 22.08.2007 – 6 W 244/07, ZIP 2007, 1712 ff.

dies.: Verfahren und Gefahren bei der Liquidation einer „Rest-Limited", ZIP 2008, 2400 ff.

dies.: Kurzkommentar zum Vorlagebeschluss des AG Charlottenburg vom 07.11.2008 – 99 AR 3845/08, EWiR 2009, 379 f.

Schmidt, Nikolaus M.: The Dissolved Limited – Wegfall eines Rechtssubjekts?, ZInsO 2009, 1635 ff.

Schmittmann, Jens; Bischoff, Ariane K.: De facto director, shadow director und dissolved companies: Aktuelle Rechtsfragen der scheinausländischen Limited, ZInsO 2009, 1561 ff.

Schneider, Carsten: Internationales Gesellschaftsrecht vor der Kodifizierung, BB 2008, 566 ff.

Schönke, Adolf; Schröder, Horst: Strafgesetzbuch, 28. Auflage, München 2010. (Zit.: Schönke/Schröder/*Bearbeiter*)

Schomburg, Wolfgang; Lagodny, Otto; Gleß, Sabine; Hackner, Thomas: Internationale Rechtshilfe in Strafsachen, 4. völlig neubearbeitete Auflage, München 2006. (Zit.:Schomburg/Lagodny/Gleß/Hackner/*Bearbeiter*)

Schrader, Jan: Die Unternehmensform für Kleine, Handelsblatt vom 01.12.2008; abrufbar unter http://www.handelsblatt.com/die-unternehmensform-fuer-kleine;2096260. Abgerufen am 01.09.2010

Schuckmann, Hans-Joachim von; Sonnenfeld, Susanne: Jansen, FGG, Zweiter Band, §§ 35 - 70n FGG, 3. Auflage, 2005. (Zit.: Jansen/*Bearbeiter*)

Schulz, Thomas: Die Verteilung von inländischem Restvermögen aufgelöster ausländischer Gesellschaften, NZG 2005, 415 ff.

Schwab, Dieter: Münchener Kommentar zum Bürgerlichen Gesetzbuch, Band 8, Familienrecht II, §§ 1589 – 1921, SGB VIII, 5. Auflage, München 2008. (Zit.: MüKoBGB/*Bearbeiter*)

Schwab, Dieter: Münchener Kommentar zum Bürgerlichen Gesetzbuch, Band 8, Familienrecht II, §§ 1589 – 1921, SGB VIII, 4. Auflage, München 2002. (Zit.: MüKoBGB/*Bearbeiter,* 4. Auflage, 2002)

Sealy, Len: Disqualification and Personal Liability of Directors, London 1993. (Zit.: *Sealy*)

ders.; Worthington, Sarah: Cases and Materials in Company Law, Oxford 2008. (zit.: *Sealy/Worthington*)

Senge, Lothar: Karlsruher Kommentar zum Gesetz über Ordnungswidrigkeiten, 3. neu bearbeitete Auflage, München 2006. (Zit.: KaKoOWiG/*Bearbeiter*)

Sheikh, Saleem: A Guide to the Companies Act 2006, Abigndon 2008

Sonnenberger, Hans J.: Münchener Kommentar zum Bürgerlichen Gesetzbuch, Band 10, EGBGB (Art. 1 - 46), IPR, 4. Auflage, München 2006. (Zit.: MüKoBGB/*Bearbeiter*)

ders.: Münchener Kommentar zum Bürgerlichen Gesetzbuch, Band 11, Internationales Wirtschaftsrecht, EGBGB (Art. 50 - 245), 4. Auflage, München 2006, (Zit.: MüKoBGB/*Bearbeiter*)

ders.: Vorschläge und Berichte zur Reform des europäischen und deutschen internationalen Gesellschaftsrechts, Tübingen 2007. (Zit.: Sonnenberger/*Bearbeiter*)

ders.; *Bauer, Frank*: Vorschlag des deutschen Rates für Internationales Privatrecht für eine Regelung des Internationalen Gesellschaftsrechts auf europäischer/deutscher Ebene, RIW 2006, Beilage 1 zu Heft 4/2006, S. 1 ff.

Spahlinger, Andreas; Wegen, Gerhard: Internationales Gesellschaftsrecht in der Praxis, München 2005. (Zit.: Spahlinger/Wegen/*Bearbeiter*)

Spindler, Gerald; Kramski, Endrik: Der elektronische Bundesanzeiger als zwingendes Gesellschaftsblatt für Pflichtbekanntmachungen der GmbH, NZG 2005, 746 ff.

Steffek, Felix: Wrongful Trading – Grundlagen und Spruchpraxis, NZI 2010, 589 ff.

Süß, Rembert: Häufige Probleme mit Zweigniederlassungen englischer Limited Companies, DNotZ 2005, 180 ff.

Tettinger, Peter J.; Wank, Rolf: Gewerbeordnung, Kommentar, 7. Auflage, München 2004. (Zit.: Tettinger/Wank/*Bearbeiter*)

The City Law School - University of London: Company Law in Practice, 7th edition, Oxford 2008. (Zit.: *The City Law School*)

Thomas, Heinz; Putzo, Hans; Reichold, Klaus; Hüßtege, Rainer: Zivilprozessordnung, Kommentar, 29. neu bearbeitete Auflage, München 2008. (zit.: Thomas/Putzo/*Bearbeiter*)

Triebel, Volker; von Hase, Karl; Melerski, Peter: Die Limited in Deutschland, 2006 Frankfurt. (Zit.: Triebel/von Hase/Melerski/*Bearbeiter*)

Triebel, Volker; Otte, Sabine: 20 Vorschläge für eine GmbH-Reform: Welche Lektion kann der deutsche Gesetzgeber vom englischen lernen?, ZIP 2006, 311 ff.

Triebel, Volker; Hodgson, Stephen; Kellenter, Wolfgang; Müller, Georg: Englisches Handels- und Wirtschaftsrecht, 2. neubearbeitete und wesentlich erweiterte Auflage, Heidelberg 1995. (Zit.: *Triebel/Hodgson/Kellenter/Müller*)

Ulmer, Peter: Gläubigerschutz bei Scheinauslandsgesellschaften - Zum Verhältnis zwischen gläubigerschützendem nationalem Gesellschafts-, Delikts- und Insolvenzrecht und der EG-Niederlassungsfreiheit, NJW 2004, 1201 ff.

ders.; Habersack, Mathias; Winter, Martin: Gesetz betreffend die Gesellschaften mit beschränkter Haftung (GmbHG), Großkommentar, Band I, Einleitung, §§ 1 bis 28, Tübingen 2005. (Zit.: Ulmer/*Bearbeiter*)

dies.: Gesetz betreffend die Gesellschaften mit beschränkter Haftung (GmbHG), Großkommentar, Band III, §§ 53 bis 87, Tübingen 2008. (Zit.: Ulmer/*Bearbeiter*)

Vallender, Heinz: Die Insolvenz von Scheinauslandsgesellschaften, ZGR 2006, 425 ff.

Wabnitz, Heinz-Bernd; Janovsky, Thomas: Handbuch des Wirtschafts- und Steuerstrafrecht, 3. neu bearbeitete Auflage, München 2007. (Zit.: Wabnitz/Janovsky/*Bearbeiter*)

Wachter, Thomas: Persönliche Haftungsrisiken bei englischen private limited companies mit inländischem Verwaltungssitz, DStR 2005, 1817 ff.

ders.: Handelsregisteranmeldung der inländischen Zweigniederlassung einer englischen Private Limited Company, MDR 2004, 611 ff.

ders.: Wettbewerb des GmbH-Rechts in Europa, GmbHR 2005, 717 ff.

ders.: Handbuch des Fachanwalts für Handels- und Gesellschaftsrecht, Münster 2007. (Zit.: Wachter/*Bearbeiter*)

ders.: Kommentar zur Entscheidung: Anmeldung: Bildung der Firma der deutschen Zweigniederlassung einer englischen Limited, GmbHR 2007, 980 ff.

Wälzholz, Eckhard: Die Reform des GmbH-Rechts, MittBayNot 2008, 425 ff.

Waldenberger, Arthur; Sieber, Dorothée M.: Die Unternehmergesellschaft (haftungsbeschränkt) jenseits der Existenzgründer, GmbHR 2009, 114 ff.

Walters, Adrian: Leave to act as a company director following disqualification: Re Barings plc., J.F.C. 1999, 7(1), 63 ff.

ders.; Davies-White, Malcolm: Director's disqualification & bankruptcy restrictions, London 2005

Weller, Marc-Phillippe: Die Rechtsquellendogmatik des Gesellschaftskollisionsrechts, IPRax 2009, 202

Werner, Rüdiger: Das deutsche internationale Gesellschaftsrecht nach „Cartesio" und „Trabrennbahn", GmbHR 2009, 191 ff.

ders.: Der GmbHR-Kommentar zur Entscheidung des OLG Nürnberg, Beschluss vom 10.08.2007 – 13 U 1097/07, GmbHR 2008, 43 f.

Westermann, Harm P.: Erman, Bürgerliches Gesetzbuch, Handkommentar, Band II, 12. neubearbeitete Auflage, Köln 2008. (Zit.: Erman/*Bearbeiter*)

Westhoff, Andre: Die Verbreitung der englischen Limited mit Verwaltungssitz in Deutschland, GmbHR 2007, 474 ff.

Wicke, Hartmut: GmbHG, 1. Auflage, München 2008

Wiedemann, Herbert: Entwicklung und Ergebnisse der Rechtsprechung zu den Spaltgesellschaften, Festschrift für Günther Beitzke, Berlin 1979, S. 811 ff. (Zit.: *Wiedemann*, FS Beitzke, 1979)

Wilhelmi, Rüdiger: Das Mindestkapital als Mindestschutz - eine Apologie im Hinblick auf die Diskussion um eine Reform der GmbH angesichts der englischen Limited, GmbHR 2006, 13 ff.

Wolff, Martin: Das Internationale Privatrecht Deutschlands, 3. Auflage, Berlin Göttingen Heidelberg 1954

Würdinger, Markus; Bergmeister, Felix: Analogie und Umkehrschluss, JURA 2007, 15 ff.

Ziemons, Hildegard; Jäger, Carsten: Beck´scher Online Kommentar, GmbHG, 4. Edition, München 2010. (Zit.: BeckOKGmbHG/*Bearbeiter*)

Zimmer, Daniel: Internationales Gesellschaftsrecht, Heidelberg 1996

ders.: Nach „Inspire Art": Grenzenlose Gestaltungsfreiheit für deutsche Unternehmen?, NJW 2003, 3585 ff.

ders.; Christoph Naendrup: For Whom the Bells Tolls – Folgen einer Nichtbeachtung englischer Publizitätsgebote durch in Deutschland aktive Limited Companies, ZGR 2007, 789 ff.

Zöller, Richard: Zivilprozessordnung, 28. neu bearbeitete Auflage, Köln 2010. (Zit.: Zöller/*Bearbeiter*)

www.ingramcontent.com/pod-product-compliance
Ingram Content Group UK Ltd.
Pitfield, Milton Keynes, MK11 3LW, UK
UKHW021908290926
8980IPUK00015B/1125

9 783631 637807